〔最新校訂版〕

厚黑學

經典大全集

李宗吾 著　方東野 校訂

引言——成功立世的不傳之祕

凡人都知道「厚黑」的妙用。可是，乍見大大的「厚黑」二字，心裡總會疙疙瘩瘩，好像見著了怪獸一般；看見《厚黑學》，便不自覺地以為是教人學「見不得陽光」之本事的學問，想看又不敢大大方方地看。其實，大可不必。

厚黑本性，人人皆有。一個人一生中或多或少，總會自覺或不自覺地展露其威力。李宗吾透過刻畫封建社會諸多人物的真實肖像，徹底揭開了潛藏在人心深處的厚黑本性。《厚黑學》開篇即「直露地」點破人性：「我自讀書識字以來，就想為英雄豪傑。求之四書五經，茫無所得；求之諸子百家，與夫廿四史，仍無所得。以為古之為英雄豪傑者，必有不傳之祕，不過吾人生性愚魯，尋他不出罷了。窮索冥搜，忘寢廢食，如是者有年。一日，偶然想起三國，想起三國時幾個人物，不覺恍然大悟曰：『得之矣，得之矣！古之為英雄豪傑者，不過面厚心黑而已。』」

我們一般人都生活在某種傳統之中，某類環境之內，一切思想、行動都受到那個傳統與環境施與我們的教育、影響和潛移默化的制約。所以——西方哲人才說：

「人生而自由，而無時無刻不在枷鎖中。」但《厚黑學》把這一切枷鎖都掙斷了。它掃除了一切與自己的欲望不相適應的陳規戒律，依照本能，大膽行動，獨立出擊。厚黑之所以能取勝，乃是因為它徹底突破了一切拘束人類自由行動的種種禁忌，徹底解放了一個人的思想和行動。試想，一個戴著鎖鏈的劍客同一個身手凌厲，沒有任何牽絆的劍客比武，那勝負在決鬥之前，豈非早已決定！

人生就是競爭，競爭必靠謀略，所有的謀略都離不開厚黑。可以說，每個人每時每刻、每一行事，都處在明爭暗鬥之中，稍一疏忽，便會被人擠倒。《厚黑學》拋開道德規範的束縛之後，就成了一種高明的智慧。這智慧如同一把無形的刀子，深深隱藏在每個人的腦子裡，捨之則藏，用時便會閃閃地伸出刀尖兒，讓人得心應手！

與那些充斥大街小巷的名人傳記、成功人士的經驗之談等書籍相比，《厚黑學》所載是一種極有實用價值的學說。上至廟堂，下至市井，《厚黑學》可說無處不適，無往不通。正如李宗吾所說：「『厚黑學』這種學問，法子很簡單，用起來卻很神妙，小用小效，大用大效。世間學說，每每誤人，唯有厚黑學絕不會誤人。

就是走到了山窮水盡，當乞丐的時候，也比別人多討點飯。故宗吾曰：『自大總統以至於乞兒，壹是皆以厚黑為本。』」

從這個意義來講，《厚黑學》是一部最實用的成功書。在社會上行走的人，若能懷揣一本《厚黑學》，時時習之，思之，用之，則行遍天下，無憂無險矣。

李宗吾的《厚黑學》發表至今，社會上關於此書的版本五花八門，說法也不盡相同，令人眼花撩亂，不知從何處讀起。有鑑於此，筆者認真分析、研究李宗吾民國初年所發表的《厚黑學》、《厚黑叢話》、《求官六字真言》、《做官六字真言》、《辦事二妙法》、《怕老婆哲學》及《宗吾趣談》等原文，並多方考證李宗吾當時所處的社會背景，精選整理成比較權威的厚黑學全版本——天下第一奇書——《厚黑學》經典大全集。

近代聖人——林語堂評厚黑學

近人有個李宗吾，四川富順自流井地方人，看穿世態，明察現實，先後發布《厚黑學》、《厚黑經》、《厚黑傳習錄》。著書立說，其意最為詼詭，其意最為沈痛。千古大奸大詐之徒，為鬼為蜮者，在李宗吾筆下燭破其隱。

世間學說，每每誤人，唯有李宗吾鐵論「厚黑學」不會誤人，知己而又知彼，既知病情，又知藥方；西洋鏡一經拆穿，則牛渚燃犀，百怪畢現，受厚黑之犧牲者必少，實行厚黑者，無便宜可占，大詐大奸，亦無施其技矣！於是乎，人與人之間只得「赤誠相見」；英雄豪傑，攘奪爭霸，機詐巧騙，天下攘攘，亦可休矣！

李之厚黑學，有益於世道人心，豈淺鮮哉！讀過中外古今書籍，而沒有讀過李宗吾「厚黑學」者，實人生憾事也！此時此境，我論此「學」，作此文，豈徒然耶？李氏厚黑學，限於篇幅，擇其最精警扼要處介述於下：

上古時代，人民渾渾噩噩，無所謂厚，無所謂黑，天真爛漫。後來人民知識漸

開，機變百出，黑如曹操、厚如劉備之，流應運而生……

三國英雄，首推曹操心子黑。他殺呂伯奢、殺孔融、殺楊修，又殺皇后皇子，稱之為「一世之雄」！殺……「寧我負人，毋人負我。」心子之黑，空前未有，有黑如煤炭的心子，

劉備臉皮厚。他依曹操、依呂布、依劉表、依孫權、依袁紹，東竄西走，寄人籬下，恬不知恥；且生平善哭，遇到不能解決之事，對人痛哭一場。俗云：「劉備的江山，是哭出來的。」

他和曹操，一個心子最黑，一個臉皮最厚，你無奈我何，我無奈你何。所以曹操說：「天下英雄，唯使君與操耳。」

此外有個孫權，他和劉備同盟，且是郎舅之親，忽然襲取荊州，把關羽殺了。無奈心子黑不到底，跟著向蜀請和。他與曹操比肩稱雄，抗不相下；忽然又在曹丕駕下稱臣，皮厚又有如劉備。但厚不到底，隨著與魏絕交。

孫權黑不如操，厚不如備，但黑厚俱有，也是個英雄。他們三個人，把各人的本事施展出來，你不能征服我，我不能征服你，就把天下分而為三。

後來，曹操、劉備、孫權相繼死去，司馬氏父子乘時崛起。他是受了曹劉諸人的陶鑄，集厚黑學之大成於一身，欺他寡婦孤兒，心腸之黑，與曹操一樣，能受巾

幗之辱，臉皮厚極。天下乃歸司馬氏矣！

再如漢時項羽，拔山蓋世之雄，喑嗚叱吒，而竟身死東城。韓信謂其「婦人之仁，匹夫之勇」。「婦人之仁」是心有所不忍，心子不黑；「匹夫之勇」，最受不得氣，臉皮不厚。鴻門之宴，項羽和劉邦同坐一席，項羽已經把劍取出來了，只要在劉邦的頸上一割，「太祖高皇帝」的招牌馬上可以掛出，他偏偏徘徊不忍，竟被劉邦逃走。垓下之敗，如果渡過烏江，捲土重來，尚不知「鹿死誰手」，他偏偏說：「籍與江東子弟八千人，渡江而西，今無一人還，縱江東父兄憐而念我，我有何面目見之？縱彼不言，籍獨不愧於心乎？」又說：「此天亡我，非戰之罪。」

又拿劉邦本事研究：《史記》「項王問漢王曰：『天下匈匈數歲，徒以吾兩人耳。願與漢王挑戰，決雌雄。』漢王笑謝曰：『吾寧鬥智不鬥力。』」還有自己的父親，身在俎下，他要分一杯羹；親生兒女，孝惠、魯元，楚兵追至，他能推他下車；後來又殺韓信，殺彭越，「鳥盡弓藏，兔死狗烹。」劉邦的心子，豈是「婦人之仁，匹夫之勇」的項羽所能夢見！太史公著本紀，只說劉邦隆準龍顏，說項羽是重瞳子，獨於兩人面皮厚薄、心子的黑淺，未有提及。

劉邦天資既高，學歷又深，把流俗所傳君臣、父子、兄弟、夫婦、朋友五倫一一打破，又把禮儀廉恥掃除淨盡，所以能夠平蕩群雄，統一海內，厚黑無比！

韓信臉皮最厚，人人知道的韓信胯下之辱，能夠忍受。唯「黑」字欠工夫，最後只好「身首異處」。

統而言之，一部廿四史，「厚黑而已。」李宗吾曰：「厚黑之人，能得千乘之國。苟不厚黑，簞食豆羹不可得。」又曰：「君子務本，本立而道生。厚黑也者，其為人之本歟？」

李宗吾尚述及厚黑傳習錄：「求官六字真言」、「辦事二妙法」等。另著《心理與力學》一書，在此姑不多述。

李氏於一九四二年冬抗戰時期死於成都。抗戰時期，李氏著作風行西南，人手一冊，大家細妙閱讀，咸謂意味無窮，全面妙言快語云。

李氏死了。要知李氏發布「厚黑學」，是積極的，並非消極的。不是只嘻笑怒罵而已，對社會人心，實有「建設性」，旨在「觸破奸詐」，引人入正！他在《厚黑學》自序裡有言：

「……最初民風渾樸，不厚不黑。忽有一人又厚又黑，眾人必為所制，而獨占優勢。眾人見了，爭相仿效，大家都是又厚又黑，你不能制我，我不能制你；獨有一人，不厚不黑，則此人必為眾人所信仰，而獨占優勝。譬如商場，最初商人，盡是貨真價實。忽有一賣假貨者參雜其間，此人必大賺其錢。大家爭相仿效，全市都是假貨；獨有一家貨真價實，則購者雲集，始終不衰、不敗……」

世亂正殷，「英雄豪傑」滿天下，出賣靈魂，認賊作父，表面糊上一層仁義道德，愛國救民，動人聽聞。一究其實，心之黑，臉之厚，較三國時曹操、劉備、孫權尤有過之。正義淪亡，是非不辨，無法無天，以槍桿武器作後盾，大行其厚黑之道。小焉者，只圖自己衣食，乃為人工具，為人傀儡，搖旗吶喊，人云亦云，厚顏事人，跟了人家亦步亦趨，幫兇與幫閒，不是黑，便是厚，天下擾亂，國亂民困，厚黑猖獗。

李宗吾（別署「獨尊」、「蜀酋」）厚黑學之發布，已有三十多年，「厚黑學」一名詞，人多知之。試對人曰：「汝習厚黑學乎？」其人必勃然大怒，認為……此即李宗吾發布厚黑學之精髓處。收效如何？不言可知！大哉孔子！三代上有聖人，三代下聖人絕了種，怪事也！然則近代之新聖人，其惟發布厚黑學之李宗吾乎！（拍桌）

目錄

CONTENTS

第一部・厚黑學／017

第七部・宗吾趣談／551

第一部

厚黑學

世間學說每每誤人，唯有厚黑學絕不會誤人；就是走到了山窮水盡，當乞丐的時候，也比別人多討點飯。故宗吾曰：大自總統，以至於乞兒，壹是皆以厚黑為本。

自序（一）

厚黑學，是我在滿清末年發明的，分三卷：上卷厚黑學，中卷厚黑經，下卷厚黑傳習錄。民國元年，在成都《公論日報》上披露出來。那個時候，這種議論要算頂新奇了，讀者譁然。我還做有一篇《我對於聖人之懷疑》，更不敢發表了。後來底稿已不知抛往何處。十六年，刊《宗吾臆談》，才把兩文大意寫出，刊入其中。廿三年，北平友人從臆談中，將厚黑學三卷抽出，刊為單行本。廿五年在成都再版，旋即售罄。茲因索閱者眾，再重印。民國六年，成都《國民公報》社曾將上卷刊行一小冊，唐倜風、中江謝綬青作有序跋。

中卷厚黑經僅及其半，我受友人勸告，遂中止。不料從此之後，「厚黑學」三字竟洋溢乎四川，成為普遍的名詞。我每到一個地方，就有人請講《厚黑學》，我就原原本本地從頭細述。聽者無不點頭領會，每每歎息道：「我某事的失敗，就是不講厚黑學的緣故。」有時遇了不相識的人，彼此問了姓名，他就用一種很驚異的聲調道：「你就是發明厚黑學的李宗吾？」更可笑者，學生做國文的時候，竟然有用這個名詞的，其傳播的普遍也就可以想見了。

我當初本是一種遊戲的文字，不料會發生這種影響，我自己也十分詫異，心想，這種議論能受眾人的歡迎，一定與心理學有關係。我於是繼續研究下去，才知道厚黑學是淵源於「性惡說」，與王陽明的「致良知」淵源於性善說，其價值是相等的。古人說：「仁義是天性中固有之物。」我說：「厚黑是天性中固有之物。」陽明說：「見父自然知孝，見兄自然知弟。」說得頭頭是道，確鑿不移。我說：「小兒見了母親口中的糕餅，自然會取來放在自己口中；在母親懷中吃東西的時候，見他哥來了，自然會用手推他打他。」也說得頭頭是道，確鑿不移。陽明講學，受一般人歡迎，所以《厚黑學》也受一般人歡迎。

我生平讀書，最喜歡懷疑。我心中既有此種疑點，繼續研究下去，迄今已三十年之久，得出一種同一的結果，最近著一書曰《心理與力學》，算是此種疑點之答案。凡事有破壞，才有建設，《厚黑學》與《我對於聖人之懷疑》，所謂破壞也；《心理與力學》，所謂建設也。《我對於聖人之懷疑》與《厚黑學》，是同一時期的文字，特附載於後，以見我思想之過程。

有孟子的「性惡說」，就有荀子的「性惡說」與之對抗；有王陽明的「致知良」，就有「厚黑學」三字與之對抗。究竟人性是怎樣做起的，我很想把他研究出來。尋些宋、元、明、清講學的書來看，見他所說的道理，大都支離穿鑿，迂曲難通，令人煩悶欲死。我於是乎把這些書拋開，用研究物理學的方法研究心理學，才知道心理學與力學是相通的。我們研究人性，不能斷定他是善是惡，猶之研究水火之性質，不能斷定他是善是惡一樣。

孟子的性善說，荀子的性惡說，俱是一偏之見，我所講的《厚黑學》，自然是更偏了，其偏的程度，恰與王陽明「致良知」之說相等。讀者如果不明了這個道理，認真厚黑起來，是要終歸失敗的。讀者能把我著的《心理與力學》看一下，就自然明白了。但是，我們雖不想實行厚黑，也須提防人在我們名下施行厚黑，所以他們的法術，我們不能不知道。

世界是進化的，厚黑學可分三個時期：上古時人民渾渾噩噩，無所謂厚，無所謂黑，純是天真爛漫的。孔子學說，提倡道德，夢想唐虞，欲返民風於太古，是為第一時期。後來人民知識漸開，機變百出，黑如曹操、厚如劉備之流遂應運而生。斯時也，孔孟復生，亦必失敗，是為第二時期。今則已入第三時期了，黑如曹操、厚如劉備者滔滔皆是，其技術之精，雖曹劉見之，亦當惶然大嚇。卒之，失敗者多，成功者少，僥幸而成功者，或不旋踵而乃歸失敗，其故何哉？蓋今為第三時期，曹劉又成過去人物了，此時期之人必須參用孔孟的道德，似乎回復到第一時期

了，實則似回復非回復，而成為一種螺旋式之進化。

換言之，必須以孔孟之心，行曹劉之術，方與第三時期相合。方今孔孟復生，必歸失敗者，為其無曹劉之術也；曹劉復生，亦歸失敗者，為其無孔孟之心也。我輩所處之世，是第二時期之末，第三時期之始，施行厚黑而僥幸成功者，第二時期殘餘之物也，雖成功而仍歸失敗者，受第三時期之天然淘汰也。

堯舜是第一時期的人物，孔孟的書是第一時期的學說。曹劉是第二時期的人物，鄙人所著的厚黑學是第二時期的學說。我最近所著《心理與力學》是第三時期的學說，希望有第三時期的人物出現。所以，讀我的厚黑學者，不可不讀《心理與力學》。

物以少見珍。最初民風渾樸，不厚不黑；忽有一人又黑又厚，眾人必為所制，而獨占優勢。眾人見了，爭相效仿，大家都是又厚又黑，你不能制我，我不能制你；獨有一人，不厚不黑，則此人必為眾人所信仰，而獨占優勢。

譬如商場：最初的商人，盡都貨真價實；忽有一賣假貨者摻雜其間，此人必大賺其錢。大家見了，爭相效仿，全市都是假貨；獨有一家貨真價實，則購者雲集，此人又當大賺其錢。故商場情形，也可以分三個時期：第一時期的貨物內容真實，表面不好看；第二時期，表面好看，內容不真實；第三時期，則表面好看，內容又真實。我的厚黑學是第二時期的產物。讀我厚黑學的人果照書行事，遭了失敗，我是不負責的，只怪他自己晚生若干年，商場情形業已改變了。問：「如何才不失敗？」曰：「請讀《心理與力學》。」

民國二十七年二月十二日　富順李宗吾於成都

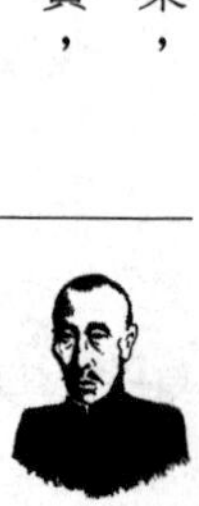

自序(二)

厚黑學全文，原載拙著《宗吾臆談》內，上海《論語》半月刊曾經轉載。其刊為單行本者，初版於北平，再版三版於成都，寄售成都《華西日報》社，及重慶售珠市北新書局等處，旋即售罄。今年我在故鄉，各處紛紛函請再印。我以為此等說法，最易啟人誤會，意欲從此不談。友人王君淵默函稱：「厚黑學三字，業已傳播眾口，無從收回。你全部作品，我曾細讀一遍。厚黑是社會病狀，你各種作品是醫病之藥，我為你計，不如把全部思想之統系和各種作品之要點，詳詳細細，寫成一文，附載於後，作為厚黑學的說明書，病情與藥方同時發表，使社會人士瞭解你的用意所在。否則僅以厚黑學三字流傳於世，你將得罪於社會。」我深感王君之文，寫成一文曰：《我的思想統系》，交與王君印行，知我罪我，非所計也。

民國二十九年二月六日於自流井

我自讀書識字以來，就想為英雄豪傑。求之四書五經，茫無所得；求之諸子百家，與夫廿四史，仍無所得。以為古之為英雄豪傑者，必有不傳之祕，不過吾人生性愚魯，尋他不出罷了。窮索冥搜，忘寢廢食，如是者有年。一日，偶然想起三國時幾個人物，不覺恍然大悟曰：「得之矣，得之矣！古之為英雄豪傑者，不過面厚心黑而已。」

三國英雄，首推曹操，他的特長，全在心黑。他殺呂伯奢，殺孔融，殺楊修，殺董承、伏完，又殺皇后、皇子，悍然不顧，並且明目張膽地說：「寧我負人，毋人負我。」心子之黑，真是達於極點了。有了這樣本事，當然稱之為一世之雄了。

其次要算劉備。他的特長，全在於臉皮厚。他依曹操，依呂布，依劉表，依孫權，依袁紹，東奔西走，寄人籬下，恬不為恥；而且生平善哭。做三國演義的人，更把他寫得維妙維肖。遇到不能解決的事情，對人痛哭一場，立即轉敗為功。所以俗語有云：「劉備的江山，是哭出來的。」這也是一個有本事的英雄。他和曹操，

可稱雙絕；當著他們煮酒論英雄的時候，一個心子最黑，一個臉皮最厚，一堂晤對，你無奈我何，我無奈你何，環顧袁本初諸人，卑鄙不足道。所以曹操說：「天下英雄，唯使君與操耳。」

此外還有一個孫權，他和劉備同盟，並且是郎舅之親，忽然奪取荊州，把關羽殺了，心子之黑，彷彿曹操；無奈黑不到底，跟著向蜀請和。其黑的程度，就要比曹操稍遜一點。他與曹操比肩稱雄，抗不相下，忽然在曹操駕下稱臣，臉皮之厚，彷彿劉備；無奈厚不到底，跟著與魏絕交。其厚的程度，也比劉備稍遜一點。他雖是黑不如操，厚不如備，卻是二者兼備，也不能不算是一個英雄。他們三個人，把各人的本事施展開來，你不能征服我，我不能征服你，那時候的天下就不能不分而為三。後來曹操、劉備、孫權相繼死了，司馬氏父子乘時崛起。他算是受了曹劉諸人的薰陶，集厚黑學之大成。他能欺人寡婦孤兒，心子之黑與曹操一樣；能夠受巾幗之辱，臉皮之厚，還更甚於劉備。我讀史，見司馬懿受辱巾幗這段事，不禁拍案大叫：「天下歸司馬氏矣！」所以到了這個時候，天下就不得不統一。這都是「事有必至，理有固然。」

諸葛武侯，天下奇才，是三代下第一人，遇著司馬懿，還是沒有辦法。他下了「鞠躬盡瘁，死而後已」的決心，終不能取得中原尺寸土地，竟至嘔血而死。可見王佐之才，也不是厚黑名家的敵手。

我把他們幾個人物的事反覆研究，就把這千古不傳的祕訣發現出來。一部二十四史，可一以貫之：「無非厚黑而已。」茲再舉楚漢的事來證明一下。

項羽拔山蓋世之雄，喑嗚叱吒，千人皆廢，為什麼身死東城，為天下笑？他失敗的原因，韓信所說：「婦人之仁，匹夫之勇」兩句話包括盡了。婦人之仁，是心有所不忍，其病根在心子不黑；匹夫之勇，是受不得氣，其病根在臉皮不厚。鴻門之宴，項羽和劉邦同坐一席，項羽已經把劍取出來了，只要在劉邦的頸上輕輕一割，「太祖高皇帝」的招牌立刻可以掛出。他偏偏徘徊不忍，竟被劉邦逃走。垓下之敗，如果渡過烏江，捲土重來，尚不知鹿死誰手？他偏偏說：「籍與江東子弟八千人渡江而西，今無一人還，縱江東父兄憐我念我，我何面目見之？縱彼不言，籍獨不愧於心乎？」這些話，真是大錯特錯！他一則曰：「無面見人。」再則曰：「有愧於心。」究竟人的面是如何做起的，人的心是如何生起的？也不略加考察，反說：「此天亡我，非戰之罪。」恐怕上天不能任其咎。

我們又拿劉邦的本事研究一下。《史記》載：「項羽謂漢王曰：『天下匈匈數歲，徒以吾兩人耳。願與漢王挑戰決雌雄。』漢王笑謝曰：『吾寧鬥智不鬥力。』請問「笑謝」二字從何生出？

劉邦見酈生時，使兩女子洗腳。酈生責他倨見長者，他立即輟洗起謝。請問「起謝」二字，又從何生出？還有自己的父親，身在俎下，他要分一杯羹；親生兒女，孝惠、魯元，楚兵追至，他能夠推他下車；後來又殺韓信，殺彭越，「鳥盡弓藏，兔死狗烹。」請問劉邦的心子是何狀態，豈是那「婦人之仁，匹夫之勇」的項羽所能夢見？太史公著本紀，只說劉邦隆準龍顏，項羽是重瞳子，獨於二人的面皮厚薄、心之黑白，沒有一字提及，未免有愧良史。

劉邦的面，劉邦的心，比較別人特別不同，可稱天縱之聖。黑之一字，真是「生知安行，從心所欲不逾矩。」至於厚字方面，還加了點學力，他的業師，就是三傑中的張良。張良的業師是圯上老人，他們的衣缽真傳是彰彰可考的。圯上受書一事，老人種種作用，無非教張良臉皮厚罷了。這個道理，蘇東坡的〈留侯論〉說得很明白。張良是有「夙根」的人，一經指點，言下頓悟，故老人以「王者師」期之。這種無上妙法，斷非鈍根的人所能瞭解。所以《史記》上說：「良為他人言，皆不省，獨沛公善之。良曰，沛公殆天授也。」可見這種學問，全是關乎資質，明師固然難得，好徒弟也不容易尋找。韓信求封齊王時候，劉邦幾乎誤事，全靠他的業師在旁指點，彷彿現在學校中，教師改正學生習題一般。以劉邦的天資，有時還有錯誤，這種學問的精深，就此可以想見了。

劉邦天資既高，學歷又深，把流俗所傳君臣、父子、兄弟、夫婦、朋友五倫一一打破，又把禮儀廉恥掃除淨盡，所以能夠平蕩群雄，統一海內。一直經過了四百幾十年，他那厚黑的餘氣方才消滅，漢家的系統於是乎才斷絕了。

楚漢的時候，有一個人，臉皮最厚，心不黑，終歸失敗。此人為誰？就是人人知道的韓信。胯下之辱，他能夠忍受，厚的程度不在劉邦之下。無奈對於「黑」字欠了研究。他為齊王時，果能聽蒯通的話，當然貴不可言。可他偏偏繫念著劉邦「解衣推食」的恩惠，冒冒昧昧地說：「衣人之衣者，懷人之憂；食人之食者，死人之事。」後來長樂鍾室，身首異處，夷及三族，真是咎由自取。他譏誚項羽是婦人之仁，可見「心子不黑，做事是要失敗」這個大原則，他本來也是知道的，但他自己也在這裡失敗。「非知之艱，行之維艱。」這也怪韓信不得。

同時又有一個人，心子最黑，臉皮不厚，也歸失敗。此人也是人人知道的，姓范名增。劉邦破咸陽，繫子嬰，還軍灞上，秋毫不犯。范增千方百計，總想把他置之死地，心子之黑，也同劉邦彷彿。無奈臉皮不厚，受不得氣，漢用陳平計，間疏楚君王，增大怒求去，歸來至彭城，疽發背死。大凡做大事的人，哪有動輒生氣的道理？「增不去，項羽不亡。」他若能隱忍一下，劉邦的破綻很多，隨便都可以攻進去。他偏忿然求去，把自己的老命和項羽的江山一齊送掉。因小不忍，壞了大

事，蘇東坡還稱他是「人傑」，未免過譽？

據上面的研究，厚黑學這種學問，法子很簡單，用起來卻很神妙，小用小效，大用大效。劉邦、司馬懿把它學完了，就統一天下；曹操、劉備各得一偏，也能稱孤道寡，割據爭雄；韓信、范增，也是各得一偏，不幸生不逢時，偏偏與厚黑兼全的劉邦並世而生，以致同歸失敗。但是他們在生的時候，憑其一得之長，博取王侯將相，炫赫一時，身死之後，史傳中也占了一席之地，後人談到他們的事蹟，大家都津津樂道。可見厚黑學終不負人。

上天生人，給我們一張臉，而厚即在其中，給我們一顆心，而黑即在其中。從表面上看去，廣不數寸，大不盈掬，好像了無奇異，但若精密地考察，就知道它的「厚」是無限的，它的「黑」是無比的。凡人世的功名富貴、宮室妻妾、衣服車馬，無一不從這區區之地出來。造物生人的奇妙，真是不可思議。鈍根眾生，身有至寶，棄而不用，可謂天下之大愚。

厚黑學共分三步功夫：

〔第一步〕是「厚如城牆，黑如煤炭」。起初的臉皮，好像一張紙，由分而寸，由尺而丈，就厚如城牆了。最初心子的顏色作乳白狀，由乳色而炭色，而青藍色，再進而就黑如煤炭了。到了這個境界，只能算初步功夫。因為城牆雖厚，轟以大炮，還是有攻破的可能；煤炭雖黑，但顏色討厭，眾人都不願挨近它。所以只算是初步的功夫。

〔第二步〕是「厚而硬，黑而亮」。深於厚學的人，任你如何攻打，他一點不動。劉備就是這類人，連曹操都拿他沒辦法。深於厚學的人，如退光漆的招牌，越是黑，買主越多。曹操就是這類人。他是著名的黑心子，然而中原名流傾心歸服。這就是退光漆的亮招牌，可以招到很多買主，正可謂「心子漆黑，招牌透亮」。能夠到第二步，固然同第一步有天淵之別，但還露了跡象，有形有色，所以曹操的本事，我們一眼就看出來了。

〔第三步〕是「厚而無形，黑而無色」。至厚至黑，天下後世，皆以為不厚不黑，這個境界，很不容易達到，只好在古之大聖大賢中去尋求。有人問：「這種學問，哪有這樣精深？」我說：「儒家的中庸，要講到『無聲無臭』方能終止；學佛的人，要到『菩提無樹，明鏡非臺』才算正果；何況厚黑學是千古不傳之祕，當然要做到『無形無色』才算止境。」

總之，由三代以至於今，王侯將相、豪傑聖賢，不可勝數，苟其事之有成，何一不出於此？書冊俱在，事實難誣，讀者倘能本我指示的途徑，自去搜尋，自然左右逢源，頭頭是道。

厚黑經

李宗吾曰：「不薄謂之厚，不白謂之黑。厚者天下之厚臉皮，黑者天下之黑心子。此篇乃古人傳授心法，宗吾恐其久而差矣，故筆之於書，以授世人。其書始言厚黑，中散為萬事，末復合為厚黑；放之則彌六合，捲之則退藏於面與心，其味無窮，皆實學也。善讀者玩索而有得焉，則終身用之，有不能盡者矣。」

天命之謂厚黑，率厚黑之謂道，修厚黑之謂教。厚黑也者，不得須臾離也，可離非厚黑也。是故君子戒慎乎其所不厚，恐懼乎其所不黑。莫險乎薄，莫危乎白。是以君子必厚黑也。喜怒哀樂皆不發謂之厚，發而無顧忌謂之黑！厚也者，天下之大本也；黑也者，天下之達道也。致厚黑，天下畏焉，鬼神懼焉。

右經一章，宗吾述古人不傳之祕以立言。首言厚黑之本源出於天而不可易，其實厚黑備於己而不可離；次言孝養厚黑之要；終言厚黑功化之極。蓋欲學者於此，反求諸身而自得之，以去夫外誘之仁義，而充其本然之厚黑，所謂一篇之體要是也。以下各章親引宗吾之言，以終此章之義。

宗吾曰：「厚黑之道，易而難，夫婦之愚，可以與知焉；及其至也，雖曹、劉亦有所不知焉。夫婦之不肖，可以能行焉；及其至也，雖曹、劉亦有所不能焉。厚黑之大，曹、劉猶有所憾焉，而況世人乎。」

宗吾曰：「人皆曰子黑，驅而納諸煤炭之中，而不能一色也；人皆曰子厚，遇乎炮彈，而不能不破也。」

宗吾曰：「厚黑之道，本諸身，徵諸眾人，考諸三王而不謬，建諸天地而不悖，質諸鬼神而無疑，百世以俟聖人而不惑。」

宗吾曰：「君之務本，本立而道生，厚黑也者，其為人之本歟？」

宗吾曰：「三人行，必有我師焉。擇其厚黑者而從之，其不厚黑者而改之。」

宗吾曰：「天生厚黑於予，世人其如予何？」

宗吾曰：「劉邦，吾不得而見之矣，得見曹操斯可矣；曹操，吾不得而見之矣，得見劉備、孫權斯可矣。」

宗吾曰：「十室之邑，必有厚黑如宗吾者焉，不如宗吾之明說也。」

宗吾曰：「吾子無終食之間違厚黑，造次必於是，顛沛必於是。」

宗吾曰：「如有項羽之才之美，使厚且黑，劉邦不足觀也已！」

宗吾曰：「厚黑之人，能得千乘之國；苟不厚黑，簞食豆羹不可得。」

宗吾曰：「五穀者，種之美者也，苟為不熟，不如荑稗。夫厚黑亦在乎熟之而已矣。」

宗吾曰：「道學先生，厚黑之賊也。居之似忠信，行之似廉潔，眾皆悅之，自以為是，而不可與入曹劉之道。故曰：厚黑之賊也。」

宗吾曰：「無惑乎人之不厚黑也！雖有天下易生之物也，一日曝之，十日寒之，未有能生者也。吾見人講厚黑亦罕矣！吾退而道學先生至矣！吾其如道學先生何哉？今夫厚黑之為道，大道也，不專心致志，則不得也。宗吾發明厚黑學者也，使宗吾誨二人厚黑，其一人專心致志，唯宗吾之言為聽，一人雖聽之，一心以為有道學先生將至，思竊聖賢之名而居之，則雖與之俱學，弗若之矣！為其資質弗若歟？曰：非也。」

宗吾曰：「有失敗之事於此，君子必自反也，我必不厚。其自反厚矣，而失敗者猶是也，君子必自反也，我必不黑。其自反而黑矣，其失敗猶是者也。君子曰：反對我者，是亦妄人也已矣！如此則與禽獸奚擇哉！用厚黑以殺禽獸，又何難焉？」

宗吾曰：「厚黑之道，高矣善矣？宜若登天然，而未嘗不可幾及也。譬如行遠，必自邇；譬如登高，必自卑。身不厚黑，不能行於妻子；使人不以厚黑，不能行於妻子。」

我著厚黑經，意在使初學的人便於諷誦，以免遺忘。不過有些道理太深奧了，我就於經文上下加以說明。

宗吾曰：「不曰厚乎，磨而不薄；不曰黑乎，洗而不白。」後來我改為：「不曰厚乎，越磨越厚；不曰黑乎，越洗越黑。」有人問我：「世界哪有這種東西？」我說：「手足的繭疤，是越磨越厚；沾了泥土塵埃的煤炭，是越洗越黑。」人的面皮很薄，慢慢地磨練，就漸漸地加厚；人的心，生來是黑的，遇著講因果的人，講理學的人，拿些道德仁義蒙在上面，才不會黑，假如把他洗去了，黑的本體自然出現。

宗吾曰：「厚黑者，非由外鑠我也，我固有之也。天生烝民，有厚有黑，民之秉彝，好是厚黑。」

這是完全可以試驗的。隨便找一個當母親的，把她親生孩子抱著吃飯。小孩見了母親手中的碗，就伸手去拖，如不提防，就會被他打爛；母親手中拿著糕餅，他一見就伸手來拿，如果母親不給他，放在自己口中，他就會伸手把母親口中的糕餅取出，放在他自己的口中。又如小孩坐在母親的懷中吃奶，或者吃餅的時候，哥哥走至面前，他就要伸手推他打他。這些事都是不學而能，不慮而知的，這即是「良知良能」了。把這種「良知良能」擴充出去，就可建立驚天動地的事業。

唐太宗殺他哥哥建成，殺他的弟弟元吉，又把建成與元吉的兒子全行殺死，把元吉的妃子納入後宮，又逼著父親把天下讓與他。他的這種舉動，即是把當小孩時，搶母親口中糕餅和推哥哥、打哥哥那種「良知良能」擴充出來的。普通人有了這種「良知良能」，不知道擴充，唯有唐太宗把它擴充了，所以他就成為千古英雄。故宗吾曰：「口之於味也，有同嗜焉；耳之於聲也，有同聽焉；目之於色也，有同美焉。至於面與心，獨無所同然乎？面與心所同然者，謂厚也，謂黑也。英雄特擴充我面與心之所同然耳。」

厚黑這個道理，很明白的擺在面前，不論什麼人都可見到。不過剛剛一見到，就被感應篇、陰騭文（編按・兩者皆古代善書）或道學先生的學說壓伏下去了。故宗吾曰：「牛山之木當美也，斧斤伐之，非無萌蘗之生焉；牛羊又從而牧之，是以若彼其濯濯也。雖存乎人者，豈無厚與黑哉？其所以摧殘其厚黑者，亦猶斧斤之於木也，旦旦而伐之，則其厚黑不足以存。厚黑不足以存，則欲為英雄也難矣！人見其不能為英雄也，而以為未嘗有厚黑焉，是豈人之情也哉？故苟得其養，厚黑日長；苟失其養，厚黑日消。」

宗吾曰：「小孩見母親口中有糕餅，皆知搶而奪之矣。人能充其搶母親口中糕餅之心，而厚黑不可勝用也。苟能充之，足以為英雄，為豪傑，是之謂大人者不失其赤子心者也。苟不充之，不足以保身體，是之謂自暴自棄。」

有一種天資絕高的人，他自己明白這個道理，就實力奉行，祕不告人。又有一種資質魯鈍的人，已經走入這個途徑，自己還不知道。故宗吾曰：「行之而不著焉，習矣而不察焉，終身由之，而不知厚黑者眾也。」

世間學說每每誤人，唯有厚黑學絕不會誤人；就是走到了山窮水盡，當乞丐的時候，討口飯，也比別人多討點。故宗吾曰：「大自總統，以至於乞兒，壹是皆以厚黑為本。」

厚黑學博大精深，有志此道者，必須專心致志，學過一年，才能應用，學過三年，才能大成。故宗吾曰：「苟有學厚黑者，期月而已可也，三年有成。」

厚黑傳習錄

有人問我道：「你發明厚黑學，為什麼你做事每每失敗？為什麼你的學生的本領還比你大，你每每吃他的虧？」

我說：「你這話差了。凡是發明家，都不可登峰造極。儒教是孔子發明的，孔子登峰造極了，顏、曾、思、孟，學問又低一層，後來學周、程、朱、張的，更低一層，愈趨愈下，其原因就是教主的本領太大了。凡東洋方面的學問皆然，道教中的老子，佛教中的釋迦，都是這種現象。唯西洋的科學則不然，發明的時候很粗淺，越研究越精深，發明蒸氣的人只悟得汽衝壺蓋之理，發明電氣的人只悟得死蛙運動之理，後人繼續研究下去，造出種種的機械，有種種的用途，為發明蒸氣電氣的人所萬不能預料的。可見西洋科學是後人勝過前人，學生勝過先生。我的厚黑學等於西洋的科學，我只能講點汽衝壺蓋、死蛙運動，中間許多道理，還望後人研究，我的本領當然比學生小，遇著他們，當然失敗。將來他們傳授些學生出來，他們自己又被學生打敗，一輩勝過一輩，厚黑學自然就昌明光大了！」

又有人問道：「你把厚黑學講得這樣神妙，為什麼不見你做出一些轟轟烈烈的事？」我說道：「我試問，我們的孔夫子，究竟做出了多少轟轟烈烈的事？他講的為政為邦，道千乘之國，究竟實行了幾件？曾子著一部《大學》，專講治國平天下，請問他治的國在哪裡？平的天下又在哪裡？子思著了一部《中庸》，說了些中和位育的話（編按‧「中和」是目的不偏不倚，「位育」是手段各守其分），請問他中和位育的實際安在？你不去質問他們，反來質問我，明師難遇，至道難聞，這種『無上甚深微妙法，百千萬劫難遭遇』，你聽了還要懷疑，未免自誤了。」

民國元年，我發布厚黑學的時候，遇著一位姓羅的朋友，新從某縣做了知事回來，歷數他在任內，如何如何地整頓，言下很高興；又說因某事失誤，把官失掉了，案子至今尚未了結，又非常懊喪。其次談及厚黑學，我原原本本地告訴他，他聽得津津有味。我乘他正聽得入神之際，猝然站起來，把桌子一拍，厲聲說道：「羅某！你生平作事，有成有敗，究竟你成功的原因在什麼地方？失敗的原因在什麼地方？究竟離脫（離開、斷絕）這二字沒有？速道，速道！不許遲疑！」

他聽了我這話，如雷貫耳，呆了半晌，才歎口氣說道：「真真是莫有離脫這二字。」這位姓羅的朋友，終於可稱頓悟了。

我發布厚黑學，用的別號是「獨尊」二字，取「天上地下，唯我獨尊」之意。

與朋友寫信，也用別號。

後來我又寫作「蜀酋」。有人問：「蜀酋二字作何解？」

我答道：「我發布厚黑學，有人說我瘋了，離經叛道，非關在瘋人院不可。我說：那麼我就成為蜀中之罪酋了，因此名為蜀酋。」

我發布厚黑學過後，許多人實力奉行，把四川造成一個厚黑國。有人問我道：「國中首領，非你莫屬。」我說：「那麼，我就成為蜀中之酋長了。」因此又名為蜀酋。再者，我講授厚黑學，得我真傳的弟子，本該授以衣缽，但是我的生活是沿門托缽，這個缽要留來自用的，只把我的狗皮褂子脫與他穿，所以獨字去了犬旁，成為蜀字。我的高足弟子很多，好弟子之足高，則先生之足短，弟子之足高一丈，則先生之足短一寸，所以尊字截去了寸字，成為酋字。因此，我只好稱為蜀酋了。

我把厚黑學發表出來，一般人讀了，說道：「你這門學問，博大精深，我們讀了此書，猶如讀《大學》、《中庸》一般，茫無下手處。請為我輩鈍根眾生說下乘法，傳授點實用的法子，我們才好照著做。」

我問道：「你們想做什麼？」答道：「我想弄個官來做，並且還要做得轟轟烈烈，一般人都認為大政治家。」我於是傳他「求官六字真言」、「做官六字真言」和「辦事二妙法。」

Ⅰ・求官六字真言

求官六字真言：「空、貢、沖、捧、恐、送」。此六字俱仄聲，其意義如下：

（1）——空

即空閒之意，分兩種：一指事務而言。求官的人定要把一切事放下，不工不商，不農不賈，書也不讀，學也不教，一心一意，專門求官。二指時間而言。求官的人要有耐心，不能著急，今日不生效，明日又來，今年不生效，明年又來。

（2）——貢

這個貢字是借用的。四川的俗語，其意義等於鑽營的鑽字。「鑽進鑽出」，可以說「貢進貢出」。求官要鑽營，這是眾人知道的，但是定義很不容易下。有人說：「貢字的定義，是有孔必鑽。」我說：「這錯了！只說得一半。有孔才鑽，無孔者，其奈之何？」我下的定義是：「有孔必鑽，無孔也要鑽。有孔者擴而大之；無孔者，取出鑽子，新開一孔。」

（3）——沖

普通所謂之「吹牛」，四川話是「沖帽殼子」。沖的工夫有兩種：一是口頭上，二是文字上。口頭上又分普通場所及上峰的面前兩種，文字上又分報章雜誌及說帖條陳兩種。

（4）——捧

就是捧場的捧字。戲臺上魏公出來了，那華歆的舉動，是絕好的模範。（編按此話係指：曹操登場了，華歆的動作就來了。他就是三國時代要漢獻帝禪讓帝位給曹丕的關鍵人物）

（5）——恐

是恐嚇的意思，是及物動詞。這個字的道理很精深，我不妨多說幾句。官之為物，何等寶貴，豈能輕易給人？有人把捧字做到十二萬分，還不生效，這就是少了恐字的功夫。凡是當權諸公，都有軟處，只要尋著他的要害，輕輕點他一下，他就會惶然大嚇，立刻把官兒送來。

學者須知：恐字與捧字，是互相為用的。善恐者，捧之中有恐，旁觀的人看他在上峰面前說的話，句句是阿諛逢迎，其實是暗擊要害，上峰聽了，汗流浹背。善捧者，恐之中有捧，旁觀的人看他傲骨棱棱，句句話責備上峰，其實受之者滿心歡喜，骨節皆酥。「神而明之，存乎其人。」「大匠能與人規矩，不能使人巧。」是在求官的人細心體會。最要緊的，用恐字的時候要有分寸，如用過度了，大人們惱羞成怒，作起對來，豈不就與求官的宗旨大相違背？這又何苦乃爾。非到無可奈何的時候，恐字不能輕用。

（6）——送

即是送東西，分大小二種：大送，把銀元鈔票一包包地拿去送；小送，如春茶、火肘及請吃館子之類。所送的人分兩種：一是操用捨之權者；二是未操用捨之權，而能予我以助力者。

這六字做到了，包管字字發生奇效。那大人先生，獨居深念，自言自語說：某人想做官，已經說了許久（這是空字的效用），他和我有某種關係（這是貢字的作用）；某人很有點才智（這是沖字的效用），對我很好（這是捧字的效用），但此人有點歪才，如不安置，未必不搗亂（這是恐字的效用）。想到這裡，回頭看看桌上黑壓壓的，或者白亮亮地堆了一大堆（這是送字的效用），也就無話可說，掛出牌來，某缺由某人署理。

求官到此，可謂功行圓滿了。於是走馬上任，實行做官六字真言。

2・做官六字真言

做官六字真言：「空、恭、繃、凶、聾、弄」。此六字俱平聲，其意義如下：

（1）——空

空即空洞的意思。一是文字上，凡是批呈詞，出文告，都是空空洞洞的。其中奧妙，我難細說，請到軍政各機關，把壁上的文字讀完，就可恍然大悟。二是辦事上，隨便辦什麼事情，都是活搖活動，東倒也可，西倒也可。有時辦得雷厲風行，其實暗中藏有退路。如果見勢不佳，就從那條路抽身走了，絕不會把自己牽掛著。

（2）——恭

就是卑恭折節，脅肩諂笑之類，分直接、間接兩種。直接是指對上司而言，間接是指對上司的親戚朋友、丁役及姨太太等類而言。

（3）——繃

即俗語所謂繃勁，是恭字的反面字，指對下屬及老百姓而言。分二種：一種是儀表上，赫赫然大人物，凜不可犯；二是言談上，儼然腹有經綸，槃槃大才。

恭字對飯甑子所在地而言，不一定是上司；綳字對非飯甑子所在地而言，不一定是下屬和老百姓。有時甑子之權不在上司，則對上司亦不妨厚；有時甑子之權操之下屬或老百姓，又當改而為恭。吾道原是活潑潑地，運用之妙，存乎一心也。

（4）——凶

只要能達到我的目的，他人賣兒貼婦，都不必有所顧忌。但有一層應當注意，凶字上面定要蒙上一層仁義道德。

（5）——聾

就是耳聾：「笑罵由他笑罵，好官我自為之。」但聾字中包含有瞎子的意義，文字上的詆罵，閉著眼睛不看。

（6）——弄

即弄錢之弄，俗語讀作平聲。千里來龍，此處結穴。前面的十一個字，都是為了這個字而設的。弄字與求官之送字是對照的，有了送就有弄。這個弄字最要注意，是要能夠在公事上通得過才成功。有時通不過，就自己墊點腰包裡的錢也不妨；如果通得過，任他若干，也就不用客氣了。

以上（求官、做官）十二字，我不過粗學大綱，許多的精義都沒有發揮，有志於官者，可按著門徑，自去研究。

3・辦事二妙法

（1）——鋸箭法

有人中了箭，請外科醫生治療。醫生將箭桿鋸了，即索謝禮。問他為什麼不把箭頭拔出？他說：那是內科的事，你去尋內科好了。這是一段相傳的故事。

現在各級機關辦事，都是用的這種方法。譬如批呈詞：「據呈某某等情，實屬不合已極，仰候令飭該縣知事查明嚴辦。」「不合已極」這四個字是鋸箭桿，「該知事」是內科。抑或「仰候轉呈上峰核辦」，那「上峰」就是內科。又如有人求我辦一件事情，我說：「這個事情我很贊成，但是，還要同某人商量。」「很贊成」三個字是鋸箭桿，「某人」是內科。又或說：「我先把某部分辦好了，其餘的以後辦。」「先辦」是鋸箭桿，「以後」是內科。此外有只鋸箭桿，並不命其尋找內科的；也有連箭桿都不鋸，命其逕尋內科的。種種不同，細參自悟。

（2）——補鍋法

做飯的鍋漏了，請補鍋匠來補。補鍋匠一面用鐵片刮鍋底煤煙，一面對主人說：「請點火來我燒煙。」他乘著主人轉背的時候，用鐵錘在鍋上輕輕敲幾下，那裂痕就增長了許多。及主人轉來，就指給他看，說道：「你這鍋裂痕很長。上面的油膩了，看不見，我把鍋煙刮開，就現出來了，非多補幾個釘子不可。」主人埋頭一看，很驚異地說：「不錯，不錯！今天不遇著你，這鍋子恐怕不能用了。」及至補好，主人與補鍋匠皆大歡喜而散。

鄭莊公縱容共叔段，使他多行不義，才舉兵征討，這就是補鍋法了。歷史上這類事情是很多的。

有人說：「中國變法，有許多地方是把好肉割了下來醫。」這就是變法諸公用的補鍋法。在前清官場，大概是用鋸箭法。民國以來，是鋸箭與補鍋二法互用。

上述二妙法，是辦事的公例，無論古今中外，合乎這個公例的就成功，違反這個公例的即失敗。

管仲是中國的大政治家，他辦事就是用這兩種方法。狄人伐衛，齊國按兵不動；等到狄人把衛滅了，才出來做「興滅國，繼絕世」的義舉，這是補鍋法。召陵之役，不責楚國僭王號，只責他包茅不貢，這是鋸箭法。那個時候，楚國的實力遠勝齊國，管仲敢於勸齊桓公興兵伐楚，可說是把鍋敲爛了來補。及至楚國露出反抗

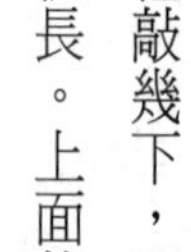

的態度，他立即鋸箭了事。召陵一役，以補鍋法始，以鋸箭法終。管仲把鍋敲爛了，能把它補起，所以稱為「天下才」。

明季武臣把流寇圍住了，故意放他出來，本是用的補鍋法。後來制他不住，竟至國破君亡。把鍋敲爛了補不起，所以稱為「誤國庸臣」。岳飛想恢復中原，迎回二帝，他剛剛才起了取箭頭的念頭，就遭殺身之禍。明英宗被也先捉去，于謙把他弄回來，算是把箭頭取出了，仍然遭殺身之禍。何以故？違反公例故。

晉朝王導為宰相，有一個叛賊，他不去討伐。陶侃馳函責備他。他覆信說：「我遵養時晦，以待足下。」侃看了這覆信，笑說：「他無非是『遵養時賊』罷了。」王導「遵養時賊」，以待陶侃，即留著箭頭專等內科。

諸名士在新亭流涕，王導變色曰：「當共戮力王室，克復神州，何至作楚囚對泣？」他義形於色，儼然手執鐵錘，要去補鍋，其實說兩句漂亮話就算完事。懷、愍二帝陷在北邊，永世不返，箭頭永未取出。王導這種舉動，略略有點像管仲，所以歷史上稱他為「江左夷吾」。讀者如能照我說的方法實行，包管他成為管子而後的第一大政治家。

〔結語〕

說了一大堆的話，在這收頭結大瓜的時候，不妨告訴讀者一個祕訣：大凡行使厚黑時，表面上一定要糊一層仁義道德，不能把它赤裸裸地表現出來。王莽之失敗，就是由於露出了厚黑的原故。如果終身不露，恐怕至今孔廟中，還會寫一個「先儒王莽之位」，大吃其冷豬肉。

韓非《說難》篇有曰：「陰稱其言，而顯棄其身。」凡是我的學生，定要懂得這個法子。假如有人問你：「認得李宗吾否？」你就取出最莊嚴的面孔說道：「這個人壞極了！他是講厚黑學的，我認他不得。」口雖如此說，而心中則恭恭敬敬地供一個「大成至聖先師李宗吾之位」。你們果能這樣去做，包管你生前的事業一定驚天動地，為舉世所佩仰，死後還要入孔廟吃冷豬肉。所以我每聽見有人罵我，就非常高興，說道：「吾道大行矣。」

還有一點。我前面說：「厚黑上面，要糊一層仁義道德。」這是指遇著道學先生而言。假如遇著講性的朋友，你也同他講仁義道德，豈非自討沒趣？這個時候，則應當糊上「戀愛神聖」四字。難道他不喊你是同志嗎？總之，面子上是應當糊以甚麼東西，是在學者因時因地，神而明之，而裡子的厚黑二字則萬變不離其宗。有志斯學者，細細體會！

第二部

厚黑叢話（上）

處世不外厚黑，厚黑之變，不可勝窮也。用兵是奇中有正，正中有奇，奇正相生，如循環之無端。處世是厚中有黑，黑中有厚，厚黑相生，如循環之無端。

自序

民國十六年，我將歷年作品彙刊一冊，名曰《宗吾臆談》，內容計：⑴厚黑學；⑵我對於聖人之懷疑；⑶心理與力學；⑷考試制之商榷；⑸解決社會問題之我見。十七年，我把「解決社會問題之我見」擴大為一單行本，題曰「社會問題之商榷」。

《社會問題之商榷》第六章有云：「我討論這個問題，自有我的根據地，並未依傍孫中山，乃所得結果，中山已先我而言之，真理所在，我也不敢強自立異。於是把我研究所得，作為闡發孫中山學說之資料。」

此書流傳至南京，石青陽與劉公潛見之，曾致電四川省政府劉主席自乾，叫我入京研究黨義，我因事未去。本年我到重慶，伍君心言對我說：「你著的《社會問題之商榷》，曾刊登南京《民生報》，許多人說你對於孫中山學說有獨到之見。你可再整理一下，發表出來，大家討論。」我因把原作再加整理，名曰「改革中國之我見」。

《社會問題之商榷》理論多而辦法少。我認為現在所需要者是辦法，而不是理論，乃將原書大加刪除，注重辦法。原書偏於經濟方面，乃再加入政治和外交，基於經濟之組織，生出政治之組織，基於經濟、政治之方式，生出外交之方式。換言之，即是由民主而民權，而民族，三者聯為一貫，三民主義就成為整個的東西了。書成，拿到省黨部，請胡素民、顏伯通二君批評。二君道：「此書精神上，對於三民主義完全吻合，但辦法上，有許多地方，孫中山未曾這樣說，如果發表出來，恐淺見者流生出誤會，你可以不必發表。」我因此把原稿收藏起。我是發明厚黑學的人，還是回轉頭來講我的厚黑學，因此才寫《厚黑叢話》。

我生平揭的標幟是「思想獨立」四字。因為思想獨立，就覺得一部二十四史和四書五經，與宋元明清學案，無處不是破綻。《厚黑學》一文是揭穿一部二十四史的黑幕；《我對於聖人之懷疑》一文是揭穿一部宋元明清學案的黑幕。馬克思的思想是建築在唯物史觀上；我的思想可說是建築在厚黑史觀上。

我的思想既以厚黑史觀為基礎，則對於人性不能不這樣地觀察；對於人性既這樣觀察，則改革經濟、政治、外交等等，不能不有這樣的辦法。今之研究三民主義者，是置身三民主義之中，一字一句研究。我是把中國的四書五經、二十四史和宋元明清學案，與夫外國的……斯密士、達爾文、盧梭、克魯泡特金、孟德斯鳩等等，一齊掃蕩了，另闢蹊徑，獨立研究，結果與三民主義精神相合，成了殊途同歸。由此可以證明，孫中山學說是合乎真理的。

孫中山常說：「主義不能變更，政策可因時勢而變更。」主義者，精神也；政策者，辦法也。我們只求精神上與三民主義相合，至於辦法上，大家可提些出來，公開討論……辦法生於理論。我的理論以厚黑史觀作為基礎，故從厚黑學講起來。

此次所寫《厚黑叢話》，是把我舊日作品和新近的感想糅合寫之。我最近還做有一本《中國學術之趨勢》，曾拿與友人舒君實、官夢蘭二君看，二君都說可以發表，我也把他拆散寫入，將所有作品治為一爐，以見思想之一貫。中間許多說法，已越出厚黑學範圍，而仍名之為「厚黑叢話」者，因種種說法都是從厚黑學生出來，猶之樹上的枝葉花果是從樹幹生出來，題以厚黑二字，示不忘本也。

我這《厚黑叢話》，從二十四年八月一日起，逐日在成都《華西日報》發表，每日寫一兩段，每兩個月合刊一冊，請閱者賜教。舊著《宗吾臆談》和《社會問題之商榷》，我送有兩本在成都圖書館，讀者可便中取閱。有不合處，一經指出，即當遵照修改。

民國二十四年十月十八日，李宗吾於成都

厚黑叢話之一

著者於滿清末年發明厚黑學，大旨言，一部廿四史中的英雄豪傑，其成功祕訣不外面厚心黑四字，引歷史事實為證。民國元年，揭登成都《公論日報》，計分三卷，上卷厚黑學，中卷厚黑經，下卷厚黑傳習錄。發表出來，讀者譁然。中卷僅登一半，我受友人的勸告，即行中止。原文底稿已不知拋棄何所。十六年刊《宗吾臆談》，把三大卷大意摘錄其中。去年舍侄等在北平，從《臆談》中抽出，刊為單行本，上海某雜誌似乎也曾登載過。

我當初本是隨便寫來開玩笑的，不料從此以後，厚黑學三字竟洋溢乎四川，成一普通名詞，我也莫名其妙。每遇著不相識的朋友，旁人替我介紹，必說道：「這就是發明厚黑學的李某。」幾於李宗吾三字和厚黑學三字合而為一，等於釋迦牟尼與佛教合而為一，孔子與儒教合而為一。

有一次，在宴會席上，某君指著我，向眾人說道：「此君姓李名宗吾，是厚黑學的先進。」我趕急聲明道：「你這話錯了！我是厚黑學祖師，你們才是厚黑學的先進。我的位置等於佛教中的釋迦牟尼、儒教中的孔子，當然稱為祖師；你們親列門牆，等於釋迦門下的十二圓覺，孔子門下的四科十哲，對於其他普通人，當然稱為先進。」

厚黑學是千古不傳之祕，我把他發明出來，可謂其功不在禹下。每到一處，就有人請我講厚黑學，我身抱絕學，不忍自私，只好勤勤懇懇地講授，隨即筆記下來，名之曰《厚黑叢話》。

有人駁我道：「面厚心黑的人，從古至今，豈少也哉！這本是極普通的事，你何得妄竊發明家之名？」我說：「所謂發明家，等於礦師之尋出煤礦鐵礦。並不是礦師拿些煤鐵嵌入地中，乃是地中原來有煤有鐵，礦師把上面的土石除去，煤鐵自然出現，這就謂之發明了。厚黑本是人所固有的，只因被四書五經、宋儒語錄和感應篇、陰騭文、覺世真經等等蒙蔽了，我把他掃而空之，使厚與黑赤裸裸地現出來，是謂之發明。」

牛頓發明萬有引力，這種引力，也不是牛頓帶來的。自開闢以來，地心就有吸力，經過了百千萬億年，都無人知道，直到牛頓出世，才把它發現出來。厚黑這門學問，從古至今，人人都能夠做。無奈行之而不著，習矣而不察，直到李宗吾出世，才把他發明出來。牛頓可稱為萬有引力的發明家，李宗吾當然可稱為厚黑學的

發明家。

有人向我說道：「我國連年內亂不止，正由彼此施行厚黑學，才鬧得這樣糟。現在強鄰壓迫，亡國在於眉睫，你怎麼還在提倡厚黑學？」我說：「正因為亡國迫在眉睫，更該提倡厚黑學。能把這門學問研究好了，國內紛亂的狀況才能平息，才能對外。厚黑是辦事上的技術，等於打人的拳術。諸君知道：凡是拳術家，都要閉門練習幾年，然後才敢出來與人交手。從辛亥至今，全國紛紛擾擾者，乃是我的及門弟子和私淑弟子實地練習，他們師兄師弟互相切磋，迄今二十四年，算是練習好了。開門出來，與人交手，真可謂：『以此制敵，何敵不摧；以此圖功，何功不克。』我基於此種見解，特提出一句口號曰：『厚黑救國。』請問居今之日，要想抵抗列強，除了厚黑學，還有什麼法子？此《厚黑叢話》所以不得不作也。」

抵抗列強，要有力量。國人精研厚黑學，能力算是有了的。譬如射箭，箭是射得很好。從前是關著門，以父子兄弟，你射我，我射你；而今以列強為箭垛子，支支箭向同一之垛子射去。我所謂厚黑救國，如是而已。

厚黑救國，古有行之者，越王勾踐是也。會稽之敗，勾踐自請身為吳王之臣，妻入吳宮為妾，這是厚字訣。後來舉兵破吳，夫差遣人痛哭乞情，甘願身為臣，妻為妾，勾踐毫不鬆手，非把夫差置之死地不可，這是黑字訣。由此而知：厚黑救國，其程序是先之以厚，繼之以黑。勾踐往事，很可供我們的參考。

項羽拔山蓋世之雄，其失敗之原因，韓信所說：「匹夫之勇，婦人之仁」，兩句話就斷定了。匹夫之勇，是受不得氣，其病根在不厚；婦人之仁，是心有所不仁，其病根在不黑。所以我講厚黑學，諄諄然以不厚不黑為大戒。但所謂不厚不黑者，非謂全不厚黑，如把厚黑用反了，當厚而黑，當黑而厚，也是斷然要失敗的。以明朝言之，不自量力，對滿洲輕於作戰，是謂匹夫之勇；對流寇不知其野性難馴，一意主撫，是謂婦人之仁。由此知明朝亡國，其病根是把厚黑二字用反了。有志救國者，不可不精心研究。

我國現在內憂外患，其情形很與明朝相類，但所走的途徑則與之相反。強鄰壓境，熟思審慮，不悻悻然與之角力，以匹夫之勇為戒。明朝外患愈急迫，內部黨爭愈激烈。崇禎已經在煤山縊死了，福王立於南京，所謂志士者還在鬧黨爭。福王被滿清活捉去了，輔立唐王、桂王、魯王的志士還在鬧黨爭。我國邇來則不然，外患愈急迫，內部黨爭愈消滅，許多兵戎相見的人而今歡聚一堂。明朝的黨人忍不得氣，現在的黨人忍得氣，所走的途徑又與明朝相反，這是更為可喜的。厚黑先生曰：「知明朝之所以亡，則知民國之所以興矣。」我希望有志救國者，把我發明的「厚黑史觀」，下一番仔細研究。

昨日我回到寓所，見客廳中坐一個相熟的朋友，一見面就說道：「你怎麼又在報上講厚黑學？現在人心險詐，大亂不已，正宜提倡舊道德，以圖挽救，你發出這些怪議論，豈不把人心愈弄愈壞嗎？」我說：「你也太過慮了。」於是把我全部思想，源源本本說與他聽，直談到二更，他歡然而去，說道：「像這樣說來，你簡直是孔子信徒，厚黑學簡直是救濟世道人心的妙藥。從今以後，我在你這個厚黑教主名下當一個信徒就是了。」

梁任公曾說：「假令我不幸而死，是學界一種損失。」不料他五十六歲就死了，學術界的損失真是不少。古來的學者，如程明道、陸象山，是五十四歲死的；韓昌黎、周濂溪、王陽明，都是五十七歲死的。鄙人在厚黑學的地位，自信不在梁程陸韓周王之下，講到年齡，已經有韓周王三人的高壽，要喊梁程陸為老弟。所慮者，萬一我一命嗚呼，則是曹操、劉備諸聖人相傳之心法自我而絕，厚黑界受的損失還可計算嗎？所以我汲汲皇皇地寫文字。余豈好厚黑哉？余不得已也。

用我發明之厚黑史觀去讀二十四史，則成敗興衰了如指掌，用厚黑史觀去考察社會，則如牛渚燃犀，百怪畢現。我們可用厚黑史觀攻擊達爾文強權競爭的說法，使迷信武力的人失去理論上的立場。我希望讀者耐心讀去，不可先存一個心，說：「厚黑學是誘惑人心的東西。」更不可先存一個成見，說：「達爾文是西洋聖人，李宗吾是中國壞人，從古到今，斷沒有中國人的說法會勝過西洋人的。」如果你心中這樣想，就請你每日讀華西副刊的時候，看見厚黑對話一欄，就閉目不視，免得把你誘壞。

有一天，我去會一個朋友，他是講宋學（即宋代儒家學術）的先生，一見我，就說我不該講厚黑學。我因他是個迂儒，不與深辯，婉辭稱謝。殊知他越說越高興，簡直帶出訓斥的口吻來了。

我氣他不過，說道：「你自稱孔子之徒，據我看來，只算是孔子之奴，夠不上稱孔子之徒。何以言之呢？你們講宋學的人，神龕上供的是『天地君親師之位』，你既尊孔子為師，則師徒猶父子，也可說君臣。古云：『事父母，幾諫。』又云：『事君，有犯而無隱。』你為什麼不以事君父之禮事孔子？明知孔子的學說，有許多地方，對於現在不適用，不敢有所修正，真是諂臣媚子之所為，非孔子家奴為何？古今夠得上稱孔子之徒者，孟子一人而已。孔子曰：『我戰則克。』孟子曰：『善戰者服上刑。』依孟子的說法，孔子是該處以極刑的。孟子曰：『仲尼之徒，無道桓公之事者。』又把管仲說得極不堪，曰：『功烈如彼其卑也。』而《論語》上明明載：孔子曰：『齊桓公正而不譎。』又曰：『桓公九合諸侯，不以兵革，管仲之力也。如其仁，如其仁。』又曰：『管仲相桓公，霸諸侯，一匡天下，民到於

今受其賜。微管仲，吾其被髮左衽矣。』孟子的話，豈不與孔子衝突嗎？孔子修春秋，以尊周為王，稱周王曰『天王』。孟子遊說諸侯，一則曰：『地方百里而可以王。』再則曰：『大國五年，小國七年，必為政於天下。』未知置周王於何地，豈非孔教叛徒？而其自稱，則曰：『乃所願，則學孔子也。』孟子對於孔子，是脫了奴性的，故可稱之曰孔子之徒。漢宋諸儒，皆孔子之奴也。至於你嗎，滿口程朱，對於宋儒，明知其有錯誤，不敢有所糾正，反曲為之疵，真是家奴之奴，稱曰：『孔子之奴』，猶未免過譽。」說罷，彼此不歡而散。

閱者須知：世間主人的話好說，家奴的話不好說，家奴之奴，更難得說。中國紛紛不已者，孔子家奴為之也，並且是家奴之奴為之也，與主人何尤！

我不知有孔子學說，更不知有達爾文學說，我只知有厚黑學而已。問厚黑學何用？用以抵抗列強。我敢以厚黑教主之資格，向四萬萬人宣言：「勾踐何人也，予何人也，凡我同志，快快地厚黑起來！何者是同志？心思才力用於抵抗列強者，即是同志。何者是異黨？心思才力用於傾陷本國人者，即是異黨。」從前張獻忠祭梓潼文昌帝君曰：「你姓張，咱老子也姓張，咱與你聯宗吧！」我想，孔子在天之靈，見了我的宣言，一定說：「咱講內諸夏，外夷狄，你講內中國，外列強，咱與你聯合吧！」

梁任公曰：「讀春秋當如讀楚辭，其辭則美人香草，其義則靈修也；其辭則齊桓晉文，其義則素王制也。」嗚呼，知此者可以讀厚黑學矣！其詞則曹操、劉備，其義則十年沼吳之勾踐，八年血戰之華盛頓也。師法曹操、劉備者，師厚黑之技術。至曹操之目的為何，不必深問。斯義也，恨不得起任公於九泉，而一與討論之。

我著厚黑學，純用春秋書法，善惡不嫌同辭，據事直書，善惡自見。同是一厚黑，用以圖一己之私利，是極卑劣之行為，用以圖眾人之公利，是至高無尚的道德。所以，不懂春秋書法者，不可以讀厚黑學。

民國六年，成都國民公報社把厚黑學印成單行本。宜賓唐倜風作序，中江謝綬青作跋。綬青之言曰：「宗吾發明厚黑學，或以為議評末俗，可以勸人為善，或以為鑿破混沌，如利刃然，用以誅叛逆則善，用以屠良民則惡。善與惡，何關於刃？故用厚黑以為善，則為善人，用厚黑以為惡，則為惡人。」綬青這種說法是很對的，與我所說春秋書法同是一意。

倜風之言曰：「孔子曰：『諫有五，吾從其諷。』昔日漢武帝欲殺乳母，東方朔叱令就死；齊景公欲誅圉人，晏子執而數其罪。二君聞之，惕然而止。宗吾此書，大有東方朔、晏子遺意，其言最詼諧，其意最沈痛，真不啻聚千古大奸大詐於

一堂，而一一讞定其罪，所謂為所欲為奸諛於既死者非歟！吾人熟讀此書，即知厚黑中人比比皆是，庶幾出而應世，不為若輩所愚。彼為鬼或蜮者，知人之燭破其隱，亦將惶然思返，而不敢妄試其技。審如是也，人與人之不得不出於赤心相見之一途，則宗吾此書之有益於世道人心也，豈淺鮮哉！厚黑學之發布，已有年矣，其名詞人多知之。試執人而語之曰：汝固素習厚黑學者。無不色然怒。則此書收效為何如，固不俟辯也。」倜風此說固有至理，然不如綬青所說尤為圓通。

莊子曰：「能不龜手，一也。或以封，或不免於洴澼絖。」嗚呼，若莊子者，始可與言厚黑矣！禪讓一也，舜禹行之則為聖人，曹丕、劉裕行之則為逆臣。宗吾曰：舜禹之事，倘所謂厚黑，是耶非耶，余甚惑焉。倜風披覽《莊子》不龜手，而於厚黑學，猶一間未達，惜哉！倜風晚年從歐陽竟無講唯識學，回成都，貧病而死。夏斧私挽以聯，有云：「有錢買書，無錢買米。」假令倜風只買《厚黑學》一部，而以餘錢買米，雖至今生存可也。然倜風不悟也。厚黑救國中失此健將，悲夫！悲夫！

我宣傳厚黑學，有兩種意思：（甲）即倜風所說：「聚千古大奸大詐於一堂，而一一讞定其罪。民國元年發布的厚黑學，與夫傳習錄所說：求官六字真言、做官六字真言和辦事二妙法等等，皆屬於甲種。（乙）即綬青所說：「用厚黑以為善。」此次所講的厚黑叢話，即屬於乙種。

閱者諸君，對於我的學問，如果精研有得，以後如有人對於行使厚黑學，你一入眼就明白，可直告之曰：「你是李宗吾的甲班學生，我與你同班畢業，你那些把戲，少拿出來耍些。」於是同學與同學開誠相見，而天下從此太平矣。此則厚黑學之功也。有人說：「老子云：『邦之利器，不可以示人。』你把厚黑學公開講說，萬一國中的漢奸把他翻譯成英法德俄日等外國文，傳播各界，列強得著這種祕訣，用科學方法整理出來，還而施之於我，等於把我國發明的火藥加以改良，還而轟我一般，如何得了？」我說：「惟恐其不翻譯，越翻譯得多越好。宋朝用司馬光為宰相。遼人聞之，戒其邊吏曰：『中國相司馬公矣，勿再生事。』列強聽見中國出了厚黑教主，還不聞風喪膽嗎？」

孔子曰：「言忠信，行篤敬，雖蠻貊之邦可行也。」我國對外政策，歷來建築在一個誠字上。今可明明白白告訴他：「我國現遍設厚黑學校，校中供的是『大成至聖先師越王勾踐之神位』。厚黑教主開了一個函授學校，每日在報上發講稿，定下十年沼吳的計畫，這十年中，你要求什麼條件，我國就答應什麼條件，等到十年後算帳就是了。」我們口中如此說，實際上即如此做，絕不欺哄他。

但要敬告翻譯的漢奸先生，譯厚黑學時，定要附譯一段，說：「勾踐最初對於

吳王，身為臣，妻為妾，後來吳王請照樣身為臣，妻為妾，勾踐不允，非把他置於死地不可，加了幾倍的利錢。這是我們先師遺傳下來的教條，請列強於頭錢之外，多預備點利錢就是了。」

從前王德用守邊，契丹遣人來偵探。將士請逮捕之。德用說：「不消（不必）。」明日，大閱兵，簡直把軍中實情拿與他看。偵探回去報告，契丹即遣人來議和。假如外國人知道我國朝野上下一致研究厚黑學，自量非敵，因而斂其野心，十年後不開大殺戒，而厚黑學造福於人類者，寧有暨耶？此漢奸先生翻譯之功也。彼高談仁義者，烏足知之。

傳曰：「火烈，民望而畏之，故鮮死焉。水懦弱，民狎而玩之，則多死焉。」厚黑先生者，其我佛如來之化身歟。

友人雷民心發明了一種最精粹的學說，其言曰：「世間的事分兩種，一種是做得說不得，一種是說得做不得。例如夫婦居室之事，儘管做，如拿在大庭廣眾下說，就成為笑話，這是做得說不得。又如兩個朋友，以狎語相戲謔，抑或罵人的媽和姊妹，聞者不甚以為怪，如果認真實現，就大以為怪了，這是說得做不得。」民心這種學說，凡是政治界、學術界的人，不可不懸諸座右。厚黑學是做得說不得的，讀者不可不知。

「做得說不得」這句話，是《論語》「民可以使由之，不可使知之」的注腳；「說得做不得」這句話，是《孟子．井田章》和《周禮》一書的注腳。假令王莽、王安石聘民心去當高等顧問，絕不會把天下鬧得那麼壞。

辛亥年成都十月十八日兵變，全城秩序非常之亂。楊莘友出來任巡警總督，捉著擾亂治安的人，就地正法，出的告示，模仿張獻忠七殺碑的筆調，連書斬斬斬，大得一般人的歡迎。全城男女老幼提及總督之名，歌頌不已。後來秩序稍定，他發表了一篇《楊維（莘友名）之宣言》，說：「今後實行開明專制。」於是物議沸騰，報章上指責他，省議會也糾舉他，說：「而今是民主時代，豈能再用專制手段。」殊不知莘友從前的手段，純粹是野蠻專制，後來改行開明專制，在莘友是進化了，只因把專制二字明白說出，所以大遭物議。民心說：「天下事有做得說不得的。」莘友之事，是很好的一個例證。關於莘友之事，孔子所說：「民可以使由之，不可使知之。」就算得到了註解。

施行厚黑學，我定有一條公例：「用厚黑學以圖謀一己之私利，是極卑劣之行；用厚黑以圖謀眾人公利，是至高無上之道德。」莘友野蠻專制，其心黑矣，而人反歌頌不已。何以故？圖謀公利故。

厚黑救國這句話，做也做得，說也說得，不過，學識太劣的人，不能對他說罷

了。我這次把厚黑學公開講說，就是把他變成做得說得的科學。

胡林翼曾說：「只要有利於國，就是頑鈍無恥的事我都幹。」相傳林翼為湖北巡撫時，官文為總督。有天總督夫人生日，藩臺去拜壽。手本已經拿上去了，才知道是如夫人生日，又將手本索回，折身轉去。其他各官也隨之而去。不久林翼來，有人告訴他，他聽進了，伸出大姆指說道：「好藩臺！好藩臺！」說畢，取出了手本遞上去，自己紅頂花翎去拜壽。眾官聽說巡撫都來了，又紛紛轉來。次日官妾來巡撫衙門謝罪，林翼請他的母親十分優待，官妾就拜在胡母膝下為義女，林翼為乾哥哥。此後軍事上有應該同總督會商的事，就請乾妹妹從中疏通。官文稍一遲疑，其妾聒其耳曰：「你的本事，哪一點比我們胡大哥，你依著他的話做就是了。」因此林翼辦事非常順手。官胡交歡，關係滿清中興甚巨。林翼幹此等事，其面可謂厚矣，眾人不唯不說他卑鄙，反引為美談。何以故？心在國家故。

嚴世蕃是明朝的大奸臣，這是眾人知道的。後來皇上把他拿下，丟在獄中。眾臣合擬一奏摺，歷數其罪狀，如殺楊椒山、沈鍊之類，把稿子拿與宰相徐階看。徐階看了，說道：「你們是想殺他，還是想放他？」眾人說：「當然想殺他。」徐階說：「這奏摺一上去，皇上立即把他放出來。何以故呢？世蕃殺這些人，都是巧取上意，使皇上自動地要殺他。此摺上去，皇上就會說：『殺這些人明明是我的意思，怎麼誣到世蕃身上。」豈不立刻把他放出來嗎？眾人請教如何辦。徐階說：「皇上最恨倭寇，說他私通倭寇就是了。」徐階關著門把摺子改了遞上去。世蕃在獄中探得眾人奏摺內容，對親信人說道：「你們不必擔憂，不幾天我就出來了。」後來摺子發下，說他私通倭寇，大驚道：「完了！完了！」果然把他殺了。世蕃罪大惡極，本來該殺，唯獨莫有私通倭寇，可謂死非其罪。徐階設此毒計，其心不為不黑。然而後來都稱他有智謀，不說他陰毒。何以故？為國家除害故。

李次青是曾國藩得意門生，國藩兵敗靖港、祁門等處，次青與他患難相共。後來次青兵敗失地，國藩想學孔明斬馬謖，叫幕僚擬奏摺嚴辦他。眾人不肯擬。叫李鴻章擬，鴻章說道：「老師要參次青，門生願以去就爭。」國藩道：「你要去，很可以，奏摺我自己擬就是了！」次日叫人與鴻章送四百兩銀子去，「請李大人搬鋪。」鴻章在幕中，有數年的勞績，為此事逐出。奏摺上去，次青受重大處分。鴻章出來，無所事事，只得托人疏通，仍回曾幕。國藩此等地方手段狠辣，逃不脫一個黑字，然而次青仍是感恩知遇，國藩死，哭以詩，非常懇摯。鴻章晚年，封爵拜相，談到國藩，感佩不已。何以故？以其無一毫私心故。

上述胡徐曾三事，如果用以圖謀私利，豈非至卑劣之行為？移以圖謀公利，就成為最高尚之道德。像這樣的觀察，就可把當事人的祕訣尋出，也可說把救國的策

略尋出。現今天下大亂，一般人都說將來收拾大局，一定是曾國藩、胡林翼一流人。但是，要學曾胡，從何下手？難道把曾胡全集，字字讀、句句學？這也無須。有個最簡單的法子：把全副精神集中在抵抗列強上面，目無旁視，耳無旁聽，抱定厚黑兩字，放手做去，得的效果，包管與曾胡一般無二。如嫌厚黑二字不好聽，你在表面上換兩個好聽字眼。切不要學楊莘友把專制二字說破。你如有膽量，就學胡林翼，赤裸裸地說道：「我是頑鈍無恥。」列強其奈你何！是謂之厚黑救國。

我把世界外交史研究了多年，竟把列強對外的祕訣發現出來。其方式不外兩種：一曰劫賊式，一曰娼妓式。時而橫不依理，用武力掠奪，等於劫賊之明火搶劫，是謂劫賊式的外交。時而甜言蜜語，曲結歡心，等於娼妓媚客，結的盟約全不生效，等於娼妓之海誓山盟，是謂娼妓式的外交。

人問日本以何者立國？答曰：「厚黑立國。」娼妓之面最厚，劫賊之心最黑，大概日本軍閥的舉動是劫賊式，外交官的言論是娼妓式。劫賊式之後，繼以娼妓式，娼妓式之後，繼以劫賊式，二者循環互用，而我國就吃虧不小了。娼妓之面厚矣，毀棄盟誓，則厚之中有黑。劫賊之心黑矣，不顧唾罵，則黑之中有厚。一面用武力掠奪我國土地，一面高談中日親善，娼妓與劫賊融合為一，是之謂大和魂。

人問：我國當以何者救國？答曰：「厚黑救國。」日本以厚字來，我以黑字應之；日本以黑字來，我以厚字應之。娼妓豔裝而來，開門納之，但纏頭費絲毫不能出，如服侍不周，把衣飾剝了，逐出門去，是謂以黑字破其厚。日本橫不依理，以武力壓迫，我們用張良的法子對付他。張良圯上受書，老人種種作用，無非教他面皮厚罷了。楚漢戰爭，高祖用張良計策，泗水之戰敗了，整兵又來，滎陽成皋敗了，整兵再來，卒把項羽迫死烏江。蘇東坡曰：「高帝百戰百敗而能忍之，此子房所教也。」我們用張良對付項羽的法子對付日本，是謂以厚字破其黑。黑厚與救國融合為一，是之謂中國魂。

全國人民都大聲疾呼曰：「救國！救國！」試問救國從何下手？譬諸治病，連病根都未尋出，從何下藥？我們提出厚黑二字，就算尋著病根了。寒病當用熱藥，熱病當用寒藥，相反才能取勝。外人黑字來，我以厚字應；外人厚字來，我以黑字應。剛柔相濟，醫國妙藥，如是而已。他用武力，我即以武力對付他，他講親善，我即與之親善，是為醫熱病用熱藥，醫寒病用寒藥。以此等法醫病，病人必死，以此等法醫國，國家必亡。

《史記》：項王謂漢王曰：「天下洶洶數歲者，徒以吾兩人耳！願與漢王挑戰，決雌雄。」漢王笑謝曰：「吾寧鬥智不鬥力。」笑謝二字，非厚而何？後來鴻溝劃定，楚漢講和了，項羽把太公、呂后送還，引兵東歸。漢王忽然毀盟，以大兵

隨其後，把項王逼死烏江，非黑而何？我國現在對於列強，正適用「笑謝」二字。若與之鬥力，就算違反了劉邦的策略。語曰：「安不忘危。」厚黑經曰：「厚不忘黑。」乃厚黑救國者唯一之妙法也。問：「厚不忘黑，奈何？」曰：「有越王勾踐之先例在，有劉邦對付項羽之先例在。」

我在民國元年，就把厚黑學發表出來，苦口婆心，諄諄講說。無奈莫得一人研究這種學問，把一個國家鬧成這樣。今年石青陽死了，重慶開追悼會，正值外交緊急，我挽以聯云：「哲人其萎乎，嗚呼青陽，吾將安仰；欺道已窮矣，吁嗟黑厚，予欲無言。」袁隨園謁岳王墓詩云：「歲歲君臣拜詔書，南朝可謂有人無；看燒石勒求和幣，司馬家兒是丈夫。」吁嗟黑厚，予欲無言！往者不可諫，來者猶可追。凡我同志，快快地厚黑起來，一致對外。

著者住家自流井。我常說，我們自流井的人，目光不出峽子口；四川的人，目光不出夔門口；中國的人，目光不出吳淞口。阿比西尼亞（即衣索比亞），是非洲彈丸大一個國家，阿皇敢於對義大利作戰，對法西斯之怪傑墨索里尼作戰，其人格較之華盛頓，有過之而不及，真古今第一流人傑哉！將來戰爭的結果，無論阿國或勝或敗，抑或敗而至於亡國，均是世界史上最光榮的事。我們應當把阿皇的談話當如清朝皇帝頒發的「聖諭廣訓」，楷書一通，每晨起來，恭讀一遍，這就算目光看出吳淞口去了。

有人問我道：「你的厚黑學，怎麼我拿去實行，處處失敗？」我問：「我著的《宗吾臆談》和《社會問題之商榷》二書，你看過莫有？」答：「莫有。」我問：「《厚黑學》單行本，你看過莫有？」答：「莫有。我只聽見人說：『做事離不了面皮厚，心子黑。』我就照這話行去。」我說：「你的膽子真大，聽見厚黑學三字，就拿去實行，僅僅失敗，尚能保全生命而還，還算你的造化。我著《厚黑學》，是用厚黑二字，把一部廿四史一以貫之，是為『厚黑史觀』。我著《心理與力學》，定出一條公例：『心理變化，循力學公例而行。』是為『厚黑哲理』。基於厚黑哲理，來改良政治、經濟、外交與夫學制等等，是為厚黑哲理之應用。其詳見《宗吾臆談》及《社會問題之商榷》二書。你連書邊邊都未看見，就去實行，真算膽大。」

厚黑學這門學問等於學拳術，要學就要學精，否則不如不學，安分守己，還免得挨打。若僅僅學得一兩手，甚或拳師的門也未拜過，一兩手都未學得，遠遠望見有人在學拳術，自己就出手伸腳地打人，焉得不為人痛打？你想：項羽坑降卒二十萬，其心可謂黑了，而我的書上，還說他黑字欠了功夫，宜其失敗。呂后私通審食其，劉邦佯為不知，後人詩曰：「果然公大度，容得辟陽侯。」面皮厚到這樣，而於厚字還欠火候，韓信求封齊王時，若非他人從旁指點，幾乎失敗。厚黑學有這樣的精深，僅僅聽見這個名詞，就去實行，我可以說，越厚黑越失敗。

人問：「要如何才不失敗？」我說：「你須先把厚黑史觀、厚黑哲理與夫厚黑哲理之應用徹底瞭解，出而應事，才可免於失敗。兵法：『先立於不敗之地。』又曰：『先為不可勝，以待敵之可勝。』厚黑學亦如是矣。」

孫子曰：「戰勢不過奇正，奇正之變，不可勝窮也。」處世不外厚黑，厚黑之變，不可勝窮也。用兵是奇中有正，正中有奇，奇正相生，如循環之無端。處世是厚中有黑，黑中有厚，厚黑相生，如循環之無端。厚黑學，與孫子十三篇，二而一，一而二。不知兵而用兵，必致兵敗國亡。不懂厚黑哲理，而去實行厚黑，必致家破身亡。聞者曰：「你這門學問太精深了，還有簡單法子沒有？」我答曰：「有。我定有兩條公理，你照著實行，不須研究厚黑史觀和厚黑哲理，也可以為英雄、為聖賢。如欲得厚黑博士的頭銜，仍非把我所有作品，窮年累月地研究不可。」

就人格言之，我們可下一公例曰：「用厚黑以圖謀一己之私利，越厚黑，人格越卑污；用厚黑以圖謀眾人之公利，越厚黑，人格越高尚。」就成敗言之，我們可下一公例曰：「用厚黑以圖謀一己之私利，越厚黑越失敗；用厚黑以圖謀眾人之公利，越厚黑越成功。」何以故呢？凡人皆以我為本位，為我之心，根於天性，用厚黑以圖謀一己之私利，勢必妨礙他人之私利，越厚黑則妨害於人者越多，以一人之身敵千萬人之身，焉得不失敗？人人既以私利為重，我以厚黑圖謀公利，即是替千萬人圖謀私利，替千萬人行使厚黑，當然得千萬人之贊助，當然成功。我是眾人中之一分子，眾人得利，我當然得利，不言私利而私利自在其中。例如曾、胡二人，用厚黑以圖國家之公利，其心中無絲毫私利之見存，後來成功了，享大名、膺厚賞，難道私人所得的利還小嗎？所以，用厚黑以圖謀國家之利，成功固得重報，失敗亦享大名。無奈目光如豆者見不及此。從道德方面說：掠奪他人之私利以為我有，是為盜竊行為，故越厚黑，人格越卑污。用厚黑以圖謀眾人之公利，則是犧牲我的臉、犧牲我的心，以救濟世人，視人之饑猶己之饑，視人之溺猶己之溺，即所謂「我不入地獄，誰入地獄」，故越厚黑，人格越高尚。

人問：「世間許多人用厚黑以圖謀私利，居然成功，是何道理？」我說：「這即所謂『時無英雄，遂使豎子成名耳。』與他相敵的人，不外兩種：一種是圖謀公利而不懂厚黑技術的人，一種是圖謀私利而厚黑技術不如他的人。故他能取勝。萬一遇著一個圖公利之人，厚黑之技術與他相仿，則必敗無疑。語云：「千夫所指，無疾而死。」因為妨害了千萬人之私利，這千萬人中只要有一個見著他的破綻，就

要乘虛打他。例如《史記》項王謂漢王曰：「天下洶洶數歲者，徒以吾兩人耳。」其時的百姓，個個都希望他兩人中死去一人。所以項王迷失道，問於田父，田父騙曰左，左乃陷大澤中，至被漢兵追及而死。如果是救民水火之兵，田父方保護之不暇，何至會騙他呢？我們提倡厚黑學救國，這是用厚黑以保衛四萬萬人之私利，當然得四萬萬人之贊助，當然成功。

昔人云：「文章報國。」文章非我所知，我所知者，厚黑而已。自今以往，請以厚黑報國。《厚黑經》曰：「我非厚黑之道，不敢陳於國人之前，故眾人莫如我愛國也。」叫我不講厚黑，等於叫孔孟不講仁義。試問：能乎不能？我自問：生平有功於世道人心者，全在發明厚黑學。抱此絕學而不公之於世，是為懷寶迷邦，豈非不仁之甚乎！李宗吾曰：「鄙人聖之厚黑者也。夫天未欲中國復興也，如欲中國復興，當今之世，舍我其誰，吾何為不講厚黑哉。」

昔人詩云：「鋤禾日當午，汗滴禾下土。誰知盤中餐，粒粒皆辛苦。」眾人都說飯好吃，哪個知道種田人的艱難？眾人都說厚黑適用，哪個知道發明人的艱難。我那部《厚黑學》，可說字字皆辛苦。

我這門學問，將來一定要成為專科，或許還要設專門大學來研究。我打算把發明之經過和同我研究的人寫出來，後人如仿《宋元學案》、《明儒學案》，做一部

《厚黑學案》，才尋得出材料。抑或與我建厚黑廟，才有配享人物。

舊友黃敬臨，在成都街上遇著我，說道：「多年不見了，聽說你要建厚黑廟，我是十多年以前就拜了門的，請把我寫一段上去，將來也好配享。」我說：「不必再寫。你看《論語》上的林放，見著孔子，只問了「禮之本」三個字，直到而今，還高坐孔廟中吃冷豬肉。你既有志斯道，即此一度談話，已足配享而有餘。」敬臨又說：「我今年已經六十二歲了，因為欽佩你的學問，不惜拜在門下。」我說：「難道我的歲數比你小，就夠不上與你當先生嗎？我把你收列門牆，就是你莫大之幸，將來在你的自撰譜上寫一筆『吾師李宗吾先生』，也就比『前清誥封某某大夫』光榮多了。」

往年同縣羅伯康致我信，說道：「許多人說你講厚黑學，我逢人辯白，說你不厚不黑。」我覆信道：「我發明厚黑學，私淑弟子遍天下，謚我曰『厚黑先生』，與我書用以作上款，我覆書以作下款，自覺此等稱謂，較之文成公、文正公，光榮多矣，俯仰千古，常以自豪。不謂足下乃逢人說我不厚不黑！我果何處開罪足下，而足下乃以此報我耶？嗚呼伯康，相知有年，何竟自甘原壤，尚其留意尊脛，免遭尼山之杖！」近日許多人勸我不必講厚黑學。嗟呼！滔滔天下，何原壤之多也。

從前發表的《厚黑傳習錄》，是記載我與眾人的談話，此次的叢話是把傳習錄

擴大之。我從前各種文字，許多人都未看過，今把他全行拆散來，與現在的新感想混合寫之。此次的叢話是隨筆體裁，內容包含四種：⑴厚黑史觀。⑵厚黑哲理。⑶厚黑學之應用。⑷厚黑學發明史。我只隨意寫去，不過未分類罷了。

人問：「既是如此，你何不分類寫之？何必這樣雜亂無章地寫？」我說：「著書的體裁分兩種：一是教科書體，一是語錄體。凡一種專門學問發生，最初是語錄體，如孔子之《論語》、釋迦之佛經、六祖之《壇經》、宋明諸儒之語錄，都是門人就本師口中所說者筆記下來。老子手著之《道德經》，可說是自寫的語錄，後人研究他們的學問，才整理出來，分出門類，成為教科書方式。厚黑學是新發明的專門學問，當然用語錄體寫出。」

宋儒自稱：「滿腔子是惻隱。」而我則「滿腔子是厚黑」。要我講，不知從何講起，只好隨緣說法，想說什麼，就說什麼，口中如何說，筆就如何寫。或談古事、或談時局、或談學術、或追述生平瑣事，高興時就寫，不高興就不寫；或長長地寫一篇、或短短地寫幾句，或概括地說、或具體地說，總是隨其興之所至，不受任何拘束，才能把我整個思想寫出來。

我們用厚黑史觀去看社會，社會就成為透明體，既把社會真相看出，又可想出改良社會的辦法。我對於經濟、政治、外交與大學制等等，都有一種主張，而此種主張，皆基於我所謂厚黑哲理。我這個叢話，可說是拉雜極了，彷彿是一個大山，滿山的昆蟲鳥獸、草木土石等等，是極不規則的。唯其不規則，才是天然的狀態。如果把他整理得井然秩序，極有規則，就成為公園的形式，好固然是好，然而摻加了人工，非復此山的本來面目。我把我胸中的見解，好好歹歹和盤托出，使山的全體表現，有志斯道者，加以整理，不足者補充之，冗蕪者刪削之，錯誤者改正之，開闢成公園也好，在山上採取木石，另建一個房子也好，抑或捉幾個雀兒、採些花草，拿回家中賞玩也好，如能大規模地開採礦物則更好，再不然，在山上挖點藥去醫病，揀點牛犬糞去肥田，也未嘗不好。我發明厚黑學，猶如瓦特發明蒸汽機，後人拿去紡紗織布也好，行駛輪船火車也好，開辦任何工業都好。我講的厚黑哲理，無施不可，深者見深，淺者見淺。有能得我之一體，引而申之，就可獨成一派。孔教分許多派，佛教分許多派，將來我這厚黑學教也要分許多派。

寫文字，全是興趣，興趣來了，如兔起鶻落，稍縱即逝。我寫文字的時候，引用某事或某種學說，而案頭適無此書，就效蘇東坡「想當然耳」的辦法，依稀恍惚地寫去，以免打斷興趣。寫此類文字，與講考據不同，乃是心中有一種見解，平空白地，無從說起，只好借點事物來說，引用某事來說，猶如使用傢伙一般，把別人的偶爾借來用用。若無典故可用，就杜撰一個來用，也無不可。

莊子寓言，是他腦中有一種見解，特借鯤鵬野馬、漁父盜跖以寫之，只求將胸中所見達出，至鯤鵬野馬，果否有此物，漁父盜跖，是否有此人，皆非所問。胸中所見者，主人也，鯤鵬野馬、漁父盜跖，皆寓舍也。孟子曰：「說詩者不以文害辭，不以辭害意，以意逆志，是為得之。」讀詩當如是，讀莊子當如是，讀厚黑學也當如是。

昔人謂：「文王周公，纂易，象辭爻辭，取其象，亦偶觸其機。假令易一日而為之，其機之所觸少變，則其辭之取象亦少異矣。」達哉所言！戰國策士，如蘇秦諸人，平日把人情世故揣摹純熟，其遊說人主也，隨便引一故事，或設一個比喻，機趣橫生，頭頭是道，其途徑與莊之寓言、易之取象無異。宋儒初讀儒學，繼則出入佛老，精研有得，自己的思想已經成了一個系統，然後退而注孔子之書，以明其胸中之理，於是孔門諸書皆成為宋儒之鯤鵬野馬、漁父盜跖。而清代考據家乃據訓詁本義，字字譏彈之。其解釋字義固是，而宋儒所學之道理也未嘗不是。九方皋相馬，在牝牡驪黃之外。知此義者，始可讀朱子之《四書集注》。無如毛西河諸人不悟，刺刺不休。嗟呼！厚黑界中，九方皋何其少，而毛西河諸人何其多也。

研究宋學者，離不得宋儒語錄。然語錄出自門人所記，有許多靠不住，前人已言之。明朝王學號稱極盛，然陽明手著之書無多，欲求王氏之學，只有求之傳習錄及龍溪諸子所記，而天泉證道一夕話，為王門極大爭點。我曾說：「四有四無」之語，假使陽明能夠親手寫出，豈不少去許多糾葛。大學「格物致知」四字，解釋者有幾十種說法。假使曾子當日記孔子之言，於此四字下加一二句解釋，不但這幾十種說法不會有，而且朱學王學爭執也無自而起。

我在重慶，有個姓王的朋友對我說道：「你先生談話很有妙趣。我改天邀幾個朋友來談談，把你的話筆記下來。」我聽了大駭！這樣一來，豈不成了宋明諸儒的語錄嗎？萬一我門下出一個曾子，摹仿《大學》那種筆法，簡簡單單地寫出，將來厚黑學案中豈不又要發生許多爭執嗎？於是我趕急仿照我家「聃大公」的辦法，手寫語錄，名曰《厚黑叢話》，謝絕私人談話，以示大道無私之意。

將來如有人說：「我親聞厚黑教主如何說……」你們萬不可聽信。經我這樣聲明，絕不會再有天泉證道這種疑案了。我每談一理，總是反反覆覆地解說，寧肯重複，不肯簡略。後人再不會像「格物致知」四字，生出許多奇異的解釋。鄙人之於厚黑學也，可謂盡心焉耳矣。噫！一衣一缽，傳之者誰乎？

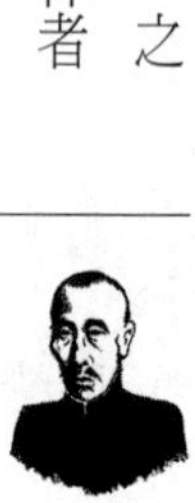

厚黑叢話之二

有人問道：「你這叢話，你說內容包括：厚黑史觀、厚黑哲理、厚黑學之應用及厚黑學發明史幾部分。你不把它分類寫出，則研究這門學問的人豈不目迷五色嗎？豈不是故意使他們多費些精神嗎？」

我說：「要想研究這門學問的人，當然要專心研究。中國的十三經和廿四史，泛泛讀去，豈不是目迷五色，紛亂無章嗎？而真正之學者，就從紛亂無章之中尋出頭緒來。如果憚於用心，就不必操這門學問。我只揭出原則和大綱，有志斯道者，第一步加以闡發，第二步加以編纂，使之成為教科書，此道就大行了。所以分門別類，挨一挨二地講，乃是及門弟子和私淑弟子的任務，不是我的任務。」

我從前刊了一本《宗吾臆談》，裡面的篇目：⑴厚黑學；⑵我對於聖人之懷疑；⑶心理與力學；⑷解決社會問題之我見；⑸考試制度之商榷。後來我把「解決社會問題之我見」擴大成為一單行本，曰《社會問題之商榷》，這是業已付印了的。近來我又做有一本《中國學術之趨勢》，已脫稿，尚未發布。這幾種作品，在我的思想上是一個系統，建築在「厚黑哲理」上，但每篇文字獨立寫去，看不出連貫性。因把他拆散來，在叢話中混合寫去，一則見得各種說法互相發明，二則談心理、談學術是很沈悶的，我把他夾在《厚黑學》中，正論諧語錯雜而出，閱者才不致枯燥無味。

我心中有種種見解，不知究竟對與不對，特寫出來，請閱者指駁，指駁越嚴，我越是歡迎。我重在解釋我心中的疑團，並不是想獨創異說。諸君有指駁的文字，就在報上發表，我總是細細地研究，認為指駁得對的，自己修改了即是，認為不對，我也不回辯，免至成為打筆墨官司，有失研究學問的態度。我是主張思想獨立的人，我的心坎上絕不受任何人的壓制。同時我也尊重他人思想之獨立，所以駁詰我的文字，不能回辯。我倡的厚黑史觀和厚黑哲理，倘被人推翻，我就把這厚黑教主讓他充當，拜在他門下稱弟子。何以故？服從真理故。

宇宙真理，明明地擺在我們面前，我們自己可以直接去研究，無須請人替我們研究。古今的哲學家，乃是我和真理的介紹人，他們所介紹的有無錯誤，不可得知，應該離開了他們的說法，直接去研究一番。有個朋友，讀了我所作的文字，說道：「這些問題，東西洋哲學家討論的很多，未見你引用，並且學術上的專門名詞你也少用，可見你平時對於這些學說少有研究。」

我聽了這些話，反把我所作的文字翻出來，凡引有哲學家的名字及學術上的專門名詞，儘量刪去。如果名詞不夠用，就自己造一個來用，直抒胸臆，一空依傍。偶爾引有古今人的學說，乃是用我的斗秤去衡量他的學說，不是以他的斗秤來衡量我的學說。換言之，乃是我去審判古今哲學家，不是古今哲學家來審判我。

中國從前的讀書人，開口即是詩云書云，孔子曰、孟子曰。戊戌政變以後，一開口即是達爾文曰、盧梭曰，後來又添些杜威曰、羅素曰，純是以他人的思想為思想，究竟宇宙真理是怎樣，自己也不伸頭去窺一下，未免過於懶惰了。假如駁我的人引用了一句孔子曰，即是以孔子為審判官，以四書五經為新刑律，叫李宗吾來案候審；引用了一句達爾文諸人曰，即是以達爾文諸人為審判官，以他們的作品為新刑律，叫李宗吾來案候審。像這樣的審判，我是絕對不到案的。有人問：「要誰才能審判你呢？」我說：「你就可以審判我。以你自家的心為審判官，以眼前的事實為新刑律。」例如說道：「李宗吾，據你這樣說，何以我昨日看見一個人做的事不是這樣？今日看見一隻狗，也不是這樣？可見你說的道理不確實。」如果能夠這樣判斷，我任是輸到何種地步，都要與你立一個鐵面無私的德政碑。

牛頓和愛因斯坦學說，任人懷疑，任人攻擊，未曾強人信從，結果反無人不信從。注《太上感應篇》的人說道：「有人不信此書，必受種種惡報。」關聖帝君的

《覺世真經》說道：「不信吾教，請試吾力。」這是由於這兩部書所含學理經不得研究，無可奈何，才出於威嚇之一途。我在厚黑界的位置，等於科學界的牛頓和愛因斯坦，假如不許人懷疑，不許人攻擊，即無異於說：我發明的厚黑學，等於太上老君的感應篇和關聖帝君的覺世真經。豈不是我自己詆毀自己嗎？

有人說：假如人人思想獨立，各創一種學說，思想界豈不成紛亂狀態嗎？我說：這不會有的。世間的真理只有一個。如果有兩種或數種學說互相違反，你也不必抑制一種，只叫他徹底研究下去，自然會把真理發現出來。真理所在，任何人都不能反對的。例如穿衣吃飯的事，叫人人獨立地研究，得出的結果都是餓了要吃，冷了要穿，同歸一致。

凡所謂衝突者，都是互相抑制生出來的。假如各種學說個個獨立，猶如林中樹子，根根獨立，有何衝突？樹子生在林中，採用與否，聽憑匠師，我把我的說法宣布出來，採用與否，聽憑眾人，哪有閒心同人打筆墨官司。如果務必要強天下之人盡從己說，真可謂自尋煩惱，而衝突於是乎起矣。

程伊川、蘇東坡見不及此，以致洛蜀分黨，把宋朝的政局鬧得稀爛。朱元晦、陸象山見不及此，以致朱陸兩派，一部《宋元學案》、《明儒學案》，打不完的筆墨官司。而我則不然。讀者要學厚黑學，我自然不吝教；如其反對我，則是甘於自誤，我也就只好付之一歎。

拙著《宗吾臆談》流傳至北平，去歲有人把《厚黑學》抽出翻印，向舍侄徵求同意，並說道：「你家伯父是八股出身，而今凡事都談歐化，他老人家那套筆墨實在不合時宜，等我們與他改過，意思不變更他的，只改為新式筆法就是了。」我聞之，立發航信說道：「孔子手著的《春秋》，旁人可改一字嗎？他們只知我筆墨像八股，殊不知我那部《厚黑學》，思想之途徑、內容之組織，完全是八股的方式。特非老於八股者，看不出來。宋朝一代講理學，出了文天祥、陸秀夫諸人來結局，一般人都說可為理學生色。明清兩代以八股取士，出了一個厚黑教主來結局，可為八股生色。我的厚黑哲理，完全從八股中出來，算是真正的國粹。我還希望保存國粹的先生由厚黑學而上溯八股，僅僅筆墨上帶八股氣，你們都容不過嗎？要翻印，就照原文一字不改，否則不必翻印。」——哪知後來書印出來，還是與我改了些。特此聲明，北平出版的《厚黑學》是贗本，以免貽誤後學。

大凡有種專門學問，就有一種專門文體。所以《論語》之文體與《春秋》不同，《老子》之文體與《論語》不同，《佛經》之文體與《老子》又不同。在心為思想，在紙為文字，專門學問之發明者，其思想與人不同，故其文字也與人不同。厚黑學是專門學問，當然另有一種文體。聞者說道：「李宗吾不要自誇！你那種文字，任何人都寫得出來。」我說：「不錯，不錯！這是由於我的厚黑學，任何人都做得出來的緣故。」

我寫文字，定下三個要件：「見得到、寫得出、看得懂。」只求合得到這三個要件就夠了。我執筆時，只把我胸中的意見寫出。我不知文法，更不知有文言、白話之分，之字的字，乎字嗎字，任便用之。民國十六年刊的《宗吾臆談》，十八年刊的《社會問題之商榷》，都是這樣。有人問我：「是什麼文體？」我說：「是厚黑式的文體。」近年許多名人的文字都帶點厚黑式，意者中國其將興乎！

有人說：「我替你把《厚黑學》譯為西洋文，你可把曹操、劉備這些典故改為西洋典故，外國人才看得懂。」我說：「我的《厚黑學》絕不能譯為西洋文，也不能改為西洋典故。西洋人要學這門學問，非來讀一下中國書，研究一下中國歷史不可。等於我國要學西洋科學，非學英文、德文不可。」

北平贗本《厚黑學》，有幾處把我的八股式筆調改為歐化式筆調，倒也無關緊要。只有兩點，把原文精神失掉，不得不聲明：

一、我發明厚黑學，是把中外古今的事逐一印證過，覺得道理不錯了，才就人人所知的曹操、劉備、孫權幾個人，舉以為例，又追溯上去，再舉劉邦、項羽為例，意在使讀者舉一反三，根據三國和楚漢兩代的原則，以貫通一部廿四史。原文

有曰：「楚漢之際，有一人焉，厚而不黑，卒歸於敗者，韓信是也……楚漢之際，有一人焉，黑而不厚，亦歸於敗者，范增是也……」這原是就楚漢人物，當下指點，更覺親切。北平贋本把這幾句刪去，逕說韓信以不黑失敗，范增以不厚失敗。諸君試想：一部廿四史中的人物，以不厚不黑而失敗者，豈少也哉！鄙人何致獨舉韓、范二人。北平贋本，未免把我的本意失掉了。

二、《厚黑傳習錄》中，求官六字真言，先總寫一筆曰：「空、貢、沖、捧、恐、送。」注明此六字俱是仄聲。做官六字真言，總寫一筆曰：「空、恭、捧、凶、聾、弄。」注明此六字俱是平聲，以下逐字分疏。每六字俱是疊韻，念起來音韻鏗鏘，原欲宦場中人朝夕持誦，用以代替佛書上南無阿彌陀佛六字，倘能虔誠持誦，立可到極樂世界，不比持誦經咒或佛號，尚須待諸來世。

這原是我一種救世苦心，北平贋本把總寫之筆刪去，逕從逐字分疏說起，則讀者只知逐字埋頭工作，不能把六字作咒語或佛號虔誠諷誦，收效必鮮。此則北平贋本不能不負咎者也。

近有許多人請我把《厚黑學》重行刊印。我說，這也無須。所有民元發表的厚黑學，我把他融化於此次叢話中，遇有重要的地方，就把原文整段寫出，讀者惟讀叢話就是了，不必再讀原本。至於北平贋本，經我這樣聲明，也可當真本使用，諸君前往購買，也不會貽誤了。

「厚黑學」分三步工夫：第一步，「厚如城牆、黑如煤炭」；第二步，「厚而硬、黑而亮」；第三步，「厚而無形、黑而無色」。

人的面皮，最初薄如紙一般。我們把紙疊起來，由分而寸，而尺，而丈，就厚如城牆了。心子最初作乳白狀，由乳色而灰色，由青藍色再進，就黑如煤炭了。到了這個境界，只能算作初步。何以故呢？城牆雖厚，轟炸得破；即使城牆之外再築幾十層城牆，仍還轟炸得破，仍為初步。煤炭雖黑，但顏色令人討厭，眾人不敢挨近他，仍為初步。

深於厚黑學的人，任你如何攻打，絲毫不能動。劉備就是這樣的人。是以曹操絕世之奸雄，都對他莫奈何，真可謂厚硬之極了。深於黑學的人，如退光漆面招牌，越是黑，買主越多。曹操就是這類人。他是著名的黑心子，然而天下豪傑奔集其門，真可謂黑得透亮了。人能修練到這一步，較之第一步，自然有天壤之別。但還著了跡象，有形有色。所以曹劉的本事，我們一眼就看得出來。

至厚至黑，天下後世皆以為不厚不黑。此種人只好於古之大聖大賢中求之。有人問：「你講厚黑學，何必講得這樣精深？」我說：「這門學問，本來有這樣精深。儒家的中庸，要講到『無息無臭』才能終止；學佛的人，要到『菩提無樹，明鏡非臺』，才能成正果。何況厚黑學是千古不傳之祕，當然要到『無形無色』才算止鏡。」

厚黑學分三步工夫，也可說是上中下三乘。第一步是下乘，第二步是中乘，第三步是上乘。我隨緣說法，時而說下乘，時而說中乘、上乘，時而三乘會通來說。聽者往往覺得我的話互相矛盾，其實始終是一貫的。只要知道吾道分上中下三乘，自然就不矛盾了。

我講厚黑學，雖是五花八門，東拉西扯，仍滴滴歸源，猶如樹上千枝萬葉、千花百果，俱是從一樹上生出來的，枝葉花果之外，別有樹之生命在。《金剛經》曰：「若以色見我，若以聲音求我，是人行邪道，不能見如來。」諸君如想學厚黑學，須在佛門中參悟有得，再來聽講。

我民國元年發表厚黑學，勤勤懇懇，言之不厭其詳，乃領悟者殊少。後閱《五燈會元》及孔孟等書，見禪宗教人，以說破為大戒，孔子「舉一隅，不以三隅反，則不復也。」孟子「引而不發，躍如也。」然後知禪學及孔孟之說盛行，良非無因。我自悔教授法錯誤，故十六年刊《宗吾臆談》，厚黑學僅略載大意。出言彌簡，屬望彌殷。噫！「無上甚深微妙法，百千萬劫難遭遇。」世尊說法四十九年。厚黑學是內聖外王之學，我已說廿四年，打算再說廿六年，湊足五十年，比世尊多說一年。

有人勸我道：「你的怪話少說些！外面許多人指責你，你也應該愛惜名譽。」我道：我有一自警之語：「吾愛名譽，吾尤愛真理。」話之說得說不得，我內斷於心，未下筆之先，遲回審慎。既著於紙，聽人攻擊，我不答辯。但攻擊者說的話，我仍細細體會；如能令我心折，即自行修正。

有個姓羅的朋友，留學日本歸來，光緒三十四年，與我同在富順中學堂當教員。民國元年，他從懋功知事任上回來，我在成才學道街棧房內會著他。他把任上的政績告訴我，頗為得意。後來被某事詿誤，官丟掉了，官司還未了結。言下又甚憤恨。隨談及厚黑學。我細細告訴他，他聽得津津有味。我見他聽入了神，猝然站起來，把桌子一拍，厲聲說道：「羅某！你生平作事，有成有敗，究竟你成功的原因，在什麼地方？失敗的原因，在什麼地方？你摸著良心說，究竟離脫這二字沒有？速說，速說！不許遲疑！」他聽了我的話，如雷貫耳，呆了半晌，才歎口氣說道：「真真是莫有離脫這二字。」這位姓羅的朋友，終於可稱頓悟。

我告訴讀者一個祕訣：大凡行使厚黑時，表面上一定要糊一層仁義道德，不能把它赤裸裸地表現出來。王莽之失敗，就是由於露出了厚黑的原故。如果終身不露，恐怕至今孔廟中，還會有王莽一席之地。韓非子說：「陰用其言而顯棄其

身。」這個法子，諸君不可不知。假如有人問你：「認得李宗吾否？」你就放出一種最莊嚴的面孔說道：「這個人壞極了！他是講厚黑學的，我認他不得。」口雖如此說，心中則要供一個「大成至聖先師李宗吾之神位」。果能這樣去做，包管你生前的事業驚天動地，死後還要入孔廟吃冷豬肉。所以我每聽見有人罵我：「李宗吾壞極了！」就非常高興地說道：「吾道大行矣。」

還有一層，前面說：「厚黑上面，要糊一層仁義道德。」這是指遇著道學先生而言。假如遇著講性學的朋友，你也同他講仁義道德，豈非自討沒趣？這個時候，則應當糊上「戀愛神聖」四字。總之，厚黑二字是萬變不離其宗。至於表面上應該糊以什麼，則是學者因時因地，神而明之。

〔編按‧以下內容與《厚黑傳習錄》所載相同——〕

《宗吾臆談》中載有求官六字真言、做官六字真言及辦事二妙法。許多人問我怎樣去行？茲把原文照錄於下：

我把《厚黑學》發布出來，有人向我說：「你這門學問博大精深，我們讀了不能受用，請你指示點切要門徑。」我問道：「你的意思，打算做什麼？」他說：「我想弄個官來做。」我於是傳他求官六字真言：「空、貢、沖、捧、恐、送」。此六字俱是仄聲，其意義如下：

（1）——空

即空閒之意，分兩種：一指事務而言。求官的人，定要把一切事放下，不工不商，不農不賈，書也不讀，學也不教，一心一意，專門求官。二指時間而言。求官的人要有耐心，著不得急，今日不生效，明日又來，今年不生效，明年又來。

（2）——貢

這個貢字是借用的，是我們川省的方言，其意義等於鑽營之鑽。鑽進鑽出，可以說貢進貢出。求官要鑽門子，這是眾人都知道的。但是，定義卻很不容易下。有人說：「貢字的定義，是有孔必鑽。」我說：「錯了，錯了！你只說得一半。有孔才鑽，無孔者，其奈之何？」我下的定義是：「有孔必鑽，無孔也要鑽。有孔者擴而大之；無孔者，取出鑽子，新開一孔。」

（3）——沖

普通所說的「吹牛」，四川話是「沖帽殼子」。沖的工夫有兩種：一是口頭上，二是文字上。口頭上又分普通場所及在上峰的面前兩種，文字上又分報章雜誌及說帖條陳兩種。

（4）——捧

就是捧場的那個捧字。戲臺上魏公出來了，那華歆的舉動，是絕好的模範。

（5）——恐

是恐嚇的意思，是及物動詞。這個字的道理很精深，我不妨多說幾句。官之為物，何等寶貴，豈能輕易給人？有人把捧字做到十二萬分，還不生效，這就是少了恐字的功夫；凡是當權諸公，都有軟處，只要尋著他的要害，輕輕點他一下，他就會惶然大嚇，立刻把官兒送來。

學者須知：恐字與捧字，是互相為用的，善恐者，捧之中有恐。旁觀的人看他在上峰面前說的話，句句是阿諛逢迎，其實是暗擊要害，上峰聽了，汗流浹背。善捧者，恐之中有捧。旁觀的人看他傲骨棱棱，句句話責備上峰，其實受之者滿心歡喜，骨節皆酥。「神而明之，存乎其人。」「大匠能與人規矩，不能使人巧。」一是在求官的人細心體會。最要緊的，用恐字的時候要有分寸，如用過度了，大人們惱羞成怒，作起對來，豈不就與求官的宗旨大相違背？這又何苦乃爾。非到無可奈何的時候，恐字不能輕用。切囑！切囑！

（6）——送

即是送東西，分大小二種：大送，把銀元鈔票一包包地拿去送；小送，如春茶、火肘及請吃館子之類。所送的人分兩種：一是操用捨之權者；二是未操用捨之權，而能予我以助力者。

有人能把這六字一一做到了，包管字字發生奇效。那大人先生，獨居深念，自言自語說：某人想做官，已經說了許久（這是空字的效用），他和我有某種關係（這是貢字的作用），某人很有點才智（這是沖字的效用），對我很好（這是捧字的效用），但此人有點歪才，如不安置，未必不搗亂（這是恐字的效用）。想到這裡，回頭看看桌上黑壓壓的，或者白亮亮的堆了一大堆（這是送字的效用），也就無話可說，掛出牌來，某缺由某人署理。

求官到此，可謂功行圓滿了。於是走馬上任，實行做官六字真言。

做官六字真言：「空、恭、繃、凶、聾、弄」。此六字俱平聲，其意義如下：

（1）——空

空即空洞的意思。一是文字上，凡是批呈詞，出文告，都是空空洞洞的。其中奧妙，我難細說，讀者請往各官廳，把壁上的文字從東轅門讀到西轅門，就可恍然大悟。二是辦事上，辦任何事情都是活搖活動，東倒也可，西倒也可。有時辦得雷厲風行，其實暗中藏得有退路；如果見勢不佳，就從那條路抽身走了，絕不會把自己牽掛著，鬧出移交不清及撤任、查辦等笑話。

（2）——恭

即卑恭折節，脅肩諂笑之類，分直接、間接兩種。直接是指對上司而言；間接是指對上司的親戚朋友、丁役及姨太太等類而言。

（3）——繃

即俗語所謂繃勁，是恭字的反面字，指對下屬及老百姓而言。分二種：一種是儀表上，赫赫然大人物，凜不可犯；二是言談上，儼然腹有經綸，槃槃大才。

上述對上司用恭，對下屬及老百姓用繃，是指普通而言。然亦不可拘定，須認清飯甑子所在地。對飯甑子所在地用恭，非飯甑子所在地用繃。明乎這個理，有時對上司反可用繃，對下屬及老百姓反該用恭。

（4）——凶

只要能達到我的目的，就使人賣兒貼婦，亡身滅家，也不必有所顧忌。但有一層應當注意，凶字上面定要蒙上一層仁義道德。

（5）——聾

就是耳聾：「笑罵由他笑罵，好官我自為之。」但聾字中包含有瞎子的意義，文字上的詆罵，閉著眼睛不看。

（6）——弄

即弄錢之弄，四川俗語往往讀作平聲。千里來龍，此處結穴。前面的十一個字，都為此字而設。弄官與求官之送字是對照的，有了送就有弄。這個弄字，最要注意，是要能夠在公事上通得過才成功。有時通不過，就自己墊點腰包裡的錢，也不妨；如果通得過，任他若干，也就不用客氣了。

以上求官做官十二字，我不過粗學大綱，許多的精義都沒有發揮，有志於官者，可按著門徑，自去研究。

有人問我辦事二妙法，我授以辦事二妙法如下：

（1）——鋸箭法

相傳：有人中了箭，請外科醫生治療。醫生將箭桿鋸了，即索謝禮。問何不把箭頭拔出？答說：「那是內科的事，你去尋內科好了。」

現在各級機關辦事，都是用的這種方法。譬如批呈詞：「據呈某某等情，實屬不合已極，仰候令飭該縣知事查明嚴辦。」「不合已極」這四個字是鋸箭桿，「該知事」是內科。抑或「仰候轉呈上峰核辦」，那「上峰」就是內科。又如有人求我辦一件事情，我說：「這個事情我很贊成，但是，還要同某人商量。」「很贊成」

三個字是鋸箭桿，「某人」是內科。又或說：「我先把某部分辦好了，其餘的以後辦。」「先辦」是鋸箭桿，「以後」是內科。此外有只鋸箭桿，並不命其尋找內科的；也有連箭桿都不鋸，命其徑尋內科的。種種不同，細參自悟。

（2）——補鍋法

做飯的鍋漏了，請補鍋匠來補。補鍋匠一面用鐵片刮鍋底煤煙，一面對主人說：「請點火來我燒煙。」他乘著主人轉背的時候，用鐵錘在鍋上輕輕敲幾下，那裂痕就增長了許多。及主人轉來，就指給他看，說道：「你這鍋裂痕很長。上面的油膩了，看不見，我把鍋煙刮開，就現出來了，非多補幾個釘子不可。」主人埋頭一看，很驚異地說：「不錯，不錯！今天不遇著你，這鍋子恐怕不能用了。」及至補好，主人與補鍋匠皆大歡喜而散。

有人曾說：「中國變法，有許多地方是把好肉割壞了來醫。」這即是用的補鍋法。《左傳》中鄭莊公縱容共叔段，使他多行不義，才舉兵征討，也是補鍋法。歷史上這類事情是很多的，舉不勝舉。

大凡辦事的人，怕人說他因循，就用補鍋法，無中生有，尋些事辦。等到事情棘手，就用鋸箭法，脫卸過去。後來箭頭爛了，反大罵內科壞事。我國的政治，大概前清官場是用鋸箭法，變法諸公是用補鍋法，民國以來是鋸箭、補鍋二法互用。

上述二妙法，是辦事的公例。無論古今中外，合乎這個公例的就成功，違反這個公例的即失敗。管仲是中國的大政治家，他的本事就是把這兩個法子用得圓轉自如。狄人伐衛，齊國按兵不動；等到狄人把衛滅了，才出來做「興滅國，繼絕世」的義舉，這是補鍋法。召陵之役，不責楚國僭稱王號，只責他包茅不貢，這是鋸箭法。那個時候，楚國的實力遠勝齊國，管仲敢於勸齊桓公興兵伐楚，可說是把鍋敲爛了來補。及至楚國露出反抗的態度，他立即鋸箭了事。召陵一役，以補鍋法始，以鋸箭法終。管仲把鍋敲爛了，能把它補起，所以稱為「天下才」。

明季武臣把流寇圍住了，故意放他出來，本是用的補鍋法。後來制他不住，竟至國破君亡。把鍋敲爛了補不起，所以稱為「誤國庸臣」。岳飛想恢復中原，迎回二帝，他剛剛才起了取箭頭的念頭，就遭殺身之禍。明英宗被也先捉去，于謙把他弄回來，算是把箭頭取出了，仍然遭殺身之禍。何以故？違反公例故。

晉朝王導為宰相，有一個叛賊，他不去討伐。陶侃馳函責備他，他覆信說：「我遵養時晦，以待足下。」侃看了這封信，笑說：「他無非是『遵養時賊』罷了。」王導「遵養時賊」，以待陶侃，即留著箭頭專等內科。

諸名士在新亭流涕，王導變色曰：「當共戮力王室，克復神州，何至作楚囚對泣！」他義形於色，儼然手執鐵錘，要去補鍋，其實說兩句漂亮話就算完事。懷、

愍二帝陷在北邊，永世不返，箭頭永未取出。王導這種舉動，略略有點像管仲，所以歷史上稱他為「江左夷吾」。讀者如能照我說的方法去實行，包管他成為管子而後的第一大政治家。〔編按・以上為《厚黑傳習錄》之所載。〕

我著的《厚黑經》，說得有：「不曰厚乎，磨而不薄；不曰黑乎，洗而不白。」後來我改為：「不曰厚乎，越磨越厚；不曰黑乎，越洗越黑。」有人問我：「世界哪有這種東西？」我說：「手足的繭疤是越磨越厚；沾了泥土塵埃的煤炭是越洗越黑。」人的面皮很薄，慢慢地磨練，就漸漸地加厚。人的心，生來是黑的，遇著講因果的人，講理學的人，拿些道德仁義蒙在上面，才不會黑；假如把他洗去了，黑的本體自然出現。

中國幅員廣大，南北氣候不同，物產不同，因之人民的性質也就不同。於是文化學術，無在不有南北之分。例如：北有孔孟，南有老莊，兩派截然不同；曲分南曲、北曲；字分南方之帖、北方之碑；拳術分南北兩派；禪宗亦分南能北秀，等等皆是。厚黑學是一種大學問，當然也要分南北兩派。

門人問厚黑。宗吾曰：死而不顧，北方之厚黑也，賣國軍人居之。革命以後，不循軌道，南方之厚黑也，投機分子居多。人問：究竟學南派好，還是學北派好？

我說：你何糊塗乃爾？當講南派，就講南派；當講北派，就講北派。口南派而實行北派，是可以的，口北派而實行南派，也是可以的，純是相時而動。豈能把南北成見橫亙胸中？民國以來的人物，有由南而北的，有由北而南的，又復南而北，北而南，返往來回，已不知若干次，獨你還徘徊歧路，向人問南派好呢？北派好呢？我實在無從答覆。

有人問我道：「你既自稱厚黑教主，何以做事每每失敗？何以你的學生本領還比你大，你每每吃他們的虧？」

我說：「你這話差了。凡是發明家，都不可登峰造極。儒教是孔子發明的，孔子登峰造極了。顏、曾、思、孟去學孔子，他們的學問就比孔子低一層；後來周、程、朱、張去學顏曾思孟，學問又低一層；再後來學周程朱張的又低一層，一輩不如一輩。老子發明道教，釋迦發明佛教，其現象也都是這樣。這是由於發明家本事太大的緣故。唯西洋的科學則不然，發明的時候很粗淺，越研究越精深。發明蒸氣的人，只悟得汽衝壺蓋之理，發明電氣的人，只悟得死蛙運動之理。後人繼續研究下去，造出種種的機械，有種種的用途，為發明蒸氣、電氣的人所萬不能及。可見西洋科學，是後人勝過前人，學生勝過先生。我的厚黑學等於西洋的科學，我只能講點汽衝壺蓋、死蛙運動，中間許多道理，還望後人研究，我的本領當然比學生

小，遇著他們，當然失敗。將來他們傳授些學生出來，他們自己又被學生打敗，一輩勝過一輩，厚黑學自然就昌明光大了！」

又有人問道：「你既發明厚黑學，為什麼不見你做出一些轟轟烈烈的事？」我說道：「你們的孔夫子，為什麼沒見他做些轟轟烈烈的事？他講的為政為邦，道千乘之國，究竟實行了幾件？曾子著一部《大學》，專講治國平天下，請問他治的國在哪裡？平的天下又在哪裡？子思著了一部《中庸》，說了些中和位育的話，請問他中和位育的實際安在？你去把他們問明了，再來同我講。」

世間許多學問我不講，偏要講厚黑學，許多人都很詫異，我可把原委說明：我本來是孔子信徒。小的時候，父親與我命的名，我嫌他不好。見《禮記》上孔子說：「儒有今人與居，古人與稽，今世行之，後世以為楷。」就自己改名世楷，字宗儒，表示信從孔子之意。光緒癸卯年冬，四川高等學堂開堂，我從自流井赴成都，與友人雷鑿皆同路，每日步行百里，途中無事，縱談時局，並尋些經史來討論。鑿皆有他的感想，就改字鐵崖。我覺得儒教不能滿我之意，心想與其宗孔子，不如宗我自己，因改字宗吾。這宗吾二字，是我思想獨立之旗幟。今年歲在乙亥，不覺已整整的三十二年了。自從改字宗吾後，讀一切經史，覺得破綻百出，是為發明厚黑學之起點。

及入高等學堂，第一次上講堂，日本教習池永先生演說道：「操學問，全靠自己，不能靠教師。教育二字，在英文為『Education』，照字義，是『引出』之意。世間一切學問，俱是我腦中所固有，教師不過『引之使出』而已，並不是拿一種學問來，安入學生腦筋內。如果學問是教師給與學生的，則是等於此桶水傾入彼桶，只有越傾越少的，學生只有不如先生的。而學生每每有勝過先生的，即是由於學問是各人腦中固有的緣故。腦如一個囊，裡面貯藏許多物，教師把囊口打開，學生自己伸手去取就是了。」

他這種演說，恰與宗吾二字冥合，於我印象很深，覺得這種說法，比朱子所說「學之為言，效也」，精深得多。後來我學英文，把字根一查，果然不錯。

池永先生這個演說，於我發明厚黑學，有很大的影響。我近來讀報章，看見日本二字，就刺眼，凡是日本人的名字，都覺得討厭，獨有池永先生，我始終是敬佩的，他那種和藹可親的樣子，至今還常在我腦中。

我在學堂時，把教習口授的寫在一個副本上，封面大書「固囊」二字。許多同學不解，問我：是何意義？我說：「並無意義，是隨便寫的。這『固囊』二字，我自己不說明，恐怕後來的考古家考過一百年，也考不出來。『固囊者，腦是一個囊，副本上所寫，皆囊中固有之物。』題此二字，聊當座右銘。」

池永先生教理化數學，開始即講水素酸素，我就用「引而出之」的法子，在腦中搜索，走路吃飯睡覺都在想，看還可以引出點新鮮的東西否。以後凡遇他先生所講的，我都這樣的工作。哪知此種工作，真是等於王陽明之格竹子，幹了許久許久，毫無所得。於是廢然思返，長歎一聲道：「今生已過也，再結後生緣。」

我從前被八股束縛久了，一聽見廢科舉，興學堂，歡喜極了，把家中所有四書五經，與夫詩文集等等，一火而焚之。及在學堂內，住了許久，大失所望。有一次，星期日，在成都學道街買了一部《莊子》。雷民心見了，詫異道：「你買這些東西來做什麼？」我說：「雷民心，科學這門東西，你我今生還有希望嗎？它是茫茫大海，就是自己心中想出許多道理，也莫得器械來試驗，還不是等於空想罷了。在學堂中，充其量不過在書本上得點人云亦云的知識，有何益處，只好等兒子孫子再來研究，你我今生算了。因此我打算仍在中國古書上尋一條路來走。」他聽了這話，也同聲歎息。

我在高等學堂的時候，許多同鄉同學的朋友都加入同盟會。有個朋友，名叫張列五，曾對我說：「將來我們起事，定要派你帶一支兵。」我聽了非常高興，心想：古來當英雄豪傑，必定有個祕訣。因把歷史上的事彙集攏來，用歸納法，搜求其中的祕訣，經過許久，茫無所得。

宣統二年，我當富順中學堂監督（當時，校長名曰監督）。有一夜，睡在監督室中，偶然想到曹操、劉備、孫權幾個人，不禁捶床而起曰：「得之矣！得之矣！古之所謂英雄豪傑者，不外面厚心黑而已！」觸類旁通，頭頭是道，一部廿四史，都可一以貫之。

那一夜，我終夜不寐，心中非常愉快，儼然像王陽明在龍場驛大徹大悟，發明格物致知之理一個樣。

我把厚黑學發明了，自己還不知道這個道理對與不對。我同鄉同學中，講到辦事才具，以王簡恒為第一，雷民心常呼之為「大辦事家」。適逢簡恒進富順城來，我就把發明的道理說與他聽，請他批評。他聽罷，說道：「李宗吾，你說的道理，一點不錯。但我要忠告你，這些話，切不可拿在口頭說，更不可見諸文字，你儘管照你發明的道理，埋頭做去，包你幹許多事，成一個偉大人物。你如果在口頭或文字上發表了，不但終身一事無成，反有種種不利。」

我不聽良友之言，竟自把它發表了，結果不出簡恒所料。諸君！諸君！一面讀《厚黑學》，一面須切記簡恒箴言。

我從前意氣甚豪，自從發明了厚黑學，就心灰意冷，再不想當英雄豪傑了。跟著我又發明「求官六字真言」、「做官六字真言」及「辦事二妙法」。這些都是民

國元年的文字。反正後來許多朋友見我這種頹廢樣子，與從前大異，很為詫異，我自己也莫名其妙。假使我不講厚黑學，埋頭做去，我的世界或許不像現在這個樣子。不知是厚黑學誤我，還是我誤厚黑學。

《厚黑學》一書，有人讀了，慨然興歎，因此少出了許多英雄豪傑。有些人讀了，奮然興起，因此又多出了許多英雄豪傑。我發明厚黑學，究竟為功為罪？只好付諸五殿閻羅裁判。

發明《厚黑學》的時候，念及簡恒之言，遲疑了許久。後來想到朱竹垞所說：「寧不食兩廡豚肩，風懷一詩，斷不能刪。」奮然道：「英雄豪傑可以不當，這篇文字不能不發表。」就毅然決然，提筆寫去，而我之英雄豪傑的希望從此就斷送了。讀者只知厚黑學適用，哪知我是犧牲一個英雄豪傑掉換來的，其代價不為不大。

其實朱竹垞刪去風懷一詩，也未必能食「兩廡豚肩」，我把厚黑學祕為獨得之奇，也未必能為英雄豪傑。於何證之呢？即以王簡恒而論，其於吾道算是獨有會心，以他那樣的才具，宜乎有所成就，而孰知不然。他到成都，張列五委他某縣知事，他不幹，回到自流井。民國三年，討袁之役，熊楊在重慶獨立，富順響應，自流井推簡恒為行政長。事敗，富順廖秋華、郭集成、刁廣孚被捕到瀘州，廖被大辟。郭、刁破家得免，簡恒東躲西藏，晝伏夜行，受了雨淋，得病，纏綿至次年死，身後非常蕭條。以簡恒之才具、之會心，還是這樣的結果，所以讀我厚黑學的人，切不可自命為得了發明人的指點，即便自滿。

民國元年，我到成都，住童子街公論日報社內，與廖緒初、謝綬青、楊仔耘諸人同住。他們再三慫恿我把《厚黑學》寫出來。緒初並說道：「如果寫出來，我與你做一序。」我想：「緒初是講程朱學的人，繩趨矩步，朋輩呼之為『廖大聖人』，他都說可以發表，當然可以發表。」我就逐日寫去。我用的別號是「獨尊」二字，取「天上地下，唯我獨尊」之意。緒初用「淡然」的別號，作一序曰：「吾友獨尊先生發明厚黑學，成書三卷，上卷厚黑學、中卷厚黑經、下卷厚黑傳習錄，嬉笑怒罵，亦云苛矣。

然考之中外古今，與夫當世大人先生，舉莫能外，誠宇宙至文哉！世欲業斯學而不得門徑者，當不乏人，特勸先生登諸報端，以餉後學，他日刊為單行本，普渡眾生，同登彼岸。質之獨尊，以為何如。民國元年，月日，淡然。」哪知一發表出來，讀者譁然。說也奇怪，我與緒初同是用別號，乃廖大聖人之稱謂依然如故，我則博得「李厚黑」的徽號。

緒初辦事，富有毅力，毀譽在所不計。民國八年，他當省長公署教育科科長。

其時校長縣視學（縣視學即後來之教育局長）任免之權操諸教育科。楊省長對於緒初，倚畀甚殷，緒初簽呈任免之人，無不照准。有時省長下條子任免某人，緒初認為不當者，將原條退還，楊省長不以為忤，而信任益堅。最奇的，其時我當副科長，凡是得了好處的人，都稱頌曰：「此廖大聖人之所賜也。」如有倒甑子的、被記過的、要求不遂的、預算被核減的，往往對人說道：「是李厚黑幹的。」成了個「善則歸廖緒初，惡則歸李宗吾。」緒初今雖死，舊日教育科的同事諸人，如侯克明、黃治畋、杜小咸等尚在，請他們當天說，究竟這些事是不是我幹的？究竟緒初辦事，能不能受旁人支配？我今日說這話，並不是卸責於死友，乃是舉出我經過的事實，證明簡恒的話是天經地義，「厚黑學三字，斷不可拿在口中講。」我厚愛讀者諸君，故敢掬誠相告。

未必緒初把得罪人之事向我推卸嗎？則又不然。有人向他說及我，緒初即說道：「某某事是我幹的，某人怪李宗吾，你可叫某人來，我當面對他說，與宗吾無關。」無奈緒初越是解釋，眾人越是說緒初是聖人，李宗吾幹的事，他還要代他受過，非聖人而何？李宗吾能使緒初這樣做，非大厚黑而何？雷民心曰：「厚黑學做得說不得。」真是絕世名言哉！後來我也掙得「聖人」的徽號，不過「聖人」之上冠有「厚黑」二字罷了。

聖人也，厚黑也，二而一，一而二也。莊子說：「聖人不死，大盜不止。」聖人與大盜的真相，莊子是看清楚了的。跖之徒問於跖曰：「盜有道乎？」跖曰：「奚啻其有道也。夫妄意關內中藏，聖也；入先，勇也；出後，義也；知時，智也；分均，仁也。不通此五者，而能成大盜者，天下無人。」聖勇義智仁五者本是聖人所做的，跖能竊用之，就成為大盜。反過來說，厚黑二字本是大奸大詐所做的，人能善用之，就可成大聖大賢。試舉例言之：胡林翼曾說：「只要於公家有利，就是頑鈍無恥的事，我都要幹。」又說：「辦事要包攬把持。」所謂頑鈍無恥也，包攬把持也，豈非厚黑家所用的技術嗎？林翼能善用之，就成為名臣了。

王簡恒和廖緒初，都是我很佩服的人。緒初辦旅省敘屬中學堂和當省議會議員，只知為公二字，什麼氣都受得，有點像胡林翼之頑鈍無恥；簡恒辦事，獨行獨斷，有點像胡林翼之包攬把持。有天，我當他二人說道：「緒初得了厚字訣，簡恒得了黑字訣，可稱吾黨健者。」歷引其事以證之。二人欣然道：「照這樣說來，我二人可謂各得聖人之一體了。」我說道：「百年後有人與我建厚黑廟，你二人都是有配享希望的。」

民國元年，我在成都公論日報社內寫《厚黑學》。有天，緒初到我室中，見案上寫有一段文字：「楚漢之際，有一人焉，厚而不黑，卒歸於敗者，韓信是也。胯下之辱，信能忍之，面之厚可謂至矣。及為齊王，果從蒯通之說，其貴誠不可言。獨奈何惓惓於解衣推食之私情，貿然曰：『衣人之衣者，懷人之憂；食人之食者，死人之事。』卒至長樂鍾室，身首異處，夷及三族，謂非咎由自取哉！楚漢之際，有一人焉，黑而不厚，亦歸於失敗，范增是也……」

緒初把我的稿子讀了一遍，轉過來把韓信這一段反覆讀之，默然不語，長歎一聲而去。我心裡想：「這就奇了？韓信厚有餘而黑不足，范增黑有餘而厚不足，我原是二者對舉，他怎麼獨有契於韓信這一段？」我下細心思之，才知緒初正是厚有餘而黑不足的人。他是盛德夫子，叫他忍氣，是做得來，叫他做狠心的事，他做不來。患寒病的人，吃著滾水很舒服；患熱病的人，吃著冷水很舒服。緒初所缺乏者，正是一黑字。韓信這一段，是他對症良藥，故不知不覺深有感觸。

中江謝綬青，光緒三十三年，在四川高等學堂與我同班畢業。其時王簡恒任富順中學堂監督，聘綬青同我當教習。三十四年下學期，緒初當富順視學，主張來年續聘，其時薪水以兩計。他向簡恒說道：「宗吾是本縣人，核減一百兩。綬青是外縣人，薪仍舊。」他知道我斷不會反對他，故毅然出此。我常對人說：「緒初這個人萬不可相交。相交他，銀錢上就要吃虧。我是前車之鑑。」

有一事更可笑。其時縣立高小校校長姜選臣因事辭職，縣令王琰備文請簡恒兼任。有一天，簡恒笑向我說道：「我近日窮得要當衣服了，高小校校長的薪水，我很想支來用。照公事說，是不成問題的。像富順這一夥人，要攻擊我，我倒毫不睬他。最怕的是廖聖人酸溜溜說道：『這筆款似乎可以不支吧！』你叫我這個臉放在何處？只好仍當衣服算了。」我常對人說：「此雖偶爾談笑，而緒初之令人敬畏，簡恒之勇於克己，足見一斑。」

後來我發明《厚黑學》，才知簡恒這個談話，是厚黑學上最重要的公案。我常同雷民心批評說：「朋輩雖資質偏於厚字者甚多，而以緒初為第一。夠得上講黑字者，只有簡恒一人。」近日常常有人說：「你叫我面皮厚，我還做得來。叫我黑，我實在做不來，宜乎我做事不成功。」我說：「就怕你厚得不徹底。只要徹底了，無往而不成功。你看緒初之厚，居然把簡恒之黑打敗，並且厚黑教主還送了一百兩銀子的贄見。世間資質偏於厚字的人，萬不可自暴自棄。」

相傳凡人的頸子上都有一條刀路，劊子手殺人，順著刀路砍去，一刀就將腦殼砍下。所以劊子手無事時，同人對坐閒談，他就要留心看你頸子上的刀路。我發明厚黑學之初，遇事研究，把我往來的朋友作為實驗品，用劊子手看刀路的方法，很發現些重要學理。滔滔天下，無在非厚黑中人。諸君與朋輩往還之際，本我所說的法子去研究，包管生出無限趣味，比讀四書五經、廿五史受的益更多。老子曰：

「邦之利器，不可以示人。」老夫髦矣，無志用世矣，否則這些法子，我是不能傳授人的。

我遇著人在我名下行使厚黑學，叨叨絮絮，說個不休。我睜著眼睛看著他，一言不發。他忽然臉一紅，噗一聲笑道：「實在不瞞你先生，當學生的實在沒法了，只有在老師名下行使點厚黑學。」我說道：「可以！完全可以！我成全你就是了！」語云：「內行不發貨。」奸商最會欺騙人，獨在同業面前不敢賣假貨。我苦口婆心，勸人研究厚黑學，意在使大家都變成內行。假如有人要使點厚黑學，硬是說明了來幹，施者受者，大家心裡安順。

我把厚黑學發明過後，凡人情冷暖，與夫一切恩怨，我都坦然置之。有人對我說：「某人對你不起，他如何如何。」我說：「我這個朋友，他當然這樣做。如果他不這樣做，我的厚黑學還講得通嗎？我所發明的是人類大原則，我這個朋友，當然不能逃出這個原則。」

辛亥十月，張列五在重慶獨立，任蜀軍政府都督。成渝合併，任四川副都督，嗣改民政長。他設一個審計院，擬任緒初為院長，緒初再三推辭，乃以嚴仲錫為院長，緒初為次長，我為第三科科長。其時民國初成，我以為事事革新，應該有一個新學說出現，乃把我發明的厚黑學發表出來。

及我當了科長，一般人都說：「厚黑學果然適用，你看李宗吾公然做起科長來了。」相好的朋友勸我不必再登，我就停止不登。於是眾人又說道：「你看李宗吾，一做了科長，厚黑學就不登了。」我氣不過，向眾人說道：「你們只羨我做官，須知奔走官場，是有祕訣的。」我就發明求官六字真言、做官六字真言，每遇著相好的朋友，就盡心指授。無奈那些朋友資質太鈍，拿來運用不靈，一個個官運都不亨通；反是旁觀竊聽的和間接得聞的，倒還很出些人才。

在審計院時，緒初寢室與我相連。有一日下半天，聽見緒初在室內拍桌大罵，聲震屋瓦。我出室來看，見某君（此君在緒初辦旅省敘屬中學時，曾當教職員）倉皇奔出，緒初追而罵之：「你這個狗東西！混帳……」直追至大門而止。緒初轉來，看見我，即隨我入室中坐下，仍氣忿忿道：「某人，真正豈有此理！」我問何事？緒初道：「他初向我說，某人可當知事，請我向列五介紹，我唯唯諾諾應之。他說：『事如成了，願送先生四百銀子。』我在桌上一巴掌說道：『胡說！這些話都可拿來向我說嗎？』他站起來就走，說道：『算了，算了！不說算了！』我氣他不過，追去罵一頓。」我說：「你不替他說就是了，何必為此氣甚。」緒初道：「這種人，你不傷他的臉，將來不知還要幹些什麼事？我非對列五說不可，免得用這種人出去害人，」

此雖尋常小事，在厚黑學上，卻含有甚深的哲理。我批評緒初「厚有餘而黑不足，叫他忍氣是做得來，叫他做狠心的事做不來。」何以此事忍不得氣？其對待某君，未免太狠，竟自侵入黑字範圍，這是什麼道理呢？我反覆研究，就發現一條公例。公例是什麼呢？厚黑二者，是一物體之兩方面，凡黑到極點者，未有不能厚，厚到極點者，未有不能黑。舉例言之：曹操之心至黑，而陳琳作檄，居然容他得過，未嘗不能厚。劉備之面至厚，劉璋推誠相待，忽然舉兵滅之，則未嘗不能黑。我們同輩中講到厚字，既公推緒初為第一，所以他逃不出這個公例。

古人云：「夫道一而已矣。」厚黑二者，根本上是互相貫通的。厚字翻過來，即是黑；黑字翻過來，即是厚。從前有個權臣，得罪出亡。從者說道：「某人是公之故人，他平日對你十分要好，何不去投他？」某人答道：「此人對我果然很好。我好音，他就送我以鳴琴；我好珮，他就送我以玉環。他平日既見好於我，今日必以我見好於人，如去見他，必定縛我以獻於君。」果然此人從後追來，把隨從的人捉了幾個去請賞。這就是厚臉皮變而為黑心子的明證。人問：「世間有黑心子變而為厚臉皮的沒有？」我答道：「有，有！《聊齋》上馬介甫那一段，所說的那位太太，她就是由黑心子一變而為厚臉皮。」

緒初辱罵某君一事，詢之他人，迄未聽見說過，除我一人而外，無人知之；後來同他相處十多年，也未聽他重提。我常說：「緒初辱罵某君，足見其人剛正，雖暗室中，亦不可干以私。事後絕口不提，隱人之惡，又見其盛德。」但此種批評，是站在儒家立場來說。若從厚黑哲學上研究，又可得出一條公例：「黑字專長的人，黑者其常，厚者其暫；厚字專長的人，厚者其常，黑者其暫。」

緒初是厚字專長的人，其以黑字對付某君，是暫時的現象，事過之後，又回復到厚字常軌，所以此後十多年隱而不言。我知他做了此等狠心事，必定於心不安，故此後見面，不便向他重提此事。他辦敘屬學堂的時候，業師王某來校當先生，因事犯規，緒初懸牌把他斥退。後來我曾提起此事。他道：「這件事，我很痛心。」這都是做了狠心的事，要恢復常軌的明證。因知他辱罵某君，一定很疚心，所以不便向他重提。

緒初已經死了十幾年，生平品行，粹然無疵，凡是他的朋友和學生，至今談及，無不欽佩。去歲我做一篇《廖張軼事》，敘述緒初和列五二人的事蹟，曾登諸《華西日報》。緒初是國民黨的忠實信徒，就是異黨人，只能說他黨見太深，對於他的私德，仍稱道不止。我那篇《廖張軼事》，曾列舉其事，將來我這《厚黑叢話》寫完了，莫得說的時候，再把他寫出來，充塞篇幅。一般人呼緒初為廖大聖人，我看他，得力全在一個厚字。我曾說：「用厚黑學以圖謀公利，越厚黑，人格越高尚。」緒初人格之高尚，是我們朋輩公認的。他的朋友和學生存者甚多，既可證明我的話不錯，也可證明我定的公例不錯。

我發表《厚黑學》，用的別號是「獨尊」二字，與朋友寫信也用此別號。後來我又寫作「蜀酋」。有人問我，蜀酋二字作何解釋？我答道：「我發表《厚黑學》，有人說我瘋了，離經叛道，非關在瘋人院不可。我說：那麼我就成為蜀中之罪酋了。」因此名為蜀酋。我發表《厚黑學》過後，許多人實力奉行，把四川造成一個厚黑國。有人對我說道：「國中首領，非你莫屬。」我說：「那麼，我就成為蜀中之酋長了。」因此又名為蜀酋。再者，我講授厚黑學，得我真傳的弟子，本該授以衣缽，但是我的生活是沿門托缽，這個缽要留來自用的，只好把我的狗皮褂子脫與他穿，所以獨字去了犬旁，成為蜀字。我的高足弟子很多，好弟子之足高，則先生之足短，弟子之足高一丈，則先生之足短一寸。所以尊字截去寸字，成為酋字。有此原因，我就只好稱為蜀酋了。

世間的事，有知難行易的，有知易行難的。唯有厚黑學最特別，知也難，行也難。此道之玄妙，等於修仙悟道的口訣，古來原是祕密傳授。黃石老人因張良有仙骨，於半夜三更傳授。張良言下頓悟，老人以王者師期之。無奈這門學問太精深了，所以《史記》上說：「良為他人言，皆不省，獨沛公善之。良歎曰：沛公殆天授也。」可見這門學問，不但明師難遇，就是遇著了，也難以領悟。蘇東坡曰：「項羽百戰百勝，而輕用其鋒。高帝忍之，養其鋒而待其弊，此子房教之也。」衣缽真傳，彰彰可考。我打算做一部《厚黑學師承記》，說明授受淵源，使人知道這門學問，要黃石公這類人才能傳授，要張良、劉邦這類人才能領悟。我近倡厚黑救國之說，許多人說我不通，這也無怪其然，是之謂知難。

劉邦能夠分杯羹，能夠推孝惠、魯元下車，其心之黑還了得嗎？獨至韓信求封假齊王，他忍不得氣，怒而大罵，若非張良從旁指點，幾乎誤事。勾踐入吳，身為臣，妻為妾，其面之厚，還了得嗎？沼吳之役，夫差遣人痛哭求情，勾踐心中不忍，意欲允之，全虧范蠡悍然不願，才把夫差置之死地。以劉邦、勾踐這類人，事到臨頭，還須軍師臨場指揮督率才能成功，是之謂行難。

蘇東坡的《留侯論》，全篇是以一個厚字立柱。他文集中，論及沼吳之役，深以范蠡的辦法為然。他這篇文字，是以一個黑字立柱。諸君試取此二文，細細研讀，當知鄙人不謬。人稱東坡為坡仙，他是天上神仙下凡，才能揭出此種妙諦。諸君今日聽我講說，可謂有仙緣。噫！外患迫矣，來日大難，老夫其為黃石老人乎，願諸君以張子房自命。

厚黑叢話之三

有人讀《厚黑經》，讀至「蓋欲學者於此，反求諸身而自得之，以去夫外誘之仁愛，而充其本然之厚黑。」發生疑問道：「李宗吾，你這話恐說錯了。孟子曰：『仁義禮智，非由外鑠我也，我固有之也。』可見仁義是本然的。你怎麼把厚黑說成本然，把仁義說成外誘？」我說：「我倒莫有說錯，只怕你們那個孟子錯了。」孟子說：「孩提之童，無不知愛其親也。及其長也，無不知敬其兄也。」他這個話，究竟對不對，我們要實地試驗。就叫孟子的夫人把他親生小孩抱出來，由我當著孟子試驗。母親抱著小孩吃飯，小孩伸手來拖，如不提防，碗就會落地打爛。請問孟子，這種現象是不是愛親？母親手中拿一塊糕餅，小孩伸出手來索，母親不給他，放在自己口中，小孩就會伸手從母親口中取出，放在他口中。請問孟子，這種現象是不是愛親？小孩在母親懷中，食乳、食糕餅，哥哥走到近前，他就要用手推他打他。請問孟子，這種現象是不是敬兄？只要全世界尋得一個小孩，莫得這種現象，我的厚黑學立即不講。既是全世界的小孩無一不然，可見厚黑是天性中固有之物，我的厚黑學當然成立。

孟子說：「人之所不學而能者，其良能也；所不慮而知者，其良知也。」小孩見母親口中有糕餅，就伸手去奪，在母親懷中食乳食糕餅，哥哥近前，就推他打他，都是不學而能，不慮而知，依孟子所下的定義，都該認為良知良能。孟子教人把良知良能擴而充之，現在許多官吏刮取人民的金錢，即是把小孩時奪取母親口中糕餅那種良知良能擴充出來。許多志士，對於忠實同志，排擠傾軋，無所不用其極，即是把小孩食乳食糕餅時，推哥哥、打哥哥那種良知良能擴充出來的。孟子曰：「大人者，不失其赤子之心者也。」現在的偉人，小孩時那種心理，絲毫莫有失掉，可見中國鬧到這麼糟，完全是孟子的信徒幹的，不是我的信徒幹的。

我民國元年發表《厚黑學》，指定曹操、劉備、孫權、劉邦幾個人為模範人物。迄今廿四年，並莫一人學到。假令有一人像劉備，過去的四川，何至成為魔窟？有一人像孫權，過去的寧粵，何至會有裂痕？有一人像曹操，偽滿敢獨立嗎？有一人像劉邦，中國會四分五裂嗎？吾嘗曰：「劉邦，吾不得而見之矣，得見曹操，斯可矣。曹操，吾不得而見之矣，得見劉備、孫權，斯可矣。」所以說，中國鬧得這麼糟，不是我的信徒幹的。

漢高祖分杯羹，是把小孩奪母親口中糕餅的那種良知良能擴充出來的；唐太宗

殺建成、元吉，是把小孩食乳食糕餅時，推哥哥打哥哥那種良知良能擴充出來的。這即是《厚黑經》上所說：「充其本然之厚黑。」昔人詠漢高祖詩云：「俎上肉，杯中羹，黃袍念重而翁輕。掠羹嫂，羹頡侯，一飯之仇報不休……君不見漢家開基四百年，君臣父子兄弟夫婦朋友之間乃如此。」漢高祖把通常所謂五倫與夫禮義廉恥掃蕩得乾乾淨淨，這即是《厚黑經》中所說：「去夫外誘之仁義。」

有人難我道：「孟子曰：『惻隱之心，人皆有之。』據你這樣說，豈不是應該改為『惻隱之心，人皆無之』嗎？」我說：「這個道理，不能這樣講。孟子說：『今人乍見孺子將入於井，皆有怵惕惻隱之心。』明明提出『怵惕惻隱』四字，何以下文說：『惻隱之心，仁之端也。』『無惻隱之心，非人也。』平空把怵惕二字摘來丟了，請問是何道理？再者孟子所舉的證據，是孺子對於井有著死生存亡的關係。那個時候，我是立在旁邊，超然於利害之外。請問孟子，假使我與孺子同時將入井，此心作何狀態？請問此剎那間發出來的念頭，究竟是惻隱？還是怵惕？不消說，這剎那間，只是有怵惕而無惻隱，只能顧我之死，不暇顧及孺子之死。非不愛孺子也，事變倉猝，顧不及也。必我心略為安定，始能顧及孺子，惻隱之心乃能出現。我們這樣地研究，就可把人性真相看出。怵惕是為我的念頭，惻隱是為人的念頭。惻隱是仁，怵惕斷不可謂之為仁。怵惕是驚懼的意思，是從自己怕死之心生出來的。吾人怕死之心根於天性，乍見孺子將入井，是猝然之間，有一種死的現象呈於吾前。我見了不覺大吃一驚，心中連跳幾下，這即是怵惕。

我略一審視，知道這是孺子死在臨頭，不是我死在臨頭，立即化我身而為孺子，化怵惕而為惻隱。孺子是我身之放大形，惻隱是怵惕之放大形，先有我而後有孺子，先有怵惕而後有惻隱，天然順序原是如此。怵惕是利己之心，惻隱是利人之心，利人之心是利己之心放大出來的。主張性善說者，每每教人把利己心剷除了，單留利人之心，皮之不存，毛將安附？既無有我，安得有孺子？既無怵惕，焉得有惻隱？孟子曰：『惻隱之心，仁之端也。』李宗吾曰：『以怵惕為出發點，先有怵惕，後有惻隱。』孟子的學說是第二義的，我的學說才是第一義。」

某縣有曾某者，平日講程朱之學，品端學粹，道貌岸然，人呼為曾大聖人，年已七八十歲，當縣中高小學校校長。我查學到校，問：「老先生近日還看書否？」答：「現正纂輯宋儒語錄。」我問：「孟子說：『今人乍見孺子將入於井，皆有怵惕惻隱之心。』何以下文又說：『無惻隱之心，非人也。』『惻隱之心，仁之端也。』把怵惕二字置之不論，其意安在？」他聽了沈吟思索。我問：「見孺子將入於井，發出來的第一個念頭，究意是怵惕還是惻隱？」他信口答道：「是惻隱。」我聽了默然不語，他也默然不語。我本來想說：「第一念既是惻隱，何以孟子不言

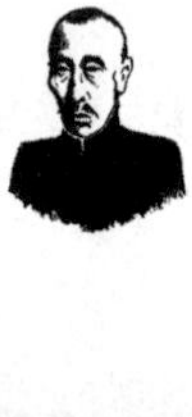

『惻隱怵惕』而言『怵惕惻隱』？」因為他是老先生，不便深問，只問道：「宋儒之書，我讀之甚少，只見他們極力發揮惻隱二字，未知對於怵惕二字，亦曾加以發揮否？」他說：「莫有。」我不便往下再問，就談別的事去了。

《孟子》書上，孩提愛親章、孺子將入井章，是性善說最根本的證據。宋儒的學說，就是從這兩個證據推闡出來的。我對於這兩個證據，根本懷疑，所以每談厚黑學，就把宋儒任意抨擊。但我生平最喜歡懷疑，不但懷疑古今人的說法，並且自己的說法也常常懷疑。我講厚黑學，雖能自圓其說，而孟子的說法，也不能說他莫得理由。究竟人性的真相是怎樣？孟子所說：孩提知愛和惻隱之心，又從何處生出來的呢？我於是又繼續研究下去。

中國言性者五家，孟子言性善，荀子言性惡，告子言性無善無惡，楊雄言性善惡混，韓昌黎言性有三品。這五種說法同時並存，竟未能折衷一是。今之政治家，連人性都未研究清楚，等於醫生連藥性都未研究清楚。醫生不瞭解藥性，斷不能治病；政治家不瞭解人性，怎能治國？今之舉世紛紛者，實由政治家措施失當所致。其措施之所以失當者，實由對於人性欠了精密的觀察。

中國學者，對於人性欠精密的觀察，西洋學者，觀察人性更欠精密。現在的青年，只知宋儒所說「婦人餓死事小，失節事大」這個道理講不通。這都是對於人性欠了研究，才有這類不通的學說。學說既不通，基於這類學說產生出來的措施，遂無一可通，世界焉得不大亂？

從前我在報章雜誌上，常見有人說：「中國的禮教，是吃人的東西。」殊不知，西洋的學說更是吃人的東西。阿比西尼亞被墨索里尼摧殘蹂躪，是受達爾文學說之賜，將來算總帳，還不知要犧牲若干人的生命。我們要想維持世界和平，非把這類學說一律肅清不可。要肅清這類學說，非把人性徹底研究清楚不可。我們把人性研究清楚了，政治上的措施，國際上的舉動，才能適合人類的通性，世界和平才能維持。

我主張把人性研究清楚，常常同友人談及。友人說：「近來西洋出了許多心理學的書，你雖不懂外國文，也無妨買些譯本來看。」我說：「你這個話太奇了！我說個笑話給你聽。從前有個查學員視查某校，對校長說：『你這個學校光線不足。』校長道：『我已派人到上海購買去了。』人人有一個心，自己就可直接研究，本身就是一副儀器標本，隨時隨地都可以試驗，朝夕與我交往的人，就是我的試驗品，你叫我看外國人著的心理學書，豈不等於到上海買光線嗎？」聞者無辭可陳。

我民國元年著的《厚黑學》，原本是一種遊戲文字，不料發表出來，竟受到一般人的歡迎，「厚黑學」三字，在四川幾乎成了一普通名詞。我以為此種說法能受人歡迎，必定於人性上有關係，因而繼續研究。到民國九年，我想出一種說法，似乎可以把人性問題解決了，因著《必理與力學》一文，載入《宗吾臆談》內。我這種說法未必合乎真理，但為研究學術起見，也不妨提出來討論。

西洋人研究物理學研究得很透徹，得出來的結論，五洲萬國無有異詞，獨於心理學卻未研究透徹，所以得出來的結論，此攻彼訐。這是什麼道理呢？因為研究物理，乃是以人研究物，置身局外，冷眼旁觀，把真相看得很清楚，毫無我見，故所下判斷最為正確。至於研究心理學，則研究者是人，被研究者也是人，不知不覺就參入我見，下的判斷就不公平。並且我是眾人中之一人，古人云：「不識廬山真面目，只緣身在此山中。」即使此心放得至公至平，仍得不到真相。因此我主張：研究心理學，應當另闢一個途徑來研究。科學家研究物理學之時，毫無成見，等他研究完畢了，我們才起而言曰：「人為萬物之一，物理與人事息息相通，物理上的公例也適用於人事。」據物理的公例，以判斷人事，而人就無所遁形了。聲光磁電的公例，五洲萬國無有異詞。人之情感，有類磁電；研究磁電，離不脫力學公例，我們就可以用力學公例以考察人之心理。

民國九年，我家居一載，專幹這種工作，用力學上的公例去研究心理學，覺到許多問題都渙然冰釋。因創一公例曰：「心理變化，循力學公例而行。」從古人事蹟上，現今政治上，日用瑣事上，自己心坎上，理化數學上，中國古書上，西洋學說上，四面八方印證起來，似覺處處可通。有了這條公例，不但關於人事上一切學說若網若綱，有條不紊，就是改革經濟、政治等等，也有一定的軌道可循，而我心中的疑團就算打破，人性問題就算解決了。但我要聲明：所謂疑者，是我心中自疑，非謂人人俱如是疑也。所謂解決者，是我自解決，非謂這個問題果然被我解決也。此乃我自述經過，聊備一說而已。

本來心理學是很博大精深的，我是個講厚黑學的，怎能談這門學問？我說：「心理變化，循力學公例而行。」等於說：「水之波動，循力學公例而行。」據科學家眼光看來，水之性質和現象，可供研究者很多，波動不過現象中之一小部分。所以我談心理學，只談得很小很小一部分，其餘的我不知道，也不敢妄談。

為甚力學上的公例可應用到心理學上呢？須知科學上許多定理，最初都是一種假說。根據這種假說，從各方試驗，都覺可通，這假說就成為定理了。即如地球這個東西，自開闢以來就有的，人民生息其上，不知經過了若干萬萬年，對於地球之構成就無人瞭解。距今二百多年以前，出了個牛頓，發明萬有引力，說：「地心有吸力，把泥土沙石吸成一團，成為地球。」究意地心有無吸力，無人看見，牛頓這個說法本是假定的，不過根據他的說法，任如何試驗，俱是合的，於是他的假說就成了定理。

從此一般人都知道：「凡是有形有體之物，俱要受地心吸力的吸引。」到愛因斯坦出來，發明相對論，本牛頓之說擴大之，說：「太空中的星球發出的光線，經過其他星球，也要受其吸引。因天空中眾星球互相吸引之故，於是以直線進行之光線就變成彎彎曲曲的形狀。」他這種說法，經過實地測驗，證明不錯，也成為定理。從此一般人又知道，有形無體之光線，也要受地心吸力的吸引。我們要解決心理學上的疑團，無妨把愛因斯坦的說法再擴大之，說：「我們心中也有一種引力，能把耳聞目睹、無形無體之物吸收來成為一個心。心之構成，與地球之構成相似。」我們這樣地設想，牛頓的公例和愛因斯坦的相對論就可適用到心理學方面，而人事上的一切變化就可用力學公例去考察他了。

通常所稱的心，是由於一種力，經過五官出去，把外邊的事物牽引進來，集合而成的。例如有一物在我面前，我注目視之，即是一種力從目透出去，與那個物連結；我將目一閉，能夠記憶那物的形狀，即是此力把那物拖進來縮住了。聽人的話能夠記憶，即是把那人的話拖進來縮住了。由這種方式，把耳濡目染與夫環境所經歷的事項一一拖進來，集合為一團，就成為一個心。所以，心之構成與地球之構成完全相似。

一般人都說自己有一個心。佛氏出來，力闢此說，說：「人莫得心。通常所謂心，是假的，乃是六塵的影子。」

《圓覺經》曰：「一切眾生，無始以來，種種顛倒，妄認四大為自身相，六塵緣影為自心相。」我們試想，雁一去，影即不存。而吾人見雁之過，其影能留在心中者，即是心中有一種引力把雁影縮住的緣故。所以我們拿佛家的話來推究，也可證明心之構成與地球之構成是相似的。

佛家說：「六塵影子落在八識田中，成為種子，永不能去。」這就像穀子豆子落在田土中，成為種子一般。我們知穀子豆子落在田土中，是由於地心有引力，即知六塵影子落在八識田中，是由於人心有引力。因為有引力縮住，所以穀子豆子在田土中永不能去，六塵影子在八識田中也永不能去。

我們如把心中所有知識一一考察其來源，即知其無一不從外面進來。其經過的路線，不外眼耳舌鼻身。雖說人能夠發明新理，但仍靠外面收來的知識與基礎，猶之建築房屋，全靠外面購來的磚瓦木石。假如把心中各種知識的來源考出了，從目進來的，命他仍從目退出去，從耳進來的，令他仍從耳退出去，其他一一俱從來路退出，我們的心即空無所有了。人的心能夠空無所有，對於外物無貪戀，無嗔恨，有如湖心雁影，過而不留，這即是佛家所說：「還我本來面目。」

地球之構成，源於引力；意識之構成，源於種子。試問引力再進一步，推究到天地未有之前，由種子再進一步，推究到父母未生之前，則只有所謂寂兮寥兮的狀況，而二者就會歸於一了。由寂兮寥兮生出引力，而後有地球，而後有物；由寂兮寥兮生出種子，而後有意識，而後有人。由此知心之構成與地球之構成相似，物理與人事相通，故物理學的規律可適用於心理學。

心理現象與磁電現象很相像。人有七情，大別之，只有好、惡二種。心所好的東西，就引之使近；心所惡的東西，就推之使遠。其現象與磁電相同。人的心，分知、情、意三者，意是知與情合併而成，其元素只有知、情二者。磁電同性相推，異性相引，他相推相引的作用是性的現象，能夠判別同性異性，又含有知的作用。可見磁電這個東西也具有知、情，與我們的心理是一樣的。陽電所需要的是陰電，忽然來了一個陽電，要分他的陰電，他當然把他推開。陰電所需要的是陽電，忽然來了一個陰電，要分他的陽電，他當然也把他推開。這就像小兒食乳食糕餅的時候，見哥哥來了，用手推他們一般，所以成了同性相推的現象。至於磁電異性相引，猶如人類男女相愛，更是不待說的。所以，我們心理學可當如磁電學研究。

佛說：「真佛法身，映物現形。」宛然磁電感應現象。又說：「本性圓融，用遍法界。」又說：「非有非無。」宛然磁電中和現象。又說：「不生不滅，不增不滅。」簡直就是物理學家所說「能量不滅」。因此之故，我們用力學公例去考察人性，想來不會錯。

孟子講性善，說：「孩提之童，無不知愛其親。及其長也，無不知敬其兄。」我講厚黑，說：「小兒見母親口中有糕餅，就取來放在自己口中。小兒在母親懷中食乳食糕餅，見哥哥走近來，就用手推他打他。」這兩種情況，豈不是極端相反嗎？究意人性的真相是怎樣？我們下細觀察，即知小兒一切動作，都是以我為本位，各種現象，都是從比較上生出來的。將母親與己身比較，小兒更愛己身，故將母親口中糕餅取出，放入自己口中。母親是懷抱我、乳哺我的人，拿母親與哥哥比較，母親與我更接近，故更愛母親。大點的時候，與哥哥朝夕玩耍，有時遇著鄰人，覺得哥哥與我更接近，自然更愛哥哥。

由此推之，走到異鄉，就愛鄰人；走到外省，就愛本省人；走到外國，就愛本國人。其間有一定之規律，其規律是：「距我越近，愛情越

甲圖

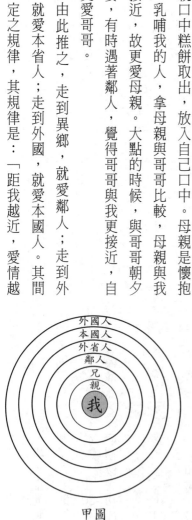

篤，愛情與距離成反比例。」與牛頓萬有引力定律是相像的。我們把他繪出來，如甲圖，第一圈是我，第二圈是親，第三圈是兄，第四圈是鄰人，第五圈是本省人，第六圈是本國人，第七圈是外國人。這個圖是人心的現象，我們詳加玩索，就覺得這種現象很像講堂上試驗的磁場一般。距磁石越近的地方，鐵屑越多。可見人的情感與磁力相像。我們從甲圖研究，即知我說的小兒搶母親口中糕餅，與孟子所說孩提愛親，原是一貫的事，俱是以我字為出發點，性善說與厚黑學就可貫通為一。

上面所繪甲圖是否真確，我們可再設法證明：假如暮春三月的時候，我們約著二三友人出去遊玩，走至山明水秀的地方，心中覺得非常愉快，走至山水粗惡的地方，心中就戚然不樂。這是甚麼緣故呢？因為山水是物，我也是物，物與我本是一體，所以物類好，心中就愉快，物類不好，心中就不愉快。我們又走至一個地方，見地上許多碎石，碎石之上，落花飄零，我們心中很替落花悲戚，對於碎石不甚動念，這是甚麼緣故？因為石是無生之物，花與我同是有生之物，所以對於落花更覺關情。假如落花之上臥一將斃之犬，哀鳴宛轉，那種聲音，入耳驚心，驟聞之下，就會把悲感落花之心移向犬方面去了。這是甚麼緣故？因為花是植物，犬與我同是動物，自然會起同情心。我們遊畢歸來，途中見一犬攔住一行人，狂跳狂吠。那人持杖亂擊，人犬相爭，難解難分。我們看見，總是幫人的忙，不會幫犬的忙。因為犬是獸類，那人與我同是人類，對乎人的感情當然不同。假如我們回來，一進門就有人來對我說：某個友人，因為某事，與人發生絕大衝突，勝負未分。我就很替這個友人關心，希望他得勝。雖然同是人類，因為有交情的關係，不知不覺就偏重在我的友人方面去了。我把朋友邀入室中，促膝談心，正在爾我忘情的時候，陡然房子倒下來，我們心中發出來的第一個念頭是防衛自己，第二個念頭才顧及友人。

我們把各種事實、各種念頭匯合攏來，搜求他的規律，即知每起一念，都是以我字為中心點，我們步步追尋，層層剝剔，逼到盡頭處，那個我字即赤裸裸地現出來了。我們可得一個結論：凡有兩個物體，同時出現於我的面前，我無須計較，無須安排，心中自然會有親疏遠近之分。其規律是：「距我越遠，愛情越減。愛情與距離成反比例。」終不外牛頓萬有引力的定律。我們把它繪出來，如乙圖：第一圈是我，第二圈是友人，第三圈是他人，第四圈是犬，第五圈是花，第六圈是石。它的現象仍與磁場一般。我們繪這個乙圖，是捨去了甲圖的境界，憑空另設一個境界，乃繪出乙圖與甲圖無異，可知甲圖是合理的，乙圖也是合理的。這兩個圖都是代表人心的現象，既是與

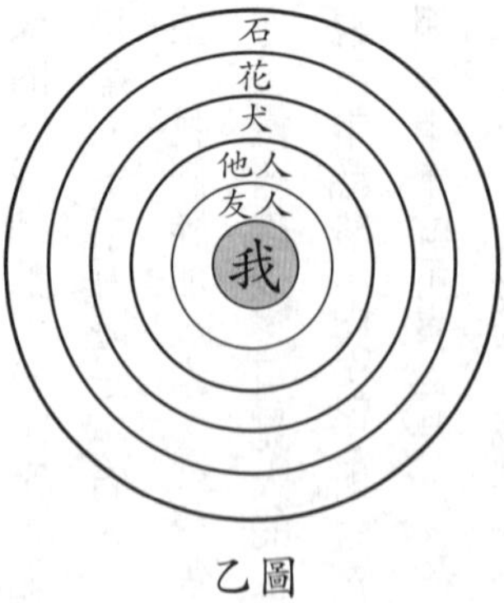

乙圖

磁場相像，與地心引力相像，即可說心理變化不外力學公例。

孟子講性善，有兩個主要的證據。第一個證據是：「孩提之童，無不知愛其親。及其長也，無不知敬其兄。」前已繪圖證明，是發源於為我之心，根本上與厚黑學相通。第二個證據是：「今人乍見孺子將入於井，皆有怵惕惻隱之心。」我們細細推求，仍是發源於為我之心，仍與厚黑學相通。茲說明如下：

怵惕是驚懼的意思，是自己畏死的表現。假如我們共坐談心的時候，陡見前面有一人提一把白亮亮的刀追殺一人，我們一齊吃驚，各人心中都要跳幾下。這個現象即是怵惕。這是因為各人都有畏死的本性，看見刀傷，彷彿是殺我一般，所以心中會跳，所以會怵惕。我略一審視，曉得不是殺我，是殺別人，登時就會把畏死的念頭放大，化我身為被追的人，對他起一種同情心，就想救護他。這就是惻隱。先有怵惕，後有惻隱，是天然的順序，不是人力安排的。由此可知：惻隱是從怵惕生出來的，莫得怵惕，就不會惻隱，可以說惻隱二字仍發源於我字。

見孺子落入井的時候，共有三物，一曰我，二曰孺子，三曰井。我們把他繪為旁圖：第一圈是我，第二圈是孺子，第三圈是井。我與孺子同是人類，井是無生之物，孺子對於

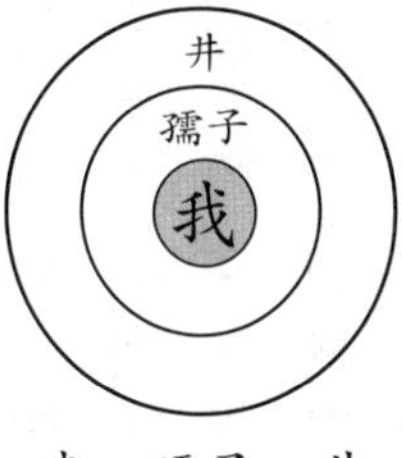

我・孺子・井

井生出死生存亡的關係，我當然對孺子表同情，不能對井表同情。有了第一圈的我，才有第二圈的孺子。因為我怕死，才覺得孺子將入井是不幸的事。假如我不怕死，就叫我自己入井，我也認為不要緊的事，不起怵惕心；看見孺子將入井，也認為不要緊的事，斷不會有惻隱心。莫得我，即莫得孺子；莫得怵惕，即莫得惻隱；道理本是極明白的。孺子是我身的放大形，惻隱是怵惕的放大形。孟子看見怵惕心能放大而為惻隱心，就叫人把惻隱心再放大起來，擴充到四海。道理本是對的，只因為少說一句話：「惻隱是怵惕擴充出來的。」就生出宋儒的誤會。宋儒言性，從惻隱二字講起來，捨去怵惕二字不講，成了有惻隱，無怵惕，知有第二圈之孺子，不知有第一圈之我。宋儒學說，許多迂曲難通，其病根就在這一點。

我們把甲乙兩圖詳加玩味，就可解決孟、荀兩家的爭執。甲圖是層層放大，由我而親，而兄，而鄰人，而本省人，而本國人，而外國人，其路線是由內向外，越放越大。孟子看見人心有此現象，就想利用他，創為性善說。所以他說：「老吾老，以及人之老；幼吾幼，以及人之幼……舉斯心，加諸彼……推恩足以保四海。」一力勸人把圈子放大點。孟子喜言詩，詩是宣揚人的性情，含有利導的意思。乙圖是層層縮小，由石而花，而犬，而人，而友，而我，其路線是由外向內，越縮越小。荀子看見人心有此現象，就想制止他，創為性惡說。所以他說：「妻子具而孝衰於親，嗜欲得而信衰於友，爵祿盈而忠衰於君。」又說：「拘木待檃括烝矯然後直，鈍金待礱厲然後利，人待師法然後正，得禮義然後治。」生怕人把圈子縮小了。荀子習於禮。禮是範圍人的行為，含有制裁的意思。

甲、乙兩圖都是代表人心的現象，甲圖是離心力現象，乙圖是向心力現象。從力學方面說，兩種現象俱不錯，即可說孟荀二人的說法俱不錯。無奈他二人俱是各說一面，我們把甲乙二圖一看，孟荀異同之點就可了然了。事情本是一樣，不過各人的看法不同罷了。我們詳玩甲乙二圖，就可把厚黑學的基礎尋出來。

王陽明講的致良知，是從性善說生出來的。我講的厚黑學，是從性惡說生出來的。王陽明說：「滿街都是聖人。」我說：「滔滔天下，無在非厚黑中人。」此兩說何以會極端相反呢？因為同是一事，可以說是性善之表現，也可說是性惡之表現。舉例言之：假如有個友人來看我，辭去不久，僕人來報道：「剛才那個友人，出門去就與人打架角觝，已被警察將雙方捉去了。」我聽了，就異常關心，立命人去探聽。聽說警察判友人無罪，把對方關起來了，我就很歡喜。倘判對方無罪，把友人關起，我就很憂悶。請問我這種心理，究意是善是惡？

假如我去問孟子，孟子一定會說：「這明明是性善的表現。何以故呢？你的朋友與人相爭，與你毫無關係，你願你的朋友勝，不願他敗，這種愛友之心，是從天性中不知不覺流露出來的。此種念頭，是人道主義的基礎。所謂博施濟眾，是從此種念頭生出來的；所謂民胞物與，也是從此種念頭生出來的。所以，人們起了此種念頭，就須把他擴充起來。」

假如我去問荀子，荀子一定說：「這明明是性惡的表現。何以故呢？你的朋友是人，與他打架的也是人，人與人相爭，你不考察是非曲直，只是願友勝不願友敗，這種自私之心，是從天性中不知不覺流露出來的。此種念頭是擾亂世界和平的根苗。日本以武力占據東北四省，是從此種念頭生出來的。默索里尼用飛機轟炸阿比西尼亞（衣索比亞），也是從此種念頭生出來的，所以人們起了此種念頭，即須把他制伏下去。」

我們試看上面的說法，兩邊都有道理，卻又極端相反，這是甚麼緣故呢？我們要解決孟荀兩家的爭執，只消繪圖一看，就自然明白了。如乙圖：第一圈是我，第二圈是友，第三圈是他人。此心願友得勝，即是第二圈。請問這第二圈是大是小呢？孟子尋個我字，與友字比較，即是在外面畫個小圈來比較，說第二圈是個大圈。荀子尋個我字，與友字比較，即是在外面畫個大圈來比較，說第二圈是個小圈。孟子以為第二圈是第一圈放大而成，其路線是向人字方面擴張出去，故斷定人之性善。荀子以為第二圈是由第三圈縮小而成，其路線是向我字方面收縮攏來，故斷定人之性惡。其實第二圈始終只有那麼大，並未改變。單獨畫一個圈，不能斷他是大是小；單獨一種愛友之心，不能斷他是善是惡。畫了一圈之後，再在內面或外面畫一圈，才有大小之可言；因愛友而做出的事，妨害他人或不妨害他人，才有善惡之可言。

顧友勝不顧友敗之心理是一種天然現象，乃人類之通性，不能斷他是善是惡，只看如何應用就是了。依此心理，可做出相親相愛之事，也可做出相爭相奪之事，猶之我們在紙上畫了一圈之後，可以在內面畫一小圈，也可以在外面畫一大圈。孟子見人畫了一圈，就斷定他一定會把兩腳規張開點，在外面畫一個較大之圈。荀子見人畫了一圈，就斷定他一定會把兩腳規收攏點，在內面畫一個較小之圈。若問他二人的理由。孟子說：「這個圈，明明是由一個小圈放大而成。依著它的趨勢，當然會再放大，在外面畫一個更大之圈。」荀子說：「這個圈明明是由一個大圈縮小而成。依著它的趨勢，當然會再縮小，在內面畫一個更小之圈。」這些畫法，真可算無謂之爭。

我發表《厚黑學》後，繼續研究，民國九年，創出一條公例：「心理變化，循力學公例而行。」並繪出甲、乙二圖，因知孟子的性善說和荀子的性惡說都帶有點詭辯的性質。同時悟得：我民國元年講的厚黑學，和王陽明講的致良知，也帶有點詭辯的性質。甚麼是詭辯呢？把整個的道理蒙著半面，只說半面，說得條條有理，是之謂詭辯。戰國策士遊說人主，即是用的此種方法。其時，堅白異同之說甚盛，孟、荀生當其時，染得有點此種氣習，讀者切不可為其所愚。我是厚黑先生，不是道學先生，所以我肯說真話。

力有離心、向心兩種現象，人的心理也有這兩種現象。孟、荀二人各見一種，各執一詞。甲、乙兩圖都與力學公例不悖，故孟、荀兩說能夠對峙二千餘年，各不相下。我們明白了這個道理，孟、荀兩說就可合而為一了。孟、荀兩說合併，就成為告子的說法。告子說：「性無善無不善。」任從何方面考察，他這個說法都是對的。

人性本是無善無惡。也可說是：可以為善，可以為惡。孟子出來，於整個人性中截取半面以立說，成為性善說。遺下了半面，荀子取以立論，就成為性惡說。因為各有一半的真理，故兩說都可以並存；又因為只占得真理之一半，故兩說互相攻擊。有孟子之性善說，就有荀子之性惡說與之對抗；有王陽明的致良知，就有李宗吾的厚黑學與之對抗。

大凡學說愈偏，則愈新奇，歡迎者遂愈眾，這本是一種公例。孟子之性善說已經偏了，王陽明之致良知更偏，所以陽明之說一倡出來，就風靡天下。荀子的性惡

說已經偏了，鄙人的厚黑學更偏，所以厚黑學一倡出來，就洋溢乎四川。王陽明說：「見父自然知孝，見兄自然知悌。」把良知二字講得頭頭是道。李宗吾說：「小孩見著母親口中糕餅，自然會取來放在自己口中。在母親懷中食乳食糕餅，見哥哥近前，自然會用手推他打他。」我把厚黑二字講得頭頭是道。自陽明目中來看，滿街都是聖人；自鄙人目中看來，滿街都是厚黑。有人呼我為教主，我何敢當？我在學術界，只取得與陽明對等的位置罷了。不過，陽明在孔廟中配享，吃冷豬肉，不免寄人籬下。我將來只好另建厚黑廟，以廖大聖人和王簡恒、雷民心諸人配享。

我的厚黑學本來與王陽明的致良知有對等的價值，何以王陽明受一般人的推崇，我受一般人的訾議？因為自古迄今，社會上有一種公共的黑幕，這種黑幕，只許彼此心心相喻，不許揭穿了，揭穿了，就要受社會的制裁。這也是一種公例。我每向人講厚黑學，只消連講兩三點鐘，聽者大都津津有味，說道：「我平日也這樣想，不過莫有拿出來講。」請問：心中既是這樣想，為什麼不拿出來講呢？這是暗中受了這種公例支配的緣故。我赤裸裸地揭穿出來，是違反了公例，當然社會不許可。

社會上何以會生出這種公例呢？俗語有兩句：「逢人短命，遇貨添錢。」諸君想都知道，假如你遇著一個人，你問他尊齒？他答：「今年五十歲了。」你說：「看你先生的面貌，只像三十歲的人，最多不過四十歲罷了。」他聽了，一定很歡喜。是之謂「逢人短命」。又如走到朋友家中，看見一張桌子……問他買成若干錢？他答道：「買成四元。」你說：「這張桌子，普通價值八元；再買得好，也要六元。你真是會買！」他聽了一定也很歡喜。是之謂「遇貨添錢」。

人們的習性既是這樣，所以自然而然地就生出這種公例。主張性善說者，無異於說：「世間盡是好人，你是好人，我也是好人。」說這話的人，怎麼不受歡迎？主張性惡說者，等於說：「世間盡是壞人，你是壞人，我也是壞人。」說這話的人，怎麼不受排斥？荀子本來是入了孔廟，後來因為他言性惡，把他請出來，打脫了冷豬肉，就是受了這種公例的制裁，於是乎程朱派的人遂高坐孔廟中，大吃其冷豬肉。

孟子書上有「閹然媚於世也」一句話，可說是孟子與宋明諸儒定的罪案，也即是孟子自定的罪案。何以故呢？性惡說是箴世，性善說是媚世。性善說者曰：「你是好人，我也是好人！」此妾婦媚語也。性惡說者曰：「你是壞人，我也是壞人！」此志士箴言也。天下妾婦多而志士少，箴言為舉世所厭聞，荀子之步出孔廟也，宜哉。嗚呼！李厚黑，真名教罪人也。

近人蔣維喬著《中國近三百年哲學史》，說：「荀子在周末，倡性惡說，後儒非之者多，絕無一人左袒之者，歷一千九百餘年，俞曲園獨毅然贊同之……我國主張性惡說者，古今只有荀、俞二氏。」云云。

俞曲園是經學大師，一般人只研究他的經學，他著的性惡上下兩篇若存若亡，可以說，中國言性惡之書，除荀子而外，幾乎莫有了。箴言為舉世所厭聞，故敢於直說的人絕無僅有。

滔滔天下，皆是諱病忌醫的人，所以敢於言惡者，非天下之大勇者不能，非捨得犧牲者不能。荀子犧牲孔廟中的冷豬肉不吃，才敢於言性惡；李宗吾犧牲英雄豪傑不當，才敢於講厚黑學。將來建厚黑廟時，定要在後面，與荀子修一個啟聖殿，使他老人家藉著厚黑教主的餘蔭，每年春秋二祭，也吃吃冷豬肉。

常常有人向我說道：「你的說法未免太偏。」我說：「誠然。惟其偏，才醫得好病。芒硝大黃，薑桂附片，其性至偏，名醫起死回生，所用皆此等藥也。藥中之最不偏者，莫如泡參甘草，請問世間的大病，被泡參甘草醫好者有幾？」

自孟子而後，性善說充塞天下，把全社會養成一種不癢不痛的大腫病，非得痛痛地打幾針，燒幾艾不可。醫寒病用熱藥，醫熱病用寒藥。所以聽我講厚黑學的人常常說道：「你的議論，很痛快！」因為害了麻木不仁的病，針之灸之，才覺得痛，針灸後全體暢適，才覺得快。

有人讀了《厚黑叢話》，說道：「你何必說這些鬼話？」我說：「我逢著人說人話，逢著鬼說鬼話。請問當今之世，不說鬼話，說什麼？我這部《厚黑叢話》，人見之則為人話，鬼見之則為鬼話。」

我不知道這一生中，與孔子有何冤孽，他講他的仁義，偏偏遇著一個講厚黑的我，我講的厚黑，偏偏遇著一個講仁義的他，我們兩家的學說極端相反，永世是衝突的。我常想：「冤家宜解不宜結。」我與孔子講和好了。我想了個折衷調和的法子，提出兩句口號：「厚黑為裡，仁義為表。」

換言之，即是枕頭上放一部《厚黑學》，案頭上放一部四書五經，心頭上供一個「大成至聖先師李宗吾之神位」，壁頭上供一個「大成至聖先師孔子之神位」。從此以後，我的信徒即孔子的信徒，孔子的信徒即是我的信徒，我們兩家學說永世不會衝突了。千百年後，有人出來做一篇「仲尼宗吾合傳」，一定說道：「仁近於厚，義近於黑，宗吾引繩墨，切事情。仁義之弊，流於麻木不仁，而宗吾深遠矣。」

諱病忌醫，是病人通例，因之就成了醫界公例。荀子向病人略略針灸了一下，醫界就譁然，說他違背了公例，把他逐出醫業公會，把招牌與他下了，藥鋪與他關

了。李宗吾出來，大講厚黑學，叫人把衣服脫了，赤條條地施用刀針。這是自荀子而後，二千多年，都莫得這種醫法。此李厚黑所以又名李瘋子也。

昨有友人來訪，見我桌上堆些《宋元學案》、《明儒學案》一類書，詫異道：「你怎麼看這類書？」我說，我怎麼不看這類書！相傳某國有一井，汲飲者立發狂。全國人皆飲此井之水，全國人皆狂。獨有一人，自鑿一井飲之，獨不狂，全國人都說他得了狂病，捉他來，針之灸之，施以種種治療。此人不得其苦，只得自汲狂泉飲之。於是全國人都歡欣鼓舞道：「我們國中，從此無一狂人了。」我怕有人替我醫瘋病，針之灸之，只好在桌上堆滿宋明諸儒的書，自己治療。

人性是渾然的，彷彿是一個大城。王陽明從東門攻入，我從西門攻入，攻進去之後，所見城中的真相，彼此都是一樣。人性以告子所說，無善無不善，最為真確。王陽明倡致良知之說，是主張性善的，而他教人，提出「無善無惡心之體，有善有惡意之性」等語，請問此種說法，與告子何異？我民國元年發表《厚黑學》，是性惡說這面的說法。民國九年，我創一條公例：「心理變化，循力學公例而行。」這種說法，即是告子的說法。告子曰：「性猶湍水也。」五個字，換言之，即是：「心理變化，循力學公例而行。」

告子曰：「性猶湍水也。決諸東方則東流，決諸西方則西流。」請問東流西流，是不是就用上言之？請問水之流東流西，能否逃出力學公例？我說：「『性猶湍水也』五個字，換言之，即是『心理變化，循力學公例而行』。此說不是穿鑿附會。」

王陽明曰：「性，心體也。情，心用也。」世之言心言性者，因為體不可見，故只就用上言之；因為性不可見，故只就情上言之。孟子曰：「孩提之童，無不知愛其親也。」又曰：「今人乍見孺子將入於井，皆有怵惕惻隱之心。」皆是就情上言之。也即是就用上言之。由此知：孟子所謂性善者，乃是據情之善。因以斷定性之善。試問人與人的感情，是否純有善而無惡？所以孟子的話就會發生問題。故陽明易之曰：「有善有惡意之動。」意之動即用也，即情也。陽明的學力比孟子更深，故其說較孟子更圓滿。

有人難我道：「告子說：『性無善無不善。』陽明說：『無善無惡心之體。』一個言性，一個言心體，何能混為一談？至於你說『心理變化』，則是就用上言之，更不能牽涉到體上。」我說：我的話不足為憑，請看陽明的話。陽明曰：「心統性情。性，心體也；情，心用也。夫體用一源，知體之所以為用，則知用之所以為體矣。」心體即是性，這是王陽明自己下的定義。我說：「陽明的說法，即是告子的說法。」難道我冤誣了陽明嗎？

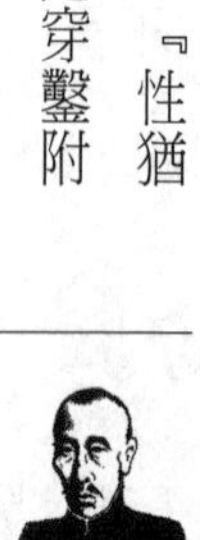

孟、荀二人，都是於整個人性之中，各截半面以立論，所以把孟子的性善說、荀子的性惡說合而為一，理論就圓滿了。二說相合，即成為告子性無善無不善之說。人問：孟子的學說，哪能與荀子學說相合？我說：孟子曰：「人少則慕父母，知好色則慕少艾。」荀子曰：「妻子具而孝衰於親。」請問二人之說，豈不是一樣嗎？孟子曰：「大孝終身慕父母，五十而慕者，予於大舜見之矣。」據孟子所說：滿了五十歲的人，還愛慕父母，他眼中只看見大舜一人。請問，人性的真相究竟怎樣？難道孟、荀之說不能相合嗎？

性善說與性惡說既可合而為一，則王陽明之致良知與李宗吾之厚黑學即可合而為一。人問：怎麼可合而為一？我說：孟子曰：「大孝終身慕父母。」《厚黑經》曰：「大好色終身慕少艾。」孟子曰：「五十而慕父母者，予於大舜見之矣。」《厚黑經》曰：「八百歲而慕少艾者，予於彭祖見之矣。」愛親是不學而能，不慮而知，好色也是不學而能，不慮而知的。用致良知的方法，能把孩提愛親的天性致出來，做到終身慕父母，同時就可把少壯好色的天性致出來，做到終身慕少艾。昔人說：王學末流之弊，至於蕩檢踰閑，這就是用致良知的方法把厚黑學致出來的原故。

依宋儒之意，孩提愛親，是性命之正，少壯好色，是形氣之私。此等說法，真是穿鑿附會。其實孩提愛親，非愛親也，愛其飲我食我也。孩子生下地，即交乳母撫養，則只愛乳母，不愛生母，是其明證。愛乳母，與慕少艾、慕妻子，其心理原是一貫的，無非是為我而已。為我為人類天然現象，不能說他是善，也不能說他是惡，故告子性無善無不善之說最為合理。告子曰：「食色性也。」孩提愛親者食也，少艾慕妻子者色也。食色為人類生存所必需，求生存者，人類之天性也。故告子又曰：「生之謂性。」

王陽明從性善說悟入，我從性惡說悟入，同到無惡無善而止。我同人講厚黑，等於用手指月。人能循著手看去，就可以看見天上之月；人能循著厚黑學研究下去，就可以窺見人性之真相。常有人執著厚黑二字，同我刺刺不休，等於在我手上尋月，真可謂天下第一笨人，我的厚黑學拿與此等人讀，真是罪過。

第三部

厚黑叢話（下）

厚黑二字，是從一個私字生出來的，不能說他是好，也不能說他是壞。然而，厚黑之人，能得千乘之國。苟不厚黑，簞食豆羹不可得。

致讀者諸君

二十四年十一月十日，《成都快報》載有賓枕原君所寫《讀〈厚黑叢話〉與〈厚黑學的基礎安在〉後的意見》，說道：「《厚黑叢話》是李先生宗吾自己的意思、見地；《厚黑學的基礎安在》，是客塵先生批評厚黑而寫的。我呢，因為站在壁上觀的立場，不便有什麼言論，來判定誰是誰非，但我亦不是和事佬的魯仲連。我的意思便是，請求兩先生的文章按月刊成單行本，露出書店，便閱者得窺全豹，同時又可使閱者有研討的可能。愚見如此，不知你們的尊意怎樣？」

賓君這種主張，我極端贊成，決定每兩月刊一冊，自八月一日至九月 日在成都《華西日報》發表的《厚黑叢話》業已加以整理，交付印刷局，不日即可出版。餘者續出。

同日快報載客塵君《答枕原先生兼請教讀者》一文，內云：「出單行本，卻不敢有此企望，最大的原因便是囊空如洗，一錢莫名，並且文字是隨便寫的，異常拖沓拉雜……」

客塵君不自出單行本，我打算纂一部《厚黑叢話之批評》，以若干頁為一冊，冊數之多寡，視批評者之多寡為斷。快報十一月十日所載賓君及客塵君兩文，決定刊入。又成都《新四川日報》十月十三日載子健君《健齋瑣錄》，對於厚黑學亦有批評，亦當錄入。至客塵君所著《厚黑學的基礎安在》，我希望客塵加以整理，力求短簡明潔，在報上重新發表，以便刊行。如或過長，只好仍請客塵君自印單行本。

客塵君在快報上宣言要向我總攻擊。所謂總攻擊，無所不攻之謂也。客塵君寫了如許長的文字，只攻擊我「厚黑救國」四字。拙作中類似四字者很多，請一一攻擊，俾知謬點之所在。我為客塵君計，可每文標一題目，直揭出攻擊之點，簡簡單單的數字，一日登完，庶閱者一目了然。不必用《厚黑學的基礎安在》那種說法，定一個大題目，每次登一兩千字，幾個星期都未登完，致流於拖沓拉雜之弊。客塵君以我的話為然否？並希望其他的批評者也這樣辦。

我這《厚黑叢話》，不斷寫去，逐日在《華西日報》發表，究竟寫好長，寫好久，我也無一定計畫。如無事故，而又心中高興，就長期寫去。凡批評的文字，只要在報章雜誌上發表過的，無論贊成或反對，俱一一刊入；且反對愈烈者，我愈歡迎。我是主張思想獨立的人，常喜歡攻擊他人，因之也喜歡他人攻擊我。有能痛痛快快地攻擊我，我就認他是我的同志，當然歡迎。唯文字冗長，詞意晦澀者則不錄。其直接寄我之信函，而未經報章雜誌披露者亦不錄。

我平居無事，即尋些問題來研究。研究所得，究竟合與不合，自己無從知道，特寫出來，請求閱者指正。我研究這些問題，已鬧得目迷五色，好像彷徨失路的人。諸君旁觀者清，萬望指我去路，我重再把這些道理研究明白。只要把真理尋出就好了，不必定是我尋出的。猶之救國救民等事，只要人民的痛苦能夠解除就好了，不必定要功自我出。我只埋頭發表我的意見，或得或失，一任讀者批評，自己不能置辯一字。我說錯了，自當改從諸君之主張，不敢固執己見。

我這《厚黑叢話》，是把平日一切作品和重慶《新蜀報》發表的《口隨錄》、《濟川報》發表的《汲心齋雜錄》，連同近日的新感想，糅合寫之，所討論的問題，往往軼出厚黑二字之外。諸君可把這「厚黑叢話」四字當如書篇名目，如《容齋隨筆》、《北夢瑣言》之類。如把這四字認為題目，則我許多說法都成為文不對題了。

諸君批評的文字，在報章雜誌上發表後，請惠贈一份，交成都《華西日報》副刊部轉交，無任感盼。

李宗吾　二十四年十一月十五日

厚黑叢話之四

兩月前，成都某報總編輯對我說：「某君在宴會席上說道：『李宗吾作了一篇《我對於聖人之懷疑》，把孔子的面子太傷了，我當著一文痛駁之。』」靜待至今，寂然無聞。究竟我那篇文字，對於孔子的面子，傷莫有傷，尚待討論。原文於民國十六年載入拙著《宗吾臆談》內，某君或許只聽人談及，未曾見過，故無從著筆。茲特重揭報端，凡想打倒厚黑教主者，快快地聯合起來。原文如下：

我先年對於聖人很為懷疑，細加研究，覺得聖人內面有種種黑幕，曾做了一篇《聖人之黑幕》。民國元年，本想與《厚黑學》同時發表，因為《厚黑學》還未登載完，已經眾議譁然，這篇文字更不敢發表了，只好藉以解放自己的思想。現在國內學者已經把聖人攻擊得體無完膚，中國的聖人已是日暮途窮。我幼年曾受過他的教育，本不該乘聖人之危，墜井下石，但我要表明我思想之過程，不妨把當日懷疑之點略說一下。底稿早不知拋往何處，只把大意寫出來。

世間頂怪的東西要算聖人。三代以上產生最多，層見迭出，同時可以產生許多聖人；三代以下就絕了種，並莫產生一個。秦漢以後，想學聖人的，不知有幾千百萬，結果莫得有一個成為聖人，最高的不過到了賢人地位就止了。請問聖人這個東西究竟學不學得到？如說學得到，秦漢而後，那麼多人學，至少也該出一個聖人。如果學不到，我們何苦朝朝日日讀他的書，拚命地學。

三代上有聖人，三代下無聖人，這是古今最大怪事。我們通常所稱的聖人，是堯舜禹湯文武周公孔子。我們把他們分析一下，只有孔子一人是平民，其餘的聖人盡是開國之君，並且是後世學派的始祖，他的破綻就現出來了。

原來周秦諸子，各人特製一種學說，自以為尋著真理了，自信如果見諸實行，立可救國救民。無奈人微言輕，無人信從。他們心想，人類通性，都是戀慕權勢的，凡是有權勢的人說的話，人人都肯聽從。世間權勢之大者莫如人君，尤其如開國之君。兼之那個時候的書都是竹簡做的，能夠得書讀的很少，所以新創一種學說的人都說道：我這種主張是見之書上，是某個開國之君遺傳下來的。於是道家托於黃帝，墨家托於大禹，倡並耕的托於神農，著本草的也托於神農，著醫學的，著兵書的，俱托於黃帝。此外百家雜技，與夫各種發明，無不托於開國之君。孔子生當其間，當然也不能違背這個公例。他所托的更多，堯舜禹湯文武之外，更把魯國開國的周公加入，所以他是集大成之人。周秦諸子，個個都是這個辦法，拿些嘉言懿行與古帝王加上去，古帝王坐享大名，無一個不成為後世學派之祖。

周秦諸子，各人把各人的學說發布出來，聚徒講授，各人的門徒都說我們的先生是個聖人。原來聖人二字，在古時並不高貴。依《莊子．天下篇》所說，聖人之上還有天人、神人和至人的名稱，聖人列在第四等。聖字的意義不過是「聞聲知情，無事不通」罷了。只要是聰明通達的人，都可呼之為聖人，猶之古時的朕字一般，人人都稱得。後來把朕字、聖字收歸御用，不許凡人冒稱，朕字聖字才高貴起來。周秦諸子的門徒尊稱自己的先生是聖人，對於聖人的言語即使不明白，也從不僭妄。孔子的門徒說孔子是聖人，孟子的門徒說孟子是聖人，老莊楊墨諸人，當然也有人喊他為聖人。到了漢武帝的時候，表章六經，罷黜百家，從周秦諸子中把孔子挑選出來，承認他一人是聖人，諸子的聖人名號一齊削奪，孔子就成為御賜的聖人了；孔子既成為聖人，他所尊崇的堯舜禹湯文武周公當然也成為聖人。所以中國的聖人，只有孔子一人是平民，其餘的都是開國之君。

周秦諸子的學說要依託古之人君，也是不得已而為之。這可舉例證明：南北朝有個張士簡把他的文字拿與虞訥看，虞訥加以詆斥。隨後士簡把文字改作，託名沈約，又拿與虞訥看，他就讀一句，稱讚一句。清朝陳修園著了一本《醫學三字經》，起初託名葉天士，及到其書流行了，才改歸己名，有修園的自序可證。

從上列兩事看來，假使周秦諸子不依託開國之君，恐怕我們的學說早已消滅，豈能傳到今日。周秦諸子志在救世，用了這種方法，他們的學說才能進行，後人受賜不少，我們對於他們是應該感謝的。但是，為研究真理起見，他們的內幕是不能不揭穿的。

孔子之後，平民之中，總算是出了一個聖人，此人就是人人知道的關羽！凡人死了，事業就完畢，唯有關羽死了之後，還幹了許多事業，竟自掙得聖人的名號，又著有《桃園經》、《覺世真經》等書流傳於世。孔子以前，那些聖人的事業與典籍，恐怕也與關羽差不多。現在鄉僻之區，偶然有一人，享了小小富貴，講因果的就說他陰功積得多，講堪輿的就說他墳地葬得好，看相的、算命的就說他的面貌生庚與眾不同。我想，古時的人心與現在差不多，大約也有講因果的人看見那些開基立國的帝王，一是說他品行如何好，道德如何佳。這些說法流傳下來，就成為周秦諸子著書的材料了。兼之凡人皆有我見，心中有了成見，目中所見東西就會改變形象。帶綠色眼鏡的人，見凡物皆成綠色；帶黃色眼鏡的人，見凡物皆成黃色。周秦諸子創了一種學說，用自己的眼光去觀察古人，古人自然會改變形象，恰與他的學說符合。

我們權且把聖人中的大禹提出來研究一下。他腓無胈，脛無毛，憂其黔首，顏

色黎黑，宛然是摩頂放踵的兼愛家。韓非子說：「禹朝諸侯於會稽，防風氏之君後至而禹斬之。」他又成了執法如山的大法家。孔子說：「禹，吾無間然矣。菲飲食而致孝乎鬼神，惡衣服而致美乎黻冕，卑宮室而盡力乎溝洫。」儼然是恂恂儒者，又帶點棲棲不已的氣象。讀魏晉以後禪讓文，他的行徑又與曹丕、劉裕諸人相似。宋儒說他得了危精微一的心傳，他又成了一個析義理於毫芒的理學家。雜書上說他娶塗山氏之女，是個狐狸精，彷彿是《聊齋》上的公子書生；說他替塗山氏造傅面的粉，又彷彿是畫眉的風流張敞。又說他治水的時候，驅遣神怪，又有點像《西遊記》上的孫行者，《封神榜》上的姜子牙。

據宗吾的眼光看來，他始而忘親事仇，繼而奪仇人的天下，終而把仇人逼死於蒼梧之野，簡直是厚黑學中的重要人物。他這個人，光怪陸離，真是莫名其妙。其餘的聖人，其神妙也與大禹差不多。我們略加思索，聖人的內幕也就可以了然了。因為聖人是後人幻想結成的人物，各人的幻想不同，所以聖人的形狀便有種種不同。

我作了一本《厚黑學》，從現在逆推到秦漢是相合的，又逆推到春秋戰國，也是相合的。可見，從春秋以至今日，一般人的心理是相同的。再追到堯舜禹湯文武周公，就覺得他們的心理神妙莫測，盡都是天理流行，惟精惟一，厚黑學是不適用的。大家都說三代下人心不古，彷彿三代上的人心與三代下的人心成為兩截了，豈不是很奇怪嗎？其實並不奇：假如文景之世，也用漢武帝的辦法，把百家罷黜了，單留老子一人，說他是個聖人，老子推崇的黃帝當然也是聖人，於是乎平民之中只有老子一人是聖人，開國之君只有黃帝一人是聖人。老子的心，「微妙玄通，深不可測」，黃帝的心也是「微妙玄通，深不可識。」「其政悶悶，其民淳淳。」黃帝而後，人心就不古了。堯奪哥哥的天下，舜奪婦翁的天下，禹奪仇人的天下，成湯文武以臣叛君，周公以弟殺兄，我那本《厚黑學》，直可逆推到堯舜而止，三代上的人心、三代下的人心就融合一片了。無奈再追溯上去，黃帝時代的人心，與堯舜而後的人心，還是要成為兩截的。

假如老子果然像孔子那樣際遇，成了御賜的聖人，我想孟軻那個亞聖名號一定會被莊子奪去，我們讀的四子書一定是老子、莊子、列子及尹子，所讀的經書一定是靈樞、素問。孔孟的書與管商申韓的書一齊成為異端，束諸高閣，不過遇到好奇的人，偶爾翻來看看，《大學》、《中庸》在《禮記》內，與王制、月令並列，人心惟危十六字混在曰若稽古之內，也就莫得甚麼精微奧妙了。後世講道學的人一定會向《道德經》中，玄牝之門，埋頭鑽研，一定又會造出天玄人玄、理牝欲牝種種名詞互論。依我想，聖人的真相不過如此。（編按：後來偶翻《太玄經》，見有天

玄地玄人玄等名詞，唯理牝欲牝的名詞還未看見。）

儒家的學說，以仁義為立足點，定下一條公例：「行仁義者昌，不行仁義者亡。」古今成敗，能合這個公例的，就引來做證據，不合這個公例的，就置之不論。舉個例子來說：太史公《殷本記》說：「西伯歸，乃陰修德行善。」《周本記》說：「西伯昌陰行善。」連下兩個陰字，其作用就可想見了。《齊世家》更直截了當地說：「西伯之脫羑里歸，與呂尚陰謀修德以傾商政，其事多兵權與奇計。」

可見文王之行道義，明明是一種權術，何嘗是實心為民？儒家見文王成了功，就把他推尊得不得了。徐偃王行仁義，漢東諸侯，朝者三十六國，荊文王惡其害己也，舉兵滅之。這是行仁義失敗了的，儒學就絕口不提。他們的論調完全與鄉間講因果報應的一樣，見人富貴，就說他積得有陰德，見人觸電死了，就說他忤逆不孝。推其本心，固是勸人為善，其實真正的道理並不是那樣。

古代的聖人真是怪極了。虞芮質成，腳踏聖人的土地，立即洗心革面。聖人感化人，有如此的神妙！我不解，管蔡的父親是聖人，母親是聖人，哥哥弟弟是聖人，四面八方被聖人圍住了，何以中間會產生鴟鴞。清世宗呼允禩為阿其那，允禟為塞思黑，翻譯出來，是豬狗二字。這個豬狗的父親是聖人，哥是聖人，侄兒也是聖人。鴟鴞豬狗會與聖人錯雜而生，聖人的價值也就可以想見了。

李自成是個流賊，他進了北京，尋著崇禎帝后的屍體，載入宮扉，盛以柳棺，放在東華門，聽人祭奠。武王是個聖人，他走至紂死的地方，射他三箭，取黃鉞把頭斬下來，懸在太白旗上。他們爺兒曾在紂名下稱過幾天臣，做出這宗舉動，他的品行連流賊都不如，公然也成為惟精惟一的聖人，真是妙極了！假使莫得陳圓圓的那場公案，吳三桂投降了，李自成豈不成為太祖高皇帝嗎？他自然也會成為聖人，他那闖太祖本紀所載深仁厚澤，恐怕比《周本紀》還要高出幾倍。

太王實始翦商，王季文王繼之，孔子稱武王太王王季文王之緒，其實與司馬炎纘懿師昭之緒何異？所異者，一個生在孔子前，得了世世聖人之名，一個生在孔子後，得了世世逆臣之名。

後人見聖人做了不道德之事，就千方百計替他開脫。到了證據確鑿，無從開脫的時候，就說以上的事蹟出於後人附會。這個例是孟子開的。他說：以至仁伐至不仁，斷不會出現流血的事。就斷定武成篇「血流漂杵」那句話是假的。我們從殷民三叛、多方大誥那些文字看來，可知伐紂之時，血流漂杵不假，只怕「以至仁伐至不仁」那句話有點假。

子貢曰：「紂之不善，不如是之甚也。是以君子惡居下流，而天下之惡皆歸

焉。」我也說：「堯舜禹湯文武周公之善，不如是之甚也。是以君子顯居上流，而天下之美皆歸焉。」若把下流二字改作失敗，把上流二字改為成功，更覺確切。

古人神道設教，祭祀的時候，叫一個人當尸，向眾人指說：「這就是所祀之神。」眾人就朝著他磕頭禮拜。同時又以聖道設教，對眾人說：「我的學說，是聖人遺傳下來的。」有人問：「哪個是聖人？」他就順手指著堯舜禹湯文武周公說道：「這就是聖人。」眾人也把他當作尸一般，朝著他磕頭禮拜。後來進化了，人民醒悟了，祭祀的時候，就把尸撤銷，惟有聖人的迷夢，數千年未醒，堯舜禹湯文武周公竟受了數千年的崇拜。

講因果的人說有個閻王。問：「閻王在何處？」他說：「在地下。」講理學的人說有許多聖人。問：「聖人在何處？」他說：「在古時。」這種種怪物，都是只可意為想像，不能目睹，不能證實。惟其不能證實，他的道理就越是玄妙，信從的人就越是多。在創造這種議論的人，本是勸人為善，其意固可嘉，無如事實不真確，就會生出流弊。因果之弊，流為拳匪；聖人之弊，使真理不能出現。

漢武帝把孔子尊為聖人過後，天下的言論都折衷於孔子，不敢違背。孔融對於父母問題略略討論了一下，曹操就把他殺了。嵇康菲薄湯武，司馬昭把他殺了。儒教能夠推行，全是曹操、司馬昭一般人維持之力。後來開科取士，讀書人若不讀儒家的書，就莫得進身之路。一個死孔子，他會左手拿官爵，右手拿江山，哪得不成為萬世師表。宋元明清學案中人物，都是孔聖人馬蹄腳下的人物，他們的心坎上受了聖人的摧殘，他們的議論焉得不支離穿鑿？焉得不迂曲難通？

中國的聖人真是專橫極了。他莫有說過的話，後人就不敢說。如果說出來，眾人就說他是異端，就要攻擊他。朱子發明了一種學說，不敢說是自己發明的，只好說孔門的格物致知，加一番解釋，說他的學說是孔子嫡傳，然後才有人信從。王陽明發明了一種學說，也只好把格物致知，加一番解釋，然後用以附會自己的學說，說朱子講錯了，他的學說才是孔子嫡傳。本來朱王二人的學說都可以獨樹一幟，無須依附孔子，無如處於孔子勢力範圍之內，不依附孔子，他們的學說萬萬不能推行。他二人費盡心力去依附，當時的人還說是偽學，受重大的攻擊。聖人專橫到了這種地步，怎麼能把真理研究得出來？

韓非子說得有個笑話：「郢人致書於燕相國。寫書的時候，天黑了，喊：『舉燭。』寫書的人就寫上『舉燭』二字。把書送去，燕相得書，想了許久，說道：『舉燭是尚明，尚明是任用賢人的意思。』以是說進之燕王，燕王用他的話，國遂大治。雖是收了效，卻非原書本意。」

所以，韓非說：「先王有郢書，後世多燕說。」究竟格物致知四字是何解釋，

恐怕只有手著《大學》的人才明白，朱王二人中，至少有一人免不脫「郢書燕說」的批評。豈但格物致知四字，恐怕《十三經註疏》、《皇清經解》，宋元明清學案裡面許多妙論，也逃不脫「郢書燕說」的批評。

學術上的黑幕，與政治上的黑幕是一樣的。聖人與君主，是一胎雙生的，處處狼狽相依。聖人不仰仗君主的威力，聖人就莫得那麼尊崇；君主不仰仗聖人的學說，君主也莫得那麼猖獗。於是君主把他的名號分給聖人，就稱起王來了；聖人把他的名號分給君主，君主也稱起聖來了。

君主箝制人民的行動，聖人箝制人民的思想。君主任便下一道命令，人民都要遵從。如果有人違背，就算是大逆不道，為法律所不容。聖人任便發一種議論，學者都要信從。如果有人批駁了，就算是非聖無法，為清議所不容。中國的人民受了數千年君主的摧殘壓迫，民意不能出現，無怪乎政治紊亂；中國的學者受了數千年聖人的摧殘壓迫，思想不能獨立，無怪乎學術消沈。因為學說有差誤，政治才有黑暗。所以君主之命該革，聖人之命尤其該革。

我不敢說孔子的人格不高，也不敢說孔子的學術不好，我只說除了孔子，也還有人格，也還有學說。孔子並沒有壓制我們，也未言禁止我們別創異說，無如後來的人偏要抬出孔子，壓倒一切，使學者的意思不敢出孔子的範圍之外。學者心坎上被孔子占據久了，理應把他推開，思想才能獨立，宇宙真理才研究得出來。

前時，有人把孔子推開了，同時達爾文諸人就闖進來，盤據學者心坎上，天下的言論又折衷於達爾文諸人，成一個變形的孔子，執行聖人的任務。有人違反他們的學說，又算是大逆不道，就要被報章雜誌罵個不休。如果達爾文諸人去了，又會有人出來，執行聖人的任務，他的學說也是不許人違反的。依我想：學術是天下公務，應該聽人批評。如果我說錯了，改從他人之學說，於我也無傷。何必取軍閥態度，禁人批評。

凡事以平等為本。君主對於人民不平等，故政治上生糾葛；聖人對於學者不平等，故學術上生糾葛。我主張把孔子降下來，與周秦諸子並列。我與閱者諸君，一齊參加進去，與他們平坐一排，把杜威、羅素、達爾文諸人歡迎進來，分庭抗禮。發表意見，大家磋商，不許孔子、杜威、羅素、達爾文諸人高踞我們之上，我們也不高踞孔子、杜威、羅素、達爾文之上，人人思想獨立，才能把真理研究得出來。

我對於聖人既已懷疑，所以每讀聖人之書，無所不疑。因定下讀書三訣，為自己用功步驟。茲附錄於下：

第一步，以古為敵　讀古人之書，就想此人為我之勁敵，有了他，就莫得我，非與他血戰一番不可。逐處尋他縫隙，一有縫隙即便攻入；又代古人設法抗拒，愈

戰愈烈，愈攻愈深。必要如此，讀書方能入理。

第二步，以古為友　我若讀書有見地，即提出一種主張，與古人的主張對抗，把古人當如良友，相互切磋。如我的主張錯了，不妨改從古人；古人主張錯了，就依我的主張向前研究。

第三步，以古為徒　著書的古人，學識膚淺的很多，如果我自信學力在那些古人之上，不妨把他們的書拿來評閱，當如評閱學生文字一般，說得對的，與他加幾個密圈，說得不對的，與他劃幾根槓子。世間俚語村言，含有妙趣的尚且不少，何況古人的書，自然有許多至理存乎其中。批評越多，知識自然越高。這是普通所說的教學相長了。如遇一個古人，知識與我相等，我就把他請出來，以老友相待，如朱晦庵、蔡元定一般。如遇有知識在我之上的，我又把他認為勁敵，尋他的縫隙，看攻擊得進不進？

我雖然定下此三步功夫，其實並沒有做到，自己很覺抱愧。我現在正做第一步功夫，想進第二步，還未達到。至於第三步，自量終身無達到之一日。譬如行路，雖然把路徑尋出，無奈路太長了，腳力有限，只好努力前進，走一截，算一截。

以上就是《我對於聖人之懷疑》的原文。這原是我滿清末年的思想，民國十六年才整理出來，刊入《宗吾臆談》內。因為有了這種思想，才會發明厚黑學。此文與《厚黑學》，在我的思想上，算是破壞工作。自民國九年著《心理與力學》起，以後的文字，算是我的建設工作。而《心理與力學》一文，是我全部思想的中心點。

民國九年，我定出一條公例：「心理變化，循力學公例而行。」又繪出甲乙兩圖。以後一切議論，都以之為出發點。批評他人的學說，就以之為基礎。合得這個方式的，我就說他對；合不到的，我就說他不對。這是我自己造的一把尺子，用以度量萬事萬物。我也自知不脫我見，但我開這間鋪子，是用的這把尺子，不能不向眾人聲明。

我們試就甲乙兩圖來研究孟荀楊墨四家的學說：孟子講「差等之愛」，層層放大，是很合天然現象的。但他言「親親而仁民，仁民而愛物」與夫「老吾老，以及人吾老」一類話，總是從第二圈說起，對第一圈之我則渾而不言。楊子主張為我，算是把中心點尋出了，他卻專在第一圈之我。墨子主張「愛無差等」，是不分大圈小圈，統畫一極大之圈了事。楊子有了小圈，就不管大圈；墨子有了大圈，就不管小圈。他們兩家都不知：天然現象，是大圈小圈層層包裹的。孟荀二人，把層層包裹的現象看見了，但孟子說是層層放大，荀子說是層層縮小，就不免流於一偏了。孟言性善，荀言性惡，楊子為我，墨子兼愛，我們只用「擴其為我之心」一語，就

可偕四家學說的初衷為一。

孟子言：「今人乍見孺子將入於井，皆有怵惕惻隱之心。」怵惕是自己畏死，惻隱是憫人之死。孟子知道，人之天性能因自己畏死，就會憫人之死，怵惕自然會擴大為惻隱，因教人再擴大之，推至於四海。道理本是對的，只因少說了一句：「惻隱是從怵惕擴充出來」，又未把「我與孺子同時將入井，此心作何狀態」提出來討論，以致生出宋明諸儒的誤會，以為人之天性一發出來就是惻隱，忘卻惻隱之上還有怵惕二字。一部宋元明清學案總是盡力發揮惻隱二字，把怵惕二字置之不理，就流弊百出了。

怵惕是利己心之表現，惻隱是利人心之表現。怵惕擴大，即為惻隱，利己擴大，即為利人。荀子知人有利己之心，故倡性惡說；孟子知人有利人之心，故倡性善說。我們可以說：荀子的學說，以怵惕為出發點；孟子的學說，以惻隱為出發點。譬如竹子，怵惕是第一節，惻隱是第二節。孟子的學說，叫人把利人之心擴充出來，即是從第二節生枝發葉。荀子的學說，主張把利己之心加以制裁，是怕他在第一節就生枝發葉橫起長，以致生不出第二節。兩家都是勉人為善，各有見地。

宋人揚孟而抑荀，未免不對。我解釋《厚黑經》，曾經說：「漢高祖分杯羹，唐太宗之殺建成、元吉，是充其本然之厚黑。」這即是竹子在第一節，就生枝發葉橫起長。《王陽明傳習錄》說：「孟子從源頭上說來，荀子從流弊說來。」

荀子所說是否流弊，姑不深論，怵惕之上有無源頭，我們也不必深求，唯孟子所講之惻隱則確非源頭。怵惕是惻隱之源，惻隱是怵惕之流。陽明所下流源二字，未免顛倒了。

孟子的學說雖不以怵惕為出發點，但人有為我之天性，他是看清了的，怵惕二字是明明白白提出了的。他對齊宣王說：「王如好貨，與民同之。」又說：「王如好色，與民同之。」知道自己有一個我，同時又顧及他人之我，這本是孟子學說最精粹處。無奈後儒以為孟子這類話是對時君而言，叫人把好貨好色之根搜除盡淨，別求所謂危精微一者，真是捨了康莊大道不去走，反去攀援絕壁，另尋飛空鳥道來走。

孟子說：「老吾老，以及人之老；幼吾幼，以及人之幼。」又說：「人人親其親，長其長，而天下平。」吾字其字，俱是我字的代名詞。孟子講學，不脫我字；宋儒講學，捨去我字。所以孟子的話極近人情；宋儒的話不近人情。例如程子說：「婦人餓死事小，失節事大。」這也是捨去了我字。其原因就由宋儒讀「孺子將入井」一章，未能徹底研究，其流弊至於自己已經身在井中，宋儒還怪他不救孺子。諸君試取宋儒語錄以胡致堂著的《讀史管見》讀之，處處可見。

孟子的學說不脫我字，所以敢於說：「聞誅一夫紂矣，未聞弒君也。」敢於說：「民為貴，社稷次之，君為輕。」敢於說：「君視臣如草芥，則臣視君如寇仇。」宋儒的學說捨去我字，不得不說：「臣罪當誅，天王聖明。」

宋儒創出「去人欲，存天理」之說，天理隱貼惻隱二字，把他存起，自是很好，唯人欲二字界說不清，其流弊至於把怵惕認為人欲，想盡法子去剷除，甚至有身蹈危階，練習不動心，這即是剔除怵惕的工作。於是「去人欲，存天理」變成了「去怵惕，存惻隱」。

試想：怵惕為惻隱的來源，把怵惕去了，怎麼會有惻隱？何以故呢？孺子為我身之放大形，惻隱為怵惕之放大形，我者圓心也，圓心既無，圓形安有？怵惕既無，惻隱安有？宋儒呂希哲目睹轎夫墜水淹死，安坐轎中，漠然不動。張魏公符離之敗，死人三十萬，他終夜鼾聲如雷，其子南軒還誇其父心學很精。宋儒自稱上承孟子之學，孟子曰：「今有同室之人鬥者救之，雖被髮纓冠而救之可也。」呂希哲的轎夫、張魏公的部下，當然要算同室之人，像他們這樣漠不動心，未免顯違孟氏家法。大凡失去了怵惕的人，就會流於殘忍。殺人不眨眼的惡匪身臨刑場，往往談笑自若，就是明證。

我們研究古今人之學說，首先要研究他對於人性之觀察，因為他對於人性是怎樣的觀察，所以他的學說才有怎樣的主張。把他學說的出發點找出了，才能評價他這學說之得失。

小孩與母親發生關係，共有三個場所：⑴一個小孩、一個母親和一個外人同在一處，小孩對乎母親特別親愛。這個時候，可以說小孩愛母親；⑵一個小孩、一個母親同在一處，小孩對乎母親依戀不捨。這個時候，可以說小孩愛母親；⑶一個小孩、一個母親同在一處，發生了利害衝突。例如有一塊糕餅，母親吃了，小孩就莫得吃，母親把他放在口中，小孩就伸手取來，放在自己口中。這個時候，斷不能說小孩愛母親。

孟子言性善，捨去第三種不說，單說前兩種，講得頭頭是道。荀子言性惡，捨去前兩種不說，單說第三種，也講得頭頭是道。所以他二人的學說，本身上是不發生衝突的。宋儒把前兩種和第三種齊講之，又不能把他貫通為一，於是他們的學說，本身上就發生衝突了。

孟子創性善說，以為凡人都有善的天性，主張將善念擴充之以達於天下。荀子創性惡說，以為凡人都有為惡的天性，主張設法制裁，使不致為害天下。譬諸治水，孟子說水性向下，主張疏導，使之向下流去。孟子喜言詩，詩者宣導人之意志，此疏導之說也。荀子說水會旁溢，主張築堤，免得漂沒人畜。荀子喜言禮，禮

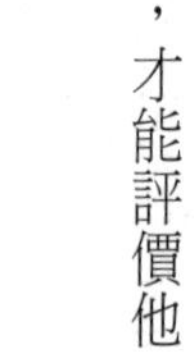

者約束人之行止，此築堤之說也。告子曰：「性猶湍水也。」治水者疏導與築堤二者並用。我們如奉告子之說，則知孟荀二家的學說可以同時並用。

蘇東坡作《荀卿論》，以為：荀卿是儒家，何以他的門下會有李斯？很為詫異。其實不足怪。荀卿以為人之性惡，當用禮以制裁之。其門人韓非，以為禮之制裁力弱，不若法律之制裁力大，於是改而為刑名之學，主張嚴刑峻法，以制止軌外的行動。李斯與韓非同門，故其政見相同。我們提出性惡二字，即知荀卿之學變而為李斯，原是一貫的事。所以說：要批評他人的政見，當先考察他對於人性之觀察。蘇東坡不懂這個道理，所以雖論時局、論古人俱有卓見，獨於這篇文字，未免說外行話。

學問是進化的。小孩對於母親有三種現象，孟子只看見前兩種，故倡性善說；荀子生在孟子之後，看見第三種，故倡性惡說；宋儒生在更後，看得更清楚，看見小孩奪母親口中糕餅的現象，故倡物欲說。這物欲二字，是從《禮記》上「感於物而動，性之欲也」兩句話生出來的。物者何也？母親口中糕餅是也。感於物而動，即是看見糕餅，即伸手去搶也。宋儒把三種現象同時看見，真算特識。所以朱子注《孟子》，敢於說：「以事理考之，程子較孟子為密。」其原因就是程子於性字之外，發明了一個氣字，說道：「論性不論氣，不備。」問：「小孩何以會搶母親口中糕餅？」曰：「氣為之也，氣質之性為之也。」

宋儒雖把三種現象同時看見，惜乎不能貫通為一。把小孩愛親敬兄認為天理，搶奪母親口中糕餅認為人欲，把一貫之事剖分為二，此不能不待厚黑先生出而說明也。宋儒造出物欲的名詞之後，自己細思之，還是有點不妥。何也？小兒見母親口中糕餅，伸手去搶，可說感於物而動，但我與孺子同時將入井，此時只有裸裸一個怵惕之心，孟子所謂惻隱之心忽然不見，這是甚麼道理呢？要說是物欲出現，而此時並無所謂物。於是又把物欲二字改為人欲。搶母親口中糕餅是人欲，我與孺子同時將入井，我心只有怵惕而無惻隱，也是人欲。在宋儒之意，提出人欲二字，就可把二者貫通為一了。他們這種組織法，很像八股文中做截搭題的手筆。我輩生當今日，把天理人欲物欲氣質等字念熟了，以為吾人心性中果有這些東西，殊不知這些名詞是宋儒憑空杜撰的。著者是八股先生出身，才把他們的手法看得出來。

宋儒又見偽古文尚書上有「人心惟危，道心惟微」二語，故又以人心二字替代人欲，以道心二字替代天理。朱子《中庸章句．序》曰：「人莫不有是形，故雖上智不能無人性。亦莫不有是性，故雖下愚不能無道心。」無異於說：當小孩的時候，就是孔子也會搶母親口中的糕餅。我與孺子同時將入井，就是孔子，也是只有怵惕而無惻隱。何以故？雖上智不能無人心故。因為凡人必有這種天性，故生下地

才會吃乳，井在我面前，才不會跳下去。朱子曰：「人莫不有是形，雖上智不能無人心。」

換言之，即是人若無此種心，世界上即不會有人。道理本是對的，無奈這種說法已經侵入荀子學說範圍去了。據閻百詩考證：人心惟危十六字，是撰偽古文尚書者竊取荀子之語，故曰侵入荀子範圍。因為宇宙真理，明明白白擺在我們面前，任何人只要留心觀察，俱見得到，荀子見得到，朱子也見得到，故不知不覺與之相合。無如朱子一心一意想上繼孟子道統，研究出來的道理雖與荀子暗合，仍攻之不遺餘力，無非是門戶之見而已。

細繹朱子之意，小孩搶母親口中糕餅是人心，愛親敬兄是道心，人心是氣，是人欲，道心是性，是天理，人心是形氣之私，道心是性命之正。這些五花八門的名詞，真把人鬧得頭暈眼花。

奉勸讀者，與其讀宋元明清學案，不如讀《厚黑學》，詳玩甲乙二圖，則小孩搶母親口中糕餅也，愛親敬兄也，均可一以貫之，把天人理氣等字一掃而空，豈不大快！

最可笑者，朱子《中庸章句．序》又曰：「必使道心常為一身之主，而人心每聽命焉。」主者對僕而言，道心為主，人心為僕。道心者，為聖為賢之心；人心者，好貨好色之心；聽命者，僕人職供驅使，唯主人之命是聽也。細一想，「男女居室，人之大倫」，人心就把貨與色獻出來。必如此，方可曰：「道心常為一身之主，而人心每聽命焉。」

總而言之，宋儒有了性善說橫亙胸中，又不願抹煞事實，故創出的學說無在非迂曲難通。此《厚黑叢話》之所以不得不作也。予豈好講厚黑哉，予不得已也。

怵惕與惻隱同是一物，天理與人欲也同是一物，猶之煮飯者是火，燒房子者也是火。宋明諸儒不明此理，把天理人欲看作截然不同之二物，創出去人欲之說，其弊往往流於傷害天理。

《王陽明傳習錄》說：「無事時，將好色好貨好名等私逐一追究搜尋出來，定要拔去病根，永不復起，方始為快。常如貓之捕鼠，一眼看著，一耳聽著，才有一念萌動，即行克去，斬釘截鐵，不可姑容，與他方便，不可窩藏，不可放他出路，方是真實用功，方能掃除廓清。」這種說法，彷彿是：見了火會燒房子，就叫人以後看見了一星之火，立即撲滅，斷絕火種，方始為快。

《傳習錄》又載：「一友問：欲於靜坐時，將好名好色好貨等根逐一搜尋出來，掃除廓清，恐是剜肉做瘡否？先生正色曰：這是我醫人的方子，真是去得人病根。更有大本事的人，過了十數年，亦還用得著。你如不用，且放起，不要作壞我

的方法。是友愧謝。少間曰：此量非你事，必吾門稍知意思者為此說以誤汝。在坐者悚然。」

我們試思，王陽明是很有涵養的人，他平日講學，任人如何問難，總是勤勤懇懇地講說，從未動氣，何以門人這一問，他會動氣？何以始終未把那門人誤點指出？又何以承認說這話的人是稍知意思呢？因為陽明能把知行二者合而為一，能把明德、親民二者合而為一，能把格物、致知、誠意、正心和修身五者看作一事，獨不能把天理、人欲看作一物，這是他學說的缺點。他的門人這一問，正擊中他學說的要害，所以就動起氣來了。究竟剜肉做瘡四字怎樣講呢？肉喻天理，瘡喻人欲，剜肉做瘡，即是把天理認作人欲，去人欲即未免傷及天理。門人的意思即是說：「我們如果見了一星之火，即把他撲滅，自然不會有燒房子之事，請問拿什麼東西來煮飯吃呢？換言之，即是把好貨之心連根去盡，就不會有男女居室之事，人類豈不滅絕嗎？」這個問法何等厲害！所以陽明無話可答，只好忿然作色。宋明諸儒主張去人欲，存天理，所做的即是剜肉做瘡的工作。其學說之不能服人心，就在這個地方。

以上是從拙作《社會問題之商榷》第三章「人性善惡之研究」中錄出來的。我當日深知陽明講學極為圓通，處處打成一片，何至會把天理、人欲歧而為二。

近閱《龍溪語錄》所載「天泉證道記」，錢緒山謂「無善無惡心之體，有善有惡心之動，知善知惡是良知，為善為惡是格物」四語是師門定本。王龍溪謂：「若悟得心是無善無惡之心，意是無善無惡之意，知即是無善無惡之知，物即是無善無惡之物。」時陽明出征廣西，晚坐天泉橋上，二人因質之。陽明曰：「汝中（龍溪字）所見，我久欲發，恐人信不及，徒增躐等之弊，故含蓄到今。此是傳心祕藏，顏子明道所不敢言。今既是說破，亦是天機該發泄時，豈容復祕。」陽明至洪都，門人三百餘人來請益。陽明曰：「吾有向上一機，久未敢發，以待諸君自悟。近被王汝中拈出，亦是天機該發泄時。」

明年廣西平，陽明歸，卒於途中。龍溪所說，即是把天理、人欲打成一片。陽明直到晚年，才揭示出來。由此知：門人提出剜肉做瘡之問，陽明忿然作色，正是恐增門人躐等之弊。《傳習錄》是陽明早年的門人所記，故其教法如此。

錢德洪極似五祖門下之神秀，王龍溪極似慧能。德洪所說，即神秀「時時勤拂拭」之說也，所謂漸也。龍溪所說，即慧能「本來無一物」之說也，所謂頓也。陽明曰：「汝中須用德洪工夫，德洪須透汝中本旨。二子之見，止可相取，不可相病。」此頓悟漸修之說也。《龍溪語錄》所講的道理，幾於《六祖壇經》無異。此由心性之說，惟佛氏講得最精，故王門弟子多歸佛氏，程門高弟，如謝上蔡、楊龜山諸人，後來也歸入佛氏。佛家言性，亦謂之無善無惡，與告子之說同。宇宙真理，只要研究得徹底，彼此雖不相師，而結果是相同的。陽明雖信奉孟子性善說，卒之倡出「無善無惡心之體」之語，仍走入告子途徑。儒家為維持門戶起見，每曰：「無善無惡，是為至善。」這又流於詭辯了。然則我們何嘗不可說：「無善無惡，是為至惡。」

就真正的道理來講，把孟子的性善說、荀子的性惡說合而為一，理論就圓滿了。二說相合，即成為告子性無善無不善之說。人問：孟子的學說，怎麼與荀子學說相合？我說：孟子曰：「人少則慕父母，知好色則慕少艾。」荀子曰：「妻子具而孝衰於親。」請問二人之說，豈不是一樣嗎？孟子曰：「大孝終身慕父母，五十而慕者，予於大舜見之矣。」據孟子所說，滿了五十歲的人還愛慕父母，他眼中只看見大舜一人。請問人性的真相究意怎樣？難道孟荀之說不能相合嗎？

性善說與性惡說既可合而為一，則王陽明之致良知與李宗吾之厚黑學即可合而為一。人問：怎麼可合而為一？我說：孟子曰：「大孝終身慕父母。」《厚黑經》曰：「大好色終身慕少艾。」孟子曰：「五十而慕父母者，予於大舜見之矣，」《厚黑經》曰：「八百歲而慕少艾者，予於彭祖見之矣。」愛親是不學而能，不慮而知的，好色也是不學而能，不慮而知的。用致良知的方法，能把孩提愛親的天性致出來，做到終身慕父母；同時就可把少壯好色的天性善說與性惡說既可合而為一，則王陽明之致良知與李宗吾之厚黑學即可合而為一致出來，做到終身慕少艾。昔人說：王學末流之弊，至於蕩檢踰閑，這就是用致良知的方法把厚黑學致出來的原故。

依宋儒之意，孩提愛親，是性命之正，少壯好色，是形氣之私。此等說法，真是穿鑿附會。其實孩提愛親，非愛親也，愛其飲我食我也。孩子生下地，即交乳母撫養，則只愛乳母，不愛生母，是其明證。愛乳母，與慕少艾、慕妻子，其心理原是一致的，無非是為我而已。為我為人類之天然現象，不能說他是善，也不能說他是惡，故告子性無善無不善之說最為合理。告子曰：「食色性也。」孩提愛親者，食也；少艾慕妻子者，色也。食、色為人類生存所必需，求生存者，人類之天性也。故告子又曰：「生之謂性。」

告子觀察人性既是這樣，則對於人性之處置又當怎樣呢？告子設喻以明之曰：「性猶湍水也，決諸東方則東流，決諸西方則西流。」又曰：「性猶杞柳也，義猶桮棬也，以人性為仁義，猶以杞柳為桮棬。」告子這種說法是很對的。人性無善無惡，也即是可以為善，可以為惡。譬如深潭之水，平時水波不興，看不出何種作用。從東方決一口，可以灌田畝，利行舟；從西方決一口，可以淹禾稼，漂房舍。

我們從東方決口好了。又譬如一塊木頭，可製為棍棒以打人，也可製為碗盞以裝食物。我們製為碗盞好了。這種說法，真可合孟荀而一之。

《孟子》書中，載告子言性者五：曰性猶杞柳也，曰性猶湍水也，曰生之謂性也，曰食色性也，曰性無善無不善也。此五者原是一貫的。朱子注「食色」章曰：「告子之辯屢屈，而屢變其說以求勝。」原書俱在，告子之說始終未變，而孟子亦卒未能屈之也。朱子注「杞柳」章，謂告子言仁義，必待矯揉而後成，其說非是。而注「公都子章」則曰：「氣質所稟，雖有不善，而不害性之本善。性雖本善，而不可以無省察矯揉之功。」忽又提出矯揉二字，豈非自變其說乎！

朱子注「生之謂性」章曰：「杞柳湍水之喻，食色無善無不善之說，縱橫繆戾，紛紜舛錯，而此章之誤，乃其本根。」殊不知告子言性者五，原是一貫說下，並無所謂「縱橫繆戾，紛紜舛錯」。「生之謂性」之生字，作生存二字講。生存為人類重心，是世界學者所公認的。告子言性，以生存二字為出發點，由是而有「食色性也」之說，有「性無善無不善」之說，又以杞柳湍水為喻，其說最為合理，而宋儒反認為根本錯誤，一切說法，離開生存立論，所以才有「婦人餓死事小，失節事大」之類的怪話。然朱子能認出「生之謂性」一句為告子學說根本所在，亦不可謂非特識。

宋儒崇奉儒家言，力闢釋道二家之言，在《尚書》上尋得「人心惟危，道心惟微，惟精惟一，允執厥中」四語，託為虞廷十六字心傳，遂自謂生於一千四百年以後，得不傳之學於遺經。嗣經清朝閻百詩考出，這四句是偽書，作偽者採自荀子，荀子又是引用道經之語。閻氏之說，在經學界中，算是已定了的鐵案，這十六字是宋儒學說的出發點，根本上就雜有道家和荀學的元素，反欲借孔子以排老子，借孟子以排荀子，遂無往而不支離穿鑿。朱子曰：「氣質所稟，雖有不善，而不害性之本善。性雖本善，而不可以無省察矯揉之功。」請問：所稟既有不善，尚得謂之本善乎？既本善矣，安用矯揉乎？此等說法，又要顧事實，又要迴護孟子，真可謂「縱橫繆戾，紛紜舛錯」也。以視告子扼定生存二字立論，明白簡易，何啻天淵！

告子不知何許人？有人說是孔門之徒。我看不錯。孔子贊《周易》，說：「天地之大德曰生。」告子以生字言性，可說是孔門嫡傳。孟子學說雖與告子微異，而處處仍不脫生字。如云：「黎民不饑不寒，然而不王者，未之有也。」又云：「內無怨女，外無曠夫，於王何有？」仍以食色二字立論。竊意孟子與告子論性之異同，等於子夏、子張論交之異同，其大旨要不出孔氏家法。孟子與告子之交誼，當如子夏與子張之交誼，平日辯疑析難，互相質證。孟子曰：「告子先我不動心。」心地隱微之際亦知之，二人交誼之深可想。其論性之爭辯，也不過朋友切磋，互相

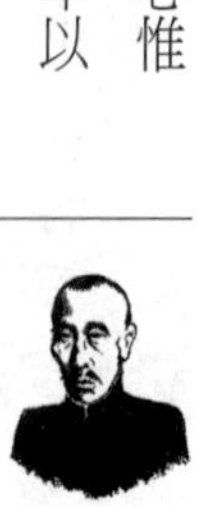

質證。宋儒有道統二字橫亙在心，左袒孟子，右詆告子為異端，而其自家之學說則截去生字立論，叫婦人餓死，以殉其所謂節，叫臣子無罪受死，以殉其所謂忠。孟子有知，當必引告子為同調，而斥程朱於門牆之外也。

孟子說：「人少則慕父母，知好色則慕少艾，有妻子則慕妻子，仕則慕君。」全是從需要生出來的。孩提所需者食也，故慕飲我食我之父母。少壯所需者色也，故慕能滿足色欲之少艾與妻子。出仕所需者功名也，君為功名所自出，故慕君。需要者，目的物也，亦即所謂目標，目標一定，則只知向之而趨，旁的事物是不管的。目標在功名，則吳起可以殺其妻，漢高祖可以分父之羹，樂羊子可以食子之羹。目標在父母，則郭巨可以埋兒，姜詩可以出妻，伍子胥可以鞭平王之屍。目標在色欲，則齊襄公可以淫其妹，衛宣公可以納其媳，晉獻公可以承父妾。

著者認為：人的天性既是這樣，所以性善性惡問題，我們無須多所爭辯。負有領導國人之責者，只須確定目標，糾正國人的目標就是了。我國現在的大患，在列強壓迫，故當提出列強為目標，手有指，指列強，目有視，視列強，口有道，道列強，心有思，思列強，使全國人力之線集中在這一點，於是乎吳起也、漢高祖也、樂羊子也、郭巨也、姜詩也、伍子胥也、齊襄公也、衛宣公也、晉獻公也，一一向目標而趨。救國之道，如是而已。全國四萬萬人，有四萬萬根力線，根根力線直達列強，根根力線挺然特立，此種主義，可名之曰「合力主義」，而其要點則從人人思想獨立開始。

有人問我道：「你既自稱厚黑教主，當然無所不通，無所不曉。據你說：你不懂外國文，有人勸你看西洋心理學譯本，你也不看。像你這樣的孤陋寡聞，怎夠稱得上教主？」我說道：我試問：「你們的孔夫子，不唯西洋譯本未讀過，恐怕連西洋這個名詞都未聽過，怎會稱至聖先師？你進文廟，去把他的牌位打來燒了，我這厚黑教主的名稱立即登報取消。」我再問：「西洋希臘三哲，不惟連他們西洋大哲學家康德諸人的書，一本未讀過，並且恐怕現在英法德美諸國的字，一個也認不得，怎會稱西洋聖人？更奇者，釋迦佛，中國字、西洋字，一個都認不得，中國人的姓名、西洋人的姓名，一個都不知道，他之孤陋寡聞，萬倍於我這個厚黑教主，居然成為五洲萬國第一個大聖人，這又是甚麼道理？吁！諸君休矣！道不同不相為謀。我正在劃出厚黑區域，建立厚黑哲學，我行我素，固不暇同諸君嘵嘵置辯也。」

我是八股學校的修業生，生平所知，八股而已。常常有人向我說道：「可惜你不懂科學，所以你種種說法不合科學規律。」我說：「我在講八股，你怎麼同我講起科學來了。我正深恨西洋的科學家不懂八股，一切著作全不合八股義法。我把達

爾文的《物種源論》、斯密士的《原富》、孟德斯鳩的《法意》，以評八股之法評之，每書上面大批二字曰：『不通。』馬克斯的共產主義，則多批一字，曰：『死不通。』有人說：馬克斯的共產學說是很合科學的，你應當細讀。我於是細讀一遍，加批曰：「真正的死不通。」人問：『究竟不通之點安在？你何得信口空說？』我說，「你把我的《厚黑叢書》讀完了，自然明白。」

天下文章之不通，至八股可謂至矣盡矣，蔑以加矣，而不謂西洋科學家文章之不通乃百倍於中國之八股。現在全世界紛紛擾擾，就是幾部死不通的文章釀出來的。因為達爾文和斯密士的文章不通，世界才會有第一次大戰，第二次大戰；因為孟德斯鳩的文章不通，我國過去廿四年才會四分五裂，中央政府才會組織不健全。人問：「這部書也不通，那部書也不通，要甚麼書才通！」我說：「只有《厚黑學》，大通而特通。」

幸哉！我只懂八股而不懂科學也！如果我懂了科學，恐怕今日尚在朝朝日日地喊：「達爾文聖人也，斯密士聖人也，孟德斯鳩聖人也，墨索里尼、希特勒，無一非聖人也。」怎麼會寫《厚黑叢話》呢？如果要想全世界太平，除非以我的《厚黑叢書》為新刑律，把古之達爾文、斯密士、孟德斯鳩，今之墨索里尼、希特勒，一一處以槍斃，而後國際上、經濟上、政治上乃有曙光之可言。

中國的八股研究好了，不過變成迂腐不堪的窮骨頭，如李宗吾一類人是也。如果把西洋科學家，達爾文、斯密士諸人的學說研究好了，立即要「屍骨成山，血水成河」。我素來對於中國的聖人很懷疑，乃一加研究，才知道西洋的聖人更是可懷疑。

我之所以成為厚黑教主者，得力處全在不肯讀書。不惟西洋譯本不喜讀，就是中國書也不認真讀。

凡與我相熟的朋友，都曉得我的脾氣，無論什麼書，抓著就看，先把序看了，我只看首幾頁，或從末尾倒起看，或隨在中間亂翻來看，或跳幾頁看，略知書中大意就是了。如認為有趣味的幾句，我就細細地反覆咀嚼，於是一而二，二而三，就思到別地方去了。無論什麼高深的哲學書和最粗淺的戲曲小說，我心目中都是一例視之，都是一樣讀法。

我認為世間的書有三類，一為宇宙自然的書，二為我腦中固有的書，三為古今人所著的書。我輩當以第一種、第二種融合讀之。至於第三種，不過藉以引起我腦中蘊藏之理而已，或供我印證而已。我所需於第三者，不過如是。中國之書，已足供我之用而有餘，安用疲敝精神，讀西洋課本焉。

我讀書的祕訣，是「跑馬觀花」四字，甚至有時跑馬而不觀花。中國的花圃，

馬兒都跑不完，怎能說到外國？人問：「你讀書既是跑馬觀花，何以你這《厚黑叢話》中，有時把書縫縫裡細微事說得津津有味？」我說：說了奇怪，這些細微事，一觸目即刺眼。我打馬飛跑時，瞥見一朵鮮豔之花，即下馬細細賞玩，有時覺得芥子大的花兒反比斗大的牡丹更有趣味，所以書縫裡細細微事也會跳入《厚黑叢話》中來。

我是懶人，懶則不肯苦心讀書。然而我有我的懶人哲學：古今善用兵者，莫如項羽，七十餘戰，戰無不勝。到了烏江，身邊只有二十八騎，還三戰三勝。然而他學兵法，不過略知其意罷了。古今政治家，推諸葛武侯為第一，他讀書也是只觀大略。陶淵明在詩界中可算第一流，他乃是一個好讀書不求甚解的人。反之，熟讀兵書者莫如趙括，長平之役，一敗塗地。讀書最多者莫如劉歆，輔佐王莽，以周禮治天下，鬧得天怒人怨。注《昭明文選》的李善號稱書麓，而作出的文章就不通。

書這個東西，等於食物一般，食所以療饑，書所以療愚。飲食吃多了不消化，會生病；書讀多了不消化，也會作怪。越讀得多，其人越愚，古今所謂書呆子是也。王安石讀書不消化，新法才行不通。程伊川讀書不消化，才有洛蜀之爭。朱元晦讀書不消化，才有慶元案，才有朱陸之爭。我國鬧得這樣糟，全被西洋書呆子所誤。馬克斯坐在英國圖書館，讀了幾十年社會主義的書，是書呆子中之諄乎其諄者也，所以會造出千百萬新冤鬼。

世界是進化的，從前的讀書人是埋頭苦讀，進化到項羽和諸葛武侯，發明了讀書略觀大意的法子。夫所謂略觀大意者，必能瞭解大意也。進化到了陶淵明，好讀書不求甚解，則大意亦未必瞭解。再進化到厚黑教主，不求甚解，並且不好讀書。將來再進化，必至一書不讀，一字不識，並且無理可解。嗚呼，世無慧能，斯言也，從誰印證。

我寫《厚黑叢話》，遇著典故不夠用，就杜撰一個來用。人問：何必這樣幹？我說：自有宇宙以來，即應該有這種典故。乃竟無這種典故出現，自是宇宙之罪。我杜撰一個，所以補造化之窮。人說：這類典故，古書中原有之。你書讀少了，宜乎尋不出。我說：此乃典故之罪，非我之罪。典故之最古者，莫如天上之日月，晝夜擺在面前，舉目即見。既是好典故，我寫《厚黑叢話》時，為甚躲在書堆裡，不會跳出來？既不會跳出，即是死東西。這種死典故，要他何用！

近日有人向我說：「你主張思想獨立，講來講去，終逃不出孔子範圍。」我說：豈但孔子，我發明厚黑學，未逃出荀子性惡說的範圍。我說：「心理變化，循力學公例而行。」未逃出告子「性猶湍水也」的範圍。我做有一本《中國學術之趨勢》，未逃出我家聃大公的範圍。格外還有一位說法四十九年的先生，更逃不出他

的範圍。

宇宙真理，明明擺在我們面前，任何人只要能夠細心觀察，得出的結果俱是相同。我主張思想獨立，揭示宗吾二字，以為標誌，一切道理，經我細心考慮而過，認為對的即說出，不管人是否說過。如果自己已經認為是對的了，因古人曾經說過，我就別創異說，求逃出古人範圍，則是：非對古人立異，乃是對我自己立異，是為以吾叛吾，不得謂之宗吾。孔子也，荀子也，告子也，釋迦也，孟子也，甚至村言俗語，與夫其他等等也，合一爐而冶之，無畛域，無門戶，一一以我心衡之，是謂宗吾。宗吾者，主見之謂也。我見為是者則是之，我見為非者則非之。前日之我以為是，今日之我以為非，則以今日之我為主。如或迴護前日之我，則今日之我為前日之我之奴，是曰奴見，非主見，仍不得謂之宗吾。

老子曰：「上士聞道，勤而行之；中士聞道，若存若亡；下士聞道，則大笑，不笑不足以為道。」滔滔天下，皆周程朱張信徒也，皆達爾文、馬克斯諸人信徒也，一聽見厚黑學三字，即破口大罵。吾因續老子之語曰：「下下士聞道則大罵，不罵不足以為道。」

日前我同某君談話，引了幾句孔子的話。某君道：「你是講厚黑學的，怎麼講起孔子的學說來了？」我說：從前孔子出遊，馬吃了農民的禾，農民把馬捉住。孔子命子貢去說，把話說盡了，不肯把馬退還。回見孔子，孔子命馬夫去，幾句話說得農民大喜，立即退還。你想：孔門中，子貢是第一個會說話的；當初齊伐魯，孔子命子貢去遊說，子貢一出而卻齊存魯，破吳霸越。這樣會說的人，獨無奈農民何。其原因是子貢智識太高，說的話，農民聽不入耳，馬夫的智識與之相等，故一說即入。觀世音曰：「應以宰官身得度者，現宰官身而為說法；應以婆羅門身得度者，現婆羅門身而為說法。」你當過廳長，我現廳長身而為說法；你口誦孔子之言，我現孔子身而為說法。一般人都說：「今日的人，遠不如三代以上。」果然不錯。鄙人雖不才，自問可以當孔子的馬夫，而民國時代的廳長，反不如孔子時代的農民。

有一次，我同友人某君談話。旁邊有某君警告之曰：「你少同李宗吾談些！謹防把你寫入《厚黑叢話》。」

我說：「兩君放心，我這《厚黑叢話》中人物，是準備將來配享厚黑廟的，兩君自問，有何功德，可以配享？你怕我把你寫入《厚黑叢話》，我正怕你們將來混入厚黑廟。」因此，我寫這段文字，記其事而隱其名。

我生怕我的厚黑廟中，五花八門的人鑽些進來，鬧得如孔廟一般。我撰有「敬臨食譜序」一篇，即表明此意，錄之如下：

我有個六十二歲的老學生黃敬臨，他要求入厚黑廟配享，我業已允許，寫入《厚黑叢話》第一卷。讀者想還記得，他在成都百花潭側開一姑姑筵，備具極精美的肴饌，招徠顧主。讀者或許照顧過？昨日我到他公館，見他正在凝神靜氣，楷書《資治通鑑》。我詫異道：「你怎麼幹這個事？」他說：「我自四十八年以後，即矢志寫書，已手寫十三經一通，補寫《新舊唐書合鈔》、李善注《文選》、《相臺禮記》、《坡門唱和集》各一通，現在打算再寫一部《資治通鑑》，以完夙願。」

我說：你這種主意就錯了。你從前歷任射洪、巫溪、滎經等縣知事，我遊蹤所至，詢之人民，你政聲很好，以為你一定在官場努力，幹一番驚人事業。歸而詢知，退而庖師，自食其力，不禁大贊曰：「真吾徒也！特許入厚黑廟配享。」不料你在幹這個生活。須知：古今幹這一類生活的人，車載斗量，有你插足之地嗎？庖師是你特別專長，棄其所長而與人爭勝負，何苦乃爾！鄙人所長者厚黑學，故專講厚黑學。你所長者庖師，不如把所寫十三經與夫《資治通鑑》等等，一火而焚之，撰一部食譜，倒還是不朽的盛業。

敬臨聞言，頗以為然，說道：「往年在成都省立第一女子師範學校充烹飪教師，曾分『薰、蒸、烤、烘、爆、醬、鹵、鮓、炙、糟』十門，教授學生，今打算就此十門，條分縷析，作為一種教科書。但茲事體大，苦無暇晷，奈何！」我說：

「你又太拘了！何必一做就想做完善？我為你計，每日高興時，任寫一二段，以隨筆體裁寫出，積久成帙，有暇再把它分出門類；如無暇，既有底本，他日也有人替你整理。倘不及早寫出，將來老病侵尋，雖欲寫，而力有不能，悔之何及！」敬臨深感余言，乃著手寫去。

敬臨的烹飪學可稱家學淵源。其祖父由江西宦遊到川，精於治饌，為其子聘婦，非精烹飪者不合選。聞陳氏女，在室，能製鹹菜三百餘種，乃聘之，即敬臨母也。於是以黃陳兩家烹飪治為一爐。清末，敬臨宦遊北京，慈禧后賞以四品銜，供職光祿寺三載，復以天廚之味，融合南北之味。敬臨之於烹飪，真可謂集大成者矣。有此絕藝，自己乃不甚重視，不以之公諸世而傳諸後，不亦大可惜乎。敬臨勉乎哉！

古者有功德於民則祀之。我常笑，孔廟中七十子之徒，中間一二十人有言行可述外，其大半則姓名亦在若有若無之間，遑論功德，徒以依附孔子末光，高坐吃冷豬肉，亦可謂僭且濫矣。敬臨撰食譜嘉惠後人，有此功德，自足廟食千秋。生前具美饌以食人，死後人具美饌以祀之。此固報施之至平，正不必依附厚黑教主而始可不朽也。人貴自立，敬臨勉乎哉！

孔子平日飯蔬飲水，後人以其不講肴饌，至今以冷豬肉祀之，腥臭不可嚮邇。

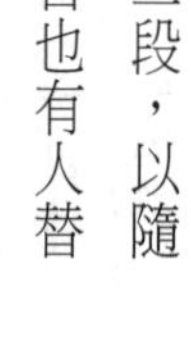

他日厚黑廟中有敬臨配享，後人不敢不以美饌進。吾可傲於眾曰：吾門有敬臨，冷豬肉可不入於口矣。是為序。民國二十四年十二月六日，李宗吾，於成都。

近有某君發行某種月刊，叫我做文一篇。我說：我做則做，但有一個條件。我是專門講厚黑學的，三句不離本行，文成直署我名，你則非刊不可。他惶然大嚇，婉言辭謝。我決定非替他做不可。他沒法，只好「王顧左右而言他」。

讀者只知我會講厚黑學，殊不知我還會作各種散文。諸君如欲表彰先德，有墓誌傳狀等件，請我作，包管光生泉壤，絕不會蹈韓昌黎諛墓之嫌。至於作壽文，尤是我的拿手好戲，壽星老讀之，必多活若干歲。君如不信，有謝慧生壽文為證。壽文曰：慧生謝兄，六旬大慶，自撰徵文啟有云：「知舊矜之而賜之以言，以糾過去六十年之失，乃所願承。苟過愛而望其年之延，多為之辭，乃多持（慧生名）之慚且愧，益不可仰矣。」等語。慧生與我同鄉，前此之失，唯我能糾之，若欲望其年之延，我也有妙法，故特撰此文以獻。

民國元年二三月，我在成都報上發表《厚黑學》。其時張君列五任四川副總督，有天見著我，說道：「你瘋了嗎？甚麼厚黑學，天天在報上登載！成都近有一夥瘋子，巡察總督楊莘友、成都府知事但怒剛，其他如盧錫卿、方琢章等，朝日跑來同我吵鬧。我將修一瘋人院，把這些瘋子一齊關起來。你這個亂說大仙，也非關在瘋人院不可。」我說：「噫！我是救苦救難的大菩薩，你把我認為瘋子，我替你的甑子擔憂。」後來列五改任民政長，袁世凱調之進京。他把印交了，第二天會著我，說道：「昨夜謝慧生說：『細想起來，李宗吾那個說法真是用得著？』」我拍案叫道：「田舍奴，我豈妄哉！瘋子的話都聽得嗎？好倒好，只是甑子已經倒了。今當臨別贈言，我告訴你兩句：『往者不可諫，來者猶可追。』」

哪知他信道不篤，後在天津織襪，被袁世凱逮京槍斃。他在天牢內坐了幾個月，不知五更夢醒之時，曾想及四川李瘋子的學說否。宣布死刑時，列五神色夷然，負手旁立，作微笑狀。同刑某君，呼冤忿罵。列五呼之曰：「某君！不說了！今日之事，你還在夢中。」大約列五此時大夢已醒，知道今日之死，實係違反李瘋子學說所致。

同學雷君鐵崖留學日本，賣文為活，滿肚皮不合時宜。滿清末年，跑到西湖白雲寺去做和尚。反正時，任孫總統祕書。未幾辭職，作詩云：「一笑飄然去，霜風透骨寒。八年革命黨，半月祕書官。稷下竽方濫，邯鄲夢已殘。西湖山色好，莫讓老僧看。」他對時事非常憤懣，在上海曾語某君云：「你回去告訴李宗吾，叫他厚黑學少講些。」旋得瘋癲病，終日抱一瓶酒，逢人即亂說，常常獨自一人倒臥街中，人事不醒。警察看見，把他弄回。時愈時發，民國九年竟死。我這種學說，正

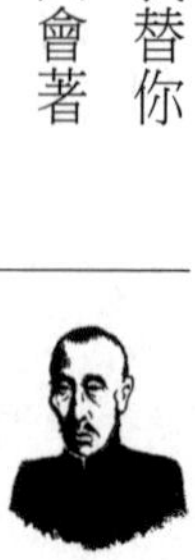

是醫他那種病的妙藥，他不惟不照方服藥，反痛詆醫生，其死也宜哉。

列五、鐵崖，均係慧生兄好友，渠二人反對我的學說，結果如此。獨慧生知道，瘋子的學說用得著，居然活了六十歲。倘循著這條路走去，就再活六十歲也是很可能的。我發明厚黑學二十餘年，私淑弟子遍天下，盡都轟轟烈烈，做出許多驚天動地的事業，偏偏同我講學的幾個朋友，列五、鐵崖而外，如廖君緒初、楊君澤溥、王君簡恒、謝君綬青、張君荔丹，對於吾道，均茫無所得，先後憔悴憂傷以死。慧生於吾道，似乎有明瞭的認識了，獨不解何以蟄居海上，寂然無聞？得非過我門而不入我室耶？然因其略窺涯涘，亦獲享此高壽，足徵吾道至大，其用至妙，進之可以幹驚天動地的事業，退之亦可延年益壽。今者遠隔數千里，不獲登堂拜祝，謹獻此文，為慧生兄慶，兼為吾黨勸。想慧生兄讀之，當亦掀髯大笑，滿飲數觴也。民國二十四年元月，弟李宗吾拜撰。

後來我在重慶，遇著慧生侄又華新自上海歸來，說道：「家叔見此文，非常高興，說道：『李先生說我還要再活六十歲，那個時候，你們都八九十歲了，恐怕還活我不贏！』」子章骷髏，不過愈虐疾而已；陳琳檄文，不過愈頭風而已。我為學說，直能延年益壽。諸君試買一本讀讀，比吃紅色藥丸、參茸衛生丸，功效何啻萬倍。

民國二年，討袁失敗後，我在成都會著一人，瘦而長。問其姓名，為隆昌黃容九。他問了我的姓名，面現驚愕色，說道：「你是不是講厚黑學的那個李某？」我說：「是的。你怎麼知道？」他說：「我在北京聽見列五說過。」我想：列五能在北京宣傳吾道，一定研究有得，深為之慶幸。民國三年下半年，我在中壩省立第二中學，列五由天津致我一信，歷敘近況及織襪情形，並說當局如何如何與他為難。中有云：「復不肯伈伈俔俔乞憐於心性馳背之人！」我讀了，失驚道：「噫！列五死矣！知而不行，奈何！奈何！」不久，即聞被逮入京。此信我已裱作手卷，請名人題跋，以為通道不篤者戒。

列五是民國四年一月七日在天津被逮，三月四日，在北京槍斃，如今整整死了二十一年。我這瘋子的徽號，起初是他喊起的。諸君旁觀者清，請批評一下：「究竟我是瘋的，他是瘋的？」宋朝米芾，人呼之為「米癲」。一日，蘇東坡請客。酒酣，米芾起言曰：「人呼我為米癲？請質之子瞻。」蘇東坡笑曰：「吾從眾。」我請諸君批評，我是不是瘋子？諸君一定說：「吾從眾。」果若此，吾替諸君危矣！且替中華民國危矣！何以故？曰：有張列五的先例在，有民國過去二十四年的歷史在。

厚黑叢話之五

去歲（二十四年）元旦，華西報的元旦增刊上，我作有一篇文字，題曰「元旦預言」。我的預言，是「中國必興，日本必敗」八個字。這是我從厚黑史觀推論出來的必然結果，不過，文中未提明厚黑學三字罷了。今年華西報發元旦刊，先數日，總編輯請我做篇文章。我說：做則必做。但我做了，你則非刊上不行。我的題目是「厚黑年」三字。他聽了默然不語。所以二十五年華西報元旦增刊，諸名流都有文字，獨莫有厚黑教主的名字，就是這個原因。我認為民國二十五年是中國的厚黑年，也即是一千九百三十六年為全世界的厚黑年。諸君不信，請詳考事實。

昔人說：「大丈夫不能流芳百世，亦當遺臭萬年。」我民國元年發表《厚黑學》，至今已二十五年，遺臭萬年的工作，算是做了四百分之一，仰俯千古，常以自豪。所以，民國二十五年，在我個人方面，也可說是厚黑年，是應該開慶祝大會的。我想：我的信徒，將來一定會仿耶穌紀年的辦法，以厚黑紀年，使厚黑學三字與國同休，每二十五年開慶祝大會一次。自今以後，再開三百九十九次，那就是民國萬年了。我寫至此處，不禁高呼曰：中華民國萬歲！厚黑學萬歲！

去年吳稚暉在重慶時，新聞記者友人毛暢熙約我同去會他。我說：我何必去會他？他讀盡中外奇書，獨莫有讀過《厚黑學》；他自稱是大觀園中的劉姥姥，此次由重慶，到成都，登峨眉，遊嘉定，大觀園中的風景和人物算是看過了，獨於大觀園外面，有一個最清白的石獅子，他卻未見過。歡迎吳先生，我也去了來，他的演說，我也聽過。石獅子看見劉姥姥在大觀園進進出出，劉姥姥獨未看見石獅子，我不去會他，特別與他留點憾事。

有人聽見厚黑學三字，即罵曰：「李宗吾是壞人！」我即還罵之曰：「你是宋儒！」要說壞，李宗吾與宋儒同是壞人。要說好，李宗吾與宋儒同是聖人。就宋學言之，宋儒是聖人，李宗吾是壞人。就厚黑學言之，李宗吾是聖人，宋儒是壞人。故罵我為壞人者，其人即是壞人。何以故？是宋儒故。

我所最不瞭解者，是宋儒「去私」之說。程伊川身為洛黨首領，造成洛蜀相攻，種下南渡之禍，我不知他的私字去掉了莫有？宋儒講性善，流而為洛黨。在他們目中視之，人性皆善，我們洛黨盡是好人，唯有蘇東坡，其性與人殊，是一個壞人。王陽明講致良知，滿街都是聖人，一變而為東林黨。吾黨盡是好人，唯有力抗滿清的熊廷弼是壞人，是應該拿來殺的。清朝的皇帝披覽廷弼遺疏，認為他的計畫

實行，滿清斷不能入關，憫其忠而見殺，下詔訪求他的後人，優加撫恤。而當日排擠廷弼，並且上疏請殺他的，不是別人，乃是至今公認為忠臣義士的楊漣、左光斗等人。這個道理，拿來怎講？嗚呼洛黨！嗚呼東林黨！我不知蒼頡夫子，當日何苦造下一個黨字，拿與程伊川、楊漣、左光斗一般賢人君子這樣用！奉勸讀者諸君，與其研究宋學、研究王學，不如切切實實地研究厚黑學好了。研究厚黑學，倒還可以做些福國利民的事。

宋儒主張去除私欲的說法，究竟私是個甚麼東西？去私是怎麼一回事？非把他研究清楚不可。私字的意義，許氏說文，是引韓非的話來解釋的。韓非原文：「倉頡作書，自環者謂之私，背私謂之公。」環即是圈子。私字古文作厶，篆文作ㄥ。公字從八從厶，八是把一個東西破為兩塊的意思，故八者背也。「背私謂之公。」即是說：把圈子打破了，才謂之公。假使我們只知有我，不顧妻子，環吾身畫一個圈，妻子必說我循私。我於是把我字這個圈撤去，環妻子畫一圈。但弟兄在圈之外，又要說我徇私。於是把妻子這個圈撤去，環弟兄畫一個圈。但鄰人在圈之外，又要說我徇私。於是把弟兄這個圈撤去，環鄰人畫一個圈。但國人在圈之外，又要說我徇私。於是把鄰人這個圈撤去，環國人畫一個圈。但他國人在圈之外，又要說我徇私。這只好把本國人這個圈子撤了，環人類畫一個大圈，才可謂之公。但還不能謂之公。

假使世界上動植礦都會說話，禽獸一定說：你們人類為甚麼要宰殺我們？未免太自私了。草木問禽獸道：你為甚麼要吃我們？你也未免太自私了。泥土沙石問草木道：你為甚麼要在我們身上吸收養料？你草木未免自私。並且泥土沙石可以問地心道：你為甚麼把我們向你中心牽引？你未免自私。太陽又可問地球道：我牽引你，你為甚麼不攏來，時時想向外逃走，並且還暗暗地牽引我？你地球也未免自私。再反過來說，假令太陽怕地球說他徇私，他不牽引地球，地球早不知飛往何處去了。地心怕泥土沙石說他徇私，也不牽引了，這泥土沙石立即灰飛而散，地球也就立即消滅了。

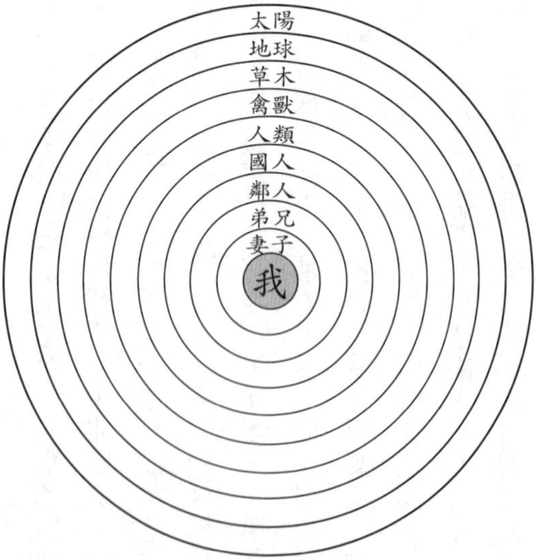

丙圖

我們從上項推論，繪圖如丙，就可以得出幾個要件如下：

（一）遍世界尋不出一個「公」字。通常所謂公，是畫了範圍的，範圍以內的

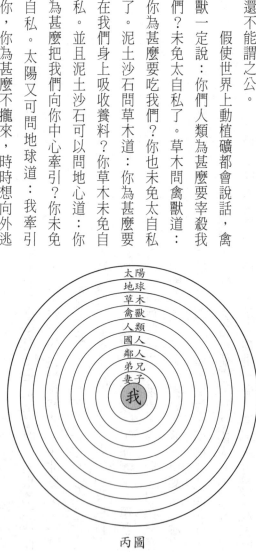

人謂之公，範圍以外的人仍謂之私。

（二）人心之私，通於萬有引力。「私」字之除不去，等於萬有引力之除不去。如果除去了，就會無人類，無世界。無怪宋儒「去私」之說行之不通。

（三）我們討論人性善惡問題，曾繪出甲乙兩圖，說：「心理的現象與磁場相像，與地心引力相像。」現在討論私字，繪出丙圖，其現象仍與甲乙兩圖相合。所以我們提出一條原則：「心理變化，循力學公例而行。」想來不會錯。

我們詳玩丙圖，中心之我，彷彿一塊磁石，周圍是磁場，磁力之大小與距離成反比例。孟子講的差等之愛，是很合天然現象的。墨子講兼愛，只畫一個人類的大圈，主張愛無差等，內面各小圈俱無之，宜其深為孟子駁斥。

墨子志在救人，摩頂放踵以利天下。楊朱主張為我，叫他拔一毛以利天下，他都不肯。在普通人看來，墨子的品格宜乎在楊朱之上。乃孟子曰：「逃墨必歸於楊，逃楊必歸於儒。」認為楊子在墨子之上，去儒家為近，豈非很奇的事嗎？這正是孟子的卓見，宜下細研究。

凡人在社會上做事，總須人己兩利，乃能通行無礙。孔孟的學說，正是此等主張。孔子所說：「己立立人，己達達人。」《大學》所說：「修齊治平。」孟子所說：「王如好貨，與民同之。」「王如好色，與民同之。」等語，都是本著人己兩利的原則立論。叫儒家損人利己，固然絕對不做；就叫他損己利人，他也認為不對。觀於孔子答宰我「井有人焉」之問，與孟子所說「君視臣如草芥，則臣視君如寇仇」等語，就可把儒家真精神看出來，此等主張最為平正通達。墨子摩頂放踵以利天下，捨去我字，成為損己利人之行為，當然為孔門所不許。

楊子為我，是尋著了中心點，故孟子認為他的學說高出墨子。楊子學說中最精粹的是「智之所貴，存我為貴；力之所賤，侵物為賤」四語（見《列子》）。他知道自己有一個我，把他存起；同時知道，他人也有一個我，不去侵犯他。這種學說真是精當極了！然而尚為孟子所斥，這是甚麼道理？因為儒家的學說是人己兩利，楊子只做到利己而無損於人，失去人我之關聯。孔門以仁字為主，仁字從二從人，是專在人我間做工作，以我之所知，普及於人人。所以楊子學說亦為孟子所斥。

我因為窮究厚黑之根源，造出甲乙丙三圖，據三圖以評判各家之學說，就覺得若網在綱，有條不紊了。即如王陽明所講的「致良知」，與夫「知行合一」，都可用這圖解釋。把圖中之我字作為一塊磁石，磁性能相推相引，是具有離心、向心兩種力量。陽明所說的良知，與孟子所說的良知不同。孟子之良知，指仁愛之心而言，是一種引力；陽明之良知，指是非之心而言，是者引之使近，非者推之使遠，兩種力量俱具備了的。故陽明的學說較孟子更為圓通。陽明所謂致良知，在我個人的研究，無非是把力學原理應用到事事物物上罷了。

王陽明講「知行合一」，說道：「知是行的主意，行是知的功夫；知是行之始，行是知之成。」這個道理，用力學公例一說就明白了。例如我聞友人病重，想去看他。我心中這樣想，即是心中發出一根力線，直射到友人方面。我由家起身，走到病人面前，是此線的終點，兩點俱在一根直線上，故曰：「知行合一。」一聞友病，即把這根路線畫定，故曰：「知是行的主意。」畫定了，即沿著此線走去，故曰：「行是知的功夫。」陽明把明德、親民二者合為一事，把博學、審問、慎思、明辨、篤行五者合為一事，把格致誠正、修齊治平八者合為一事，即是用的這個方式，都是在一根直線上，從起點說到終點。

王陽明解釋《大學．誠意章》「如好好色，如惡惡臭」二句，說道：「見好色屬知，好好色屬行。只見好色時，已自好了，不是見後又立個心去好。聞惡臭屬知，惡惡臭屬行。只聞惡臭時，已自惡了，不是聞後別立一個心去惡。」他這種說法，用磁電感應之理一說就明白了。異性相引，同性相推，是磁電的定例。能判別同性異性，知也；推之引之者，行也。我們在講室中試驗，即知磁電一遇異性，立即相引，一遇同性，立即相推，並不是判定同性異性後，才去推之引之。知行二者，簡直分不出來，恰是陽明所說「即知即行」的現象。

歷來講心學者，每以鏡為喻，以水為喻。我們用磁電來說明，尤為確切。倘再進一步說：「人之性靈，與地球之磁電同出一源。」講起來更覺圓通，人事與物理就可一以貫之。科學家說：「磁電見同性，自然相推；見異性，自然相引。」王陽明說：「凡人見父親，自然知孝；見兄，自然知弟。」李宗吾說：「小孩見母親口中有糕餅，自然會取來放在自己口中；在母親懷中吃乳吃糕餅，見哥近前來，自然會推他打他。」像這樣的講，則致良知也，厚黑學也，就成為一而二，二而一了。

萬物有引力，萬物有離力。引力勝過離力，則其物存；離力勝過引力，則其物毀。目前存在之物，都是引力勝過離力的，故有「萬有引力」之說。其離力勝過引力之物，早已消滅，無人看見，所以「萬有離力」一層無人注意。地球是現存之物，故把外面的東西向內部牽引；心是現存之物，故把六塵緣影向內部牽引。小兒是求生存之物，故見外面的東西，即取來放入自己口中；人類是求生存之物，故見有利之事，即牽引到自己身上。我們曠觀宇宙，即知天然現象，無一不是向內部牽引。地球也，心也，小兒也，人類也，將來本是要由萬有離力的作用，消歸烏有的，但是，未到消滅的時候，他那向內牽引之力，無論如何是不能除去的。宋儒去私之說，等於想除去地心吸力，怎能辦得到？只好承認其私，提出生存二字為重心，人人各遂其私，使人人能夠生存，天下自然太平。此鄙人之厚黑學所以不得不

作，閱者諸君所以不得不研究也。

人人各遂其私，可說是私到極點，也即是公到極點。楊朱的學說，即是基於此種學理出來的。他說道：「智之所貴，存我為貴。」即是「各遂其私」的說法。同時他又恐各人放縱其私，妨害他人之私，所以跟著即說：「力之所賤，侵物為賤。」這種學說真是精當極了，施之現今，最為適宜，我們應當特別闡述。所以，研究厚黑學的人，同時應當研究楊朱的學說。楊氏之學，在吾道雖為異端，然亦可借證。對鈍根人不能說上乘法，不妨談談楊朱學說。

地球是一個大磁石，磁石本具有引之推之兩種力量，其被地球所推之物，已不知推到何方去了，出了我們的視覺之外，只能看見他引而向內的力量，看不出推而向外的力量，所以只能說地球有引力，不能說地球有推力。人心猶如一塊磁石，是具備了引之推之兩種力量，由這兩種力相推相引，才構成一個社會，其組織法絕像太空中眾星球之相推相引一般。人但知私心擴充出來，可以造成戰爭，擾亂世界和平，殊不知人類由漁獵，而遊牧，而農業，而工商業，造成種種文明，也由於一個私字在暗中鼓蕩。斯義也，彼程朱諸儒烏足知之！此厚黑學所以為千古絕學也。

厚黑二字，是從一個私字生出來的，不能說他是好，也不能說他是壞。這就是我那個同學朋友謝綬青跋《厚黑學》所說的：「如利刃然，用以誅盜賊則善，用以屠良民則惡。善與惡何關於刃，故用厚黑以為善則為善人，用厚黑以為惡則為惡人……」我發明厚黑學，等於瓦特發明蒸汽，無施不可。利用蒸汽，造成火車，駕駛得法，可以日行里；駕駛不得法，就會跌下巖去。我提出「厚黑救國」的口號，就是希望司機先生駕駛火車，向列強衝去，不要向前朝巖下開，也不要在街上橫衝直撞，碾死行人。

物質不滅，能力不滅，這是科學家公認的定律。吾人之性靈算是一種能力。請問：其生也從何而來？其死也從何而去？豈非難解的問題嗎？假定吾人之性靈與地球之磁電，同出而異名，這個問題就可解釋了。其生也，地球之物質，變為吾身之毛髮骨血。同時，地球之磁電變為吾之性靈。其死也，毛髮骨血退還地球，仍為泥土，是謂物質不滅。同時，性靈退還地球，仍為磁電，是謂能力不滅。我們這樣的解釋，則昔人所謂「浩氣還太虛」，所謂「天地有正氣，下為河嶽，上為日星，於人曰浩然」，所謂「自其不變者而視之，則物與我皆無盡也」，種種說法，就不是空談了。倘有人問：靈魂是否存在？我們可以這樣說：「這是在各人的看法：吾人一死，此身化為泥土，性靈化為磁電，可謂之靈魂消滅。然吾身雖死，物質尚存，磁電尚在，即謂之靈魂尚存，亦無不可。性靈者吾人之靈魂也，磁電者地球之靈魂也，性靈與磁電同出一源。」

我所繪甲乙丙三圖，即基於此種觀察生出來的，是為厚黑哲學的基礎。至於實際的真理是否如此，我不知道。我只自己認為合理，就寫了出來，是之謂宗吾。

我雖講厚黑學，有時亦稍涉獵外道諸書，一一以厚黑哲理繩之。佛氏說：佛性是不生不滅，不增不減，無邊際，無始終。《楞嚴》七處徵心，說：心不在內，不在外，不在中間。我認為，吾人之性靈，與地球之磁電，同出而異名，則佛氏所說，與太空磁電何異？佛說：「本性圓融，周遍法世。」又說：「非有非無。」推此，與磁電中和現象何異？黃宗羲著《明儒學案》自序，開口第一句曰：「盈天下皆心也。」高樊龍自序為學之次第云：「程子謂：『心要在腔子裡。』以為心不專在方寸，渾身是心也。」

我們要解釋黃、高二氏之說，可假定宇宙之內，有一至靈妙之物，無處不是灌滿了的。二者原是二而一，一而二的。佛氏研究心理，西人研究磁電，其途雖殊，終有溝通之一日。佛有天眼通、天耳通，能見遠處之物，能聞遠處之語。西人發明催眠術，發明無線電，也是能見遠處之物，能聞遠處之語。這即二者溝通之初基。

我們把物質的分子加以分析，即得原子；把原子再分析，即得電子。電子是一種力，這是科學家業已證明了的。我們的身體是物質集合而成，也即是電子集合而成。身與心本是一物，所以我們心理的變化逃不出磁電學的規律，逃不脫力學的規律。人類有誇大性，自以為萬物之靈，彷彿心理之變化不受物理學的支配。其實只能說，人是物中之較高等者，終逃不出物理學的大原則。我們試驗理化，溫度變更，或參入他種藥品，形狀和性質均要改變。吾人遇天氣大熱，心中變煩躁，這是溫度的關係。飲了酒，性情也會改變，這是參入一種藥品，起了化學作用。從此等地方觀察，人與物有何區別？故物理學中的力學規律可適用到心理學上。

王陽明說「知行合一」，即是「思想與行動合一」。如把知字改作思想二字，更為明瞭。因為人的行動是受思想的支配，所以觀察人的行動，即可窺見其心理，知道他的心理，即可預料其行為。古人說：「誠於中，形於外。」又說：「中心達於面目。」又說：「根於心，見於面，盎於背，施於四體。」這都是心中起了一個念頭，力線一發動，即依著直線進行的公例，達於面目，跟著即見於行事了。但有時心中起了一個念頭，竟未見諸實行，這是甚麼緣故呢？這是心中另起一個念頭，把前線阻住了；猶如我起身去探友人之病，行至中途，因事見阻一樣。陽明說的「知行合一」，不必定要走到病人面前才算行，只要動了看病人的念頭，即算行了。他說：「見好色屬知，好好色屬行。」普通心理學分知、情、意三者，這「好好色」明明是情，何以謂之行呢？因為一動念，這力線即注到色字上去了，已是行之始，故陽明把情字看作行字。他說的「知行合一」，可說是「知情合一」。

人心如磁石一般。我們學過物理學，即知道：凡是鐵條，都有磁力。因為內部分子淩亂，南極北極相消，才顯不出磁力來。如用磁石在鐵條上引導一下，內部分子，南北極排順，立即發出磁力來。我國四萬萬人本有極大的力量，只因內部淩亂，致受列強的欺淩。我們只要把內部力線排順，四萬萬人之心理走在同一的線上，發出來的力量還了得嗎？問：內部分子，如何才能排順？我說：你只有研究厚黑學。我所寫的《厚黑叢話》即是引導鐵條的磁石。

我國有四萬萬人，只要能夠聯為一氣，就等於聯合了歐洲十幾國。我們現受日本的壓迫，與其哭哭啼啼，跪求國聯援助，跪求英美諸國援助，毋若哭哭啼啼，跪求國人，化除意見，協助中央政府，先把日本驅逐了，再說下文。人問：國內意見怎能化除？我說：你把厚黑學廣為宣傳，使一般人瞭解厚黑精義及厚黑學使用法，自然就辦得到了。

我發明厚黑學，一般人未免拿來用反了，對列強用厚字，搖尾乞憐，無所不用其極，對國人用黑字，排擠傾軋，無所不用其極，以致把中國鬧得這樣糟。我主張翻過來用，對國人用厚字，事事讓步，任何氣都受，任何舊帳都不算；對列強用黑字，凡可以破壞列強者，無所不用其極，一點不讓步，一點氣都不受，一切舊帳，非算清不可。然此非空言所能辦到，其下手方法則在調整內部，把四萬萬根力線排順，根根力線直射列強。這即是我說的「厚黑救國」。

人問我：對外的主張如何？我說：我無所謂主張。日本是入室之狼，俄國是當門之虎，歐美諸強國是宅左宅右之獅豹。請問諸君：處此環境，室內人當如何主張？世界第二次大戰迫在眉捷，有主張聯英美以抗日本的，有主張聯合日本以搞俄國的，又有主張如何如何的。若以我的厚黑哲學推論之，都未免錯誤。我主張將「厚黑國」從速建立起來，即以厚黑教主兼充厚黑國的國王，將來還要欽頒厚黑憲法。此時東鄰日本有甚麼水鳥外交、吸木外交，我先把我的厚黑外交提出來，同我的厚黑弟子討論一下。

我們學物理化學，可先在講室中試驗，唯有國家這個東西，不能在講室中試驗。據我看來，還是可以試驗的。現在五洲之中，各國林立，諸大強國互相競爭，與我國春秋戰國時代是一樣的。我們可以說：現在的五洲萬國是春秋戰國的放大形，當日的春秋戰國即是我們的試驗品。

春秋戰國，賢人才士最多，他們研究出來的政策，很可供我們參考。那個時候，共計發生兩大政策：第一是春秋時代，管仲「尊周攘夷」的政策；第二是戰國時代，蘇秦「聯六國以抗強秦」的政策。自從管仲定下「尊周攘夷」的政策，齊國遂崛起為五霸之首。後來晉文公稱霸，也沿襲他的政策。就是孔子修《春秋》，也

不外「尊周攘夷」的主張。

這個政策，很值得我們好好研究。戰國時，蘇秦倡「聯六國以抗強秦」的主張，他的縱約成功，秦人不敢出頭者十五年，這政策更值得研究。我國現在情形，即與春秋戰國相似，我主張把管仲、蘇秦的兩個法子融合為一，定為厚黑國的外交政策。管仲的政策是完全成功的，蘇秦的政策是始而成功，終而失敗。究竟成功之點安在？失敗之點安在？我們可以細細討論。

春秋時，周天子失去了統馭能力，諸侯互相攻伐，外夷乘間侵入，弱小國很受蹂躪，與現在情形是一樣的。楚國把漢陽諸姬滅了，還要問鼎中原，與日本滅了琉球、高麗，進而占據東北四省，進而想併吞中國是一樣的。那個時候，一般人正尋不著出路，忽然跳出一個大厚黑家，名曰管仲，霹靂一聲，揭出「尊周攘夷」的旗幟，用周天子的名義驅逐外夷，保全弱小民族的領土，大受一般人的歡迎。他的辦法，是糾合諸侯，把弱小民族的力量集中起來，向外夷攻打，伐山戎以救燕，伐狄以救衛、邢。這是用一種合力政策，把外夷各個擊破。以那時國際情形而論，楚國是第一強國，齊雖泱泱大國，但經襄公荒淫之後，國內大亂。桓公即位之初，長勺之戰，連魯國這種弱國都戰不過，其衰弱之情形可想而知。召陵之役，竟把楚國屈服，全由管仲政策適宜之故。

我國在世界弱小民族中，弱則有之，小則未也，很像春秋時的齊國。當今之世，「管厚黑」復生，他的政策，一定是：「擁護中央政府，把全國力量集中起來，然後進而聯合弱小民族，把全世界力量集中起來，向諸列強攻打。」基於此種研究，我國當「九一八」事變之後，早就該使下厚黑學，退出國際聯盟，另組一個「世界弱小民族聯盟」，與那個分贓集團的國聯成一個對抗形勢，由我國出來，當一個齊桓公，領導全世界被壓迫民族，對諸列強爭鬥。

到了戰國，國際情形又發生變化，齊楚燕趙韓魏秦，七雄並立。周天子已經扶不起來，紙老虎成了無用之物，尊周二字，說不上了。楚在春秋時為夷狄之國，到了此時，攘夷二字更不適用。七國之中，秦最強，確乎有併吞六國之勢。於是第二個大厚黑家蘇秦挺身出來，提倡聯合六國，以抗秦國，即是聯合眾弱國，攻打一強國，仍是一種合力政策，可說是「管仲厚黑政策的變形」。基於此種研究，我們可把日俄英美法義德諸國合看為一個強秦，把全世界弱小民族看作六國，當然組織一個「弱小民族聯盟」，以與諸強國周旋。

諸君莫把蘇秦的法子小視了。他是經過引錐刺股的工夫，揣摹期年，才研究出來。他這種法子，含有甚深的道理。他讀的太公陰符，陰符是道家之書，古陰符不傳，現行的陰符是偽書。我們既知是道家之書，就可用老子的《道德經》來說明。

《道德經》一書，包藏有精深的厚黑原理。戰國時厚黑大家文種、范蠡，漢初厚黑大家張良、陳平等，都是從道家一派出來的。管子之書，《漢書．藝文志》列入道家，所以管仲的內政外交，暗中以厚黑二字為根據。

鄙人發明厚黑學，進一步研究，創一條定理：「心理變化，循力學公例而行。」讀老子之書，就覺得處處可用力學公例來解釋。將來我講「中國學術」時，才來逐一說明。此時談厚黑外交，我只能說，蘇大厚黑的政策與老子學說相合，與力學公例相合。

老子曰：「天之道，其猶張弓乎？高者抑之，下者舉之，有餘者損之，不足者補之。」這明明是歸到一個平字而止。力學公例，兩力平衡，才能穩定。水不平則流，人不平則鳴。蘇秦窺見這個道理，遊說六國，抱定一個平字立論。他說六國，每用「寧為雞頭，不為牛後」和「稱東藩，築帝宮，受冠帶，祠春秋」一類話，激動人不平之氣。蘇秦對付秦國的法子，是「把六國聯合起來，攻秦一國，五國出兵相救。」

此種辦法，合得到克魯泡特金的「互助」之說。秦雖強，而六國聯合起來，力量就比他大，合得到達爾文「競爭」之說。他把他的政策，定名為「合縱」，更可尋味。齊楚燕趙韓魏六國發出六根力線，取縱的方向，向強秦攻打，明明是力學上的合力方式。他這個法子，較諸管仲政策，含義更深，所以必須揣摹期年，才研究得出來。他一研究出來，自己深信不疑地說道：「此真可以說當世之君矣。」果然一說就行，六國之君都聽他的話。《戰國策》曰：「當此之時，天下之大，萬民之眾，王侯之威，謀臣之權，皆決於蘇秦之策。」又曰：「秦說諸侯之王，杜左右之口，天下莫之能抗。」你想：戰國時候，百家爭鳴，是學術最發達時代，而蘇厚黑的政策能夠風靡天下，豈是莫得真理嗎？

管、蘇兩位大厚黑家定下的外交政策，形式雖不同，裡子是一樣的，都是合眾弱國以攻打強國，都是合力政策。然而管仲之政策成功，蘇秦之政策終歸失敗，縱約終歸解散，其原因安在呢？管仲和蘇秦都是起用聯軍，大凡聯軍總要有負責的首領。唐朝九節度相州之役，雖有郭子儀、李光弼諸名將，卒至潰敗者，就由於莫得負責的首領。齊國是聯軍的中堅分子，戰爭責任一肩擔起，其他諸國立於協助地位。六國則彼此立於對等地位，不相統轄，缺乏重心。蘇秦當縱約長，本來是六國的重心，無奈他這個人莫得事業心，當初只因受了妻不下機、嫂不為炊的氣，才發憤讀書，及佩了六國相印，可以驕傲父母妻嫂，就志滿意得了。你想，當首領的人都像這樣子，怎能成功？假令管大厚黑來當六國的縱約長，是決定成功的。

蘇秦的政策，確從學理上研究出來，而後人反鄙視之，其故何也？這只怪他早生了二千多年，未能領教李宗吾的學說。蘇秦陳書數十篋，中間缺少了一部《厚黑叢話》，不知道「厚黑為裡，仁義為表」的法子，他遊說六國，純從利害上立論，赤裸裸地把厚黑表現出來，忘記在上面糊一層仁義道德，所以他的學說就成為邪說，無人研究。這是很可惜的。我們用厚黑史觀的眼光看去，他這個人，常識有餘，實行不足。平生事蹟，可分兩截看：從刺股至當縱約長，為一截，是學理上的成功。當縱約長以後，為一截，是實行上之失敗。前一截，我們當奉以為師；後一截，當引以為戒。

我們把春秋戰國外交政策研究清楚了，再來研究魏蜀吳三國的外交政策：三國中，魏最強，吳、蜀俱弱。諸葛武侯在隆中，同劉備定的大政方針，是東聯孫吳，北攻曹魏，合兩弱國之力以攻一強國，仍是蘇大厚黑的法子。史稱：孔明自比管樂（管仲、樂毅）。

我請問讀者一下，孔明治蜀，略似管仲治齊，自比管仲，尚說得去。惟他生平政績，無一點與樂毅相似，以之自比，是何道理？這就很值得研究了。考之《戰國策》，燕昭王伐齊，是合五國之兵，以樂毅為上將軍，他是聯軍的統帥，與管仲相桓公，帥諸侯之兵以攻楚一樣。燕王欲伐齊，樂毅獻策道：「夫齊霸國之餘教，而驟勝之遺事也，閑於兵甲，習於戰功。王若欲攻之，則必舉天下而圖之。」因主張合趙楚魏韓以攻之。孔明在隆中，對劉先帝說道：「曹操已擁百萬之眾，挾天子以令諸侯，此誠不可與爭鋒。」因主張：西和諸戎，南撫夷越，東聯孫權，然後北伐曹魏。其政策與樂毅完全一樣。樂毅曾奉昭王之命，親身赴趙，把趙聯好，再合楚魏韓之兵，才把齊打破。孔明奉命入吳，說和孫權，共破曹操於赤壁，其舉動也一樣。此即孔明自比樂毅所由來也。至於管仲糾合眾弱國，以討伐最強之楚，與孔明政策相同，更不待言。由此知，孔明聯合伐魏的主張，不外管仲、樂毅的遺策。

東漢之末，天子失去統馭能力，群雄並起，與春秋戰國相似。孔明隱居南陽時，與諸名士討論天下大勢，大家認定：曹操勢力最強，非聯合天下之力，不能把他消滅，希望有春秋時的管仲和戰國時的樂毅這類人才出現。於是孔明遂自許：有管仲、樂毅的本事，能夠聯合群雄，攻打曹魏。這即所謂「自比管樂」了。不過古史簡略，只記「自比管仲樂毅」一句，把他和諸名士的議論概行刪去了。及到劉先帝三顧草廬時，所有袁紹、袁術、呂布、劉表等，一一消滅，僅剩一個孫權。所以隆中定的政策是東聯孫吳，北攻曹魏。這種政策，是同諸名士細討論過的，故終身照這個政策行去。

「聯合眾弱國攻打強國」的政策，是蘇秦揣摹期年方才研究出來的，是孔明隱居南陽，同諸名士討論出來的，中間含有絕大的道理。人稱孔明為王佐之才，殊不

知孔明淡泊寧靜，頗近道家。他生平所讀的，是最粗淺的兩部厚黑教科書，第一部是《韓非子》，第二部是《戰國策》。

孔明的治國之術純是師法申韓，曾手寫申韓以教後主。他的外交政策純是師法蘇秦。《戰國策》載：蘇秦說韓王曰「臣聞鄙諺曰：『寧為雞頭，不為牛後。』今大王西面交臂而臣事秦，何以異於牛後乎？」韓王忿然作色，攘臂按劍，仰天大怒曰：「寡人雖死，必不能事秦。」《三國志》載：孔明說孫權，叫他案兵束甲，北面降曹。孫權勃然曰：「吾不能舉全吳之地，十萬之眾，受制於人。」我們對照觀之，孔明的策略，豈不是與蘇厚黑一樣嗎？

「聯眾弱國攻打強國」的政策，非統籌全局，從大處著眼，看不出來。這種政策，在蜀只有孔明一人能理解，在吳只有魯肅一人能理解。魯肅主張捨去荊州，以期與劉備聯合，其眼光之遠大，幾欲駕孔明而上之。蜀之關羽，吳之周瑜、呂蒙、陸遜，號稱英傑，俱只見著眼前小利害，對於這種大政策全不理解。劉備、孫權有相當的瞭解，無奈認不清，拿不定，時而聯合，時而破裂，破裂之後又復聯合。最理解者莫如曹操。他聽見孫權把荊州借與劉備，二人實行聯合了，正在寫字的手中之筆都掉落了。其實孫劉聯合，不過抄寫蘇厚黑的舊文章，曹操是千古奸雄，聽了都要心驚膽戰，這個法子的厲害也就可想而知了。

從上面的研究，可得一結論曰：「當今之世，諸葛武侯復生，他的政策是，組織世界弱小民族聯盟，向諸大強國進攻。」

孔孟言道德，戰國策士則言利害。普通人知有利害，不知有道德，故孔孟終身不遇，策士則立談而取卿相之榮。蘇秦說六國聯盟，從利害立論，說得娓娓動聽，六國之君翕然從之。張儀解散聯盟，也是從利害立論，說得娓娓動聽，六國之君又翕然從之。請問，同是一事，何以極端相反之兩說俱能動人？究竟儀秦兩說，孰為真理？孰非真理？我們要瞭解這個問題，當先懂得人類社會中有一個公例。公例為何？即「目前之小利害，與日後之大利害往往相反」是也。例如忍嗜欲，勞筋骨，此目前小害也，以後有種種幸福，則大利也。貪財色，耽逸樂，此目前之小利也，日後有種種禍患，則大害也。蘇秦說六國聯盟，從日後大利害立論；張儀解散聯盟，從目前小利害立論。常人目光短淺，雖以關羽、周瑜、呂蒙、陸遜這類才智之士，尚不免為目前小利害所惑，何況六國昏庸之王，所以張儀之言一說即入。

我們倡「弱小民族聯盟」之議，聞者必惶然大駭，以為諸大強國勢力這樣大，我們組織弱小民族聯盟，豈不觸怒他們而立即滅亡？這種疑慮是一般人所有，當時六國之君也有這種疑慮。張儀知六國之君膽怯，就乘勢恐嚇之：「你們如果這樣幹，秦國必如何如何地攻打你。我勸你還是西向事秦，將來有如何的好處。」六國

聽他的話，連袂事秦，遂一一為秦所滅。諸君試取《戰國策》細讀一遍，即知張儀對六國的話，絕像現在諸列強之恐嚇小民族一般。由歷史的事實證明，從張儀之言而亡國，可知蘇秦之主張是對的。今之論者，怕觸怒諸大強國者，不敢組織弱小民族聯盟，恰走入張儀途徑。願讀者深思之！深思之！

蘇秦與張儀同學，自以為不及儀，後來回到家中，引錐刺股，揣摹期年，加以一番自修的苦功，其學力遂超出張儀之上，說出的話確有道理。孟子對齊宣王曰：「海內之地，方千里者九，齊集有其一，以一服八，何異於鄒敵楚哉！」這種說法，宛然合縱聲口。孟子譏公孫衍、張儀以順為正，是妾婦之道，獨未說及蘇秦。我們細加研究，公孫衍、張儀教六國事秦，儼如妾婦事夫，以順為正。若蘇秦之反抗強秦，正是孟子講威武不能屈之大丈夫。

孟子之學說最富於獨立性，我們讀孟子答滕文公「事齊事楚」之問，答「齊人築薛」之問，答「事大國則不得免焉」之問，獨立精神躍然紙上。假令孟子生於今世，絕不會仰承列強鼻息，絕不會接受喪權辱國的條件。

宇宙真理，只要能夠徹底研究，得出的結果，彼此是相同的。所以，管仲「尊周攘夷」的政策，律以孔子的《春秋》是相合的。蘇秦「合眾弱國以抗一個強國」的政策，律以孟子的學說也是相合的。司馬光著《資治通鑑》，也說合縱六國之利，深惜六國之不能實行，足證蘇秦的政策是對的。

我講厚黑學，有兩句祕訣：「厚黑為裡，仁義為表。」假令我們明告於眾曰：「我們應當師法蘇秦聯合六國之法，組織弱小民族聯盟。」一般人必詫異曰：「蘇秦是講厚黑的，是李瘋子一流人物，他的話都信得嗎？信了立會亡國。」我們改口說道：「此孔孟遺意也，此諸葛武侯之政策也，此司馬溫公之主張也。」聽眾必欣然接受。

大丈夫寧為雞口，無為牛後；寧為玉碎，無為瓦全。我國以四萬萬民眾之國，在國聯中求一理事而不可得，事事唯列強馬首是瞻，亡國之禍，迫在眉睫。與其坐而待斃，孰若起而攻之？與其在國聯中仰承列強鼻息，受列強之宰割，不若退而為弱小民族之盟主，與列強為對等之周旋。春秋之義，雖敗猶榮，而況乎斷斷不敗也。晉時李恃入蜀，周覽山川形勢，歎曰：「劉禪有如此江山而降於人，豈非庸才？」我國有這樣的土地人民，而受制於東瀛三島，千秋萬歲後，讀史者將謂之何！余豈好講厚黑哉！余不得已也。凡我四萬萬民眾，快快地厚黑起來，一致對外！全世界被壓迫民族，快快地厚黑起來，向列強進攻！

有了春秋戰國那種局勢，管仲、蘇秦的政策遂應運而生；有了現今這種局勢，威爾遜的政策也應運而生。威爾遜國際聯盟之主張，大類管蘇二人的政策。其主張

雖對，卒之不能成功，也與蘇秦相似。然而，我們由學理方面推論，要想全世界永久和平，非仍走管仲、蘇秦這條路不可。現在國際聯盟已經衰朽不適用了，應當把他摧毀了，由我國出來發起，另組一個「世界弱小民族聯盟」，把威爾遜的原則拿在「弱聯」中來實行。

《孫中山演說集》載有一段故事：日俄戰爭的時候，俄國把波羅的海的艦隊繞過非洲，開到日本對馬海峽，被日本打得全軍覆沒。這個消息傳出來，孫中山適從蘇伊士河經過，有許多土人看見孫中山是黃種人，現出很喜歡的樣子來，問道：「你是不是日本人呀？」孫中山說道：「我是中國人。你們為甚麼這樣高興呢？」土人答道：「我們東方民族總是被西方民族壓迫，總是受痛苦，以為沒有出頭的日子。這次日本打敗俄國，我們當如自己打勝仗一樣，這是應該歡喜的，所以我們便這樣的高興。」我們試想：日本打敗俄國，與蘇伊士河邊的土人何關？日本又從莫說過要替他們解除痛苦的話。他們現在這種樣子，世界弱小民族的心理也就可想見了。

威爾遜提出「民族自決」的口號，大受弱小民族的歡迎。我們組織弱小民族聯盟，於「民族自決」之外，再加以「弱小民族互助」的口號，當然更受歡迎。且威爾遜不過是徒呼口號而已，我們組織弱小民族聯盟，有特設之機關提挈之，更容易成功。威爾遜「民族自決」之主張，其所以不能成功者，由於本身是矛盾的。弱小民族是被壓迫者，威爾遜代表美國，美國是列強之一，是站在壓迫者方面。威爾遜個人雖有這種主張，其奈美國之立場不同何？我國與弱小民族是站在一個立場，出來提倡民族自決，組織弱小民族聯盟，彼此互助，是決定成功的。

至於和會上威爾遜之所以失敗者，則由威爾遜是教授出身，不脫書生本色，未曾研究過厚黑學。美國參戰之初，提出十四條原則，主張民族自決，巴黎和會初開，全世界弱小民族把威爾遜當如救世主一般，以為他們的痛苦可以在和會上解除了。哪知英國的路易．喬治、法國的克利孟梭，都是精研厚黑學的人。就說克利孟梭，綽號「母大蟲」，尤為兇悍，初聞威爾遜鼎鼎大名，見面之後，方知黔驢無技，時時奚落他，甚至說道：「上帝只有十誡，你提出十四條，比上帝還多了四條，只好拿到天國去行使。」威爾遜只好忍受。後來義大利全權代表下旗歸國，日本全權代表也要下旗歸國，就把威爾遜嚇慌了，俯首帖耳，接受他們要求，而民族自決四字遂成泡影。

假令我這個厚黑教主是威爾遜，我就裝癡賣呆，聽憑他們奚落，坐在和會席上一言不發，直到義大利下旗歸國，日本下旗歸國，已經出了國門，猝然站起來，在席上一巴掌說道：「你們要這樣幹嗎？我當初提出十四條原則，主張民族自決，你

們認可了，我美國才參戰，而今你們這樣幹，使我失信於美國人民，失信於全世界弱小民族，我只好率領全世界弱小民族，向你們英法義日四國決一死戰，才可見諒於天下後世。你母大蟲說我這十四條應拿在天國行使，你看我於一星期內，用鮮血將這個世界染紅，就從這鮮血中現出一個天國，與你母大蟲看。」說畢，退出和會，應用我「辦事二妙法」中的補鍋法，把鍋敲破了再說，三十分鐘內通電全世界，叫所有弱小民族一致起來，對列強反戈相向，由美國指揮作戰。這樣一來，請問英法義日敢開戰嗎？

當日事實俱在，我們不妨研究一下：德國戰鬥力並未損失，最感痛苦者，食料被列強封鎖耳，只要接濟他的糧食，單是一個德國，已夠英法對付。大戰之初，英法許殖民地許多權利，弱小民族才拋棄舊日嫌怨，一致贊助，印度甘地也同他的黨徒幫助英國，原想戰勝之後可以抬頭，哪知和會上列強食言，弱小民族正在含血噴天，有了威爾遜這樣的主張，還有不立即倒戈的嗎？兼之美國是生力軍，國家又富，英法已精疲力倦，如果實行開戰，可斷定：一個星期，必把英法打得落花流水。這個戰火，請問英法敢打嗎？如果要我美國不打，除非十四條原則條條實行，並須加點利息，格外增加兩條。何以故呢？因為你英法諸國素無信義，明明白白承認了的條件都要翻悔，所以十四條之外非增兩條，以資保障不可。

威爾遜果然這樣幹，難道民族自決之主張不能實現嗎？無奈威爾遜一見義大利和日本的使臣下旗歸國，就手忙腳亂，用「鋸箭法」了事，竟把千載一時之機會失去，惜哉！惜哉！不久箭頭在內面陸續發作，我國東北四省無端失去，阿比西尼亞無端受義大利之摧殘，世界第二次大戰行將爆發。凡此種種，都由威爾遜在和會席上少拍了一巴掌之故。甚矣，厚黑學之不可不講也！

上述之辦法，以威爾遜的學識，難道見不到嗎？就說威爾遜是書呆子，不懂厚黑學，同威爾遜一路到和會的，有那麼多專門人才，那麼多外交家，一個個都是在厚黑場中來來往往的人，難道這種粗淺的厚黑技術都不懂得，還待李瘋子來說嗎？他們懂是懂的，只是不肯這樣幹。其原因就是弱小民族是被壓迫者，美國是壓迫者之一，根本上有了這種大矛盾，美國怎能這樣幹呢？

威爾遜提出「民族自決」四字，與他本國的立場矛盾。日本是精研厚黑學的，窺破威爾遜有此弱點，就在和會上提出「人種平等」案，朝著他的弱點攻擊。意若曰：「你會唱高調，等我唱個高調，比你更高。」這本是厚黑的妙用，果然把威爾遜制住了。然而，威爾遜畢竟天擅聰明，他並沒有讀過《厚黑學》譯本，居然懂得厚黑哲理。他明知民族自決之主張為列強所不許，為本國所不許，竟大吹大擂起來，鬧得舉世震撼。此即是鄙人「辦事二妙法」中之「補鍋法」也。把鍋之裂縫敲得長長的，乘勢大出風頭。迨至義大利和日本全權代表要下旗歸國，他就馬馬虎虎了事，此「辦事二妙法」中之「鋸箭法」也。威爾遜可以昭告世界曰：「民族自決之主張，其所以不能貫徹者，非我不盡力也，其奈環境不許何！其奈英法義日不贊成何！」無異外科醫生對人說：「我之只鋸箭桿而不取箭頭者，非外科醫生不盡力也，其奈內科醫生袖手旁觀何！」噫！威爾遜真厚黑界之聖人哉！

中國八股先生有言曰：「東海有聖人，西海有聖人，此心同，此理同也。」鄙人發明補鍋法、鋸箭法，此先知先覺之東方聖人也。威爾遜實行補鍋法、鋸箭法，不慮而中，不思而得之，雖欲不謂之西方聖人，不可得已。

我當日深疑：威爾遜是個老教書匠出身，是一個書呆子，何以會懂得補鍋法、鋸箭法？後來我多方考察，才知他背後站有一個軍師，豪斯大佐，是著名的陰謀家，是威爾遜的腦筋。威爾遜之當總統，他出力最多。威爾遜的閣員，大半是他推薦的。所以美國絕交、參戰也，山東問題也，都是此公的主張。他專門唱後臺戲，威爾遜不過登場之傀儡罷了。威爾遜聽信此公的話，等於劉邦之聽信張子房的話。我們既承認劉邦為厚黑聖人，就呼威爾遜為厚黑聖人，也非過譽。

一般人都以為巴黎和會，威爾遜厚黑學失敗，殊不知威爾遜之失敗即是威爾遜之成功。他當美國第二十八代的總統，試問：從前二十七位總統，讀者諸君，記得幾個人姓名？我想，除了華盛頓、林肯二人鼎鼎大名而外，第三恐怕要數威爾遜了。任人如何批評，他總是歷史上有名人物。問其何修而得之？無非是善用補鍋法、鋸箭法罷了。假使他不懂得厚黑學，不過混在從前二十七位總統中間，姓名若有若無，威爾遜三字安能赫赫在人耳目？由是知：厚黑之功用大矣哉！成則建千古不朽之盛業，敗亦留宇宙大名。讀者諸君快快與我拜門。只要把臉兒弄得厚厚的，心兒弄得黑黑的，跳上國際舞臺，包管你名垂宇宙，包管你把諸列強打得棄甲曳兵而逃。

巴黎和會上，集世界厚黑家於一堂，鉤心鬥角，彷彿一群拳術家在擂臺上較技。我們站在臺下，把他們的拳法看得清清楚楚，當用何種拳法才能破他，臺下一目了然，臺上人反漠然不覺。當初威爾遜提出「民族自決」之主張，大受弱小民族歡迎，深為英法義日所不喜，可知「民族自決」四字，可以擊中列強的要害。及後日本提出「人種平等」案，威爾遜就啞口無言，而「民族自決」案就無形打消，可知「人種平等」四字可以擊中歐美人的要害。我國如出來提倡「弱小民族聯盟」，把威爾遜的「民族自決」案和日本人的「人種平等」案合一爐而冶之，豈不更足以擊中他們的要害嗎？美國和日本是站在壓迫者方面的，威爾遜主張的「民族自決」，日本主張的「人種平等」，不過口頭拿來說說，並無實行的決心，已經鬧得舉世震驚，列強大嚇；我國是站在被壓迫方面，循著這個路子做去，口頭這樣說，實際上就這樣做，並且猛力做，當然收很大的效果。

譬之打仗，先要偵探一下，再用兵略略攻一下，才知敵人某處虛，某處實；既把虛實明瞭了，然後才向他的弱點猛攻。陸遜大破劉先帝，就是用的這種法子。劉先帝連營七百里，陸遜先攻一營不利，對眾人說道：「他的虛實，我已經知道了，自有破之之法。」於是縱火燒之，劉先帝遂全軍潰敗。威爾遜提出「民族自決」案，舉世震動，算替弱小民族偵探了一下。日本提出「人種平等」案，就把威爾遜挾持著了，算是向列強略略攻了一下。他們幾個厚黑家，把自家的弱點盡情暴露，我們就向著這個弱點猛力攻擊，他們的帝國主義，當然可以一舉而摧滅之。

劉先帝之失敗，是由於連營七百里，戰線太擺寬了。陸遜令軍士每人持一把火，隔一營，燒一營，同時動作，劉先帝首尾不能相顧，遂至全軍潰敗。列強殖民地太寬，彷彿劉先帝連營七百里一般。我國糾約世界弱小民族同時動作，等於陸遜燒連營，遍地是火，列強首尾不能相顧，他們的帝國主義自然潰敗。英國自誇：凡是太陽所照之地，都有英國的國旗。我們把「國聯會」組織好了，可說：凡是太陽所照之地，英國人都該挨打。

劉先帝身經百戰，矜驕極了，以為陸遜是個少年，不把他放在眼裡。不知陸遜能夠忍辱負重，是厚黑界後起之秀，猝然而起，出其不意，把那位老厚黑劉備打得一敗塗地。諸列強自恃軍械精利，把我們看不在眼，矜驕極了。我國備受欺凌，事事讓步，忍辱負重，已經到了十二萬分，當然學陸遜，猝然而起，奮力一擊。

劉備、孫權兩位厚黑家本是郎舅之親，大家的目光注射在荊州上，劉備把他向西拖，孫權把他向東拖，力線相反。於是郎舅決裂，夫婦生離，關羽被殺，七百里之連營被燒，劉先帝東征兵敗，身死白帝城，吳、蜀二國幾成了不共戴天之仇。後來諸葛亮遣鄧芝入吳，約定同齊伐魏。目標一變，心理即變。於是仇讎之國立即和好。心理變化，循力學公例而行。

我國連年內亂，其原因是由國人的目光注射在國內之某一點，彼此的力線成了橫的方向，當然發生衝突。我們應當師法諸葛武侯，另提目標，使力線成縱的方向，國內衝突立即消滅。問：「提甚麼目標？」答曰：「提出組織弱小民族聯盟之主張，全國人一致去幹這種工作。譬之射箭，以列強為箭垛，四萬萬人有四萬萬支箭，支支箭向同一之箭垛射去，成了方向相同之合力線，每支箭是不生衝突的。於是安內也，攘外也，就成為二而一，一而二了。

奉勸讀者諸君，如果有志救國，非研究我的厚黑學不可。我們學過物理學，即知道凡是鐵條，都有磁力。只因內部分子凌亂南極北極相消，才顯不出磁力來。如

用磁石在鐵條上引導一下，內部分子，南北極排順，立即發出磁力來。我國四萬萬人，本有極大的力量，只因內部凌亂，故受外人的欺凌。我們只要把內部排順，四萬萬人的心理走在同一的線上，發出來的力量還了得嗎？」問：「四萬萬人的心理，怎能走在同一的線上呢？」我說：「我發明厚黑學，等於一塊磁石，你把他向國人宣傳，就等於在鐵條上引導了一下，全國分子立可排順。以此制敵，何敵不摧？以此圖功，何功不克？只要把厚黑學研究好了，何畏乎日本？何畏乎列強？」

日本的厚黑學可以反詰我道：「據你說，吳、蜀二國結下不解之深仇，諸葛武侯提出伐魏之說，以魏為目標，二國立即和好。而今你們中國仇視日本，我日本提出『中日聯合，抵抗蘇俄』的主張，以蘇俄為目標，豈不與諸葛武侯聯吳伐魏的政策一樣嗎？怎麼你這個厚黑教主還說要攻打日本呢？」我說：「你這話可謂不通之極！荊州本是孫權借與劉備的，孫權取得荊州，物歸原主，吳、蜀二國，立於對等地位，故能說聯合伐魏的話。日本占據東四省，進窺平津，純是劫賊行為，世間哪有同劫賊聯合之理？必須恢復了九一八以前的狀況，荊州歸還了孫權，才能說聯合對俄的話。日本是入室之狼，俄國是臥門之虎，歐美列強是宅左宅右之獅豹，必須把室中之狼驅逐出去了，才能說及門前之虎，才能說及宅左宅右之獅豹。」

厚黑叢話之六

我是八股學校的修業生。中國的八股博大精深，真所謂宗廟之美，百官之富。我寢饋數十年，只能說是修業，不敢言畢業。我作八股，有兩個祕訣：一曰抄襲古本，二曰作翻案文字。先生出了一道題，尋一篇類似的題文，略略改換數字，沐手敬書，是曰抄襲古本。我主張弱小民族聯盟，這是抄襲管仲、蘇秦和諸葛亮三位的古本。人說冬瓜做不得甑子。我說：冬瓜做得甑子，並且冬瓜做的甑子比世界上任何甑子還要好些。何以故呢？世界上的甑子，只有裡面蒸的東西吃得，甑子吃不得，惟有冬瓜做的甑子，連甑子都可以當飯吃。此種說法，即所謂翻案文字也。我說：厚黑可以救國，等於說冬瓜可以做甑子，所以我的學說最切實用，是可以當飯吃的。

勦襲（指剽竊或抄襲）陳言，為作文之大忌。俾斯麥唱了一齣鐵血主義的戲，全場喝采。德皇威廉二世重演一齣，一敗塗地。日本人接著再演，將來決定一敗塗地。諸君不信，請拭目觀其後矣。抄襲古本，總要來得高明。諸葛武侯治國師法申

韓，外交師法蘇秦，明明是縱橫雜霸之學，後人反說他有儒者氣象，明明是霸佐之才，反說他是王佐之才。此公可算是抄襲古本的聖手。

勦寫文字的人每喜歡勦寫中式之文，殊不知應當勦寫落卷。鐵血主義四字，俾斯麥中式之文也，我們萬不可勦寫。民族自決四字，是威爾遜的落卷，人種平等四字，是日本的落卷，如果沐手敬書出來，一定高高中試。九一八這類事，與其訴諸國聯，訴諸英美，無寧訴諸非洲、澳洲那些野蠻人，訴諸高麗、印度、安南那些亡國民。表面看去，似是做翻案文字，實是抄襲威爾遜的落卷，抄襲日本的落卷。

川省未修馬路以前，我每次走路，見著推車的、抬轎的、挑擔的，來來往往，如螞蟻一般，寬坦的地方，安然過去，一到窄路，就彼此大罵，你怪我走得不對，我怪你走得不對。我心中暗暗想道：何嘗是走得不對，無非是路窄了的關係。我國組織，政府集中在上面，任你有何種抱負，非握得政權，施展不出來。於是你說我不對，我說你不對。其實非不對也，政治舞臺，地位有限，容不了許多人，等於走入窄路一般，無怪乎全國中志士和志士吵鬧不休。

以外交言之，我們當闢一條極寬的路來走，不能把責任屬諸當局的幾個人。甚麼是寬路呢？提出組織弱小民族聯盟的主張，這個路子就極寬了，舞臺就極大了，任有若干人，俱容得下。在國外的商人、留學生和遊歷家，可以直接向弱小民族運動；在國內的，無論在朝在野，無論哪一界，都可擔起種種工作。四萬萬人的目標集中於弱小民族聯盟之一點，根根力線不相衝突，不言合作，而合作自在其中。有了這種寬坦的大路可走，政治舞臺只算一小部分，不須取得政權，救國的工作也可表現出來，在野黨、在朝黨，也就無須吵吵鬧鬧的了。

民主國，人民是皇帝，無奈我國四萬萬人不想當英明的皇帝，大家都以阿斗自居，希望出一個諸葛亮，把日本打倒、把列強打倒，四萬萬阿斗好坐享其成。我不禁大呼道：陛下誤矣！阿斗者，亡國之君也！有阿斗，就有黃皓。諸葛亮千載不一出，且必三顧而後出，黃皓則遍地皆是，不請而自來。我國之所以瀕於危亡者，正由全國人以阿斗自居所致。我只好照抄一句《出師表》曰：「陛下不宜妄自菲薄。」我們何妨自己就當一個諸葛亮，自己就當一個劉先帝。我這個厚黑教主，不揣冒昧，自己就當起諸葛亮來，我寫的《厚黑叢話》即是我的「隆中對」。

我希望讀者諸君，大家都來充當諸葛亮，各人提出一種主張，四萬萬人就有四萬萬篇「隆中對」。同時我們又化身為劉先帝，成了四萬萬劉先帝，把四萬萬篇「隆中對」加以選擇。假令把李厚黑的「弱小民族聯盟」選上了，我們四萬萬劉先帝就親動聖駕，做聯吳伐魏的工作，想出種種法子，去把非洲、澳洲那些野蠻人，與夫高麗、印度、安南那些亡國民聯成一氣，向世界列強進攻。

欲求我國獨立，必先求四萬萬人能獨立。四萬萬根力線挺然特立，根根力線直射列強，欲求國之不獨立，不可得已。問：四萬萬根力線何以能獨立？曰：先求思想獨立，能獨立乃能合作。我國四萬萬人不能合作，由於四萬萬人不能獨立之故。不獨立則為奴隸。奴隸者，受驅使而已，獨立何有？合作何有？

野心家辦事，包攬把持，視眾人如奴隸。彼所謂抗日者，率奴隸以抗日之謂也。彼所謂抗俄者，率奴隸以抗俄之謂也。既無獨立的能力，哪有抵抗的能力。所以我們要想抵抗日本、抵抗列強，當培植人民的獨立性，不當加重其奴隸性。我寫這部《厚黑叢話》，千言萬語，無非教人思想獨立而已。故厚黑國的外交是獨立外交，厚黑國的政策是合力政策，軍商政學各界的厚黑家把平日的本事直接向列強行使，是之謂厚黑救國。

孔子謂子夏曰：「汝為君子儒，無為小人儒。」我教門弟子曰：「汝為大厚黑，無為小厚黑。」請問大小厚黑，如何分別？張儀教唆六國互相攻打，是小厚黑。孫權和劉備互爭荊州，是小厚黑。要管仲和蘇秦的法子才算大厚黑。日本占據東北四省，占據平津，進而想併吞中國，是小厚黑。歐美列強掠奪殖民地，是小厚黑。鄙人主張運動全世界弱小民族，反抗日本和列強，才算大厚黑。孟子曰：「小固不可以敵大。」我們的大厚黑成功，日本和列強的小厚黑當然失敗。

我國只要把弱小民族聯盟明定為外交政策，政府與人民打成一片，全國總動員，一致去做這種工作，全國目光注射國外，成了方向相同的合力線，不但內爭消滅，並且抵抗日本和列強也就綽綽然有餘裕了，開戰也可，不開戰也可。惜乎諸葛武侯死了。恨不得起斯人於地下，而與之細細商榷！

我們一談及弱小民族聯盟，反抗列強，聞者必疑道：列強有那樣的武力，弱小民族如何敵得過？殊不知戰爭的方式極多，武力只占很小的一部分。以戰爭之進化而言，最初只有戈矛弓矢，後來進化，才有槍彈，這是舊式戰爭。現進化到有飛機炸彈，這是日本在淞滬之役用以取勝的，是墨索里尼在阿比西尼亞用以取勝的。再進化則為化學戰爭，有毒瓦斯、毒菌等，這是第二次世界大戰，一般人所凜凜畏懼的。再進化則為經濟戰爭。英國對義制裁，即算是用這種戰術。人問：經濟戰爭之上，還有戰術莫有？我答曰：還有。再進化則為心理戰爭。

三國時，馬謖曾說：「用兵之道，攻心為上，攻城為下；心戰為上，兵戰為下。」這即是心理戰爭。心理戰爭的學說，我國發明最早。戰國時，孟子說：「天時不如地利，地利不如人和。」此心理戰爭之說也。又云：「……則鄰國之民，仰之若父母矣。率其子弟，攻其父母，自生民以來，未有能濟者也。如此則無敵於天下。」此心理戰爭之說也。我們從表面上看出，這種說法豈非極迂腐的怪話嗎？而

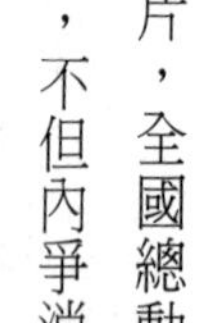

不知這正是戰爭中最精深的學說，一般人未之思耳。

現在列強對立的情形，很像春秋戰國時代。春秋戰國為我國學術最發達時代，賢人才士最多。一般學者所倡的學說，都是適應環境生出來的，都是經過苦心研究，想實際地解決時局，並不是徒托空談，所以他們的學說很可供我們今日之參考。即以兵爭一端而論，春秋時戰爭劇烈，於是孫子的學說應運而生。他手著的十三篇，所談的是軍事上最高深的學理。這是中外軍事家所公認的。

到了戰國時代，競爭更激烈，孫子的學說已經成了普通常識，於是孟子的學說又應運而生。發明這種理論太高深了，一般人都不理解，以為世間哪有這類的事！哪知孟子死後，未及百年，陳涉揭竿而起，立把強秦推倒，孟子的說法居然實現，豈非很奇的事嗎？

現在全世界兵爭不已，識者都認為非到世界大同，人民是不能安定的。戰國時情形也是這樣。所以梁襄王問：「天下惡乎定？」孟子對曰：「定於一。」也認為：非統一是不能安定的。然則用何種方法來統一呢？現今的人總是主張武力統一，而孟子的學說則恰恰相反。梁襄王問：「孰能一之？」孟子曰：「不嗜殺人者能一之。」主張用武力統一之人正是用殺字來統一，孟子的學說，豈非又是極迂腐的怪話嗎？後來秦始皇併吞六國，算是用武力把天下統一了。

迨至漢高入關，除秦苛政，約法三章，從「不嗜殺」三字做起，竟把秦的天下奪了。孟子的學說又居然實現，豈不更奇嗎？楚項羽坑秦降卒二十萬人於新安城南，又屠咸陽，燒秦宮室，火三月不絕，其手段之殘酷，豈不等於淞滬之役，日本用飛機炸彈任意轟炸嗎？豈不等於墨索里尼在阿比西尼亞種種暴行嗎？然而項羽武力統一的迷夢終歸失敗，死在漢高祖的手裡。這是甚麼道理呢？因為漢高祖的謀臣是張良、陳平，他二人是精研厚黑學的，懂得心理戰爭的學理，應用最高等技術，故把項羽殺死。這是歷史上的事實，很可供我們研究。

秦始皇和楚項羽，是用一個殺字來統一；漢高祖不嗜殺人，是用一個生字來統一。生與殺二者，極端相反，然而俱有統一之可能，這是甚麼道理呢？因為凡人皆怕死，你不服從我，我要殺死你，所以殺字可以統一；凡人皆貪生，你如果擁護我，我可以替你謀生路，所以生字也可以統一。孟子說的：「不嗜殺人者能一之。」完全是從利害二字立論，律以我的厚黑學，是講得通的，所以他的學說能夠生效。

當舉世戰雲密布的時候，各弱小國家的人民正在走投無路，不知死所，忽然有一個國家定出一種大政方針，循著這個方針走去，是唯一的生路，這個國家豈不等於父母替子弟謀生路嗎？難道不受弱小國家人民的熱烈擁戴嗎？孟子說：「鄰國之民，仰之若父母，率其子弟，攻其父母。自生民以來，未有能濟者也。」就是基於這種原則生出來的。不過，我這種說法，道學先生是不承認的。他們認為：「孟子的學說，純是道德化人，若參有利害二字，未免有損孟子學說的價值。」這種說法，我也不敢深辯，只好同我的及門弟子和私淑弟子研究研究！秦始皇、楚項羽，用殺字鎮懾人民，漢高祖用生字感動人民。人之天性，好生而惡死，故秦始皇、項羽為人民所厭棄，漢高祖為人民所樂戴。秦、項敗，而漢獨成功，都是勢所必至，理有固然。

由此知，殺字政策敵不過生字政策。日本及列強，極力擴張軍備，用武力鎮壓殖民地，是走的秦始皇、項羽的途徑。大戰爆發在即，向他們說道：「這是唯一的生路。所謂民族自決也，人種平等也，掃滅諸列強也，唯有走這條路才能實現。你們如果跟著列強走，將來大戰爆發，還不是同第一次大戰一樣，只有越是增加你們的痛苦。」我們倡導這種論調，弱小民族還有不歡迎的嗎？我們獲得弱小民族的同情，把弱聯會組織起來，以後的辦法就很多很多，外交方面就進退裕如了。

楚漢相爭，項羽百戰百勝，其力最強；高祖百戰百敗，其力最弱。而高祖卒把項羽打敗。他有句名言：「吾寧鬥智不鬥力。」這即是楚漢成敗的關鍵。漢高祖是厚黑界的聖人，他的聖訓，我們應該細細研究。日本和歐美列強，極力擴張軍備，是為鬥力，我們組織世界弱小民族聯盟，採用經濟戰爭和心理戰爭，是為鬥智。我們也不是廢去武力不用，只是專門研究經濟和心理兩種戰爭的方術，輔之以微弱的武力，就足以打倒諸列強而有餘了。

請問：漢高祖鬥智，究意用的甚麼法子呢？他從彭城大敗而回，問君臣有甚麼策略。張良勸他把關東之地捐與韓信、彭越、黥布三人，信為齊王，越為梁王，黥布為九江王。高祖聯合他們，仍是一種聯軍方式。高祖率主力兵，在滎陽城與項羽相持，而使信、越等三人從他方面進攻，項羽遂大困。鴻溝議和後，項羽引兵東還，高祖追之。項羽還擊，高祖大敗，乃用張良之計，把睢陽以北之地劃歸彭越，陳以東之地劃歸韓信，於是諸侯之師會於垓下，才把項羽殺死。由是知：漢高祖所謂鬥智者，還不是襲用管厚黑、蘇厚黑的故智，是一種聯軍罷了。

我們從歷史上研究，得出一種公例：「凡是列國紛爭之際，弱國唯一的方法是糾合眾弱國，攻打強國。」一任是第一流政治家，如管仲、諸葛武侯諸人，第一流謀臣策士，如張良、陳平諸人，都只有走這一條路，已成了歷史上的定例。然而，同是用這種法子，其結果則有成有敗，其原因安在呢？我們再加研究。

我們在前面曾舉出五個實例：（一）管仲糾合諸侯，以伐狄，伐楚，這是成了功的。（二）樂毅合五國之兵以伐齊，這是成了功的。（三）蘇秦聯合六國以攻

秦，卒之六國為秦所滅，這是失敗了的。（四）漢高祖合諸侯之兵以攻項羽，這是成了功的。（五）諸葛亮倡吳蜀聯盟之策，諸葛亮和孫權在時，尚能抵抗曹魏，他二人死後，後人秉承遺策做去，而吳蜀二國終為司馬氏所滅，這也算是失敗了的。

我們就這五種實例，推求成敗之原因，又可得出一種公例：「各國聯盟中有一國為主幹，其餘各國為協助者，則成功；各國立於對等地位，不相統屬者，則失敗。」齊之稱霸，是齊為主幹，其他諸侯則為協助；燕之伐齊，燕為主幹，其他四國則為協助；漢之滅楚，漢高祖為主幹，眾諸侯為協助，所以皆能成功。六國聯盟，六國不能統屬，吳蜀聯盟，二國也不相統屬，所以俱為敵人所滅。我們組織弱聯會，我國當然是主幹，當然能成功。

現在國際的情形既與春秋戰國相似，我們就應該把春秋戰國時管厚黑的方法和戰國時蘇厚黑的方法融合為一而用之。管仲的政策是尊周攘夷，先揭出尊周的旗，一致擁護周天子，把全國力量集中起來，然後才向外夷攻打。蘇秦的法子是合六國之力，攻打一個強秦。我們可把全世界弱小民族看作戰國時之六國，把英法德美義日諸強國合看為一個強秦，先用管仲的法子，把全國力量集中起來，擁護中央政府，以整個的中國與全世界弱小民族聯合，組織一個聯盟會；迨至這種聯盟組織成功，即用堂堂之鼓，正正之旗，向列強一致進攻，諸列強自然崩潰。

有人問：「中國內部這樣渙散，全國力量怎能集中起來？」我說：我所謂集中者，是思想集中，全國人的心理走在一條線上，不必定要有何種形式。例如：我李瘋子提出「弱小民族聯盟」之主張，有人說這種辦法是對的，又有人說不對，大家著些文字，在報章雜誌上討論，結果一致認為不對，則不用說，如一般人認為對，政府也認為對，我們就實行幹去。如此，則不言擁護中央政府，自然擁護中央政府，不言全國力量集中，自然全國力量集中。所以我們要想統一全國，當先統一全國思想。所謂統一思想者，不是強迫全國人之思想必須走入某一條路，乃是使人人思想獨立，從學理上、事勢上徹底研究，大家公認為某一條路可以走，才謂之思想統一。

有人難我道：你會講厚黑學，聯合弱小民族，向列強進攻，難道列強不能講厚黑學，一齊聯合起來，向弱小民族進攻嗎？我說：這不足慮。證以過去的歷史，他們這種聯合是不能成功的。

戰國時，六國聯盟，有人批評他：「連雞不能俱飛。」六國之失敗，就是這個原因。如果列強想聯合起來，對付弱小民族，恰犯了連雞不能俱飛之弊。語曰：「蛇無頭而不行。」列強不相統屬，尋不出首領，是謂無頭之蛇。我們出來組織弱小民族聯盟，我國是天然的首領。列強與列強利害衝突，矛盾之點太多，步調斷不

能一致，要聯合是聯合不起的。弱小民族利害共同，彼此之間尋不出絲毫衝突之點，一經聯合，團體一定很堅固。

前次大戰，列強許殖民地許多權利，戰後食言，不惟所許利益不能得，反增加許多痛苦。殖民地含恨在心，如果大戰重開，斷難得殖民地之贊助，且或趁機獨立，這是列強所深慮的。日本精研厚黑學，窺破此點，所以九一八之役，悍然不顧，硬以第二次大戰相威脅，列強相顧失色。其中英國殖民地更寬，怕得更厲害，因此國聯只好犧牲我國的滿洲，任憑日本為所欲為。德國窺破此點，趁機撕毀和約，英法也無如之何。墨索里尼窺破此點，以武力壓迫阿比西尼亞，英國也無如之何。其唯一之方法，無非是以第二次大戰相威脅而已，無非是實行厚黑學而已。

世界列強大講其厚黑學。看這個趨勢，第二次世界大戰是斷不能避免的。戰爭結果，無論誰勝誰負，弱小民族總是供他們犧牲的。我們應該應用厚黑原理，趁大戰將發未發之際，趕緊把弱小民族聯盟組織好，趁機予列強一種威脅。這個大戰，與其由列強造成，弱小民族居於被動地位，毋寧由弱小民族造成，使列強居於被動地位。明明白白告訴列強：「你不接受我們弱小民族的要求，我們就把第二次大戰與你們造起來。」請問，世界弱小民族哪個敢談這個話？這恐怕除了我國，再莫有第二個。請問我中國怎敢談這類強硬的話？則非聯合世界弱小民族為一盾不可。

從前陳涉起事，曾經說過：「逃走是死，起事也死。同是一死，不如起事好了。」弱小民族今日所處地位恰與陳涉相同，大戰所以遲遲未發者，由於列強內部尚未準備完好也。我們與其坐受宰割，毋寧先發制人，約集全世界弱小民族，死中求生。不然他們準備好了，大戰一開，弱小民族就永無翻身之日了。

全世界已劃為兩大戰線，一為壓迫者，一為被壓迫者。孫中山講民族主義，已斷定第二次世界大戰是被壓迫者對壓迫者作戰，是十二萬萬五千萬人對二萬萬五千萬人作戰。無奈……日本人口……全國約計六千萬，也辜負孫中山之期望，變為明火搶劫之惡賊。所以，我們應當秉承孫中山遺教，糾集被壓迫之人向列強作戰，才算順應進化之趨勢。現在這夥強盜互相火拼，乃是全世界被壓迫民族同時起事的好機會，我們平日練習的厚黑本領，正好拿出來行使，以大厚黑破他的小厚黑。不然，第二次大戰仍是列強與列強作戰，弱小民族牽入漩渦，受無謂之犧牲，豈不違反中山遺訓嗎？豈不違反進化公例嗎？

我講厚黑學，分三步功夫，諸君想還記得：第一步，厚如城牆，黑如煤炭；第二步，厚而硬，黑而亮；第三步，厚而無形，黑而無色。

日本對於我國，時而用劫賊式，武力侵奪，時而用娼妓式，大談親善，狼之毒、狐之媚，二者俱備。所謂厚如城牆，黑如煤炭，他是做到了，厚而硬，也是做

到了，唯有黑而亮的功夫，他卻毫未夢見。曹操是著名的黑心子，而招牌則透亮，天下豪傑集其門，明知其為絕世奸雄，而處處覺得可愛，令人佩服。日本則「心子與招牌同黑」，成了世界公敵。如蛇蠍一般，任何人看見都喊「打！打！」所以日本人的厚黑學越講得好，將來失敗越厲害。何以故？黑而不亮故。他只懂得厚黑學的下乘法。不懂上乘法，他與不懂厚黑學的人交手，自然處處獲勝；若遇著對手，當然一敗塗地。

我們組織弱小民族聯盟，向列強攻打，本是用的黑字訣。然而，用這種方法，是從威爾遜「民族自決」四字抄襲出來，全世界都歡迎，是之謂黑而亮。聞者必起來爭辯道：「威爾遜主義是和平之福言，是大同主義之初基，豈是面厚心黑之人幹得來嗎？實行這種主義，尚得謂之厚黑嗎？」李瘋子聞而歎曰：「然哉！然哉！是謂厚而無形，黑而無色。」

有人難我道：「你主張聯合弱小民族，向列強攻打。我請問，一個日本，我國都對付不了，何敢去惹世界列強？日本以武力壓迫我國，歐美列強深抱不平，很同情於我國，我們正該聯合他們，去攻打日本，你反要聯合世界弱小民族去攻打列強，這種外交豈非瘋子外交嗎？你這類話，前幾年說可以，再過若干後來說也可以，現在這樣說，真算是瘋子！」我說：「我歷來都是這樣說，不是今日才說。數年前我寫有一篇《世界大戰：我國應走的途徑》，即是這樣說的。四川省立圖書館存有原印書，可資考證。這個話，前幾年該說，現在更該說，再過若干年，也就無須說。你說是瘋子外交，這是由於你不懂厚黑學的緣故。

我講厚黑學，不是有鋸箭法和補鍋法嗎？我們把弱小民族聯盟組織好了，就應用補鍋法，手執鐵錘，向諸國說道：「信不信，我這一錘敲下去，叫你這鍋立即破裂，再想補也補不起？」口中這樣說，而手中之鐵錘則欲敲下，不敲下，這其間有無限妙用。如列強不睬，就略略敲一下，使鍋上裂痕增長一點。再不睬，再敲一下。如果日本和列強要倒行逆施，宰割弱小民族，供他們的慾壑，我們就一錘下去，把裂痕增至無限長，糾合全世界被壓迫人民一齊動作起來，十二萬萬五千萬被壓迫者對二萬萬五千萬壓迫者作戰，而孫中山先生之主張於是乎實現。但是，我們著手之初，則在組織弱小民族聯盟，把弱聯會組織好，然後鐵錘在手，操縱自如，在國際上才能平等自由。

敲鍋要有藝術，輕不得，重不得：敲輕了，鍋上裂痕不能增長，是無益的；敲重了，裂痕太長，補不起。要想輕重適宜，非精研厚黑學不可。戲劇中有《補缸》一齣，一錘下去，把缸子打得粉碎，這種敲法未免太不高明。我們在國際上如果這樣幹，豈足以言厚黑學？

我講厚黑學，曾說：「管仲勸齊桓公伐楚，是把鍋敲爛了來補。」他那種敲法，是有藝術的。講到楚之罪名，共有二項：一為周天子在上，他敢於稱王；二為漢陽諸姬，楚實盡之。這本是彰彰大罪，乃楚遣使問出師理由，桓公使管仲對曰：「爾貢包茅不入，王祭不共，無以縮酒，寡人是征。」又曰：「昭王南征而不復，寡人是問。」

捨去兩大罪，而責問此極不要緊之事，豈非滑天下之大稽？昭王渡漢水，船覆而死，與楚何關。況且事隔數百年，更是毫無理由。管子為天下才，這是他親自答覆的，難道莫得斟酌嗎？他是厚黑名家，用補鍋法之初，已留鋸箭法地步。假令把楚國真實罪狀宣布出來，叫他把王號削去，把漢陽諸姬的地方退出來，楚國豈不與齊拚命血戰嗎？你想，長勺之役，齊國連魯國那種弱國都戰不過，他敢與楚國打硬戰嗎？只好借周天子之招牌，對楚國輕輕敲一下罷了。

楚是堂堂大國，管仲不敢傷他面子，責問昭王不復一事，故意使楚國有抗辯的餘地。楚王可以對臣下說道：「他責問二事，其一事，我與他罵轉去，罵得他啞口無言。包茅是河邊蘆葦一類東西，周天子是我的舊上司，砍幾捆送他就是了。」這也是管仲的妙用。口罵無憑，貢包茅有實物表現。齊桓公於是背著包茅，進之周天子，作為楚國歸服的實證。古者，國之大事惟祀與戎，周天子祭祀的時候，把包茅陳列出來，貼一紅紙籤，寫道：「這是楚國貢的包茅。」助祭的諸侯看見，周天子面子豈不光輝光輝！楚國都降伏了，眾小國敢有異議嗎？

召陵一役，以補鍋法始，以鋸箭法終，其妙用如是如是。我們弱小民族聯盟組織好了，就用鐵錘在列強的鍋上輕輕敲他一下，到達相當時機，就鋸箭桿了事。到某一時期，再敲一下，箭桿出來一截，又鋸一截。像這樣不斷地敲，不斷地鋸，待到終局，箭頭退出來了，輕輕用手拈去，於是乎鋸箭法告終，而鍋也補起了。

外交上，原是鋸箭法、補鍋法交相互用，如車之雙輪，鳥之雙翼，不可偏廢。我國外交之失敗，其病根在專用鋸箭法。自五口通商以來，所有外交，無一非鋸箭桿了事。九一八以後，尤為顯著。應該添一個補鍋法，才合外交方式。我們組織弱小民族聯盟，即是應用補鍋法的學理產生出來的。

現在日本人的花樣層出不窮，殺得我國只有招架之功，並無還兵之力，並且欲招架而不能。我們應該還他一手，揭示「弱小民族聯盟」的旗幟。你會講「大亞細亞主義」，想把中國吞下去，進而侵略亞洲各國，進而窺視全世界。我們就講「弱小民族聯盟」，以中國為主幹，而琉球，而高麗，而安南，而緬甸，而泰國，而印度，而澳洲、非洲一切民族。日本把一個大亞細亞主義大吹大擂，我們也把一個弱小民族聯盟大吹大擂，這才是旗鼓相當，才足以濟鋸箭法之窮。

民國二年，我在某機關任職。後來該機關裁撤，我與同鄉陳健人借銀五十元，以作歸計。他回信說道：「我現無錢。好在為數無多，特向某人轉借，湊足五十元，與你送來。」信末附一詩云：「五十塊錢不為多，借了一遍又一坡。我今專人送與你，格外再送一首歌。」我讀了，詩興勃發，不可遏止，立覆一通道：「捧讀佳作，大發詩興，奉和一首，敬步原韻。適達而已，工拙不論。君如不信，有詩為證。詩曰：『厚黑先生手藝多，那怕甑子滾下坡。討口就打蓮花落，放牛我會唱山歌。』詩既成，餘興未已，又作一首：『大風起兮甑滾坡，收拾行李兮回舊窠，安得猛士兮守沙鍋。』我出東門，走至石橋趕船，望見江水滔滔，詩興又來了，再作一首曰：『風蕭蕭兮江水寒，甑子一去兮不復還。』千古倒甑子的人，聞此歌，定當同聲一哭。」近來軍政各機關常常起大風，甑子一批一批地向坡下滾去。許多朋友向我歎息道：「安得猛士兮守沙鍋。」我說道：我的學問而今長進了，沙鍋無須守，也無須請猛士，只須把你的手杖向對方的沙鍋一敲，他的沙鍋打破，你的沙鍋遂巍然獨存。你如果莫得敲破對方沙鍋的本事，自己的沙鍋斷不能保存。

東北四省被日本占去，國人都有「甑子一去不復還」的感覺。見日本在華北華南大肆侵略，又同聲說道：「安得猛士兮守沙鍋。」這都是我先年的見解，應當糾正。甑子與沙鍋是一物之二名。日本人想把我國的甑子打破，把裡面的飯貯入他的沙鍋內，國人只知雙手把甑子掩護，真是幹的笨事！我國四萬萬人，各人拿一根打狗棒，向日本的沙鍋敲去，包管發生奇效。問：「打狗棒怎樣敲法？」曰：組織弱小民族聯盟。

日本是我國室中之狼，歐美列強是宅左宅右之獅豹。日本是我國的仇國，當然無妥協餘地。其他列強，為敵為友，尚不能預定。何也？因其尚在門前，尚在宅左宅右也。我們對於日本，應該取攻勢，不能取守勢。對於列強，取威脅式，不取乞憐式。我們組織弱小民族聯盟，即是對日本取攻勢，對列強取威脅式。日本侵略我國，列強抱不平，對我國表同情，難道是懷好意嗎？豈真站在公理立場上嗎？日本希望的是獨占，列強希望的是共管。方式雖不同，其為厚黑則一也。為我國前途計，應該極力聯合世界弱小民族，努力促成世界大戰，被壓迫者對壓迫者作戰。全世界弱小民族，同齊起義，把列強的帝國主義打破，即是把列強的沙鍋打破，弱小民族的沙鍋才能保存。

威爾遜播下「民族自決」的種子，一天一天地潛滋暗長，現在快要成熟了。我國出來當一個陳涉，振臂一呼，揭出弱小民族聯盟的旗幟，與威爾遜主義遙遙相應，全世界弱小民族當然聞風回應。嬴秦亡國條件，列強是具備了的，而以日本具備尤多。一般人震於日本和列強之聲威，反抗二字生怕出諸口，這是由於平日不研究厚黑學，才會這樣畏懼。如果把我的《厚黑學》單行本熟讀一萬遍，立即發生一種勇氣來，區區日本和列強，何足道哉！他們都是外強中乾，自身內部，矛盾之點太多。譬如築牆，基礎莫有穩固。我們組織弱小民族聯盟，直向牆根攻打，「弱聯」一成功，日本和列強的帝國主義當然崩潰。

我們聯合弱小民族之初，當取甘地不抵抗主義，任他種種壓迫俱不管，只埋頭幹「弱聯」的工作，哪有閒心同他開戰？等到「弱聯」組織成功了，任何不平等條約，撕了即是。到了那時，他們敢於不接受我們的要求，就糾合全世界弱小民族同時動作，以武力解決。由我國當主帥，指揮作戰，把蘇秦的老法子拿來行使：「秦攻一國，五國出兵助之，或出兵撓秦之後。」像這樣幹去，日本和列強哪有不崩潰之理！以英國而言，他自誇凡太陽所照之地，都有英國人的國旗；我們「弱聯」組織成功，可以說：凡太陽所照之地，英國人都有挨打的資格。這樣幹，才是圖謀和平的根本辦法。機會一成熟，立把箭頭取出，無須再用鋸箭法。我們不從此種辦法著手，日本倡言親善，就同他親善，事事仰承日本鼻息，不敢稍有反抗，更不敢組織弱小民族聯盟，只能算是厚黑界之小丑，更夠不上談厚黑哲理。

威爾遜倡民族自決，想成立一個國際聯盟，以實現他的主張。哪知一成立，就被列強利用，成為分贓的集團，與威爾遜主義背道而馳。孫中山曾講過大亞細亞主義，意在為黃種人吐氣，哪知日本就想利用這種主張，以遂他獨霸東亞之野心。所以我們成立弱小民族聯盟，首先聲明，英美德法義俄等國永無入會資格，日本更不用說了。我們把英美等國劃在會外，也不一定視為敵人，為敵為友，視其行為而定。如能贊助弱聯，我們也可視為良友，但只能在會外，不能在會中說話，使他莫得操縱之機會。

　　我們對日抗戰，當發揮自力，不能依賴某某強國，請他幫助。就是有時想列強幫助，也不能向他說乞憐語，更不能許以絲毫權利，只能埋頭幹「弱小民族聯盟」的工作，一眼覷著列強的沙鍋，努力攻打。要我不打破你的沙鍋，除非幫助我把日本驅出東北四省，恢復九一八以前的狀況，我們也鋸箭桿了事。因為九一八之變，是國聯不能執行任務釀出來的，當然尋國聯算帳，當然成立一個「弱聯」，推翻現在的「國聯」。所以對付列強，當如對付橫牛，牽著鼻子走，不能同他善說。

　　問：列強的鼻子，怎能受我們的牽？曰：努力地聯合弱小民族，即是牽列強的鼻子。如列強扭著鼻子不受我們牽，我們就實行把沙鍋與他打爛，實現孫中山之主張，十二萬萬五千萬被壓迫者對二萬萬五千萬壓迫者實行作戰，忍一下痛苦，硬把箭頭取出，廢去鋸箭法不用，更是直截了當。我認為，這種辦法是我國唯一的出路，請全國厚黑同志詳加研究。

和平是整個人類的，現在世界關聯密切，一處發生戰事，就波動全世界，就有第二次世界大戰的可能。列強殖民地太寬，弱小民族受了威爾遜的宣布，早已蠢蠢欲動，大戰一發生，列強的沙鍋就有破裂的危險。這一層，日本和列強都是看得很清楚的。日本自九一八以後，一切事悍然不顧，墨索里尼侵占阿比西尼亞，也悍然不顧，都是看清此點，以世界大戰相威脅，料定國聯不敢動作。果然國聯顧忌此點，不敢實行制裁，只好因循敷衍，犧牲弱小民族利益，以飽橫暴者之貪囊，暫維目前狀況。於是國際聯盟就成為列強的分贓集團。我們看清此點，知道「國聯」已經衰朽不適用了，就趁機推翻他，新興一個「弱聯」，以替代「國聯」這種機構，催促威爾遜之主張早日實現。這種辦法才適合時代之要求。這種責任應由我國出來擔負。除了我國，其他國家是擔負不起的。我們組織弱小民族聯盟，把甘地的辦法擴大之，改良之，當然發生絕大的效果。印度是亡了國的，甘地是赤手空拳，尚能有那樣的成績。我國是堂堂的獨立大國，有強大的戰鬥力，淞滬之役，已得效果，當然百倍於甘地。這種辦法，我想，一般厚黑同志決定贊成的。

我是害了兩重病的，一曰瘋病，二曰八股病。而我之瘋病，是從八股病生出來的。八股家遇著長題目，頭緒紛繁，抑或合數章為一題，其作法往往取題中一字，或一句，或一章作主，用以貫穿全題。曾國藩者，八股之雄也，其論作文之法曰：

「萬山磅礴，必有主峰；龍衮九章，但挈一領。」斯言也，通於治國，通於厚黑學。我國內政外交，處處棘手，財政軍政，紛如亂絲，這就像八股家遇著合數章書的長題目，頭緒紛繁，無從著筆。如果枝枝節節而為之，勢必費力不討好。所以我們解決時局，就該應用八股，尋問題之中心點埋頭幹去，紛亂的時局自必厘然就緒。我們做這篇八股，應該提出抗日二字為中心點，基於抗日之主張，生出內政外交之辦法。內政外交的方針既定，一切措施都與這個方針相適應，是之謂：「萬山磅礴，必有主峰；龍衮九章，但挈一領。」我以後所寫文字，就本此主張寫去。但我從滿清末年就奔走官場，發明求官六字真言、做官六字真言，八股一道荒廢已久，寫出的文字難免不通，希望八股老同志糾正糾正。

科舉時代的功名，作八股必遵朱注。試場中片紙不准夾帶，應考的人只好把朱子的《四書集注》讀來背得，所以朱子可稱為八股界之老祖宗。而他解決時局的辦法，是很合八股義法的。他生當南宋，初見宋孝宗，即說道：「當今之世，要首先認定：金人是我不共戴天之敵，斷絕和議，召還使臣。這層決定了，一切事才有辦法。一般懷疑的人都說根本未固，設備未周，進不能圖恢復，退不能謀防禦，故不得已而暫與金人講和，以便從容準備。殊不知這話大錯了。其所以根本不固，設備不周，進不能攻，退不能守者，正由有講和之說的原故。一有講和之說，則進無決

死之心，退有遷延之計，其氣先餒，而人心遂渙然離沮。故講和之說不罷，天下事無一可成。為今之計，必須閉門絕和，才可激發忠勇之氣，才可言恢復。」

這是朱子在隆興元年對孝宗所說的話。他這篇文字，很合現在的題目，我們可以全部抄用。首先認定日本是仇國，使全國人有了公共的目標，然後才能說「對內團結，對外抵抗」的話。我國一般人，對於抗日，本下了最大決心，不過循著外交常規，口頭不能不說說親善和調整這類話。不知親善和調整這類名詞是西洋的八股話，對於中國全不適用，其弊害，朱子說得很明白。

國人見國勢日危，主張保存國粹，主張讀經，這是從根本上治療了。八股是國粹的結晶體，我的厚黑學是從八股出來的，算是國粹中的國粹，根本上的根本。我希望各校國文先生把朱子對孝宗說的這段文字先與學生讀，培養點中國八股智識，以便打倒西洋八股。深望讀者諸君細細研究。

中國的八股有甚深的歷史，一般文人涵濡其中，如魚在水，所以今人文字，以鼻嗅之，大都作八股氣，酸溜酸溜的。章太炎文字，韓慕盧一類八股也；嚴又陵文字，管韜山一類八股也；康有為文字，「十八科闈墨」一類八股也；梁啟超文字，「江漢炳靈」一類八股也。鄙人文字，小試場中，截搭題一類八股也。當代文豪，某某諸公，則是《聊齋》上的賈奉雉，得了仙人指點，商中經魁之八股也。

「諸君莫笑八股酸，八股越酸越革命。」黃興、蔡松坡，秀才也；吳稚暉、于右任，舉人也；譚延闓、蔡元培，進士、翰林也。我所知的同鄉同學，幾個革命專家，廖緒初，舉人也；雷鐵崖、張列五、謝慧生，秀才也；曹叔實，則是一個屢試不售的童生。猗歟，盛哉！八股之功用大矣哉！滿清末年，一個八股先生起而排滿革命，我甚願今之愛國志士把西洋八股一火焚之，返而研究中國的八股，才好與我們的仇敵日本奮鬥到底。

唐宋八家中，我最喜歡三蘇，因為蘇氏父子俱懂得厚黑學。老泉之學出於申韓，申子之書不傳，老泉《嘉祐集》，一切議論極類韓非，文筆之峭厲深刻亦復相似。老泉喜言兵，他對於孫子也很有研究。東坡之學是戰國縱橫者流，熟於人情，明於利害，故辯才無礙，嬉怒笑罵，皆成文章。其為文詼詭恣肆，亦與《戰國策》文字相似。子由深於老子，著有《老子解》。明李卓吾有言曰：「解老子者眾矣，而子由獨高。」子由文汪洋淡泊，在八家中最為平易。漸於黃老者深，其文固應爾爾。《孫子》、《韓非子》和《戰國策》，可說是古代厚黑學的三部教科書。《老子》一書，包涵厚黑哲理，尤為宏富。諸君如想研究孔子的學說，則孔子所研習的《詩經》、《書經》與《易經》不可不熟讀。萬一想研究厚黑學，只讀我的作品，不過等於讀孔子的《論語》。必須上讀《老子》、《孫子》、《韓非子》和《戰國

策》諸書，如儒家之讀《詩》、《書》、《易》諸書。把這些書讀熟了，參之以廿五史和現今東西洋事變，融會貫通，那就有厚黑博士之希望了。

有人問我：厚黑學三字，宜以何字作對？我說：對以道德經三字。李老子的《道德經》和李瘋子的《厚黑學》，不但字面可以相對，實質上，二者原是相通的。於何徵之呢？有朱子之言可證：《朱子全書》中有云：「老子之學最忍。他閒時似個虛無卑弱之人，莫教緊要處發出來，更教你支格不住，如張子房是也。子房皆老氏之學。如嶢關之戰，與秦聯合了，忽乘其懈擊之。鴻溝之約，與項羽講好了，忽回軍殺之。這個便是他卑弱之發處，可畏！可畏！他計策不須多，只消兩三處如此，高祖之業成矣。」依朱子這樣說：老子一部《道德經》，豈不明明是一部《厚黑學》嗎？我曾說：「蘇東坡的《留侯論》，全篇是以一個厚字立柱。」朱子則直將子房之黑字揭出，並探本窮源，說是出於老子，其論尤為精到。朱子認為嶢關、鴻溝這些狠心事是卑弱之發處，足知厚黑二者原是一貫之事。

厚與黑，是一物體之二面，厚者可以變而為黑，黑者亦可變而為厚。朱子曰：「老氏之學最忍。」他以一個忍字，總括厚黑二者。忍於己之謂厚，忍於人之謂黑。忍於己，故閒時虛無卑弱；忍於人，故發出來教你支格不住。張子房替老人取履，跪而納之，此忍於己也。嶢關、鴻溝，背盟棄約，置人於死，此忍於人也。觀此則知厚黑同源，二者可以互相為變。我特告訴讀者諸君，假令有人在你面前，脅肩諂笑，事事要好，你須謹防他變而為黑。你一朝失勢，首先墮井下石，即是這類人。又假如有人在你面前，肆意凌侮，諸多不情，你也不須怨恨。你若一朝得志，他自然會變而為厚，在你面前，事事要好。歷史上這類事很多，諸君自去考證。

我發明厚黑學，進一步研究，得出一條定理：「心理變化，循力學公例而行。」有了這條定理，厚黑學就有哲學上之根據了。水之變化，純是依力學公例而變化。有時徐徐而流；有物當前，總是避之而行，總是向低處流去。可說是世間卑弱之物，無過於水。有時怒而奔流，排山倒海，任何物不能阻之，阻之則立被摧毀。又可說：世間凶悍，無過於水。老子的學說，原是基於此種學理生出來的。其言曰：「天下之物莫柔弱於水，而攻堅強者莫之能先。」諸君能把這個道理會通，即知老子的《道德經》和鄙人的《厚黑學》是莫得什麼區別的。

忍於己之謂厚，忍於人之謂黑。在人如此，在水亦然。徐徐而流，避物而行，此忍於己之說也。怒而奔流，人物阻擋之，立被摧滅，此忍於人之說也。避物而行和摧滅人物，現象雖殊，理實一貫。人事與物理相通，心理與力學相通。明乎此，而後可以讀李老子的《道德經》，而後可以讀李瘋子的《厚黑學》。

老子學說，純是取法於水。《道德經》中，言水者不一而足。如曰：「上善若

水，水善利萬物而不爭，處眾人之所惡，故幾於道。」又曰：「江河之所以為百谷王者，以其善下之，故能為百谷王。」水之變化，循力學公例而行。老子深有契於水，故其學說，以力學公例繩之，無不一一吻合。惟其然也，宇宙事事物物遂逃不出老子學說的範圍，也即是逃不出厚黑學範圍。老子曰：「吾言甚易知，甚易行。天下莫能知，莫能行。」這幾句話，簡直是他老人家替厚黑學做的贊語。面厚心黑，哪個不知道？哪個不能做？是謂「甚易知，甚易行」。然而，厚黑學三字，載籍中絕未一見，必待李瘋子出來才發明，豈非「天下莫能知」的明證嗎？我國受日本和列強的欺凌，管厚黑、蘇厚黑的法子俱在，不敢拿來行使，厚黑聖人勾踐和劉邦對付敵人的先例俱在，也不一加研究，豈非「天下莫能行」的明證？

我發明的厚黑學是一種獨立的科學，與諸子百家的學說絕不相類，但是會通來說，又可說諸子百家的學說無一不與厚黑學相通。我所講一切道理，無一不經別人說過，我也莫有新發明。我在厚黑界的位置，只好等於你們儒家的孔子。孔子祖述堯舜，憲章文武，述而不作，信而好古，他也莫得甚麼新發明。然而嚴格言之，儒家學說與諸子百家又絕不相類。我之厚黑學，亦如是而已。孔子曰：「知我者，其惟《春秋》乎！罪我者，其惟《春秋》乎！」鄙人亦曰：「知我者，其惟《厚黑學》乎！罪我者，其惟《厚黑學》乎！」

老子也是一個「述而不作，信而好古」的人，他書中如「建言有之」，如「用兵有言」，如「古所謂……」一類話，都是明明白白地引用古書。依朱子的說法，《老子》一書確是一部厚黑學，而老子的說法又是古人遺傳下來的。可見我發明的厚黑學真是貫通古今，可以質諸鬼神而無疑，百世以俟聖人而不惑。

據學者的考證，周秦諸子的學說無一不淵源於老子。因此，周秦諸子，無一不帶點厚黑學氣味。我國諸子百家的學說當以老子為總代表。老子之前，如伊尹，如太公，如管子諸人，《漢書·藝文志》都把他列入道家，所以前乎老子和後乎老子者，都脫不了老子的範圍。周秦諸子之中，最末一人是韓非子。與非同時，雖有《呂覽》一書，但此書是呂不韋的賓客纂集的，這一部類書尋不出主名，故當以韓非為最末一人。非之書有《解老》、《喻老》兩篇，把老子的話一句句地解釋，呼老子為聖人。他的學問是直接承述老子的，所以說：「刑名原於道德。」由此知，周秦諸子，澈始澈終，都是在研究厚黑這種學理，不過莫有厚黑之名詞罷了。

韓非之書，對於各家學說俱有批判，足知他於各家學說，都一一研究過，然後才獨創一派學說。商鞅言法，申子言術，韓非則合法術而一之，是周秦時代，法家一派之集大成者。據我看來，他實是周秦時代，集厚黑學之大成者。不過其時莫得厚黑這個名詞，一般批評者只好說他慘刻少恩罷了。

老子在周秦諸子中，如崑崙山一般，一切山脈俱從此處發出。韓非則如東海，為眾河流之總匯處。老子言厚黑之體，韓非言厚黑之用。其他諸子則為一支山脈，或一支河流，於厚黑哲理都有發明。

道、法兩家的學說，根本上原是相通，斂之則為老子之清靜無為，發之則為韓非之慘刻少恩。其中關鍵，許多人都看不出來。朱子是好學深思的人，獨看破此點。他指出張子房之可畏，是他卑弱之發處，算是一針見血之語。卑弱者，斂之之時也，所謂厚也；可畏者，發之之時也，所謂黑也。即厚與黑，原不能歧而為二。

道、法兩家原是一貫，故史遷修《史記》，以老莊申韓合為一傳。後世一孔之儒，只知有一個孔子，於諸子學術源流茫乎不解，至有謂李耳與韓非同傳，不倫不類，力詆史遷之失，真是夢中囈語。史遷父子是道家一派學者，所著《六家要旨》，字字是內行話。史遷論大道則先黃老。老子是他最崇拜的人，他把老子和韓非同列一傳，豈是莫得道理嗎？還待後人為老子抱不平嗎？世人連老子和韓非的關係都不瞭解，豈足上窺厚黑？宜乎李厚黑又名李瘋子也。

厚黑這個名詞，古代莫得，而這種學理，則中外古今，人人都見得到。有看見全體的，有看見一部分的；有看得清清楚楚的，有看得依稀恍惚的。所見形態千差萬別，所定的名詞亦遂千差萬別。老子見之，名之曰道德；孔子見之，名之曰仁義；孫子見之，名之曰廟算；韓非見之，名之曰法術；達爾文見之，名之曰競爭；俾斯麥見之，名之曰鐵血。其他哲學家亦各有所見，各創一名。真所謂：「橫看成嶺側成峰，遠近高低無一同；不見廬山真面目，只緣身在此山中。」

有人詰問我道：「你主張『組織弱小民族聯盟，向列強攻打』，這本是一種正義，何你得呼之為厚黑？」我說：這無須爭辯。即如天上有兩個亮殼，從東邊溜到西邊，從西邊溜到東邊，溜來溜去，晝夜不停，這兩個東西，我們國人呼之為日、月，英國人則呼之為Sun、Moon，名詞雖不同，其所指之物則一。我們看見英文中之Sun、Moon二字，即譯為日、月二字。讀者見了我的厚黑二字，把他譯成正義二字也可，即譯之為道德二字或仁義二字也無不可。

周秦諸子，無一人不是研究厚黑學理，惟老子窺見至深，故其言最為玄妙。非有朱子這類好學深思的人，看不出老子的學問；非有張子房這類身有仙骨的人，又得仙人指點，不能把老子的學問用得圓轉自如。周秦諸子，表面上眾喙爭鳴，裡子裡同是研究厚黑哲理。其學說能否適用，以所含厚黑成分多少而斷。《老子》和《韓非》二書，完全是談厚黑學，所以漢文行黃老之術，郅治為三代下第一；武侯以申韓之術治蜀，相業為古今所艷稱。孫吳蘇張，於厚黑哲理，俱精研有得，故孫吳之兵，戰勝攻取，蘇秦、張儀，出而遊說，天下風靡。

由是知：凡一種學說含有厚黑哲理者，施行出來，社會上立即發生重大影響。儒家高談仁義，仁近於厚，義近於黑，所得厚黑者不過近似而已。故用儒術治國，不癢不痛，社會上養成一種大腫病，儒家強為之解曰：「王道無近功。」請問漢文帝在位，不過二十三年，武侯治蜀，亦僅二十年，於短期間收大效，何以會有近功？難道漢文帝是用的霸術嗎？諸葛武侯，豈非後儒稱為王佐之才嗎？究竟是什麼道理？請儒家有以語我來。厚黑是天性中固有之物，周秦諸子無一不窺見此點，我也不能說儒家莫有窺見，惜乎窺見太少，此其所以「博而寡要，勞而少功」也，此其所以「迂遠而闊於情事」也。黃老申韓，是厚黑學的嫡派；孔孟是反對派。吾國二千餘年以來，除漢之文景、蜀之諸葛武侯、明之張江陵而外，皆是反對派執政，無怪乎治日少而亂日多也。

我深恨厚黑之學不明，把好好一個中國鬧得這樣糟，所以奮然而起，大聲疾呼，以期喚醒人世。每日在報紙上，寫《厚黑叢話》一二段，等於開辦一個厚黑學的函授學校。經我這樣努力，果然生了點效。許多人向我說道：「我把你所說的道理，證以親身經歷的事項，果然不錯。」又有個朋友說道：「我把你發明的原則，去讀《資治通鑑》，讀了幾本，覺得處處俱合。」我聽見這類話，知道一般人已經有了厚黑常識，程度漸漸增高，我講的學理不能不加深點，所以才談及周秦諸子的學說，見得我發明的厚黑學，不但證以一部二十五史，處處俱合，就證以周秦諸子的學說，也無一不合。讀者諸君倘有志斯學，請細細研究。

教授學生，要用啟發式、自修式，最壞的是注入式。我民國元年發表《厚黑學》，只舉曹操、劉備、孫權、劉邦、司馬懿幾人為例，其餘的，叫讀者自去搜尋。我寫的《厚黑經》和《厚黑傳習錄》，也只簡簡單單地舉出綱要，不一一詳說，恐流於注入式，致減讀者自修能力。此次我說周秦諸子的學說俱含厚黑哲理，也只能說個大概，讓讀者自行去研究。

《詩經》、《書經》、《易經》、《周禮》、《儀經》等書是儒門的經典，凡想研究儒學的人，這些書不能不熟讀。周秦諸子的書是厚黑學的經典，如不能遍讀，可先讀《老子》、《韓非》二書。知道了厚黑的作用，再讀諸子之書，自然頭頭是道。凡是研究儒家學說的人，開口即是「詩曰，書曰」；鄙人講厚黑哲理，不時也要說幾句：「老子曰，韓非曰」。四書五經雖是外道的書，倘能用正法眼讀之，也可尋出許多厚黑哲理。即如《孟子》書上的「孩提愛親」章，豈非儒家學說的基礎嗎？鄙人就此章書細加研究，繪出甲乙兩圖，反成了厚黑學的哲學基礎，這是鄙人治厚黑學的祕訣。諸君有志斯學，不妨這樣研究。

第四部

心理與力學

我這《心理與力學》一書開始於民國九年，今為民國二十七年，歷時十八年，而此書淵源於厚黑學。我研究厚黑學，始於滿清末年，可說此書之成，經過三十年之久。記得唐朝賈島做了兩句詩：「獨行潭底影，數息樹邊身。」自己批道：「二句三年得，一吟雙淚流。」我今日發表此書，真有他那種感想。

自序(一)

民國元年，我在成都《公論日報》上發表一文，題曰《厚黑學》，謂：古今成功之英雄，無一非面厚心黑者。這本是一種遊戲文字。不料自此以後，厚黑學三字遂傳播四川，成一普通名詞。我自己也莫名其妙，心想：此等說法能受一般人歡迎，一定與心理學有關係。繼續研究下去，始知厚黑學是淵源於性惡說，在學理上是有根據的。然私心終有所疑。遍尋中外心理學之書讀之，均不足解我之疑。乃將古今人說法盡行掃去，另用物理學的規律來研究心理學，覺得人心之變化，處處是跟著力學規律走的。從古人事蹟上、今日政治上、日用瑣事上、自己心坎上、理化數學上、中國古書上、西洋學說上，四面八方印證起來，處處可通，乃創一臆說：「心理依力學規律而變化。」民國九年，寫一文曰《心理與力學》，藏之篋中，未敢發表，十六年方刊入拙著《宗吾臆談》內。茲特重加整理，擴大為一單行本。

我這《心理與力學》一書開始於民國九年，今為民國二十七年，歷時十八年，而此書淵源於厚黑學。我研究厚黑學，始於滿清末年，可說此書之成，經過三十年之久。記得唐朝賈島做了兩句詩：「獨行潭底影，數息樹邊身。」自己批道：「二句三年得，一吟雙淚流。」我今日發表此書，真有他那種感想。

我的思想好比一株樹：厚黑學是思想之出發點，等於樹根；因厚黑學而生出一條臆說：「心理依力學規律而變化」，等於樹身；其他所寫《社會問題之商榷》、《考試制度之商榷》、《中國學術之趨勢》，與夫最近所寫的《制憲與抗日》等書，都是以「心理依力學規律而變化」這條臆說為根據，等於樹上生出的枝葉花果。故我所寫的文章雖有種種不同，實是一貫。

去歲遇川大教授福建江超西先生，是專門研究物理的，並且喜歡研究易學，是博通中外的學者。我把稿子全部拿與他看，把所有疑點提出請教。承蒙一一指示，認為我這種說法講得通，並賜序一篇。我是非常感激，然而我終不敢自信。請閱者不客氣地賜教。

我研究這個問題，已經鬧得目迷五色，文中種種說法，對與不對，自己無從知道。我重在解釋心中疑團：閱者指駁越嚴，我越是感激，絕不敢答辯一字。諸君賜教的文字，可在任何報章雜誌上發表。發表後，請惠贈一份，交成都《華西日報》轉交，以便改正。

民國二十七年一月十三日，富順李宗吾，於成都

自序(二)

我發表此書後，得著不少的批評，使我獲益非淺，至為感謝。除全部贊成和全部否認者外，其有認為大致不差，某某點尚應該改者，我已遵照修改。有些地方，雖經指示，而我認為尚應商酌者，則暫仍其舊，請閱者再加指正。所有賜教文字，請交重慶《國民公報》轉交，以便再加修改。

讀者常駁我道：「人之心理，變化不測，哪裡會有規律？」我說：物理也是變化不測，何以又有規律？今之科學家研究物理，可謂極精了。我們試取一瓷杯，置之地上，手執一鐵錘，請問：此錘擊下去，此杯當成若干塊？每塊形狀如何？恐怕聚世界科學家研究之，無一人能預知。所可知者，鐵錘擊下，此杯必破裂而已。何也？杯子內部分子之構造無從推測也。我們不能因此就說，物理變化，無有規律。人藏其心，不可測度，與瓷杯之分子相同，所以心理變化如珠走盤，橫斜曲直，不可得知。所可知者，必不出此盤而已。人持弓箭，朝東射，朝西射，我們不能預知，但一射出來，其箭必依拋物線進行，這即是力之規律。我所謂心理變化有規律可尋者，亦即此也。

我說「心理依力學規律而變化」，原是一種臆說，不能說是公例。公例者，無一例外之謂也。當初牛頓發明萬有引力，定出三例，許多人都不承認。後來逐漸證明，逐漸承認。最後宇宙各種現象俱合牛頓規律，唯天王星不合，有此例外，仍不能成為公例。直到一千八百四十六年，有某天文家將天王星合牛頓規律這部分提出，將其不合規律之部分加以研究，斷定天王星之外另有一行星，其形狀如何、位置如何，加入此星之引力，天王星即合規律了。此說一發表出來，眾天文家依其說以搜求之，立把海王星尋出，果然絲毫不差錯，牛頓之說乃成為公例。心理之變化較物理更複雜，更奇妙。我之說法，不為一般人所承認者，因為例外之事太多也。我不認為我之臆說有錯，而認為人心中之海王星太多。我們亦只能握著大原則，以搜求各人心中之海王星耳。

有人說：你想把人事與物理溝通為一，從前許多人都做過這種工作，無奈這條路走不通。我說：蘇伊士運河，從前許多人都說鑿不通，卒之鑿通。巴拿馬運河，許多人都說鑿不通，卒之也鑿通。我認為自然界以同一原則生人生物，物理上之規律必可適用於人事，不過我個人學識不夠，不能把他溝通為一罷了。學術者，世界公物，當合全世界研究之，非一人之力所能勝也。尚望讀者諸君共同研究。如我這種方式走不通，希望讀者另用他種方式把他弄通。我研究這個問題，如墜五裡霧中，諸君其亦憐我之愚，而有以教之乎！

物理紛繁極矣，牛頓尋出規律，紛繁之物理厘然就緒，而科學因之大進步。世界紛亂極矣，我們在人事上如能尋出規律，則世界學說可歸一致，人世之糾紛可以免除，而文明自必大進步。此著者所希望諸君共同研究者也。

　　中華民國三十一年十月八日，李宗吾，於陪都

I・性靈與磁電

科學上許多定理，最初都是一種假設。根據這種假設，從各方試驗，都是合的，這假設就成為定理了。即如地球這個東西，自開闢以來就有了，經過了若干萬萬年，人民生息其上，視為固然，於地球之構成不求甚解。距今二三百年前，出了一個牛頓，發明萬有引力，說：「地心有引力，把泥土沙石吸成一團，成為一個地球。」究意地心有無引力，無人看見，牛頓這個說法本是假定的。不過，根據他的說法，任如何試驗，俱是合的，於是他的假說就成了定理。

從此，一般人都知道：「凡是有形有體之物，俱要受地心吸力的吸引。」到愛因斯坦出來，發明相對論，把牛頓之說擴大之，說：「太空中的星球發出的光線，經過其他星球，也要受其吸引，由於天空中眾星球互相吸引之故，於是以直線進行之光線就變成彎彎曲曲的形狀。」這也是一種假說，然經過實地測驗，證明不錯，也成為定理。從此，一般人又知道：有形無體之光線也要受地心吸力的吸引。

我們研究心理學，何妨把愛因斯坦的說法再擴大之，說：「我們心中也有一種引力，能把耳聞目睹，無形無體之物吸收來成為一個心。心之構成與地球之構成相似。」我們這樣的設想，牛頓的公例和愛因斯坦的相對論就可適用到心理學方面，而人事上的一切變化就可用力學公例去考察他了。

通常所稱的心，是由於一種力，經過五官出去，把外邊的事物牽引進來，集合而成的。例如有一物在我面前，我注目視之，即是一種力從目透出去，與那個物連結；我將目一閉，能夠記憶那物的形狀，即是此力把那物拖進來縮住了。聽人的話能夠記憶，即是把那人的話拖進來縮住了。由這種方式，把耳濡目染與夫環境所經歷的事項一一拖進來，集合為一團，就成為一個心。所以心之構成，與地球之構成完全相似。

一般人都說自己有一個心。佛氏出來，力闢此說，說：「人莫得心。通常所謂心，是假的，乃是六塵的影子。」《圓覺經》曰：「一切眾生，無始以來，種種顛倒，妄認四大為自身相，六塵緣影為自心相。」我們試想，假使心中莫得引力，則六塵影子之經過亦如雁過長空，影落湖心一般，雁一去，影即不存。而吾人見雁之過，其影能留在心中者，即是心中有一種引力把雁影縮住的緣故。所以我們拿佛家的話來推究，也可證明心之構成與地球之構成是相似的。

佛家說：「六塵影子，落在八識田中，成為種子，永不能去。」這就像穀子豆

子落在田土中，成為種子一般。我們知：穀子豆子落在田土中，是由於地心有引力，即知六塵影子落在八識田中，是由於人心有引力。因為有引力縮住，所以穀子豆子在田土中，永不能去，六塵影子在八識田中，也永不能去。

我們如把心中所有知識，一一考察其來源，即知其無一不從外面進來。其經過的路線，不外眼耳舌鼻身。雖說人能夠發明新理，但仍靠外面收來的知識與基礎；猶之建築房屋，必須購買外面的磚瓦木石，才能建築新房子一樣。假如把心中各種知識的來源一一清出了，從目進來者，命他仍從目退出去，從耳進來的，令他仍從耳退出去，其他一一俱從來路退出，我們的心即空無所有了。人的心果然能夠空無所有，對於外物無貪戀，無嗔恨，有如湖心雁影，過而不留，這即是佛家所說，還我本來面目。

地球之構成，源於引力；意識之構成，源於種子。試問引力再進一步，推究到天地未有之前，由種子再進一步，推究到父母未生之前，則只有所謂寂兮寥兮的狀況，而二者就會歸於一了。由寂兮寥兮生出引力，而後有地球，而後有物；由寂兮寥兮生出種子，而後有意識，而後有人。我們這樣的研究，覺得心之構成與地球之構成相似，而物理學的規律就可適用於人事了。

我們把物體加以分析，就是原子；把原子加以分析，就得電子。電子是一種力，這是科學家業已證明了的。人是物中之一，我們的身體是電子集合而成，身與心是一物，所以我們的心理不能逃脫磁電學的規律，不能逃脫力學的規律。

心理的現象與磁電的現象是很相似的。人有七情，大別之，只有好惡二種。心所好的東西，就引之使近；心所惡的東西，就推之使遠。這種現象，豈不與磁電相似嗎？

人的心，分知、情、意三者，意是知與情合併而成，其元素只有知、情二者。磁電同性相推，異性相引，其相推相引有似吾人之理，其能夠判別同性異性，更是顯然可知。足見磁電這個東西具有知、情，與人之心理是一樣的。

陽電所需要的是陰電，忽然來了一個陽電，要分他的陰電，他當然要把他推開；陰電所需要的是陽電，忽然來了一個陰電，要分他的陽電，他當然也要把他推開。這就像小兒食乳食糕餅的時候，見哥哥來了，用手推他打他一般，所以成了同性相推的現象。至於磁電異性相引，猶如人類男女相愛，更是不待說的。由此知，磁電現象與心理現象完全相同。

佛說：「真佛法身，映物現形。」宛然磁電感應現象。又說：「性靈本融，用遍法界。」宛然磁電中和現象。又說：「不生不滅，不增不減。」簡直就是物理學家所說「能力不滅」。因此之故，我們用力學規律去考察人性，想來不會錯。

物質不滅，能力不滅，是科學上的定律。吾身之物質，無一不是從地球之物質轉變而來，身死埋之地中，物質退還地球。物質不滅之說，算是講得通。獨是吾人之性靈，是一種能力，請問此種能力生從何處來，死往何處去？我們要答覆這個問題，可以創一臆說，曰：「人之性靈從地球之磁電轉變而來。」吾人一死，身體化為地球之泥土，同時性靈化為地球之磁電，如此則性靈生有自來，死有所去，能力不滅之說就講得通了。所言成仙成佛者，或許是用一種修養力，能將磁電凝聚不散耳。俗云：「冤魂不散」。當是一種嗔恨心，將磁電凝住。迨至冤仇已報，嗔恨心消失，磁電無從凝聚，其鬼即歸消滅。

有了「性靈由磁電轉變而來」這條臆說，則靈魂存滅問題也就可以解答了。吾人一死，身上的物質退還地球，靈性化為磁電，靈魂即算消滅。但吾身雖死，物質尚存，磁電尚存，亦可說靈魂尚存。此莊子所說「天地與我並生，萬物與我為一」也。

禪家最重「了了常知」四字。吾人靜中，此心明明白白。迨至事務紛乘，此明明白白之心即消歸烏有。學力深者，事務紛乘，此心仍可明明白白，是謂「動靜如一」。然而白晝雖明明白白，夜晚夢寐中則復昏迷。學力更深者，夢寐中明明白白，是謂「寤寐如一」。學力極深者，死了亦明明白白，是謂「死生如一」。到了死後亦明明白白，是之謂靈魂永存，亦未始不可。

《楞嚴經》說：「如來從胸卍字湧出寶光，其光昱昱，有千百色；十方微塵，普佛世界，一時周遍。」這種寶光，當即是電光。阿難言佛：「我見如來，三十二相，勝妙殊絕，形體映澈，猶如琉璃。嘗自思惟，此相非是欲愛所生。何以故？欲氣粗濁，腥臊交參，膿血雜亂，不能發生勝淨妙明，紫金光聚。」這是說釋迦修養功深，已將血肉之軀變而為磁電之凝聚體，故能發出寶光，遍達十方世界。佛氏有天眼通、天耳通之說，今者無線電之發明，已可證明這種道理。釋迦本身即是一無線電臺。將來電學進步，或可證明釋迦所說，一一不虛，而「性靈由磁電轉變而來」的臆說，或亦可證明其不虛了。

老子言道，屢以水為喻；佛氏說法，亦常以水為喻。我們不妨以空氣為喻。所謂不生不滅，不垢不淨，不增不減，無古今，無邊際，無內外，種種現象，空氣是具備了的。倘再進一步，以中和磁電為喻，尤為確切。若更進一步，假定「人的性靈由磁電轉變而來」，用以讀佛老之書，覺得處處迎刃而解。

吾人自以為高出萬物，這不過人類自己誇大的話。實則人與物同是從地球生出來的，身體之原素，無一非地球之物質。自地球視之，人與物並無區分。彷佛父母生二子，長子曰「人」，次子曰「物」，不過長子聰明，次子患癱病而又聾啞罷

了。我們試驗理化，溫度變更，或參入一種物品，形狀和性質都要改變。吾人遇天氣大變，心中變煩躁，這是溫度的關係；飲了酒，性情也會改變，這是參入一種藥品，起了化學作用。從此等處考察，人與物有何區別。

人身的物質和地球的物質，都是電子構成的。吾人有靈魂，地球亦有靈魂。地球的靈魂就是磁電。通常所說的地心引力，就是磁電吸力之表現。地球的物質變為植物，同時地球的磁電即變為植物的生機。吾人食植物，物質變為吾身的毛髮骨肉，同時磁電即變為吾人的性靈。由泥土沙石，變而為植物，變而為毛髮骨肉，愈變愈高等；同時，由地球的磁電，變而為植物的生機，變而為吾人的性靈，也是愈變愈高等。雖經屢變，而本來之性質仍在，故吾身之原素與地球之原素相同，心理之感應與地磁之感應相同。惟是既經屢變，吾身之毛髮骨肉與地球之泥土沙石不同，吾人之性靈與地球之磁電不同。何以故？在地球為死物，在吾身則為活物也。所以，用力學規律以考察人事，就當活用，而不能死用之。

老子說：「有物混成，先天地生，寂兮廖兮，獨立而不改，周行而不殆，可以為天下母。吾不知其名，字之曰道，強為之名曰大。」老子所說的「道」，即釋氏所說的「真如」也。釋氏曰：「山河大地，日月星辰，內身外器，都是由真如不守自性，變現出來的。」其說與老子正同。真如者，空諸所有也（實則非空非不空）。忽焉真如不守自性，而變現中和磁電，由是而變現為氣體，迴旋於太空之中，幾經轉變，而山河大地、日月星辰就依次生出了。由是而生植物，生動物，生人類。佛氏所謂「阿賴耶識」的狀態，與中和磁電的狀態最相似。此二者都是沖漠無聯，萬象森然，也即是寂然不動，感而遂通。

我們可以說：真如變現出來，在物為中和磁電，在人為阿賴耶識。猶之同一物質，在地球為泥土沙石，在人則為毛髮骨肉也。今人每謂人之性靈與磁電迴不相同；猶之無科學知識之人見了毛髮骨肉，即說與泥土沙石迴不相同一樣。中和磁電，是真如最初變現出來之物，真如不可得見，我們讀佛老之書，姑以中和磁電模擬道與真如的狀態，覺得處處可通。

老子著書，開端即曰：「道可道，非常道。」釋迦說法四十九年，結果自認未說一字，歸之於不可說，不可說而已。蘇子由曰：「夫道不可言，可言皆其似者也。達者因似以識真，而昧者執似以陷於偽。」道與真如，不可思議者也；阿賴耶識，與中和磁電，可思議者也。借可思議者以說明不可思議者，此所謂言其似也。

老子曰：「道生一，一生二，二生三，三生萬物。」我們可解之曰：道者空無所有者，一者中和磁電也，中和磁電發動出來，則有相推相引兩作用，所謂二也。由這兩種作用，生出第三種作用，由是而輾轉相生，千千萬萬之事物出焉。老子

曰：「抱一以為天下式。」又曰：「天下有始，以為天下母；既得其母，以知其子；既知其子，復守其母。」一也，母也，都是指中和磁電，在人則為阿賴耶識。故曰：「恍兮惚兮，窈兮冥兮。」又曰：「淵兮似萬物之宗。」老子專守阿賴耶識，故著出之書可以貫通周秦諸子，貫通趙宋諸儒，貫通《易經》，貫通佛學，又為後世神仙方士所依託。據嚴又陵批，又可以貫通西洋學說（其說具見拙著《中國學術之趨勢》）。

《道德經》一書之無所不包者，正因阿賴耶識之無所不有也。佛氏則打破此說，而為大圓鏡智，以「空無所有」為立足點。此由於佛氏立教，重在出世，故以「空無所有」為立足點。老子立教，重在將入世出世打成一片，故以阿賴耶識為立足點。由阿賴耶識而向內追尋，則可到大圓鏡智，而空諸所有。由阿賴耶識而向外工作，則可誠意、正心、修身、齊家、治國、平天下。此二氏立足點，所由不同也。

我們假定：「人之性靈，由磁電轉變而來。」則佛氏之諸多說法，與夫宋儒所謂：「如魚在水，外面水便是肚裡水，鱖魚肚裡的水與鯉魚肚裡的水只是一樣。」明儒所謂：「蓋天地皆心也。」等等說法，都可不煩言而解。《中庸》曰：「喜怒哀樂皆不發，謂之中。」六祖曰：「不思善，不思惡，正與麼時，那個是明上座本來面目。」廣成子曰：「至道之精，窈窈冥冥；至道之極，昏昏默默。」莊子曰：「心不憂樂，德之至也；一而不變，靜之至也。」

這都是阿賴耶識之現象，亦即是磁電中和之現象。中和磁電發動出來，呈相推相引之作用，而紛紛紜紜的事物就起來了。所以，要研究人世事變，當首造一臆說曰：「人的性靈由磁電轉變而來。」但研究磁電，又離不得力學，於是再造一臆說曰：「心理依力學規律而變化。」有了這兩個臆說，紛紛紜紜之事物就有軌道可循，而世界紛歧之學說可匯歸為一，中、西、印三方學說亦可匯歸為一。

佛氏謂：山河大地及人世一切事物皆是幻相。牛頓造出三定例，所以研究物理之幻相也；我們造出兩個臆說，所以研究人事之幻相也。本章所說種種，乃是說明造此臆說之理由。第二章以下，即依據此兩個臆說，說明人世事變，不復涉及本體。佛言本體，我們言現象，鴻溝為界。著者對於佛學及科學，根本是外行，所有種種說法，都是想當然耳，心中有了此種想法，即把他寫出，自知純出臆斷，以佛學、科學律之，當然諸多不合。我不過姑妄言之，讀者亦姑妄聽之可耳。

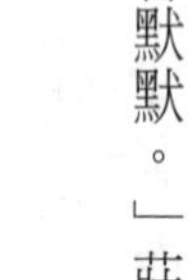

2・孟荀言性爭點

孟子之性善說，荀子之性惡說，是我國學術史上，未曾解除之懸案，兩說對峙了二千餘年，抗不相下。孟子說人性皆善，主張仁義化民。宋儒承襲其說，開出理學一派，創出不少迂腐的議論。荀子生在孟子之後，反對其說，謂人之性惡，主張以禮制裁之。他的學生韓非以為禮之制裁力弱，不若法律之制裁力強，遂變而為刑名之學，其弊流於刻薄寡恩。於是儒法兩家互相抵斥，學說上、政治上生出許多衝突。究竟孟、荀兩說孰得孰失？我們非把他徹底研究清楚不可。

孟子謂：「孩提之童，無不知愛其親也。及其長也，無不知敬其兄也。」這個說法是有破綻的。我們任喊一個當母親的，把他親生孩子抱出來，當眾試驗。母親抱著他吃飯，他就伸手來拖母親之碗；如不提防，就會落地打爛。請問這種現象，是否愛親？又母親手中拿一糕餅，他見了，就伸手來拖，如不給他，放在自己口中，他立刻會伸手從母親口中取出，放在他的口中。又請問這種現象，是否愛親？小孩在母親懷中，食乳食糕餅，哥哥走近前，他就用手推他打他。請問這種現象，是否敬兄？五洲萬國的小孩無一不如此。事實上，既有了這種現象，孟子的性善說豈非顯有破綻？所有基於性善說發出的議論，訂出的法令、制度，自然就有不少流弊。

然則孟子所說「孩提愛親，少長敬兄」，究竟從甚麼地方生出來？我們要解釋這個問題，只好用研究物理學的法子去研究。蓋人之天性，以我為本位，我與母親相對，小兒只知有我，故從母親口中把糕餅取出，放在自己口中。母親是乳哺我的人，哥哥是分乳吃、分糕餅吃的人，母親與哥哥相對，小兒就很愛母親，把哥哥打開推開。長大了點，出而在外，與鄰人相遇，哥哥與鄰人相對，小兒就很愛哥哥。走到異鄉，鄰人與異鄉人相對，則愛鄰人。走到外省，本省人與外省人相對，就愛本省人。走到外國，本國人與外國人相對，就愛本國人。我們細加研究，即知孟子所說愛親敬兄，都是從為我之心流露出來的。

試繪之為圖，如甲：第一圈是我，第二圈是親，第三圈是兄，第四圈是鄰人，第五圈是本省人，第六圈是本國人，第七圈是外國人。細玩此

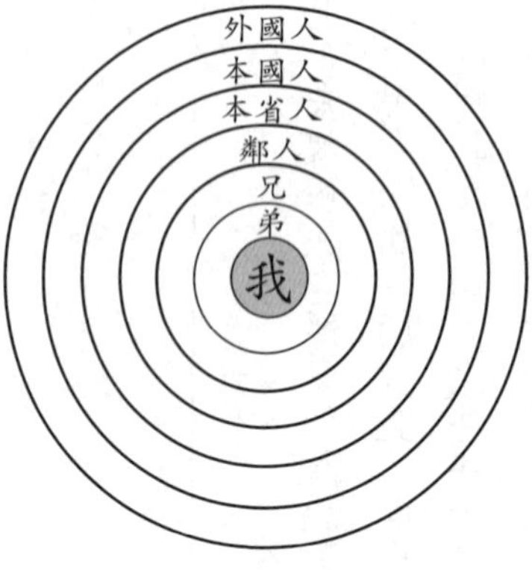

甲圖

圖，即可尋出一定的規律：「距我越近，愛情越篤。愛情與距離成反比例。」其規律與地心吸力相似。並且，這種現象很像磁場現象。由此可知：人之性靈與磁電相同，與地心吸力相同。故牛頓所創的公例可適用於心理學。

上面所繪甲圖是否正確，我們還須再加考驗：假如暮春三月，我們約著二三友人出外遊玩，見著山明水秀，心中非常愉快；走到山水性惡的地方，心中不免煩悶。這是甚麼原故呢？因為山水是物，我也是物，物我本是一體，所以物類好，心中就愉快，物類不好，心中就不愉快。我們又走至另一地方，見地上許多碎石，碎石之上，落花飄零，我心對於落花，不勝悲感，對於碎石，則不甚注意。這是甚麼原故呢？因為石是無生之物，花與我同是有生之物。所以常常有人作落花詩、落花賦，而不作碎石歌、碎石行。

古今詩詞中，吟詠落花，推為絕唱者，無一不是連同人生描寫的。假如落花之上臥一將斃之犬，哀鳴婉轉，入耳驚心，立把悲感落花之心打斷。這是甚麼原故呢？因為花是植物，犬與我同是動物，故不知不覺，對於犬更加同情。又假如歸途中見一猙獰惡犬，攔著一人狂噬，那人持杖亂擊，當此人犬相爭之際，我們只有幫人之忙，斷不會幫犬之忙。這是甚麼原故呢？因為犬是獸類，我與那人同是人類，故不知不覺，對於人更表同情。我同友人分手歸家，剛一進門，便有人跑來報道，先前那個友人走在街上，同一個人打架，正在難解難分。我聞之立即奔往營救。本來是與人打架，因為友誼的關係，故我只能營救友人，不能營救那人。我把友人帶至我的書房，詢他打架的原因，我傾耳細聽，忽然屋子倒下來。我幾步跳出門外，回頭轉來，喊友人道：你還不跑呀？請問一見房子倒下，為甚麼不先喊友人跑，必待自己跑出門了，才回頭來喊呢？這就是「人之天性，以我為本位」的證明。

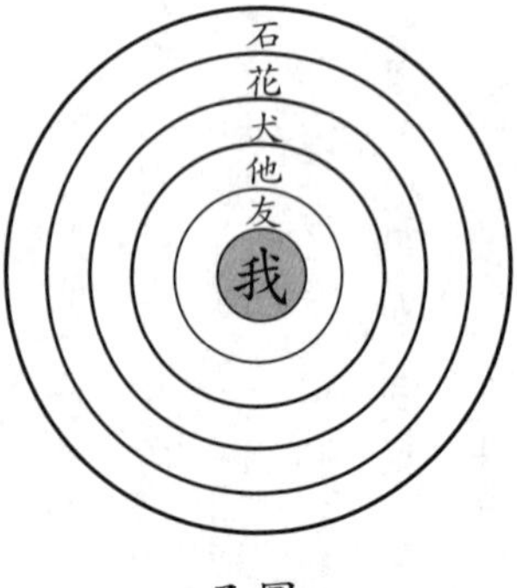

乙圖

我們把上述事實繪圖如（乙）。第一圈是我，第二圈是友，第三圈是他人，第四圈是犬，第五圈是花，第六圈是石，其規律是：「距我越遠，愛情越減，愛情與距離成反比例。」與甲圖是一樣的。乙圖所設的境界，與甲圖完全不相同，而得出的結果完全一樣，足證天然之理實是如此。茲再總括言之：凡有二物，同時呈於吾前，我心不假安排，自然會以我為本位，視距我之遠近，定愛情之厚薄，與地心吸力、電磁吸力莫有區別。

力有離心、同心二種。甲圖層層向外發展，是離心力現象；乙圖層層向內收縮，是向心力現象。孟子站在甲圖裡面，向外看去，見得凡人的天性都是孩提愛親，稍長愛兄，再進則愛鄰人，愛本省人，愛本國人，層層放大；如果再放大，還可放至愛人類愛物類為止，因而斷定人之性善。故曰：「老吾老，以及人之老；幼吾幼，以及人之幼。」又曰：「舉斯心，加諸彼。」總是叫人把這種固有的善性擴而充之。孟子喜言詩，詩是宣導人之意志的，凡人只要習於詩，自然把這種善性發揮出來。這即是孟子立說之本旨。所以甲圖可看為孟子之性善圖。

荀子站在乙圖外面，向內看去，見得凡人的天性都是看見花就忘了石，看見犬就忘了花，看見人就忘了犬，看見朋友，就忘了他人，層層縮小，及至房子倒下來，赤裸裸的只有一個我，連至好的朋友都忘去了，因而斷定人之性惡。故曰：「妻子具而孝衰於親，嗜欲得而信衰於友，爵祿盈而忠衰於君。」又曰：「拘木待檃括烝矯然後直，鈍金待礱厲然後利。」總是叫人把這種固有的惡性抑制下去。荀子喜言禮，禮是規範人的行為的，凡人只要習於禮，這種惡性自然不會發現出來。這就是荀子立說之本旨。故乙圖可看為荀子之性惡圖。

甲、乙二圖本是一樣，自孟子、荀子眼中看來，就成了性善、性惡，極端相反的兩種說法，豈非很奇的事嗎？並且有時候同是一事，孟子看來是善，荀子看來是惡，那就更奇了。例如我聽見我的朋友同一個人打架，我總願我的朋友打勝。請問，這種心理是善是惡？

假如我們去問孟子，孟子一定說道：這明明是性善之表現。何以言之呢？友人與他人打架，與你毫無關係，而你之願其打勝者，此乃愛友之心不知不覺從天性中自然流出。古聖賢民胞物與，無非基於一念之愛而已。所以，你這種愛友之心，務須把他擴充起來。假如我們去問荀子，荀子一定說道：這明明是性惡之表現。何以言之呢？你的朋友是人，他人也是人，你不救他人而救友人，此乃自私之心不知不覺從天性中自然流出。威廉第二造成世界第一次大戰，德義日造成第二次世界大戰，無非起於一念之私而已。所以你這種自私之心，務須把它抑制下去。

上面所舉，同是一事，而有極端相反之兩種說法，兩種說法都是顛撲不滅，這是甚麼道理呢？我們要解釋這個問題，只須繪圖一看，就自然明白了。如左上圖：第一圈是我，第二圈是友，第三圈是他人。請問友字這個圈是大是小？孟子在裡面畫一個我字之小圈，與之比較，就說他是大圈。荀子在外面畫一個人字之大圈，與之比較，就說他是小圈。若問二人的理由，孟子說：友字這個圈，乃是把畫我字小圈的兩腳規張開來畫成，怎麼不是大圈？順著這種趨勢，必會越張越大。所以應該擴充之，使他再畫大點。荀子說道：友字這個圈，乃是把人字大圈的兩腳規收攏來畫成，怎麼不是小圈？順著這種趨勢，必定越收越

我・友・他人

小，所以應該制止之，不使之再畫小。孟荀之爭，如是如是。

營救友人一事，孟子提了一個我字，與友字相對，說是性善之表現；荀子提了一個人字，與友字相對，說是性惡之表現。我們繪圖觀之，友字這個圈，只能說他是個圈，不能說他是大圈，也不能說他是小圈。所以營救友人一事，只能說是人類天性中一種自然現象，不能說他是善，也不能說他是惡。孟言性善，荀言性惡，乃是一種詭辯。二人生當戰國，染得有點策士詭辯氣習，我輩不可不知。

荀子而後，主張性惡者很少。孟子的性善說，在我國很占勢力，我們可把他的學說再加研究。他說：「今人乍見孺子將入於井，皆有怵惕惻隱之心。」這個說法，也是性善說的重要根據。但我們要請問：這章書，上文明明是怵惕惻隱四字，何以下文只說「無惻隱之心，非人也」，「惻隱之心，仁之端也」，平空把怵惕二字摘來丟了，是何道理？性善說之有破綻，就在這個地方。

怵惕是驚懼之意。譬如我們共坐談心的時候，忽見前面有一人，提一把白亮亮的刀，追殺一人，我們一齊吃驚，各人心中都要跳幾下，這即是怵惕。因為人人都有畏死之天性，看見刀，彷彿是殺我一般，所以心中會跳，所以會怵惕。我略一審視，曉得不是殺我，是殺別人，登時就把畏死之念放大，化我身為被追之人，對他起一種同情心，想救護他，這就是惻隱。由此知：惻隱是怵惕之放大形，孺子是我身之放大形。莫得怵惕，即不會有惻隱。可以說：惻隱二字，仍是發源於我字。

見孺子將入井的時候，共有三物：一曰我，二曰孺子，三曰井。繪之為圖，第一圈是我，第二圈是孺子，第三圈是井。我與孺子同是人類，井是無生物。見孺子將入井，突有一「死」的現象呈於吾前，所以會怵惕，登時對於孺子表同情，生出惻隱心，想去救護他。故孟子曰：「惻隱之心，仁之端也。」我們須知：怵惕者，自己畏死也。惻隱者，憐憫他人之死也。故惻隱可謂之仁，怵惕不能謂之仁。所以孟子把怵惕二字摘下丟了。但有一個問題：假令我與孺子同時將入井，請問此心作何狀態？不消說：這剎那間，只有怵惕而無惻隱，只能顧及我之死，不能顧及孺子。非不愛孺子也，變生倉卒，顧不及也。必我身出了危險，神志略定，惻隱心才能發出。惜乎孟子當日未把這一層提出來研究，留下破綻，遂生出宋儒理學一派，創出許多迂謬的議論。

孟子所說的愛親敬兄，所說的怵惕惻隱，內部俱藏有一個我字，但他總是從第二圈說起，對於第一圈之我則略而不言。楊子為我，算是把第一圈明白揭出了，但他卻專在第一圈上用功，第二以下各圈置之不管；墨子摩頂放踵，是拋棄了第一圈之我，他主張愛無差等，是不分大圈小圈，統畫一極大之圈了事。楊子有了小圈，就不管大圈；墨子有了大圈，就不管小圈。他們兩家都不知道：天然現象是大圈小

圈，層層包裹的。孟荀二人把層層包裹的現象看見了，但孟子說是層層放大，荀子說是層層縮小，就不免流於一偏了。我們取楊子的我字作為中心點，在外面加一個差等之愛，就與天然現象相合了。

我們綜孟荀之說而斷之曰：孟子所說「孩提之童，無不知愛其親友；及其長也，無不知敬其兄也」一類話也莫有錯，但不能說是性善，只能說是人性中的天然現象；荀子所說「妻子具而孝衰於親，嗜欲得而信衰於友」一類話也莫有錯，但不能說是性惡，也只能說是人性中的天然現象。然則學者奈何？曰：我們知道：人的天性，能夠孩提愛親，稍長敬兄，就把這種心理擴充之，適用孟子「老吾老，以及人之老；幼吾幼，以及人之幼」的說法。我們又知道：人的天性，能夠孝衰於親，信衰於友，就把這種心理糾正之，適用荀子「拘木待檃括烝矯然後直，鈍金待礱厲然後利」的說法。

孟荀之爭，只是性善、性惡名詞上之爭，實際他二人所說的道理都不錯，都可見諸實用。我以為我們無須問人性是善是惡，只須創一條公例：「心理依力學規律而變化。」把牛頓的吸力說、愛因斯坦的相對論應用到心理學上，心理、物理打成一片而研究之，豈不簡便而明確嗎？何苦將性善、性惡之類的名詞爭論不休。

3・宋儒言性誤點

戰國是我國學術最發達的時代，其時遊說之風最盛，往往立談而取卿相之榮。其遊說各國之君，頗似後世人主臨軒策士。不過是口試，不是筆試罷了。一般策士習於揣摹之術，先用一番工夫，把事理研究透徹了，出而遊說，總是把真理蒙著半面，只說半面，成為偏激之論，愈偏激則愈新奇，愈足聳人聽聞。蘇秦說和六國，講出一個理，風靡天下；張儀解散六國，反過來講出一個道理，也是風靡天下。

孟荀生當其時，染有此種氣習。本來人性是無善無惡，也即是「可以為善，可以為惡。」孟子從整個人性中截半面以立論，曰性善，其說新奇可喜，於是在學術界遂獨樹一幟；荀子出來，把孟子遺下的那半面揭而出之，曰性惡，又成一種新奇之說，在學術界又樹一幟。從此性善說和性惡說遂成為對峙之二說。宋儒篤信孟子之說，根本上就誤了。然而孟子尚不甚誤，宋儒則大誤。宋儒言性，完全與孟子違反。

請問：宋儒的學說乃是以孟子所說(1)「孩提之童，無不知愛其親」，(2)「乍見

孺子將入於井，皆有怵惕惻隱之心」，兩個根據為出發點，何至會與孟子之說完全違反呢？茲說明如下：

小孩與母親發生關係，共有三個場所：⑴一個小孩、一個母親、一個外人同在一處，小孩對乎母親特別親愛；這個時候，可以說小孩愛母親。⑵一個小孩、一個母親同在一處，小孩對乎母親依戀不捨；這個時候，可以說小孩愛母親。⑶一個小孩、一個母親同在一處，發生了利害衝突。例如有一塊糕餅，母親吃了，小孩就莫得吃；母親把他放在口中，小孩就伸手取來，放在自己口中。這個時候，斷不能說小孩愛母親。孟子言性善，捨去第三種不說，單說前兩種，講得頭頭是道。荀子言性惡，捨去前兩種不說，單說第三種，也講得頭頭是道。所以他二人的學說，本身上是不發生衝突的。宋儒把前兩種和第三種齊講之，又不能把他貫通為一，於是他們的學說，本身上就發生衝突了。

宋儒篤信孟子孩提愛親之說，忽然發現了小孩會搶母親口中糕餅，而世間小孩無一不是如此，也不能不說是人之天性，求其故而不得，遂創一名詞，曰「氣質之性」。假如有人問道：小孩何以會愛親？曰：此「義理之性」也。問：即愛親矣，何以會搶母親口中糕餅？曰：此「氣質之性」也。好好一個人性，無端把他剖而為二，因此全部宋學就荊棘叢生，迂謬百出了。朱子出來，注《孟子》書上「烝民」

一節，明明白白說道：「程子之說與孟子殊。以事理考之，程子為密。」他們自家即這樣說，難道不是顯然違反孟子嗎？

孟子知道：凡人有畏死的天性，見孺子將入井，就會發生怵惕心，跟著會把怵惕心擴大，而為惻隱心，因教人把此心再擴大，推至於四海。此孟子立說之本旨也。怵惕是自己畏死，不能謂之仁。惻隱是憐憫他人之死，方能謂之仁。故下文摘去怵惕二字，只說「惻隱之心，仁之端也。」在孟子本莫有錯，不過文字簡略，少說了一句「惻隱是從怵惕擴大出來的。」不料宋儒讀書不求甚解，見了「惻隱之心，仁之端也」一句，以為人之天性一發出來即是惻隱，忘卻上面還有怵惕二字，把凡人有畏死的天性一筆抹殺。我們試讀宋儒全部作品，所謂語錄也、文集也、集注也，只是發揮惻隱二字，對於怵惕二字置之不理，這是他們最大的誤點。

然而，宋儒畢竟是好學深思的人，心想：小孩會奪母親口中糕餅，究意甚麼道理呢？一旦讀《禮記》上的〈樂記〉，見有「人生而靜，天之性也；感於物而動，性之欲也」等語，方恍然大悟道：糕餅者物也，從母親口中奪出者，感於物而動也。於是創出「去物欲」之說，叫人切不可為外物所誘。

宋儒又繼續研究下去，研究我與孺子同時將入井，發出來的第一念，只是赤裸裸一個自己畏死之心，並無所謂惻隱，遂詫異道：明明看見孺子將入井，為甚惻隱

之心不出來，反發出一個自己畏死之念？要說此念是物欲，此時並莫有外物來誘，完全是從內心發出，這是甚麼道理？繼而又悟道：畏死之念，是從為我二字出來的，搶母親口中糕餅，也是從為我二字出來的。我者人也。遂用人欲二字代替物欲二字。告其門弟子曰：人之天性，一發出來，即是惻隱。堯舜和孔孟諸人，滿腔子是惻隱，無時無地不然。我輩有時候與孺子同時將入井，發出來的第一念，是畏死之心，不是惻隱之心，此氣質之性為之也，人欲蔽之也。你們須用一番「去人欲，存天理」的工夫，才可以為孔孟，為堯舜。天理者何？惻隱之心是也，即所謂仁也。這種說法，即是程朱全部學說之主旨。

於是程子門下，第一個高足弟子謝上蔡就照著程門教條做去，每日在危階上跑來跑去，練習不動心，以為我不畏死，人欲去盡，天理自然流行，就成為滿腔子是惻隱了。像他們這樣的「去人欲，存天理」，明明是「去怵惕，存惻隱」。試思：惻隱是怵惕的放大形，孺子是我身的放大形，怵惕既無，惻隱何有？我身既無，孺子何有？我既不畏死，就叫我自己入井，也是無妨，見孺子入井，哪裡會有惻隱？

程子的門人專做「去人欲」的工作，即是專做「去怵惕」的工作。門人中有呂原明者，乘轎渡河墜水，從者溺死，他安坐轎中，漠然不動。他是去了怵惕的人，所以見從者溺死，不生惻隱心。程子這派學說傳至南渡，朱子的好友張南軒，其父張魏公，符離之戰，喪師十數萬，終夜鼾聲如雷，南軒還誇其父心學很精。張魏公也是去了怵惕的人，所以死人如麻，不生惻隱心。

孟子曰：「同室之人鬥者，救之，雖被髮攖冠而救之可也。」呂原明的從者、張魏公的兵士，豈非同室之人？他們這種舉動，豈不是顯違孟子家法？大凡去了怵惕的人，必流於殘忍。殺人不眨眼的惡賊，往往身臨刑場，談笑自若，是其明證。程子是去了怵惕的人，所以發出「婦人餓死事小，失節事大」的議論。故戴東原曰：宋儒以理殺人。

有人問道：怵惕心不除去，遇著大患臨頭，我只有個畏死之心，怎能幹救國救民的大事呢？我說：這卻不然。在孟子是有辦法的。他的方法，只是集義二字。平日專用集義的工夫，見之真，守之篤，一旦身臨大事，義之所在，自然會奮不顧身地做去。所以說：「生，亦我所欲也，義，亦我所欲也，二者不可得兼，舍生而取義者也。」孟子平日集義，把這種至大至剛的浩氣養得完完全全的，並不像宋儒去人欲，平日身蹈危階，把那種畏死之念去得乾乾淨淨的。孟子不動心，宋儒亦不動心。孟子之不動心，從積極的集義得來；宋儒之不動心，從消極的去欲得來；所走途徑，完全相反。

孟子的學說，以我字為出發點，所講的愛親敬兄和怵惕惻隱，內部都藏有一個

我字。其言曰：「老吾老，以及人之老；幼吾幼，以及之之幼。」又曰：「人人親其親，長其長，而天下平。」吾者，我也；其者，我也；處處不脫我字。孟子因為重視我字，才有「民為貴，君為輕」的說法，才有「君之視臣如草芥，則臣視君如寇仇」的說法。程子倡「去人欲」的學說，專作剝削我字的工作，所以有「婦人餓死事小，失節事大」的說法。孟子曰：「賊仁者謂之賊，賊義者謂之殘，殘賊之人謂之一夫。聞誅一夫紂矣，未聞弒君也。」這是孟子業已判決的定案。韓昌黎〈羑里操〉曰：「臣罪當誅兮，天王聖明。」程子極力稱賞此語，公然推翻孟子定案，豈非孟門叛徒？他們還要自稱承繼孟子道統，真百思不解。

孔門學說，「己欲立而立人，己欲達而達人」，利己利人，合為一事。楊子為我，專講利己；墨子兼愛，專講利人。這都是把一個整道理，蒙著半面，只說半面。學術界公例：「學說愈偏則愈新奇，愈受歡迎。」孟子曰：「天下之言，不歸楊，則歸墨。」

孔子死後，未及百年，他講學的地方全被楊墨奪去。孟子攘臂而起，力闢楊墨，發揮孔子推己及人的學說。在我們看來，楊子為我，只知自利，墨子兼愛，專門利人，墨子價值似乎在楊子之上。乃孟子曰：「逃墨必歸於楊，逃楊必歸於儒。」反把楊子放在墨子之上，認為去儒家為近。於此可見孟子之重視我字。

楊子拔一毛而利天下，不為也，極端尊重我字。然楊子同時尊重他人之我。其言曰：「智之所貴，存我為貴；力之所賤，侵物為賤。」不許他人拔我一毛，同時他也不拔他人一毛，其說最精。故孟子認為高出墨子之上。然由楊子之說，只能做到利己而無損於人，與孔門仁字不合。仁從二從人，是人與我中間的工作。楊子學說，失去人我之關聯，故為孟子所斥。

墨子摩頂放踵以利天下，其道為損己利人，與孔門義字不合。義字從羊從我，故義字之中有個我字在。羊者祥也，美善二字皆從羊。由我擇其最美最善者行之，是之謂義。事在外，擇之者我也，故曰義內也。墨子兼愛，知有人，不知有我，故孟子深斥之。然墨子之損我，是犧牲我一人，以救濟普天下之人，知有眾人之我，不知自己之我，此菩薩心腸也。其說只能行之於少數聖賢，不能行之於人人，與孔門中庸之道，人己兩利之旨有異。自孟子觀之，其說反在楊子之下。何也？因其失去甲乙二圖之中心點也。孟子曰：「天之生物也，使之一本。」一本者何？中心點是也。

墨子之損我，是我自願損之，非他人所得干預也。墨子善守。公輸九攻之，墨子九禦之。我不欲自損，他人固無如我何也。墨子摩頂放踵，與「腓無胈，脛無毛」之大禹何異？與「棲棲不已，席不暇暖」之孔子何異？孟子之極口詆之，無非

學術上門戶之見而已。然墨子摩頂放踵，所損者外形也。宋儒去人欲，是損及內心矣，其說豈不更出墨子之下？孔門之學，推己及人，宋儒亦推己及人，無如其所推而及之者，則為我甘餓死以殉夫，遂欲天下之婦人皆餓死以殉夫，我甘誅死以殉君，遂欲天下之臣子皆誅死以殉君，仁不如墨子，義不如楊子。孟子已斥楊墨為禽獸矣，使見宋儒，未知作何評語？

綜而言之：孟子言性善，宋儒亦言性善，實則宋儒之學說完全與孟子違反。其區分之點曰：「孟子之學說，不損傷我字；宋儒之學說，損傷我字。」

再者，宋儒還有去私欲的說法。究竟私是個什麼東西？去私是怎麼一回事？也非把他研究清楚不可。私字的意義，許氏《說文》，是引韓非的話來解釋的。韓非原文：「倉頡作書，自環者謂之私，背私謂之公。」環即是圈子。私字古文作厶，篆文作。公字從八從厶。八是把一個東西破為兩塊的意思，故八者背也。「背私謂之公。」即是說：把圈子打破了，才謂之公。假使我們只知有我，不顧妻子，環吾身畫一個圈，妻子必說我循私。我於是把我字這個圈撤去，環妻子畫一圈。但弟兄在圈之外，又要說我徇私。於是把妻子這個圈撤去，環弟兄畫一個圈。但鄰人在圈之外，又要說我徇私。於是把弟兄這個圈撤去，環鄰人畫一個圈。但國人在圈之外，又要說我徇私。於是把鄰人這個圈撤去，環國人畫一個圈。但他國人在圈之外，又要說我徇私。這只好把本國人這個圈子撤了，環人類畫一個大圈，才可謂之公。

但還不能謂之公。假使世界上動植礦都會說話，禽獸一定說：你們人類為甚麼要宰殺我們？未免太自私了。草木問禽獸道：你為甚麼要吃我們？你也未免太自私了。泥土沙石問草木道：你為甚麼要在我們身上吸收養料？你草木未免自私。並且泥土沙石可以問地心道：你為甚麼把我們向你中心牽引？你未免自私。太陽又可問地球道：我牽引你，你為甚麼不攏來，時時想向外逃走，並且還暗暗地牽引我？你地球也未免自私。再反過來說，假令太陽怕地球說他徇私，他不牽引地球，地球早不知飛往何處去了。地心怕泥土沙石說他徇私，也不牽引了，這泥土沙石立即灰飛而散，地球就立即消滅了。

我們這樣推想，即知道：遍世界尋不出一個公字。通常所謂公，是畫了範圍的，範圍內人謂之公，範圍外人仍謂之私。又可知道：人心之私，通於萬有引力，私字之除不去，等於萬有引力之除不去。如果除去了，就會無人類，無世界。宋儒去私之說，如何行得通？

請問私字既是除不去，而私字留著，又未免害人，應當如何處治？應之曰：這是有辦法的。人心之私，既是通於萬有引力，我們用處治萬有引力的法子處治人心

之私就是了。人類相爭相奪，出於人心之私，人類相親相愛，也出於人心之私。阻礙世界進化，固然由於人有私心；卻是世界能夠進化，也全靠人有私心。由漁佃而遊牧，而耕稼，而工商，造成種種文明，也全靠人有私心，在暗中鼓蕩。我們對於私字，應當把他當如磁電一般，熟考其性質，因而利用之，不能徒用剷除的法子。假如物理學家因為電氣能殺人，朝朝日日，只研究除去電氣的法子，我們哪有電話電燈來使用？私字之不可去，等於地心吸力之不可去，我們只好承認其私，使人人各遂其私，你不妨害我之私，我不妨害你之私。這可說是私到極點，也即是公到極點。有人問：人性是善是惡？應之曰：請問地心吸力是善是惡？請問電氣是善是惡？你把這個問題答覆了再說。

孟子全部學說，乃是確定我字為中心點，擴而充之，層層放大，親親而仁民，仁民而愛物。他不主張除去利己之私，只主張我與人同遂其私：我有好貨之私，則使居者有積倉，行者有裹糧；我有好色之私，則使內無怨女，外無曠夫。宋儒之學，恰與相反，不惟欲除去一己之私，且欲除去眾人之私。無如人心之私通於萬有引力，欲去之而卒不可去，而天下從此紛紛矣。讀孟子之書，靄然如春風之生物；讀宋儒之書，凜然如秋霜之殺物。故曰：宋儒學說，完全與孟子違反。

4・告子言性正確

人性本是無善無惡，也即是可以為善，可以為惡。告子的說法，任從何方面考察，都是合的。他說：「性猶湍水也。」湍水之變化即是力之變化。我們說：「心理依力學規律而變化。」告子在二千多年以前，早用「性猶湍水也」五字把他包括盡了。告子曰：「性猶湍水也，決諸東方則東流，決諸西方則西流。」意即曰：導之以善則善，誘之以惡則惡。此等說法，即是《大學》上「堯舜率天下以仁而民從之，桀紂率天下以暴而民從之」的說法。孟子之駁論乃是一種詭辯。宋儒不悟其非，力詆告子。請問《大學》數語，與告子之說有何區別？《孟子》書上有「民之秉彝，好是懿德」之語，宋儒極口稱道，作為他們學說的根據，但是《大學》於堯舜紂數語之下，卻續之曰：「其所令，反其所好，而民不從。」請問，民之天性，如果只好懿德，則桀紂率之以暴，是為反其所好，宜乎民之不從了？今既從之，豈不成了「民之秉彝，好是惡德」？宋儒力詆告子，而於《大學》之不予駁正，豈足服人？

孟子全部學說都很精粹，獨性善二字，理論未圓滿。宋儒之偉大處，在把中國學術與印度學術溝通為一，以釋氏之法治心，以孔氏之法治世，入世、出世打成一片，為學術上開一新紀元，是千古不磨之功績（其詳俱見拙著《中國學術之趨勢》）。宋儒能建此種功績，當然窺見了真理，告子所說，是顛撲不破之真理，何以反極口詆之呢？其病根在誤信孟子。宋儒何以會誤信孟子？則由韓昌黎啟之。

昌黎曰：「堯以是傳之舜，舜以是傳之禹，禹以是傳之湯，湯以是傳之文武周公，文武周公傳之孔子，孔子傳之孟軻，軻之死，不得其傳焉。」這本是無稽之談。此由唐時佛教大行，有衣缽真傳之說。我們閱《五燈會元》一書，即知昌黎所處之世，正是此說盛行時代。他是反抗佛教之人，因創此「想當然耳」的說法，意若曰：「我們儒家，也有一種衣缽真傳。」不料宋儒信以為真，創出道統之說，自己欲上承孟子；告子、荀子之說，與孟子異，故痛詆之。曾子是得了孔子衣缽之人，傳之子思，轉授孟子，故《大學》之言雖與告子相同，亦不駁正。

昌黎為文，喜歡戛戛獨造。伊川曰：「軻之死不得其傳，似此言語，非是蹈襲前人，又非鑿空撰得，必有所見。」既曰：「非是蹈襲前人」，是為無稽之談；既曰「必有所見」，是為「想當然耳」。昌黎之語，連伊川都尋不出來源，宋儒道統之說，根本上發生動搖，所以創出的學說有不少破綻。

程明道立意要尋「孔子傳之孟軻」那個東西，初讀儒書，茫無所得，求之佛老幾十年，仍無所得，返而求之六經，忽然得之。請問明道所得，究竟是甚麼東西？我們須知：「人心之構成，與地球之構成相似：地心有引力，能把泥土沙石，有形有體之物，吸收來成為一個地球；人心也有引力，能把耳聞目睹，無形無體之物，吸收來成為一個心。」明道出入儒釋道三教之中，不知不覺，把這三種原素吸收胸中，融會貫通，另成一種新理，是為三教的結晶體，是最可寶貴的東西。明道不知所創獲的為至寶，反舉而歸諸孔子，在六經上尋出些詞句，加以新解，藉以發表自己所獲之新理，此為宋學全部之真相。宋儒最大功績在此，其荊棘叢生也正在此。

孟子言性善，還舉出許多證據，如孩提愛親、孺子入井、不忍觳觫等等。宋儒則不另尋證據，徒在四書五經上尋出些詞句研究，滿紙天理人欲、人心道心、義理之性、氣質之性等名詞，鬧得人目迷五色，不知所云。我輩讀《宋元學案》、《明儒學案》諸書，應當用披沙揀金的辦法，把這類名詞掃蕩了，單看他內容的實質，然後他們的偉大處才看得出來，謬誤處也才看得出來。

孟子的性善說和荀子的性惡說合而為一，就合乎宇宙真理了。二說相合，即是告子性無善無不善之說。人問：孟子的學說怎能與荀子相合？我說：孟子曰：「人少則慕父母，知好色則慕少艾，有妻子則慕妻子。」荀子曰：「妻子具而孝衰於親。」二人之說，豈不是一樣？孟子曰：「大孝終身慕父母，五十而慕者，予於大舜見之矣。」據孟子所說：滿了五十歲的人還愛慕父母，他眼睛只看見大舜一人。請問：人性的真相，究竟是怎麼樣？難道孟、荀之說不能相合？由此知：孟、荀言性之爭點，只在善與惡兩個形容詞上，至於人性之觀察，二人並無不同。

據宋儒的解釋，孩提愛親，是性之正，少壯好色，是形氣之私。此等說法，未免流於穿鑿。孩提愛親，非愛親也，愛其乳哺我也。孩子生下地，即交乳母撫養，則只愛乳母，不愛生母，是其明證。愛乳母與慕少艾、慕妻子，心理原是一貫，無非是為我而已。為我是人類天然現象，不能說他是善，也不能說他是惡，是故告子性無善無不善之說最為合理。告子曰：「食、色，性也。」孩提愛親者，食也；慕少艾、慕妻子者，色也。食、色為人類生存所必需，求生存者，人類之天性也。故告子又曰：「生之謂性。」

告子觀察人性既是這樣，則對於人性之處置，又當怎樣呢？告子設喻以明之曰：「性猶湍水也，決諸東方則東流，決諸西方則西流。」又曰：「性猶杞柳也，義猶桮棬也，以人性為仁義，猶以杞柳為桮棬。」告子這種說法是很對的，人性無善無惡，也即是可以為善，可以為惡。譬如深潭之水，平時水波不興，看不出何種作用，從東方決一口，可以灌田畝，利行舟，從西方決一口，可以淹禾稼，漂房舍；我們從東方決口好了。又譬如一塊木頭，可製為棍棒以打人，也可製為碗盞以裝食物；我們製為碗盞好了。這種說法，真可合孟荀而一之。

孟子書中，載告子言性者五：曰性猶杞柳也，曰性猶湍水也，曰生之謂性，曰食色性也，曰性無善無不善也。此五者原是一貫的。朱子注「食色」章曰：「告子之辯屢屈，而屢變其說以求勝。」原書俱在，告子之說始終未變，而孟子亦卒未能屈之也。朱子注「杞柳」章，謂告子言仁義，必待矯揉而後成。其說非是。而注「公都子」章，則曰：「氣質所稟，雖有不善，而不害性之本善；性雖本善，而不可以無省察矯揉之功。」忽又提出矯揉二字，豈非自變其說乎！

朱子注「生之謂性」章說道：「杞柳、湍水之喻，食、色無善無不善之說，縱橫繆戾，紛紜舛錯，而此章之誤，乃其本根。」殊不知告子言性者五，俱是一貫說下，並無所謂「縱橫繆戾，紛紜舛錯」。「生之謂性」之生字，作生存二字講。生存為人類重心，是世界學者所公認的。告子言性，以生存二字為出發點，由是而有「食色性也」之說，有「性無善無不善」之說，又以杞柳、湍水為喻，其說最為精確，而宋儒反認為根本錯誤，此朱子之失也。然朱子能認出「生之謂性」一句為告子學說根本所在，亦不可謂非特識。

告子不知何許人？有人說是孔門之徒。我看不錯。孔子贊《周易》，說：「天

地之大德曰生。」朱子以生字言性，可說是孔門嫡傳。孟子學說雖與告子微異，而處處仍不脫生字。如云：「菽粟如水火，而民焉有不仁者乎？」又云：「內無怨女，外無曠夫，於王何有？」仍以食、色二字立論。竊意孟子與告子論交之異同，等於子夏、子張論交之異同，其大旨要不出孔氏家法。孟子曰：「告子先我不動心。」心地隱微之際亦知之，二人交誼之深可想。其論性之爭辯，也不過朋友切磋，互相質證。宋儒有道統二字橫亙在心，力詆告子為異端，而自家之學說則截去生字立論，叫婦人餓死，以殉其所謂節，叫臣子無罪受死，以殉其所謂忠，孟子有知，當必引告子為同調，而擯程朱於門牆之外也。

宋儒崇奉儒家言，力闢釋、道二家之言，在《尚書》上尋得「人心惟危，道心惟微，惟精惟一，允執厥中」四語，託為虞廷十六字心傳，遂自謂生於一千四百年以後，得不傳之學於遺經。嗣經清朝閻百詩考出，這四句是偽書，作偽者採自荀子，荀子又是引用道經之語。閻氏之說，在經學界中，算是已定了的鐵案，這十六字是宋儒學說的出發點，根本上就雜有道家和荀學的原素，反欲借孔子以排老子，借孟子以排荀子，遂無往而不支離穿鑿。朱子曰：「氣質所稟，雖有不善，而不害性之本善；性雖本善，而不可以無省察矯揉之功。」請問：所稟既有不善，尚得謂之本善乎？既本善矣，安用矯揉乎？此等說法，真可謂「縱橫繆戾，紛紜舛錯」。

以視告子扼定生存二字立論，明白簡易，何啻天淵！

宋儒謂人心為人欲，蓋指飲食男女而言；謂道心為天理，蓋指愛親敬兄而言。朱子《中庸章句》序曰：「人莫不有是形，故雖上智不能無人心。」無異於說：當小孩的時候，就是孔子，也會搶母親口中糕餅；我與孺子同時將入井，就是孔子，也是只有怵惕而無惻隱。假如不是這樣，小孩生下地，即不會吸母親身上之乳，長大來，看見井就會跳下去，世界上還有人類嗎？道理本是對的，無奈已侵入荀子範圍去了。並且「人生而靜」數語，據後儒考證，是文子引老子之語，河間獻王把他採入《樂記》的。《文子》一書，有人說是偽書，但也是老氏學派中人所著，可見宋儒天理人欲之說不但侵入告子、荀子範圍，簡直是發揮老子的學說。然則宋儒錯了嗎？曰不惟莫有錯，反是宋儒最大功績。假使他們立意要將孔孟學說與老荀告諸人融合為一，反看不出宇宙真理，惟其極力反對老荀告諸人，而實質上乃與諸人融合為一，才足證明老荀告諸人之學說不錯，才足證明宇宙真理實是如此。

朱子《中庸章句》序又曰：「必使道心常為一身之主，而人心每聽命焉。」主者，對僕而言，道心為主，人心為僕；道心者，為聖為賢之心，人心者，好貨好色之心；聽命者，僕人職供奔走，惟主人之命是聽也。細繹朱子之語，等於說：我想為聖為賢，人心即把貨與色藏起；我想吃飯，抑或想及「男女居室，人之大倫」，人心就把貨與色獻出來。必如此，方可曰：「道心常為一身之主，而人心每聽命焉。」然而未免迂曲難通矣。總之，宇宙真理，人性真相，宋儒是看清楚了的，只因要想承繼孟子道統，不得不擁護性善說。一方面要顧真理，一方面要顧孟子，以致觸處荊棘，愈解釋，愈迂曲難通。我輩厚愛宋儒，把他表面上這些渣滓掃去了，裡面的精義自然出現。

告子曰：「食色性也。仁內也，非外也；義外也，非內也。」下文孟子只駁他義外二字，於食色二字，無一語及之，可見「食色性也」之說，孟子是承認了的。他對齊宣王說道：「王如好貨，與民同之，於王何有？」「王如好色，與民同之，於王何有？」並不叫他把好貨好色之私除去，只叫他推己及人，使人人遂其好貨好色之私。後儒則不然。

《王陽明傳習錄》曰：「無事時，將好貨好色等私逐一追究搜導出來，定要拔去病根，永不復起，方始為快。常如貓之捕鼠，一眼看著，一耳聽著，才有一念萌動，即與克去，斬釘截鐵，不可姑容，與他方便，不可窩藏，不可放他出路，方能掃除廓清。」這種說法，彷彿是：見了火會燒房子，就叫人以後看見一星之火，立即撲滅，斷絕火種，方始為快。律以孟子學說，未免大相徑庭了。

《傳習錄》又載：「一友問：欲於靜坐時，將好色好貨等根逐一搜尋出來，掃除廓清，恐是剜肉做瘡否？先生正色曰：這是我醫人的方子，真是去得人病根。更有大本事人，過了十餘年，亦還用得著。你如不用，且放起，不要作壞我的方法。是友愧謝。少間曰：此量非你事，必吾門稍知意思者，為此說以誤汝。在座者悚然。」我們試思：王陽明是極有涵養的人，平日講學，任如何問難，總為勤勤懇懇地講說，何以門人這一問，他就動氣，始終未把道理說出？又何以承認說這話的人是稍知意思者呢？這就很值得研究了。

怵惕與惻隱同是一物，天理與人欲也同是一物，猶之燒房子者是火，煮飯者也是火。宋、明諸儒不明此理，把天理、人欲看為截然不同之二物。陽明能把知、行二者合而為一，能把明德、親民二者合而為一，能把格物、致知、誠意、正心、修身五者看作一事，獨不能把天理、人欲二者看作一物，這是他學說的缺點，門人這一問，正擊中他的要害，所以就動起氣來了。究竟剜肉做瘡四字，怎樣講呢？肉喻天理，瘡喻人欲，剜肉做瘡者，誤天理為人欲，去人欲即傷及天理也。門人的意思，即是說：「我們如果見了一星之火，即把他撲滅，自然不會有燒房子的事，請問拿甚麼東西來煮飯呢？換言之，把好貨之心連根去盡，人就不會吃飯，豈不餓死嗎？把好色之心連根去盡，就不會有男女居室之事，人類豈不滅絕嗎？」這個問法，何等利害！所以陽明無話可答，只好忿然作色。此由陽明沿襲宋儒之說，力闢

告子，把「生之謂性」和「食色性也」二語欠了體會之故。

陽明研究孟荀兩家學說，也未徹底。《傳習錄》載陽明之言曰：「孟子從源頭上說來，荀子從流弊上說來。」我們試拿孟子所說「怵惕惻隱」四字來研究。由怵惕而生出惻隱，怵惕是「為我」之念，惻隱是「為人」之念，「為我」擴大，則為「為人」。怵惕是源，惻隱是流。荀子學說從為我二字發出，孟子學說從為人二字發出。荀子所說是否流弊，姑不深論，怵惕之上是否尚有源頭，我們也不必深考，唯孟子所說惻隱二字確非源頭。陽明說出這類話，也是由於讀孟子書，忘卻惻隱上面還有怵惕二字的原故。

《傳習錄》是陽明早年講學的語錄，到了晚年，他的說法又不同了。《龍溪語錄》載，錢緒山謂「無善無惡心之體，有善有惡意之性，知善知惡是良知，為善去惡是格物」四語是師門定本。王龍溪謂：「若悟得心是無善無惡之心，亦即意是無善無惡之意，知即是無善無惡之知，物即是無善無惡之物。」時陽明出征廣西，晚坐天泉橋上，二人因質之。陽明曰：「汝中（龍溪字）所見，我久欲發，恐人信不及，徒增躐等之弊，故含蓄到今。此是腹心祕藏，顏子問道所不敢言。今既說破，亦是天機該發泄時，豈容復祕！」陽明至洪都，門人三百餘人來請益。陽明曰：「吾有向上一機，久未敢發，以待諸君之自悟，近被王汝中拈出，亦是天機該發泄時。」明年廣西平，陽明歸，卒於途中。龍溪所說，即是將天理人欲打成一片，陽明直到晚年，才揭示出來。因此知：門人提出剜肉做瘡之問，陽明正色斥之，並非說他錯了，乃是恐他躐等。

錢德洪極似五祖門下之神秀，王龍溪極似慧能。德洪所說，即神秀「時時勤拂拭」之說也，所謂漸也。龍溪所說，即慧能「本來無一物」之說也，所謂頓也。陽明曰：「汝中須用德洪工夫，德洪須透汝中本旨，二子之見，止可相取，不可相病。」此頓悟、漸修之說也。《龍溪語錄》所講的道理，幾於《六祖壇經》無異。此由心性之說，惟佛氏講得最精，故王門弟子多歸佛氏。程門高弟，如謝上蔡、楊龜山諸人，後來也歸入佛氏。佛家言性，亦謂之無善無惡，與告子之說同。宇宙真理，只要研究得徹底，彼此雖不相師，而結果是相同的。陽明雖信奉孟子性善說，卒之倡出「無善無惡心之體」之語，仍走入告子途徑。儒家為維持門戶起見，每曰：「無善無惡，是為至善。」這又流於詭辯了。然則我們何嘗不可說：「無善無惡，是為至惡。」

有人難我道：告子說：「性無善無不善。」陽明說：「無善無惡心之體。」一個言性，一個言心之體，如何混為一談？我說道：性即是心之體，有陽明之言可證。陽明曰：「心統性情，性，心體也，情，心用也，夫體用一源也。知體之所以

為用，則知用之所以為體矣。」性即是心之體，這是陽明自己加的解釋，所以我說：陽明的說法，即是告子的說法。吾國言性者多矣，以告子無善無不善之說最為合理。以醫病喻之，「生之謂性」和「食色性也」二語是病源，杞柳、湍水二喻是治療之方。孟荀楊墨申韓諸人俱是實行療病的醫生，有喜用熱藥的，有喜用涼藥的，有喜用溫補的，藥方雖不同，用之得宜，皆可起死回生。我們平日把病源研究清楚，各種治療技術俱學會，看病情如何變，施以何種治療即是了。

治國者，首先用仁義化之，這即是使用孟子的方法，把一般人可以為善的那種天性誘導出來。善心生則惡心消，猶之治水者，疏導下游，自然不會有橫溢之患。然人之天性又可以為惡，萬一感化之而無效，敢於破壞一切，則用申韓之法嚴繩之，這就等於治水者之築堤防。治水者疏導與堤防二者並用，故治國者仁義與法律二者並用。孟子言性善，是勸人為善；荀子言性惡，是勸人去惡。為善、去惡，原是一貫的事，我們會通觀之可也。

持性善說者，主張仁義化民；持性惡說者，主張法律繩民。孟子本是主張仁義化民的，但他又說道：「徒善不足以為政，徒法不能以自行。」則又是仁義與法律二者並用，可見他是研究得很徹底的，不過在講學方面想獨樹一幟，特標性善二字以示異罷了。我們讀孟子書，如果除去性善二字，再除去詆楊墨為禽獸等語和告子論性數章，其全部學說都粹然無疵。

世界學術分三大支，一中國，二印度，三西洋。最初印度學術傳入中國，與固有學術發生衝突，相推相蕩，經一千多年，程明道出來，把他打通為一，以釋氏之法治心，孔子之法治世，另成一種新學說，即所謂宋學。這是學術上一種大發明。不料這種學說剛成立，而流弊跟著發生。因為明道死後，他的學說分為兩派，一派為程（伊川）朱，一派為陸王。明道早死，伊川享高壽，宋學中許多不盡人情的議論，大概屬乎伊川這一派。

中國是尊崇孔子的國家，朱子發見了一個道理，不敢說是自己發見的，只好就《大學》「格物致知」四字解釋一番，說我這種說法是為孔門真傳。王陽明發見了一個道理，也不敢說是自己發見的，乃將《大學》「格物致知」四字加一番新解釋，說道：朱子解釋錯了，我的說法才是孔門真傳。所以我們研究宋明諸儒的學說，最好的辦法，是把我們所用名詞及一切術語掃蕩了，單看他的內容。如果拿淺俗的話來說，宋明諸儒的意思，都是說：凡人要想為聖為賢，必須先將心地弄好，必須每一動念，即自己考察，善念即存著，惡念即克去，久而久之，心中所存者，就純是善念了。關於這一層，宋明諸儒的說法都是同的。

惟是念頭之起，是善是惡，自己怎麼能判別呢？在程朱這一派人說道：你平居

無事的時候，每遇一事，就細細研究，把道理融會貫通了，以後任一事來，你都可以分別是非善惡了。陸王這一派說道：不須那麼麻煩！你平居無事的時候，把自家的心打掃得乾乾淨淨，如明鏡一般，無纖毫渣滓，以後任一事來，自然可以分別是非善惡。這就是兩派相爭之點。在我們想來，一面把自家心地打掃得乾乾淨淨，一面把外面的事研究得清清楚楚，豈不是合程朱陸王而一之？然而兩派務必各執一詞，互不相下。此正如孟荀性善性惡之爭，於整個道理中，各截半面以立論，即成對峙之兩派，是之謂門戶之見。

達爾文生存競爭之說，合得到告子所說「生之謂性」。達爾文學說本莫有錯，錯在因生存競爭而倡言弱肉強食，成了無界域之競爭，已經達到生存點了，還競爭不已，馴至歐洲列強掠奪弱小民族生存的資料，以供其無厭之慾壑。尼采則由達爾文之說更推進一步，倡超人主義，謂愛他為奴隸道德，謂剷滅弱者為強者天職，因而產出德皇威廉第二，造成第一次世界大戰；產出墨索里尼、希特勒和日本軍閥，又造成第二次世界大戰。推原禍始，實由達爾文對於人生欠了研究之故。假使達爾文多說一句曰：「競爭以達到生存點為止。」何至有此種流弊？

中國之哲學家不然。告子「食色性也」的說法，孟荀都是承認的。荀子主張限制，不用說了，孟子對於食字，只說到不饑不寒，養生送死無憾為止，對於色字，只說到無怨女無曠夫為止，達到生存點即截然止步，隨即提倡禮義，因之有「衣食足而禮義興」的說法。這是中國一貫的主張，絕莫有西洋學說的流弊。

欲世界文明，不能於西洋現行學說中求之，當於我國固有學說中求之。我國改革經濟政治與夫一切制度，斷不能師法歐美各國。即以憲法一端而論，美國憲法算是制得頂好的了，根本上就有問題。美國制憲之初，有說人性是善的，主張地方分權，有說人性不能完全是善，主張中央集權，兩派之爭執，經過許久，最終後一派戰勝，定為中央集權，此乃政爭上之戰勝，非學理上之戰勝，豈足為我國師法？據我們的研究，人性乃是無善無惡的，應當把地方分權與中央集權融合為一，制出來的憲法，自地方看之，則為地方分權，自中央看之，則為中央集權，等於渾然的整個人性，自孟子看之，則為性善，自荀子看之，則為性惡。

古今中外，討論人性者，聚訟紛如，莫衷一是，唯有告子性無善無不善之說，證以印度佛氏之說，是合的。他說：「生之謂性。」律以達爾文生存競爭之說也是合的。至於他說：「食色性也。」現在的人，正瘋狂一般向這二字奔去，更證明他的觀察莫有錯。我們說：「心理依力學規律而變化。」而告子曰：「性猶湍水也。」水之變化，即是力之變化，我們這條臆說，也逃不出他的範圍。性善性惡之爭執，是我國二千多年未曾解決之懸案，我們可下一斷語曰：告子之說是合理的。

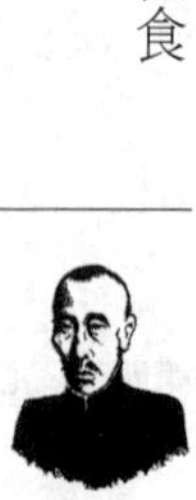

5・心理依力學規律而變化

宇宙之內，由離心向心兩力互相作用，才生出萬有不齊之事事物物，表面上看，似乎參差錯亂，其實有一定不移之軌道。人與物，造物是用一種大力，同樣鼓鑄之，故人事與物理相通。離心力與向心力，二者互相為變。所以世上有許多事，我們強之聯合，他反轉相離；有時縱之使離，他又自行結合了。瘋狂的人，想逃走的心，與禁錮的力成正比例，越禁錮得嚴，越是想逃走；有時不禁錮他，他反而不想逃走了。父兄約束子弟，要明白這個道理；官吏約束百姓，也要明白這個道理。

秦政苛，群盜蜂起；文景寬大，民風反轉渾樸起來。其間確有規律可尋，並非無因而至。我們手搓泥丸，越搓越緊，若是緊到極點，即是向心力到了極點，再用大力搓之，泥丸立即破裂，呈一種離心現象。水遇冷則收縮，是向心現象，越冷越收縮，到了攝氏零度，再加冷，也呈離心現象，越冷越膨脹。可知離心向心本是一力之變。比方我們持一針向紙刺去，愈前進愈距紙愈近，這是向心現象；刺破了紙，仍前進不止，即愈前進距紙愈遠，變為離心現象。

此針進行之方向並未改變，卻會生出兩種現象。因為凡物都有極限，水以攝氏零度為極限，紙以紙面為極限，過了極限，就會生反對的現象。父兄約束子弟，官吏約束百姓，須察知極限點之所在。

由上面之理推去，地球之成毀也就可知了。地球越冷越收縮，到了極限點，呈反對現象，自行破裂，散為飛灰，迷漫太空，現在的地球於是告終。又由於引力的作用，歷若千年後，又生出新地球。

我們身體上之物質，將來是要由現在這個地球介紹到新地球去的。人身體的物質，世世生生，隨力學規律旋轉，所以古往今來的人之心理都是隨力學規律旋轉。

萬物有引力，萬物有離力。引力勝過離力，則其物存；離力勝過引力，則其物毀。目前存在之物，都是引力勝過離力的，故有「萬有引力」之說。其離力勝過引力之物早已消滅，無人看見，所以「萬有離力」一層無人注意。

地球是現存之物，故把地面外的東西向內部牽引；心是現存之物，故把六塵緣影向內部牽引。小兒是求生存之物，故看見外面的東西，即取來放入自己口中；人類是求生存之物，故見有利於己之事，即牽引到自己身上去。我們天然的現象，無一不是向內部牽引。地球也、心也、小兒也、人類也，將來本是要由萬有離力的作用，消歸烏有的，但是未到消滅的時候，他那向內牽引之力，無論如何是不能除去

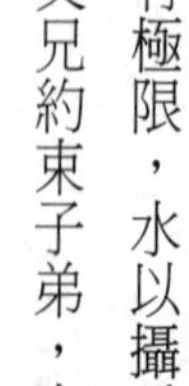

的。宋儒去私之說，等於想除去地心吸力，怎能辦得到？

人心之私，既不能除去，我們只好承認其私，把人類畫為一大圈，使之各遂其私，人人能夠生存，世界才能太平。我們人類當同心協力，把圈外之禽獸草木地球當作敵人，搜取他的寶物，與人類平分，這才是公到極點，也可以說是私到極點。如其不然，徒向人類奪取財貨，世界是永不得太平的。

心理之變化等於水之變化，水可以為雲雨、為霜露、為冰雪、為江湖、為河海，時而浪靜波恬，時而奔騰澎湃，變化無方，幾於不可思議，而科學家以力學規律繩之，無不一一有軌道可循。

人的心理，不外相推相引兩種作用。自己覺得有利的事，就引之使近；自己覺得有害的事，就推之使遠。人類因為有此心理，所以能夠相親相愛，生出種種福利；又因為有此心理，所以才會相爭相奪，生出種種慘禍。主持政教的人當用治水之法，疏鑿與堤防二者並用。得其法，則行船舟，灌田畝，其利無窮；不得其法，則漂房舍，殺人畜，其害也無窮。宋儒不明此理，強分義理之性、氣質之性，創出天理人欲種種說法，無異於說，行船舟、灌田畝之水，其源出於天，出於理，漂房舍、殺人畜之水，出於人，出於氣。我不知一部宋元明清學案中，天人理氣等字究竟是甚麼東西，只好說他迂曲難通。

我們細察己心，種種變化，都是依著力學規律走的。狂喜的時候，力線向外發展；恐懼的時候，力線向內收縮。遇意外事變，欲朝東，東方有阻，欲朝西，西方有礙，力線轉折無定，心中就呈慌亂之狀。對於某種學說，如果承認他，自必引而受之，如果否認他，自必推而遠之；遇一種學說，似有理，似無理，引受不可，推去不能，就成狐疑態度。

我心推究事理，依直線進行之例，一直前進，推至甲處，理不可通，即折向乙處，又不可通，即折向丙處，此心之曲折與流水之迂迴相似。水本是以直線前進的，雖是迂迴百折，仍不外力學規律。我們的心也是如此。此外尚有種種現象，細究之，終不外推之引之兩種作用。有時潛心靜坐，萬緣寂滅，無推引者，亦無被推引者，如萬頃深潭，水波不興，即呈一種恬靜空明之象。此時之心，雖不顯何作用，其實千百種作用都蘊藏在內，人的心理就可了然了。水雖是以直線進行，但把它放在器中，它就隨器異形，器方則方，器圓則圓。人的心理也是如此。人有各種嗜欲，其所以不任意發露者，實由於有一種拘束力把他制住。拘束力各人不同，有受法律的拘束，有受清議的拘束，有受金錢的拘束，有受父兄師長朋友的拘束，有受因果報應及聖賢學說的拘束，種種不同。只要把他心中的拘束力除去，他的嗜欲立時呈露，如貯水之器，有了罅漏，即向外流出一般。

貪財好色之人，身臨巨禍，旁人看得清清楚楚，而本人則茫然不知。因為他的思想感情，依直線進行公例，直線在目的物上，兩旁的事物全不能見。譬如寒士想做官，做了官還嫌小，要做大官，做了大官，還是向前不止。袁世凱做了大總統，還想做皇帝；秦皇漢武，做了皇帝，在中國稱尊，還嫌不足，要起兵征伐四夷，四夷平服了，又要想做神仙。這就是人類嗜欲依直線進行的明證。

耶教志在救人，以博愛為主旨，其教條是：「有人批我左頰者，並以右頰獻上。」乃新舊教之爭，釀成血戰慘禍，處置異教徒，有焚燒酷刑，竟與教旨顯背，請問這是甚麼道理？法國革命，以自由、平等、博愛相號召，乃竟殺人如麻，稍有反抗者，或形跡可疑者，即加誅戮，與所標主旨全然違反，這又是甚麼道理？我們要解釋這個理由，只好求之力學規律。耶穌、盧梭的信徒只知追求他心中之目的物，熱情剛烈，猶如火車開足馬力向前奔走一般，途中人畜無不被其碾斃。凡信各種主義的人，都可本此公例求之。

凡事既都有變例，所謂常例和靜的現象，是指未加外力而言。若以變例言之，則有幫助外人攻擊其兄者，則有愛花、愛石、愛山水，而忘其身命者。語云：「忠臣不事二君，烈女不嫁二夫。」心中加了一個忠字、烈字，往往自甘殺身而不悔。又云：「慷慨赴死易，從容就義難。」慷慨者，動的現象也；從容者，靜的現象也。中日戰爭，我國許多無名戰士身懷炸彈，見日本坦克車來，即奔臥道上，以身與敵人同盡。彼其人既不為利，復不為名，而有此等舉動，其何故哉？孟子曰：「所欲有甚於生者，所惡有甚於生者。」蓋我之外，另有一物，為其視線所注也。

耶穌、盧梭信徒求達目的，忘卻主旨，吾國志士求達目的，忘卻己身，此其間確有一定的軌道。故老子曰：「民不畏死，奈何以死懼之。」目的可以隨時轉變，其表現出來者遂有形形色色之不同，然而終不外力學規律。我們悟得此理，才可以處理事變，才可以教育民眾。

人的思想感情本是依直線進行，但表現出來，卻有許多彎彎曲曲、奇奇怪怪的狀態，其原因出於人群眾多，力線交互錯綜，相推相引，又加以境地時時變遷，各人立足點不同，觀察點不同，所以明明是直線，轉變成曲線。例如：我們找一塊直線板，放在黑板上，用白墨順著直線板畫一線，此線當然是直線。假使畫直線之時，黑板任意移動，結果所畫之線就成為曲線了。我們如把愛因斯坦的相對論運用到一般人事上，就可把這個道理解釋明白。

人人有一心，即人人有一力線，各力線俱向外發展，宜乎處處衝突，何以平常時，衝突之事不多見？因為力線有種種不同：有力與力不相交的，此人做甲事，彼人做乙事，各不相涉。有力與力相消的，例如有人起心，想害某人，旋想他的本事

太大，我怕敵他不過，因而中止。有力與力相合的，例如抬轎的人，舉步快慢，自然一致。有力與力相需的，例如賣布的和縫衣匠，有布無人縫，有人縫無布賣，都不行，相需互用，自然彼此相安。又有大力制止了小力的，例如小孩玩得正高興的時候，父母命他做某事，他心中雖是不願，仍不能不做，是父母之力把他的反對力制伏了。又如交情深厚的朋友，小有違忤，能夠容忍，因為彼此間的凝結力很大，小小衝突之力不能表現。

諸如此類，我們下細考察，即知人與人相接，力線相互錯綜，如網一般，有許多線不惟不衝突，反是相需相成。人類能夠維繫，以生存於世界，就是這個原因。

通常的人，彼此之力相等，個個獨立。大本事的人，其力大，能夠把他前後幾個人吸引來成一個團體；成了團體以後，由合力作用，其力更大，又向外面吸引；越吸引越大，其勢力就遍於天下。東漢黨人、明季黨人，就是這種現象。如果同時有一人，力量也大，不受他的吸引，並且把自己前前後後幾個人吸引成一團體，也是越吸引越大，就成了對峙的兩黨。宋朝王安石派的新黨，司馬光派的舊黨，是這種現象；程伊川統率的洛黨，蘇東坡統率的蜀黨，也是這種現象。現在各黨之對峙，也是這種現象。兩黨相遇，其力線之軌道，與兩人相遇一樣。凡當首領的人，貴在把內部衝突之力取消，一致對外。如其不然，他那團體就會自行解散。有些團體，越受外界壓迫，越是堅固；有些一受壓迫，即行解體。其原因即在那當首領的人能否統一內部力線，不關乎外力之大小。

有人說：群眾心理與個人心理不同。個人獨居的時候，常有明瞭的意識、正當的情感，一遇群眾動作，身入其中，此種意識、情感即完全消失，隨眾人之動作而動作。往往有平日溫良謙讓的人，一入群眾之中，忽變而為獰厲囂張、橫不依理的暴徒；又有平日柔懦卑鄙的人，一入群眾之中，忽變而為熱心公義、犧牲身命的志士。法人黎朋著《群眾心理》一書，歷舉事實，認為群眾心理，不能以個人心理解釋之。其實不然。我們如果應用力學規律，就可把這個道理說明。

人人有一心，即人人有一力，一人之力不敵眾人之力，群眾動作身入其中，我一己之力被眾人之大力相推相蕩，不知不覺，隨同動作，以眾人的意識為意識，眾人的情感為情感，自己的腦筋就完全失去自主能力了。因為有這個道理，所以當主帥的人才能驅使千千萬萬的平民效命疆場，當首領的人才能指揮許多黨徒為殺人放火的暴行。

個人獨居的時候，以自己之腦筋為腦筋，群眾動作是以首領之腦筋為腦筋。當首領的人只要意志堅強，就可指揮如意。史稱：「李光弼入軍，號令一施，旌旗變色。」俗語說：「強將手下無弱兵。」就是這個道理。

水之變化，依力學規律而變化；吾人心理之變化，也是依力學規律而變化。每每會議場中，平靜無事，忽有一人登臺演說，慷慨激昂，激情立即奮發，釀成重大事變。此會議場中的眾人猶如深潭的水一般，堤岸一崩，水即洶湧而出，漂房舍，殺人畜，勢所不免。

所以，我們應付群眾暴動的方法，要取治水的方法，其法有三：一是如係堰塘之水，則登高以避之，等他流乾了，自然無事；二是如係有來源之水，則設法截堵，免其橫流；三是疏通下游，使之向下流去。水之動作，即是力之動作，我們取治水之法治理群眾，斷不會錯。

兩力平衡，才能穩定。萬事萬物以平為歸。水不平則流，物不平則鳴。資本家之對於勞工，諸列強之對於弱小民族，不平太甚，可斷定他們終歸失敗。處順利之境，心要危；處憂危之境，又要有一種豪邁之氣，使發散、收縮二力保其平衡，才不亢，不如此則不平。倘若在上又高亢，我們必說他驕傲；在下又謙虛，我們必說他卑鄙。此由我們的心是一種力構成，力以平為歸。

所以，我們的心中藏得有一個平字，為衡量萬事萬物的標準，不過自己習而不察罷了。心中之力與宇宙之力是相通的，故我之一心可以衡量萬物。王陽明的學說，就是從這個地方生出來的。

6．人事變化之軌道

我們既說「心理依力學規律而變化」，力之變化，可用數學來說明，故心理之變化，也可用數學來說明。力之變化，可繪出圖來，尋求他的軌道。一部廿五史，是人類心理留下的影像，我們取歷史上的事，本力學規律，把他繪出圖來，即知人事紛紛擾擾，皆有一定的軌道。作圖之法，例如心中念及某事，即把那作為一個物體。心中念及他，即是心中發出一根力線，與之連結。心中喜歡他，即是想把他引之使近；如不喜歡，即是想把他推之使遠。從這相推相引之中，就可把軌道尋出。

孫子曰：「吳人越人相惡也，當其同舟共濟而遇風，其相救也，如左右手。」這是舟將沈下水，吳人、越人都想把舟拖出水來，成了方向相同的合力線。所以平日的仇人都會變成患難的好友。凡是歷史上的事，都可本此法把他繪成旁圖研究。

韓信背水陣，置之死地而後生，是漢兵被陳餘之兵所迫，前面是大河，是死路，唯有轉身把陳餘之兵推開，才有一條生路。人人如此想，即成了方向相同之合力線。所以烏合之眾可以團結為一。其力線之方向與韓信相同，所以韓信就坐收成

功了。張耳、陳餘稱為刎頸之交，算是至好的朋友。後來，張耳被秦兵圍了，求陳餘救之，餘畏秦兵強，不肯往，二人因此結下深仇。這是張耳將秦兵向陳餘方向推去，陳餘又將秦兵向張耳方向推來，力線方向相反，所以至好的朋友會變成仇敵，卒之張耳幫助韓信，把陳餘殺死泜水之上。

嬴秦之末，天下苦秦苛政，陳涉振臂一呼，山東豪俊一齊響應。陳涉並未派人去聯合，何以會一齊響應呢？這是眾人受秦的苛政久了，人人心中都想把他推開，利害相同，心理相同，就成了方向相同之合力線，不消聯合，自然聯合。

劉邦、項羽，起事之初，大家志在滅秦，目的相同，成了合力線，所以異姓之人可以結為兄弟。後來把秦滅了，目的物已去，現出了一座江山，劉邦想把他搶過來，項羽也想把他搶過來，力線相反，異姓兄弟就血戰起來了。

再以高祖與韓彭諸人的關係言之。當項羽稱霸的時候，高祖心想：只要把項羽殺死，我就好了。韓彭諸人也想：只要把項羽殺死，我就好了。思想相同，自然成為合力線，所以垓下會師，立把項羽殺死。項羽既滅，他們君臣無合力之必要，大家的心思就趨往權力上去了。但是權力這個東西，你占多了，我就要少占點，我占多點，你就要少占點，力線是衝突的，所以高祖就殺起功臣來了。

唐太宗取隋，明太祖取元，起事之初，與漢朝一樣，事成之後，唐則弟兄相殺，明則功臣族滅，也與漢朝無異。大凡天下平定之後，君臣力線就生衝突，君不滅臣，臣就會滅君，看二人之大小，定彼此之存亡。李嗣源佐唐莊宗滅梁、滅契丹，莊宗之力制他不住，就把莊宗的天下奪去了。趙匡胤佐周世宗破漢、破唐，嗣君之力制他不住，也把周之天下奪去了。這就是劉邦不殺韓彭諸人的反面文字。

光武平定天下之後，鄧禹、耿弇諸人把兵權交出，閉門讀書，這是看清了光武的路線，自己先行讓開。宋太祖杯酒釋兵權，這就是把自己要走的路線明白說出，叫他們自家讓開。究其實，漢光武、宋太祖的心理與漢高祖是一樣的。我們不能說漢高祖性情殘忍，也不能說漢光武、宋太祖度量寬宏，只能說這是一種力學公例。

岳飛想把中原挽之使南，秦檜想把中原推之使北，岳飛想把徽欽二帝迎之使南，高宗想把徽欽二帝推之使北，高宗與秦檜，成了方向相同的合力線，其方向恰與岳飛相反，岳飛一人之力不敵高宗、秦檜之合力，故三字獄（莫須有）成，岳飛不得不死。

歷史上，凡阻礙路線的人，無不遭禍。劉先帝殺張裕，諸葛亮請其罪。先帝說：「芳蘭生門，不得不除！」芳蘭何罪？罪在生非其地。趙太祖伐江南，徐鉉乞援師。太祖說：「臥榻之側，豈容他人鼾睡！」鼾睡何罪？罪在睡非其地。

古來還有一件奇事：狂華士昆弟二人，上不臣天子，下不友諸侯，耕川而食，

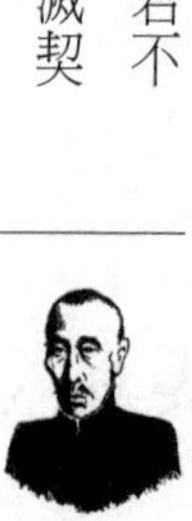

鑿井而飲，這明明是空谷幽蘭，明明是鼾睡自家榻上，宜乎可以免禍了；太公至營丘，首先誅之。這是什麼道理呢？因為太公在那個時候，正想以爵祿驅使豪傑，偏偏有兩個不受爵祿的人橫亙前面，這乃是阻礙了路線，如何容得他們？太公是聖人，狂華士是高士，高士阻礙了路線，聖人也容他不過，這可說是普通公例了。

逢蒙殺羿，是先生阻了學生之路；吳起殺妻，是妻子阻了丈夫之路；漢高祖分羹，是父親阻了兒子之路；樂羊子食羹，是兒子阻了父親之路；周公誅管蔡，唐太宗誅建成、元吉，是兄阻弟之路、弟阻兄之路。可見力線衝突了，就是父子兄弟夫妻，都要起殺機的。王猛明白這個道理，見了桓溫，即仕苻秦；殷浩不明白這個道理，即遭失敗。范蠡明白這個道理，滅了吳國，即泛舟五湖；文種不明白這個道理，即被誅戮。此外如韓非囚秦、子胥伏劍、嵇康見誅、阮籍免禍，我們試把韓非諸人的事實言論研究一番，又把殺韓非的李斯，殺子胥的夫差，以及容忍阮籍、誅戮嵇康的司馬昭，各人心中注意之點尋出，考察他們路線的經過，即知道：或衝突、或不衝突，確有一定不移的公例存乎其間。

王安石曰：「天變不足畏，人言不足恤，祖宗不足法。」道理本是對的，但他在當日，因這三句話，得了重謗，我們今日讀了，也覺得他是盛氣凌人，心中有些不舒服，假使我們生在當日，未必不與他衝突。陳宏謀說：「是非審之於己，毀譽聽之於人，得失安之於數。」這三句話的意義本是與王安石一樣，而我們讀了，就覺得這個人和藹可親。這是什麼道理呢？

因為王安石彷彿是橫亙在路上，凡有「天變」、「人言」、「祖宗」從路上經過，都被他拒絕轉去。陳宏謀是把「己」字、「人」字、「數」字列為三根平行線，彼此不相衝突。我們聽了王安石的話，不知不覺，置身於「人言不足恤」的那個「人」字中；聽了陳宏謀的話，不知不覺，置身「毀譽聽之於人」的那個「人」字中。我們心中的力線，也是喜歡人家相讓，不喜歡人家阻攔，所以不知不覺，對於王、陳二人的感情就不同了。如果悟得此理，應事接物，必有無限受用。

力學中有偶力一種，也值得研究。宋朝王安石變法，排斥舊黨，司馬光守舊，排斥新黨，兩黨主張相反，其力又復相等。自力學言之：「兩力線平行，強度相等，方向相反，是為偶力作用。」磨子之旋轉不已，即是此種力之表現。宋自神宗以來，新舊兩黨迭掌政權，相爭至數十年之久，宋室政局遂如磨子一般旋轉不已，致令金人侵入，釀成南渡之禍。我國辛亥而後，各黨各派抗不相下，其力又不足取勝，成了偶力作用，政局也如磨子般旋轉，日本即乘虛而入。

人世一切事變，都是人與人接觸而生成的，一個人，一個我，可假定為數上之二元，一個Y，一個X，依解析幾何，可得五種線：一、直線；二、圓；三、拋物

線；四、橢圓；五、雙曲線。人事千變萬化，總不外人與人相接，所以任如何亦逃不出這五種軌道。前面所舉歷史上的例子，皆屬於「二直線」，由「我」為中心所繪的三個圓圖則屬乎「圓」。此外還有拋物、橢圓、雙曲三種，說明如下：

什麼是拋物線乎？我們向外拋出一石，這是一種離心力；地心吸力吸引此石，是一種向心力。石的離心力衝不破地心吸力，終於下墜，此石所走的路線即是拋物線。弱小民族對於列強所走的路線，就是拋物線。例如印度人民想獨立，這是對於英國生出的一種離心力；而英國用強力把他壓伏下去，衝不破英國的勢力範圍，這等於拋出之石衝不破地心吸力，終於墜地一般。

我們拋出之石，假定莫得地面阻擋，此石會繞過地心，仍回到我之本位，而旋轉不已，成為地球繞日狀態。這種路線名曰橢圓，是離心力和向心力二者結合而成。自數學上而言，由一點至兩定點的距離，其和恒等，此點的軌道名曰橢圓。所謂其和恒等，也就是其值恒等。例如買賣之際，顧主交出金錢，店主交出貨物，二者之值相等，即可看作一物。

這是顧客拋出一物，繞過店主，回到他的本位，在店主方面看，也是拋出一物，繞過顧客，回到他的本位，成一個橢圓形，買賣二家就心滿意足了。顧客有金錢，不必定向某店購買，這是離心力；但某店中的貨物足以引動顧客，又具有引力。店主有貨物，不一定賣與某客，這是離心力；但某客懷中的金錢足以引動店主，又具有引力。由引力、離力的結合，顧客出金錢，店主出貨物，各遂所欲，交易乃成，是為橢圓狀態。

又如自由結婚，某女不必定嫁某男，而某男的愛情足以吸引她，某男不必定娶某女，而某女的愛情足以吸引他，引力、離力，促其平衡，也是橢圓狀態。

地球繞日，引力和離力兩相平衡，成為橢圓狀態，故宇宙萬古如新。社會上一切組織，必須取法這種狀態，才能永久無弊。我國婚姻舊制，由父母主持，一成夫婦，終身不改，缺乏了離力，所以男女兩方有時常感痛苦。外國資本家專橫，工人不入工廠做工，就會餓死，離不開工廠，缺乏了離力，所以要社會革命。至若有離力而無引力，更是不可。上古男女雜交，子女知有母而不知有父，這是缺乏了引力。我國各種團體猶如散沙，也是缺乏了引力。所以政治家創立制度，不可不把離心、向心二力配置均平。

什麼是雙曲線呢？由一點至兩點的距離，其差恒等，此點之軌跡就叫作雙曲線，其形狀有點像兩張弓反背相向一般。凡兩種學說或兩種行事背道而馳，即可稱為走入雙曲線的軌道。例如性善、性惡兩說恰相反對，雙方俱持之有故，言之成理，越講越精微，相差越遠，猶如雙曲線越引越長，相離越遠一樣。究其實，無非

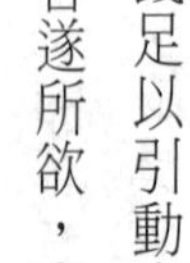

性善性惡之差，是謂其差恒等。又如入世間法和出世間法，二者是背道而馳的，利己主義、利人主義，二者也是背道而馳的，凡此種種，皆屬乎雙曲線。

我們把各種力線詳加考察，即知我與人相安無事之路線有四：一是不相交之線。我與人目的物不同，路線不同，各人向著目的物進行，彼此不生關係。平行線是永遠不相交，有時雖不平行，而尚未接觸，亦不生關係。二是合力線。我與人利害相同，向著同一的目的進行，如前面所說的吳越人同舟共濟是也。三是圓形。宇宙間事事物物，天然是排得極有秩序的。凡事都有一定之範圍，我與人有一定的界限，倘能各守界限，你不侵我的範圍，我不侵你的範圍，彼此自然相安。四是橢圓形。前面所說自由貿易、自由結婚等是也。

凡屬權利義務相等之事，皆屬乎此種。此四線中，第一、第三兩種線的結果是利己而無損於人，或利人而無損於己；第二、第四兩種線的結果是人己兩利。我們每遇一事，當熟察人己力線之經過，如走此四線，人與我絕不會發生衝突。

我們把上述四種力線求出，就可評判各家學說和各種政令之得失。我國古人有所謂「萬物並育而不相害，道並行而不相悖」者，合得到第一種線，有所謂「通功合作」者，合得到第二種線，有所謂君君臣臣、父父子子者，合得到第三種線，有所謂「通功易事」者，合得到第四種線，都是對的。尼采的超人主義，其病在損人，托爾斯泰的無抵抗主義，其病根在損己，律以四種，俱不合，故俱不可行。

二直線也、圓也、拋物線也、橢圓也、雙曲線也，五者是人與人相遇之路線，而此五線是變動不居的，只要心理一變，其線即變。例如：吳之孫權、蜀之劉備，各以荊州為目的物，孫權把荊州向東拖，劉備把荊州向西拖，力線相反，故郎舅決裂，夫婦生離，關羽見殺，七百里之連營被燒，吳、蜀二國儼成不共戴天之仇。後來諸葛亮提出魏為目的物，約定共同伐魏，就成了方向相同之合力線，二國感情立即融洽，合作到底。後來司馬昭伐蜀，吳還起兵相救；聽說劉禪降了，方才罷兵。這就是心理改變，力線即改變之明證。

我國從前閉關自守，不與外國相通，是不相交之二直線。五口通商而後，受帝國主義之壓迫，欲脫其勢力範圍而不能，是走的拋物線。一旦起而抗戰，與帝國主義成一反對形勢，彼此背道而馳，即為兩心相背之雙曲線。我們聯合被侵略者，向之進攻，即成為合力線。帝國主義經過一番重懲之後，幡然悔悟，工業國進農業國，通功易事，以其所有易其所無，就成為兩心相向之橢圓狀態。將來再進化，世界大同了，合全球而為一個國家，就成為一個圓心之圓形了。所以這幾種力線的軌道是隨時可以改易的，只看乎人心理如何罷了。

性善說、性惡說，二者背道而馳，是雙曲線狀態。倘知人性是渾然一體，無所謂善，無所謂惡，即成為渾然之圓形了。入世法和出世法背道而馳，利己主義和利人主義背道而馳，這都是雙曲線，倘能把他融會貫通，入世、出世原是一理，利己、利人原是一事，則又成為圓形了。

我們做一切事，與夫國家制定法令制度，定要把路線看清楚，又要把引力、離力二者支配均勻，才不致發生窒礙。我們詳考世人行事和現行的法令制度，以力學規律繩之，許多地方都不合，無怪乎紛紛擾擾，大亂不止。

孟子說：「規矩，方圓之至也。聖人，人倫之至也。」第一句是對的，第二句就不對。我們執規以畫圓，執矩以畫方，聚五洲萬國之人而觀之，不能說不圓，不能說不方。唯聖人則不然，孔子、釋迦、耶穌、穆罕默德皆所謂聖人也，諸聖人定下的規律各不相同，以此聖人之規律繩改彼聖人之信徒，立生衝突，其何故哉？蓋聖人之規律乃尺也、斗也、秤也，非畫圓之規，畫方之矩也；諸聖人之尺斗秤，長短大小輕重各不相同，只在本鋪適用。

今者世界大通，天涯比鄰，一市之中，有了幾種尺斗秤，此世界文化所由衝突也。所以，法令制度，如果根據聖人的學說制定出來，當然不能通行世界。力學規律，為五洲萬國所公認，本章所述五種力線是從力學規律出來的，是規矩，不是尺斗秤，依以制定法令制度，一定通行五洲萬國。

7・世界進化三個階段

人世一切事變，從人類行為生出來的，人類行為，從心理生出來的，而人之心理依力學規律而變化，故世界進化逃不出力學規律。

世界進化，乃是一種力在一個區域內動作，經過長時間所成之現象也。其間共有三物，一曰力，二曰空間，三曰時間。我們可認為是數學上之三元。其最顯著者，為擺線式與螺旋式。古人說：「天道循環無端，無往不復。」今人說：「人類歷史，永無重複。」我們把兩說合併起來，就成為擺線式或螺旋式。

凡人無論思想方面或行為方面，都是依著力學規律，以直線進行。然其結果，所表現者，乃是曲線，不是直線。這是甚麼道理呢？因為向前進行之際，受有他物牽引，而兩力又相等，遂成為圓形。

古人說：「循環無端」。環即圈子。即是說，宇宙一切事物之演進，始終是循著一個圈子，旋轉不已。這個說法，可舉例來說明：假如我們在地球上面，無論東南西北，任取一直線向前進行，無絲毫偏斜，結果仍回到原來之地點。因為我們站

在地面，是被地心引力吸著的，開步向前走，是擺脫地心吸力，而以離心力向前進行，然而仍被地心力吸著。由離心力、向心力兩相結合，其路線遂成為圓形，而回到原來之地點。任走若干遍，俱是如此。是之謂「循環無端」。然而世界之進化則不為圓周形，而為擺線形或螺旋線形。

甚麼是擺線呢？我們取一銅元，在桌上滾起來，其圓周所成之線即是擺線。銅元能滾者，力也；滾過的地方，空間也；不斷地滾者，時間也。銅元旋轉不已，周而復始，是謂「循環無端」；其路線一起一伏，對直前進，是謂「永無重複」。宇宙事物之演進往往有此種現象，如日往月來，寒往暑來，周流不息，是為「循環無端」。然而日月遞更，寒暑代運，積之則為若干萬萬年，雖是循環不已，實是前進不已，這算是擺線式的變化。

有人說：「人的意志為物質所支配。」又有人說：「物質為人的意志所支配。」殊不知：物質與意志是互相支配的。歐洲機器發明而後，工業大興，人民的生活情形隨之而變，固然是物質支配了人的意志，但機器是人類發明的，發明家費盡腦力，機器才能出現，工業才能發達，這又是人的意志支配了物質。這類說法，與英雄造時勢、時勢造英雄是一樣的。有了物理、數學等科，才能產生牛頓；有了牛頓，物理、數學等科又生大變化。有了咸、同的時勢，才造出曾、左諸人，又造出一個時勢，猶如雞生蛋、蛋生雞一般，看起來是輾轉相生，其實是前進不已。後之蛋，非前之蛋，後之雞，非前之雞，物質支配人的意志，人的意志又支配物質，時勢造英雄，英雄又造時勢，而世界就日益進化了。雞與蛋和心與物，都是一物體之兩方面，雞之外無蛋，蛋之外無雞，心之外無物，物之外無心，二者之進化都等於一個銅元在桌上滾起來，有點像擺線式的進化。

我們細加研究，即知日往月來，寒往暑來，和雞生蛋、蛋生雞這類現象，是純粹的擺線式進化，因為日月也、寒暑也、雞與蛋也，狀態始終如一，等於一個銅元之狀態始終如一，畫出之線一起一伏，也始終如一。惟英雄造出的時勢，較造英雄的時勢更為進步，物質與意志輾轉支配，也是後者較前者為進步。其現象則為歷時愈久，社會文明愈進步，而政治家和科學家之智慧亦愈進步。其形式與擺線式微異，而為螺旋線的變化。

甚麼是螺旋線呢？我們手執一塊直角三角板，以長邊為軸，旋轉一周，所成體積，即是圓錐體。假如用圓錐體的鑽子去鑽木頭，這鑽子所走的路線即是螺旋線，豎的方面越深，橫的方面越寬。世界即是以此種狀態而進化的。我們取一截竹子，用一針在竹上橫起畫一圈，此針本是以直線進行，然而始終在這個圈上旋轉不已，是之謂「循環無端」。假設此針進行之際，有人暗中把竹子輕輕拖起來，則此針畫

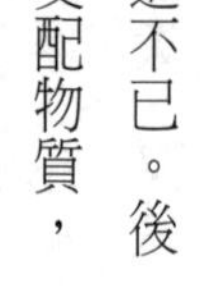

出之線絕不能與經過之路線重合，是之謂「永無重複」。針之進行是力，畫出之圈是空間，其拖起來，則屬乎時間。但世界進化不是在竹子上畫，乃是從筍尖畫起來。有人持筍尖拖之，其線越畫越長，圈子越畫越大，因筍子即圓錐形也。

禹會諸侯於塗山，執玉帛者萬國。成湯時三千國，周武王時一千八百國，春秋時二百四十國，戰國時只有七國。到了秦始皇時，天下統一了。其現象是：歷時越久，國之數目越少，其面積越大。即豎的方面越深，橫的方面越寬，為螺旋式進化。豎的方面者，時間也；橫的方面者，空間也。現在五洲萬國的形勢絕像我國春秋戰國時代，由進化趨勢看去，終必至全球混一而後止。所異者，從前是君主時代，嬴秦混一，有一個皇帝高踞其上；現在是民主時代，將來全球混一，是十八萬萬人共同做皇帝。

人事千變萬化，都是由離心向心二力生出來的。離心者，力之向外發展也；向心者，力之向內收斂也。發展到極點，則收斂；收斂到極點，又能發展。此即古人所說：盈虛消長，循環無端也。以虛為起點，由是而發展，發展到極點則為盈，到了極點即收斂而為消，收斂到極點則為虛，由虛而又為長者，為盈，為消，為虛，是之謂「循環無端」。春夏秋冬，即盈虛消長之現象也。春者長也，夏者盈也，秋者消也，冬者虛也。

一部《易經》和老子《道德經》，俱是發明此理，所謂「物極必反」也。所以宇宙間事事物物都是正負二力互為消長。此古人治國，有一張一弛之說也。嬴秦苛虐，漢初則治之以黃老，劉璋暗弱，孔明則治之以申韓，都是順應此種趨勢的。

我們合古今事觀之，大約可分三個時期：以婚姻制度而言，上古時男女雜交，生出之子女，知有母而不知有父，這個時候的婚制，離心力勝過向心力，是為第一時期。後來制定婚制，子女婚姻由父母主持，一與之齊，終身不改，向心力勝過離心力，是為第二時期。現在已入第三時期，某女不必定嫁某男，而某男之愛情足以繫引她，某男不必定娶某女，而某女之愛情亦足以繫引他，離心與向心二力保持平衡，就成第三時期的自由婚制。此種婚制，本帶的有點迴旋狀態，許多青年看不清此種趨勢，以為應該回復到上古那種雜交狀態，就未免大錯了。

人民的自由也可分三個時期。上古人民穴居野處，純是一盤散沙，是為第一時期。後來受君主之壓制，言論思想極不自由，是為第二時期。經過一番革命，政府干涉的力量與人民自由的力量保持平衡，是為第三時期。自力學方面言之，第一時期，離心力勝過向心力；第二時期，向心力勝過離心力；第三時期，向心離心二力平衡。第三時期中，參得有第一時期的自由，帶得有點迴旋狀態。

盧梭生當第二時期之末，看見此種迴旋趨勢，誤以為應當回復第一時期，所以

他的學說完全取第一時期之制以立論，以返於原始自然為第一要義。他說：「自然之物皆善，一入人類之手，乃變而為惡。」他的學說，有一半合真理，有一半不合真理。因其有一半合真理，所以當時備受一般人之歡迎。因其有一半不合真理，所以法國革命實行他的學說，釀成非常的騷亂，結果不得不由政府加以干涉，卒至政府之干涉與人民之自由保持平衡，法國方能安定。

民主主義流行久了，法西斯主義之獨裁因而出現，這都是正負二力互為消長之表現。自墨索里尼倡出法西斯主義後，希特勒和日本軍閥相繼仿效，因而造成世界第二次大戰，其獨裁制度已越過時勢之需要，可斷言：此種獨裁制不久必將倒閉，另有一種制度代之。此種制度一定是民主主義和獨裁主義結合而成。

人類分配貲財的方法，也分為三個時期。上古時人民渾渾噩噩，猶如初生小兒，不知欺詐，不知儲蓄，只有公共貲財，並無個人的私財，這是有公而無私，為第一時期。再進化，人類智識進步，自私自利之心日益發達，把公共的貲財攘為個人私有，這是有私而無公，為第二時期。再進化，人類智識更進步，公私界限，有明瞭、認識，把公有的貲財歸之社會，私有的貲財歸之個人，公與私並行不悖，為第三時期。我們現在所處的時代是第二時期之末，第三時期之始。關於經濟方面，應該把公私界限劃分清楚，公者歸之公，私者歸之私，社會才能相安無事。

中國從前自詡為昌明文物之邦，以為周公的制度和孔孟的學說好到極點，鄙視西歐，不值一顧，此為第一時期。自甲午、庚子兩役之後，驟失自信力，以為西洋制度和學說無一不好到極點，鄙視中國，不值一顧，此為第二時期。至今則入第三時期了，既不高視西洋，也不鄙視中國，總是平心考察，是者是之，非者非之，這是折衷於第一時期和第二時期之間。我國初與歐人接觸，龐然自大，以為高出外國之上。自從兩次戰敗，遂低首降心，屈處列強之下。到了第三時期，我國與列強立於平等線上，這也是折衷於第一時期和第二時期之間。

總之，世界進化，都是正負二力互為消長。處在某一時期，各種現象都是一致，猶如天寒則處處皆寒，天熱則處處皆熱。現在帝國主義盛行，同時資本主義也盛行，而工商界也就有汽車大王、煤油大王、鋼鐵大王、銀行大王等等出現，民族間就有自誇大和民族是最優秀民族，日爾曼民族是最優秀民族。凡此種種，都是第二時期殘餘之說。跟著就入第三時期，帝國主義消滅，資本主義消滅，工商界某某大王和某某最優秀民族這類名詞也消滅，這是必然的趨勢。所以主持國家大計者必須看清世界趨勢，順而應之。如其不然，就會受天然之淘汰。

8·達爾文學說八點修正

我同友人談及科學，友人規戒我道：「李宗吾，你講你的厚黑學好了，切不可涉及科學範圍。達爾文是生物學專家，他的種源論是積數十年之實驗，把昆蟲、飛禽走獸一一考察遍了，證明不錯了，才發表出來，是有科學根據的。你非科學家，最好是不涉及他，免鬧笑話。」我回答道：「達爾文可稱科學家，難道李宗吾不可稱科學家嗎？二者相較，我的學力還在達爾文之上。

何以故呢？他的種源論，是說明禽獸社會情形；我的厚黑學，是說明人類社會情形。他研究禽獸，只是從旁觀察，自身並未變成禽獸，與之同處，於禽獸社會情形未免隔膜。我則居然變成人，並且與人同處了數十年，難道我的學力不遠在達爾文之上？達爾文在禽獸社會中尋出一種原則，如果用之於禽獸社會，我們盡可不管，而今公然用到人類社會來了，我們當然可以批駁他。人類社會中，尋得出達爾文這類科學家，禽獸社會中，尋不出達爾文這類科學家，足證兩種社會截然不同，故達爾文的學說不適用於人類社會。」

今人動輒提科學家三字，恐嚇我輩普通人，殊不知科學家聰明起來，比普通人聰明百倍，糊塗起來，也比普通人糊塗百倍。牛頓可稱獨一無二的科學家，他養有大小二貓，有天命匠人在門上開大小二洞，以便大貓出入大洞，小貓出入小洞。任何人都知道：只開一大洞，大小二貓俱可出入，而牛頓不悟也，這不是比普通人糊塗百倍嗎？牛頓說：地心有吸力，我們固然該信從，難道他說「大貓出入大洞，小貓出入小洞」，我們也信得嗎？所以，我們對於科學家的學說，不能不慎重審擇，謹防他學說裡面藏有牛頓的貓洞。

因為科學家有時比普通人糊塗百倍，所以專門家之學說往往不通。例如斯密士豈非經濟家，而他的學說就不通。我輩之話不足為證，難道專家之批評就都是可信嗎？……嗚呼，諸君休矣，舉世紛紛擾擾，鬧個不休者，皆達爾文、斯密士……諸位科學家之所賜也。

達爾文講競爭，一開口即是豺狼也，虎豹也，鄙人講厚黑，一開口即是曹操也，劉備也，孫權也。曹劉諸人是千古人傑，其文明程度不知高出豺狼虎豹若干倍。他且不論，單是我採用的標本，已比達爾文高得多了。所以，基於達爾文的學說造出世界，達爾文可稱科學家，鄙人當然可稱科學家。不過，達爾文是生物學家，鄙人是厚黑學的科學家罷了。

達爾文研究生物學數十年，把全世界的昆蟲草木、飛禽走獸都研究完了，獨於他實驗室中有個高等動物，未曾研究，所以他的學說就留下破綻。請問甚麼高等動物？答曰：就是達爾文本身。他把人類社會忽略了，把自己的心理和行為忽略了，所以創出的學說不能不有破綻。

達爾文實驗室中有個高等動物，他既未曾研究，我們無妨替他研究。達爾文一生下地，我們就用採集動物標本的法子，把他連兒帶母活捉到中國來，用中國的白米飯把他餵大。我們用達爾文研究動物的法子，從旁觀察，一直到他老死，就可發見他的學說是自相矛盾的。

達爾文一生下地，就拖著母親之乳來吃，把母親的膏血吸入腹中。如不給他吃，他就大哭不止，哭著要吃。這可說是生存競爭。從這個地方觀察，達爾文的學說莫有錯。長大點，能吃東西了，母親手中拿一糕餅，他見了伸手來索，母親不給他，放在自己口中，留半截在外，他就會伸手，把糕餅從母親口中取出，放在自己口中。母親抱著他吃飯，他就伸手來拖母親之碗，如不提防，就會墜地打爛。這種現象，也是生存競爭，達爾文的學說也莫有錯。

若是再大點，自家能端碗吃飯了，他一上桌，就遞一個空碗，請母親與他盛飯，吃了又請母親盛，母親面前，現放著滿滿一碗飯，他再不去搶了，競爭的現象忽然減少，豈非很奇的事嗎？再大點，他自己會往甑中盛飯，再不要母親與他盛。有時甑子飯不夠，他未吃飽，守著母親哭。母親把自己的飯分半碗給他吃，他才好了，母親不分與他，他斷不能去搶。更大點，飯不夠吃，母親把自己碗中的飯分給他吃，他不要，他自己會拿囊中之錢去街上買來食物吃。

到了此時，競爭的現象一點莫有，豈不更奇嗎？這是小孩下地時，只看見母親身上有乳，大點即看見母親碗中之飯，再大點即看見甑中之飯，更大點即看見街上之食物。不特此也，達爾文長大成人，學問操好了，當大學教授了，有窮親友向他來告貸，他就慨然給予。後來金錢充裕，還拿錢出來做慈善事業，或謀種種公益。

這種現象與競爭完全相反，豈非奇之又奇？由此我們可以定出一條原則：同是一個人，智識越進步，眼光越遠大，競爭就越減少。達爾文著書立說，只把當小孩時拖食母親之乳、搶奪母親口中糕餅這類事告訴眾人，不把他當教授時施捨金錢、周濟家人，做慈善事業這件事告訴眾人，此達爾文學說之應修正者一。

達爾文當小孩時搶奪食物，有一定之規律，就是：「餓了就搶，飽了就不搶。」不惟不搶，並且讓他吃，他都不吃。但有一個例外：見了好吃的東西，母親叫他不要多吃，他不肯聽，結果多吃了不消化，得下一場大病。由此知食物以飽為限，過飽即有弊害。我們可以定出第二條原則：競爭以適合生存需要為準；超過需

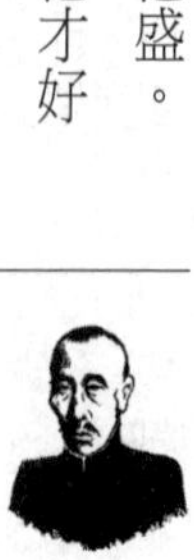

要以上，就有弊害。達爾文只說當小孩時會搶奪食物，因而長得很肥胖，並不說因為食物多了，反得下病，於是達爾文之競爭遂成了無界域之競爭，歐人崇信其說，而世界遂紛紛大亂，此達爾文學說之應修正者之二。

達爾文說：「萬物都是互相競爭。異類所需食物不同，競爭還不激烈，惟有同類之越相近者，競爭越激烈。虎與牛競爭，不如虎與虎競爭之激烈；狼與羊競爭，不如狼與狼競爭之激烈；歐洲人與他洲人之競爭，不如歐洲各國互相競爭之激烈。」他這個說法，證以第一次歐洲大戰，誠然不錯。

但是，達爾文創出這種學說，他自己就把它破壞了。達爾文的本傳上說：「一千八百五十年，他的好友霍里斯從南美洲寄來一篇論文，請他代為刊布。達爾文讀這篇論文，恰與自己十年來苦力思索得出的結果完全相合，自己非常失落。落後別人，為爭名譽起見，一定起嫉妒心，或者會湮沒他的稿子。乃達爾文不然，直接把這篇論文交與黎埃兒和富伽二人發布。二人知達爾文平日也有這樣的研究，力勸他把平日研究所得著為論文，於一千八百五十八年七月一日，與霍里斯論文同時發布。於是全國學者盡都聳動。」

本傳之言如此，在替他作傳的人，本是極力讚揚他，實際上卻成了攻擊他。這無異於說：達爾文的學說根本不能成立。何以故呢？達爾文與霍里斯同是歐洲人，較之他洲人更相近，同是英國人，較之其他歐洲人更相近，他二人是相好的朋友，較之其他英國人更相近，並且同是研究生物學的人，較之其他朋友更相近。霍里斯的著作發布出來，足以奪去達爾文之名，於他最有妨害，達爾文不壓抑他，反替他發布，豈不成了同類中越相近越不競爭嗎？達爾文是英國人，能夠這樣退讓，何以歐戰中，那些英國人競爭那麼激烈？我們可以定出第三條原則：同是一國的人，道德低下者，對於同類，越近越競爭；道德高尚者，對於同類，越近越退讓。達爾文不把自己讓德讓風的事指示眾人，偏把他本國侵奪同洲同種的事指示眾人，此達爾文之學說應修正者三。

達爾文說：「競爭愈激烈，則最適者出焉。」這個說法又是靠不住的。第一次歐戰之激烈，為有史以來所未有。請問達爾文：此次大戰結果，哪一國足當最適二字？究其實，戰敗和戰勝者，無一非創痛巨深。他這個說法，豈非毫無經驗？乃返觀達爾文不與霍里斯競爭，反享千古大名，足當最適二字。他這個公例，又是他自己破壞了。達爾文的論文與霍里斯同時發表後，他又繼續研究，幾於無人知道。這是由於達爾文返而自奮，較霍里斯用力更深之故。我們可以定出第四條原則：競爭之途徑有二：進入攻入者，處處衝突，常遭失敗；返而自奮者，不生衝突，常占優勝。達爾文不把自己戰勝霍里斯之祕訣教導眾人，偏把英國掠奪印度的方法誇示天

下，此達爾文學說之應修正者四。

有人問：我不與人競爭，別人要用強權競爭的策略，向我進攻，我將奈何？答曰：這是有辦法的。我們可以定出第五條原則：凡事以人己兩利為主。二者不可兼得，則當利人而無損於己，抑或利己而無損於人。有了這條原則，人與我雙方兼顧，有人來侵奪，我抱定「不損己」三字做去，他能攻，我能守，他又其奈我何？此達爾文學說之應修正者五。

達爾文說：人類進化，是由於彼此相爭。我們從各方面考察，覺得人類進化，是由於彼此相讓。因為人類進化是由於合力，彼此能夠相讓，則每根力線才能向前直進，世界才能進化。譬如，我要趕路，在路上飛步而走。見有人對面撞來，我當側身讓過，方不耽誤行程。照達爾文的說法，見人對面撞來，就應該把他推翻在地，沿途有人撞來，沿途推翻，遇著行人擠做一圈，我就從中間打出一條路，向前而走。請問世間趕路的人，有這種辦法嗎？我們如果要講「適者生存」，必須懂得這種相讓的理，才是適者，才能生存。由達爾文的眼光看來，生物界充滿了相爭的現象；由我們的眼光看來，生物界充滿了相讓的現象。試入森林一看，即見各樹俱是枝枝相讓，葉葉相讓，所有樹枝樹葉都向空處發展，厘然秩然。樹木是無知之物，都能彼此相讓，可見相讓乃是生物界之天然性。因為不相讓，就不能發展，凡屬生物皆然。深山禽鳥相鳴，百獸聚處，都是相安無事之時多，彼此鬥爭之時少。我輩朋友往還之際，也是相安無事之時多，彼此鬥爭之時少。

我們可以定出第六條原則：生物界相讓者其常，相爭者其變。達爾文把變例認為常例，似乎莫有對！事勢上遇著兩相衝突的時候，我們就該取法樹枝樹葉，向空處發展。王猛見了桓溫，而改仕苻秦，惲壽平見了王安石之山水，而改習花卉，皆所謂向空處發展也。大宇宙之中空處甚多，也即是生存之方法甚多，人與人無須互相爭奪，此達爾文學說之應修正者六。

依達爾文的說法，凡是強有力的都該生存。我們從事實上看來，反是強有力者先消滅。洪荒之世，遍地是虎豹，他的力比人更大，宜乎人類戰他不過了，何以虎豹反會絕跡？第一次世界大戰前，德皇勢力最大，宜乎稱雄世界，何以反會失敗？袁世凱在中國勢力最大，宜乎成功，何以反會失敗？有了這些事實，所以達爾文的學說就發生疑點。我們細加推究，即知虎豹之被消滅，是由全人類都想打他，德皇之失敗，是由全世界都想打他，袁世凱之失敗，是由全中國都想打他。思想相同，就成了方向相同之合力線，虎豹也，德皇也，袁世凱也，都是被合力打敗的。我們可以定出第七條原則：進化由於合力。懂得合力的就生存，違反合力的就消滅；懂得合力的就優勝，違反合力的就劣敗。像這樣的觀察，則那些用強權欺凌人的，反

在天然淘汰之列。此達爾文學說之應修正者七。

達爾文的誤點，可再用比喻來說明。假如我們向人說道：「生物進化，猶如小兒身體一天一天長大。」有人問：「小兒如何會長大？」我們答曰：「只要他不死，能夠生存，自然會長大。」問：「如何才能生存？」答：「只要有飯吃，就能夠生存。」問：「如何才有飯吃？」我們還未回答，達爾文從旁答道：「你看見別人有飯，就去搶，自然就有飯吃。越吃得多，身體越長得快。」

諸君試看：達爾文的答案，錯莫有錯？我們這樣地研究，即知達爾文說進化莫有錯，說進化由於生存莫有錯，說生存由於食物也莫有錯。惟最末一句，說食物由於競爭，就錯了。我們只要把他最末一句修正一下，就對了。問：「怎樣修正？」就是通常所說的：「有飯大家吃。」平心而論，達爾文教人競爭，無有限度，固有流弊！我們可以定出第八條原則：對人相讓，以讓至不妨害我之生存為止；對人競爭，以爭至我能夠生存即止。此達爾文學說之應修正者八。

綜而言之，人類由禽獸進化而來，達爾文以禽獸社會之公例施之人類，則是返人類於禽獸，自達進化之說，況乎禽獸相處，亦未必純然相爭也。達爾文的學說，可分兩部分看。他說「生物進化」，這部分是指出事實；「生存競爭，弱肉強食」，這部分是解釋進化之理由。事實莫有錯，理由錯了。一般人因為事實不錯，遂誤以為理由也不錯。殊不知：進化之原因多端，相爭能進化，相讓亦能進化；不爭不讓，返而致力於內部，也能進化；又爭又讓，改而向空間處發展，亦能進化也。其或具備他種條件，如克魯泡特金所謂互助，我們所謂合力，也未嘗不能進化。達爾文置諸種原因於不顧，單以競爭為進化之唯一原因，觀察未免疏略。茲斷之曰：達爾文發明「生物進化」，等於牛頓發明「地心吸力」，是學術界千古功臣。惟有他說「生存競爭」，因而倡言「弱肉強食」，流弊無窮，我們不得不加以修正也。

9・克魯泡特金學說之修正

克魯泡特金學說之誤點也與達爾文相同。

〔編按・克魯泡特金（一八四二～一九二一）俄國無政府共產主義者，革命活動人士、經濟學者、科學家、哲學家。〕

達爾文是以禽獸社會之狀況，律之以人類社會，故其說有流弊。克魯泡特金因為要指駁達爾文的錯誤，特在滿洲及西伯利亞一帶觀察各種動物與原始人類狀況，發明互助說，以反駁達爾文之互競說。克魯泡特金能注意到人類，算是比達爾文較勝一籌了。

然而，原始人的社會與文明人的社會畢竟不同。且克魯泡特金考察原始人，完全是以文明人的資格，去觀察原始人的社會狀況，也是從旁觀察，並未曾與之共同居處若干年，因而克魯泡特金所得的結論不是沒有流弊。我輩置身文明人社會中，與之共同居處若干年，所以我輩能發現克魯泡特金學說之誤點，而指出其流弊。

原始人類無有組織，成為無政府狀態，克魯泡特金學說的互助說從原始社會得來，故他提倡無政府主義。所以克魯泡特金的學說也可分兩部分來看。他主張「互相說」不錯；因互助而主張「無政府主義」就錯了。

生物之進化，好比小兒一天天長大，由昆蟲，而禽獸，而野蠻人，而文明人，好比吾人，由嬰孩，而少年，而壯年。達爾文研究生物，以動物為主，正如小孩搶奪母親口中食物時代，故倡互競說。克魯泡特金所研究者，以原始時代人類為主，較動物更進化了，是小孩更大了點，不搶母親口中食物，只請母親給他盛飯，故倡互助說。至於長大成人，獨立生活的現象，他二人都未看見。

一個國家之進化，也好比小孩一天天長大。我國春秋戰國時代，弱肉強食，正是小孩搶奪母親口中之食的時代。後來進化了，漢棄珠崖，是母親分飯與他吃，他都不要。再進化，到了明初，鄭和下西洋，各國紛紛入貢，希望得中國的賞賜，這是窮親友來告貸，慨然給予。再進化，到了明清時，把蠻夷之地改土歸流，每年還要倒貼若干金錢，等於做慈善事業，把貧人子弟收來，給以衣食，延師訓讀一般。我國進化程度歷歷如繪。

西洋開化比我國遲二千多年，其進化才至我國春秋戰國時代，其弱肉強食，與我國春秋戰國相似，而達爾文之互競說遂應運而生。要防小孩搶奪食物，不得不用專制手段，故墨索里尼之治義大利，希特勒之治德意志，與商鞅之治秦絕似，而皆

收同一之效果，因其為同一時期之產物故也。秦始皇統一六國了，仍復厲行專制，二世而亡，這是世界更進化了，等於身體長大了，再穿小孩衣服，不得不破裂。文景之世，政尚寬大，號稱郅治，這是兒子長大了，父母不加干涉，他能獨立成為好人。後來歷代常有變亂，這是兒子長大成人，父母過於放縱，遂日流於非的原故。然因其日流於非，而遂欲以待嬰孩之法待長大成人之兒子，則又不可。故今之治國者，如摹仿墨索里尼和希特勒，直是師法商鞅，返吾國於春秋戰國時代，是謂違反進化，是謂開倒車。

今人每謂我國無三人以上之團體，很抱悲觀。這未免誤解。無三人以上之團體，正是人人能獨立之表現。此時如用達爾文之互競主義以治國，則是把人民當如懷中小兒，常常防他搶母親口中食物，這是不可能的。如用克魯泡特金之互助主義以治國，則是把人民如才能吃飯之小兒，須母親與之盛飯，這也是不可的。今既長大成人矣，無三人以上之團體，人人能獨立矣，故此時治國者當採用合力主義。譬如射箭，懸出一個箭垛，支支箭向同一之箭垛射去，是之謂合力。

我國無三人以上之團體，當採用此種方式，懸出一定之目的，四萬萬五千萬根力線根根獨立，直向目的物射去，你不妨害我之路線，我也不求助於你，彼此不相衝突，不相倚賴，這種辦法才適合我國現情。非然者，崇信達爾文之互競學，勢必壓制他人，使他人之力線鬱而不伸，而衝突之事以起，崇信克魯泡特金之互助說，勢必借助他人，養成倚賴性，而自己不能獨立，於我國現情俱不合。

達爾文說：互競為人類天性。而他自己不與霍里斯競爭，這條公例，算是他自己破壞了。克魯泡特金說：互助為人類天性。這條公例也是克魯泡特金自己破壞了的。請問：人類正確性既是互助，為甚克魯泡特金要講無政府主義，想推翻現政府？有了這種事實，所以克魯泡特金的學說也不能不加以修正。古人云：「不識廬山真面目，只緣身在此山中。」故考察事物，非置身局外，不能得其真相。我輩是人類，站在人類社會之中，去考察人類，欲得真理，誠有不能。達爾文用的方法，是因人為動物之一，先把動物社會考察清楚了，把他的原則適用於人類社會，論理本是對的，無如動物社會與人類社會畢竟不同，故創出之學說不無流弊。克魯泡特金則更進一步，從人類社會加以考察。他以為我輩處在現今之社會，不能見廬山真面目，乃考察原始人類社會，置身旁觀地位，尋出一種原則，以適用於現今之社會，論理也是對的，無如野蠻人之社會與文明人之社會畢竟不同，故創出之學說也有流弊。

嬰兒母胎成形之初，其腦髓像魚蛙之腦；再一二月則像禽鳥之腦；再一二月，則像兔犬之腦，再一二月，則像猿猴之腦；最後才成為人類之腦。小兒之腦筋皺紋

少，大人則皺紋多；野蠻人之腦筋皺紋少，文明人則皺紋多。小兒下地之初，腦筋與禽獸相去不遠，故其搶奪食物與禽獸相似。稍大點，腦筋之簡單類似於原始時代的人，故其天真爛漫也與原始人類相似。然而，禽獸之腦筋與人類有異，故達爾文的學說不適用於人類；原始人類之腦筋與文明人有異，故克魯泡特金的學說亦不適用於文明社會。

禽獸進化為人類，故人類具有獸性。然既名曰為「人」，則獸性之外，還有一部分人性。達爾文只看見獸性這一部分，未免把人性這一部分忽略了。原始人進化為文明人，故文明人還帶有原始人的狀態。然既成為文明人，則原始狀態之外，還有一部分文明狀態。克魯泡特金只看見原始狀態這一部分，未免把文明狀態這一部分忽略了。

禽獸有競爭，無禮讓；人類有競爭，也有禮讓。達爾文所忽略的正是這一點。原始人類渾渾噩噩，沒有組織，成為無政府狀態；文明人則有組織，有政府。克魯泡特金所忽略的恰恰是在這一點。

我們生在文明社會中，要考察人類心理真相，有兩個方法：一部廿五史，是人類心理留下的影像，我們熟悉歷史事蹟，即可發現人類心理真相。這是本書前面業已說明了的。凡物體，每一分子的性質與全物體的性質是相同的；社會是積人而成的，人身是社會的一分子，若把身體的組織法運用到社會上，一定成為一個很好的社會。

治國之道，採用互競主義固有流弊，採用互助主義也有流弊，故必須採用合力主義。人身的組織即是合力主義。身體是由許多細胞構成，每一細胞都有知覺，等於國中的人民，大腦則等於中央政府。全身神經都可直達於腦，等於四萬萬人，每人的力線都可直達中央，成為合力的政府。目不與耳競爭，口不與鼻競爭，彼此之間非常協調，故達爾文的互競主義用不著。目不須耳之幫助而能視，口不須鼻之幫助而能言，手不須足之幫助而能執持，個個獨立，自由表現其能力，故克氏的互相主義也用不著。目盡其視之能力，耳盡其聽之能力，口鼻手足亦各盡其能力，如果把各種能力集合起來，就成為一個健全的身體，這便是合力主義。

我國古人有曰：「以天下為一家，以中國為一人。」已經發現了這個原則。

國家有中央政府，有地方政府。人身亦然。我們腳被蚊子咬了，腳政府報告腦政府，立派右手來，把蚊子打死。萬一右手被蚊子咬了，自己無法辦理，報告腦政府，立派左手來，把蚊子打死。有時睡著了，腦政府失其作用，額上被蚊子咬，延髓脊髓政府就代行職務，電知手政府，把蚊子打死，腦政府還不知道。耳鼻為寒氣所侵，溫度降低，各處救災恤鄰之道輸送血液來救濟，於是耳鼻就呈紅色。萬一天

氣太寒，輸送了許多血液，寒氣仍進逼不已，各地方政府協商道：「我們再輸送血液，仍無濟於事，只好各守防地，把應該輸送到耳鼻的血液與他截留了。」於是耳鼻就呈青白色。

我說到此處，一定有人起而質問道：「你說的救災恤鄰之道，正是克魯泡特金的互助主義，他的學說何嘗會錯？」我說道：他講的互助不錯，錯在無政府主義。必須有了政府，才能談互助，無政府是不能互助的。舉例來說：在前清時，我們四川對於雲貴各省有協餉，這可說是互助了。清政府一倒，協餉遂即停止，這即是無政府即不能互助之明證。並且清政府一倒，川滇黔即互相戰爭起來。由此知：在無政府之下，只能發生互競的現象，斷不會發生互助的現象。

人身有中央政府，有省市縣各種政府，腦中記憶的事都由各政府轉報而來，各政府仍有檔案可查。施行催眠術的人是蒙蔽了中央政府，在省市縣區政府調閱舊卷，所以人在催眠中，能將本日所做的事說出，而醒來時又全不知道。瘋人胡言亂語，這是腦政府受病，中央政府失了作用，省市縣區政府亂發號令。所以瘋人說的話都是他平日的事。不過莫得中央政府統一指揮，故話不連貫。夜間作夢，是中央政府休息，各處政府的人跳上中央舞臺來了。人一醒來，中央政府復職，他們立即躲藏。有時中央政府也能察覺，故夢中之事也能略記一二。我們可以說：瘋狂如做夢，都是講無政府主義的。

古來亡國之時，許多人說要死節，及到臨頭，忽然戰慄退縮。因為想死節，是出於理智，從腦中發出，是中央政府發的命令；戰慄退縮，是肌肉收縮，是全國人民不願意。文天祥一流人，慷慨就死，是平日厲行國民教育，人民與中央政府業已行動一致了。許多人平日講不好色，及至美色當前，又情不自禁，因為不好色，是腦政府的主張，情不自禁，是身體他部分的主張。我們走路，心中想朝某方向走，最初一二步注意，以後無須注意，自然會朝前走去，這即是中央政府發布的命令。人民依著命令做去，如果步步注意，等於地方上事事要勞中央政府，那就不勝其煩了。我們每日有許多無意識的動作，都是這個原故。古人作詩，無意中得佳句，疑有神功，大醉後寫出之字往往比醒時更好，這是由於中央政府平日把人民訓練好了，遇有事來，不須中央指揮，人民自性做出之事比中央指揮辦理還要好些。心理學書上有所謂「下意識」者，蓋指腦政府以外，其他政府而言。

理智從腦而出，能辨別事理；情欲從五官百骸而出，是盲目的。故目好色，耳好聲，身體肌膚好愉快，往往與腦之主意相違反。古代哲學家，如希臘的柏拉圖等，中國的程朱等，都是崇奉理智，抑制情欲。例如程子說：「婦人餓死事小，失節事大。」又把韓昌黎「臣罪當誅，天王聖明」二語極力稱讚。只要腦中自認為真

理，就可把五官百骸置之死地，與暴君之專制一樣。所以這學說昌明的時代也即是君權極盛的時代。後來君主打倒了，民主主義出現，同時學說上也盛行情欲主義，縱肆耳目之欲，任意盲動，無所謂理智，等於政治上之暴民專制。

我們讀歷史，看出一種通例：君主時代，政府壓制人民，同時哲學家即崇理智而抑情欲；民主時代，人民敵視政府，同時哲學家即重情欲而輕理智。

由上看來，可知身體之組織與國家之組織是很相同的。反觀吾身，知道腦與五官百骸是很調協的，即知道創立一種學說，必使理智與情欲相協調，不能憑著腦子的空想，以虐苦五官百骸，也不能放縱五官百骸，而不受理智之裁判。建設一個國家，必使人民與政府調協，不能憑著政府之威力壓制人民；而為人民者，亦不能對政府取敵視的行為。人身之組織，每一神經俱可直達於腦，故腦為神經之總匯處，與五官百骸，不言協調而自然協調。

因此，每一人民之力線，必使之可以徑達中央。中央為全國力線之總匯處，政府與人民不言協調而自然協調。如能這樣辦理，即是合力主義，才可以彌補達爾文和克魯泡特金兩說之弊，而與天然之說相合。

10．我國古代哲學學說含有力學原理

宇宙之力是圓陀陀的，周遍世界，不生不滅，不增不滅，吾人生存其中，隨時都可以發現其理。有人看見一端，即可發明一條定理：例如看見蘋果墜地，即發明萬有引力；看見壺蓋衝動，即發明蒸汽；看見磁鐵的功用，即發明指南針；看見死蛙運動，即發明電氣。所有種種發明，可說是同出一源。因為蘋果墜地，是力的內斂作用；壺蓋衝動，是力的外發作用；磁氣、電氣，是力的外發、內斂兩種作用。達爾文看見宇宙之力向外發展，如水在河中，能適應環境，隨河岸之曲折自然流動，就創出進化論。又見進化中所得到的東西能夠藉收斂作用把持不失，就說凡物皆有遺傳性。

此外，種種科學，與夫哲學上的種種議論，都是從那個圓陀陀的東西生出來的。譬如有人在樹上摘下一果，有人在樹上摘下一花，又有人在樹上摘下一枝一葉，為物雖是不同，其實都是在一株樹上摘下來的。所以百家學說歸於一貫，中西學問可以相通。

我國《周易》一書，一般人都說它窮造化之妙，宇宙事事物物都逃不出易理，這是甚麼原因？因為易經所說的道理包含有力學原理，宇宙事事物物既逃不出力學規律，所以就逃不出易經所說的道理。我們如就卦爻來解說，讀者未免沈悶。茲特另用一個法子來說明。

假定伏羲、文王、周王、孔子四位聖人都是現在的人，我們把他四位請來，對他們說：現在西洋的科學很進步了，一切物理都適用力學規律，我們想把力學原理編譯成一部書，不惟用在物理上，並且要應用到人事上。我們訂有一個編譯大綱，你們照此編譯。（一）西洋的力學，譯作氣字，正負二力，譯作陰陽二氣。（二）發散的現象，用陽字表示；收斂的現象，用陰字表示。（三）正負二力相等時，陰陽二電中和時，俱是寂然不動的，這種現象，譯作「太極」。他動作的時候，有發散、收縮兩種現象，稱之曰「兩儀」。（四）由內向外發展，稱之曰「其靜也翕」。翕是收合之意。（五）凡物運動，都是以直線進行，若不受外力，他是一直永遠前進的。因此可下一定例曰：「其動也直。」直是不彎曲之意。凡物靜止的時候，若不受外力，他是永遠靜止的。因此可下一定例曰：「其靜也專。」專是不移易之意。（六）正負二力變化有八種狀態，可把他描畫下來，名之曰八卦，又把這八卦錯綜變化起來，要它所有的變態窮形盡致地表示出來。（七）每一卦作一說明書，把宇宙事事物物的變態包含其中，使讀者能夠循著軌道推往知來。（八）這部書言盈虛消長之理，由虛而長而盈，是發散作用；由盈而消而虛，是收縮作用。可定名為易經。易有變易、交易兩解，經字即常字之意，使人見了易經二字，即知書中所說的，是陰陽二氣變化的結果。換言之，即是正負二力變化的規律。

以上八條，即是我們所訂的編譯大綱。他們果然這樣做去，把書作成了，各書坊都有發售，閱者試讀一部，檢查一下，看與編譯大綱合不合，即知與力學規律合不合。

我們說：《周易》與力學相通，更可引嚴又陵之言為證。嚴譯《天演論》，曾說道：「夫西學之最切實而可以御蕃變者，名數質力四者之學而已。而吾易則名數以為經，質力以為緯，而合而名之曰易。大宇之內，質力相推，非質無以見力，非力無以呈質。凡力皆乾也，凡質皆坤也。奈頓（即牛頓）之三例，其一曰：『靜者不自性，動者不自止，動路必直，速率必均。』此所謂曠古之慮，自其例出，而後天學明人事利者也。而《易》則曰：『乾，其靜也專，其動也直。』後二百年，有斯賓塞爾者，以天演自然演化著書造論，貫天地人而一理之，此亦晚近之絕作也。其為天演界說曰：『翕以合質，闢以出力，始簡易而終雜糅。』而《易經》曰：『坤，其靜也翕，其動也闢。』至於合力不增減之說，則有自強不息為之先；凡動

必復之說，則有消息之義居其始。而易不可見，乾坤或幾乎息之旨，尤與熱力平均、天地乃毀之言相發明也。此豈可悉謂之偶合也耶？」嚴氏之言如此，足為《周易》與力學相通之明證。

老子是周秦諸子的開山祖師，他在中國學術界的位置等於西洋物理學中之牛頓。牛頓看見萬物都向內部牽引，而創出萬有引力之學說。其實這種現象，老子早已看見了。他說：「天得一以清，地得一以寧，神得一以靈，谷得一以盈，萬物得一以生，侯王得一以為天下貞。天無以清將恐裂，地無以寧將恐發，神無以靈將恐歇，谷無以盈將恐竭，萬物無以生將恐滅，侯王無以貞將恐蹶。」

老子的意思即是說：天地萬物，都有一個東西把他拉著。如果莫得那個東西，天就會破裂，地就會發散，神就會歇絕，穀就會枯竭，萬物就會消亡，侯王就會倒下來。看他連下裂發歇竭滅蹶六個字，都是萬有引力那個引字的反面字，也即是離心力那個離字的代名詞，可見牛頓所說的現象，老子早已看見。牛頓僅僅用在物理上，老子並且應用到人事上，他的觀察力何等精密！他的思想何等高妙！

近代的數學以X代未知數，遇著未知物，也以X代之，如X光線是也。古代的數學以一代未知，故中國古代的天元數與西洋古代的假借方都是以一代未知數。老子看見萬物都向內部牽引，不知是個甚麼東西，只好名之為一。

老子說：「有物混成，先天地生，寂兮寥兮，獨立而不改，周行而不殆，可以為天下母，吾不知其名。」又說：「視之不見名曰夷，聽之不聞名曰希，搏之不得名曰微。此三者不可致詰，故混而為一。」又說：「湛兮似或存，吾不知誰之子，象帝之先。」這究竟是個甚麼東西，值得老子如此讚歎？如今科學昌明了，我們仔細研究，才知他所說的，即是向心、離心二力穩定時的現象，也即是陰電、陽電中和時的現象。老子看見有一個渾然的東西，本來是寂然不動的，一動作起來，就生出一發散、一收縮兩個東西，由這兩個東西就生出第三個東西，由此輾轉相生，就生出千萬個東西。

數學上用X或一字代未知數，是變動不居的，可以代此數，也可代彼數，故用一字代未知數，可以代此物，也可代彼物。我們研究老子書中的一字，共有兩種。他說「天得一以清」的一字，是指萬物向內部牽引之現象而言；「一生二，二生三」的一字，是指離心向心二力穩定時之現象，也即是陰陽二電中和時之現象。我們這樣研究，老子書中的一字就有實際可尋了。

西人談力學，談電學，都是正負二字兩兩對舉；老子每談一事，同樣是把相反之二者兩兩對舉。如云：「有無相生，難易相成。」有無難易對舉。「虛其心，實其腹；弱其志，強其骨。」虛實強弱對舉。再如言靜躁、言雌雄、言窪盈等等，無

一不是兩兩對舉，都是描寫發散和收縮兩種狀態。

正負二力是互相消長的。老子知道：發散之後，跟著即是收斂；收斂之後，跟著即是發散。所以他說：「將欲歙之，必固張之；將欲弱之，必固強之。」他以為，要想向外發展，必先向內收斂。因此他主張儉，主張嗇。儉的結果是廣，嗇的結果是長生久視。儉與嗇者收斂也，廣與長生久視者發展也。一般人都說老子無為，其實誤解了。他是要想有為，而下手則從無為做起來。故曰：「無為則無不為。」老子的話，大概上半句是無為，下半句則是有為。例如：「慈故能勇，儉故能廣，不敢為天下先，故為成事長。」等等皆是。我們用科學的眼光看去，即知他是把力學原理應用到了人事上。

我們生在今日，可以援用力學公例。老子那個時候，力學未成專科，當然無從援用。但老子創出的公例，又簡單、又真確。如「上善若水」，「江海能為百谷王」，「天下莫柔弱於水」等語，都是以水作比喻。水之變化，即是力之變化。老子以水作比喻，即可說是援用力學規律。

學術是進化的，牛頓之後出了一個愛因斯坦，發明了相對論，他的學說比牛頓更進一步；老子之後出了一個莊子，他的學說也比老子更進一步。莊子雖極力推尊老子，然而卻不甘居老子籬下。你看他《天下篇》所說，儼然在老子之外獨樹一幟。這是他自信比老子更進一步，才有那種說法。

莊子學說與愛因斯坦酷似，所異者，一個談物理，一個談人事。愛因斯坦談物理，從空間時間立論，莊子談人事，也從空間時間立論。愛因斯坦名之曰相對，在莊子則為比較，從空間上兩相比較，從時間上兩相比較。比較即是相對之意。由此可知，莊子和愛因斯坦，所走途徑完全相同也。

莊子說：「泰山為小，秋毫為大。」又說：「彭祖為夭，殤子為壽。」這類話，豈不很奇嗎？我們知道他是從比較上立論，也就不覺得為奇了。拿泰山和秋毫比較，自然泰山很大，秋毫很小。如拿恒星和泰山比較，泰山豈不是很小了嗎？拿原子電子和秋毫比較，秋毫豈不是很大嗎？拿彭祖和殤子比較，自然殤子為夭，彭祖為壽。但是，大椿八千歲為春，八千歲為秋，拿彭祖與之比較，彭祖之命豈不是很短了嗎？蜉蝣朝生暮死，木槿朝開暮落，拿殤子與之比較，殤子之命，豈不是很長嗎？莊子談論事物，必從比較上立論，認為宇宙無絕對之是非善惡，世俗之所謂是非善惡者乃是相對的。愛因斯坦在物理學上發明的原則，莊子談論人事，早已適用了。愛因斯坦的相對論，必兼空間時間二者而言之。莊子學說亦然，泰山、秋毫一類話，是從空間立論，彭祖殤子一類話，則是從時間立論。所以說：莊子所走的途徑，與愛因斯坦完全相同。

毛嬙、西施，世人很愛之，而魚見之則深入，鳥見之則高飛。同是毛嬙、西施，人與魚鳥之自身不同，則愛憎即異。驪姬嫁與晉獻公，初時悲泣，後來又歡喜。同是驪姬，同是嫁與晉獻公，時間變遷，環境改易，連自己的觀察都不同。我們平日讀莊子的書，但覺妙趣橫生，今以愛因斯坦之原則律之，才知他的學說是很合科學的。

丁圖

儒家最重要的是《大學》、《中庸》二書。《中庸》「放之則彌六合」，是層層放大，「卷之則退藏於密」，是層層縮小，具備了發散與收縮兩種現象。《大學》亦然。《大學》說：「古之欲明明德於天下者，必先治其國；欲治其國者，必先齊其家；欲齊其家者，必先修其身；欲修其身者，必先正其心；欲正其心者，必先誠其意。」這是層層縮小。又說：「意誠而後心正，心正而後身修，身修而後家齊，家齊而後國治，國治而後天下平。」這是層層放大。如繪圖（丁），閱者自明。孔子「上律天時，下襲水土」，仰觀俯察，把宇宙自然之理看得清清楚楚，所以創出的學說極合自然之理，而《大學》、《中庸》遂成為儒家嫡派典籍。

誠意之意字，朱子釋之曰：「意者，心之所發也。」而明儒王一庵、劉蕺山、黃宗羲諸人均謂：廟之主宰為心，心之主宰為意，故曰：主意。其說最確，故可繪如丁。西歐學說，無論利己主義、利人主義，均以我字為起點，即是以身字為起點；中國則從身字推進兩層，尋出意字，以誠意為下手功夫。譬之建屋，中國是把地上浮泥去了，尋出石底，方從事建築；西人從我字起點，是在地面浮泥上建築，基礎未固，建築愈高，倒塌下來，壓斃之人愈多。所以由斯密士學說之結果，會釀成社會革命；由達爾文學說之結果，會釀成世界第一次大戰、第二次大戰。如實行中國之學說，絕無此流弊（詳見拙著《中國學術之趨勢》）。

孔子問禮於老子，其學從何而來。老子曰：「為道日損，損之又損，以至於無為。」這是向內收斂。又曰：「無為則無不為矣。」這是向外發展。《中庸》則說：「放之則彌六合，卷之則退藏於密。」正是老子家法。老子又曰：「修之於身，其德乃真；修之於家，其德乃彰；修之於鄉，其德乃長；修之於邦，其德乃豐；修之於天下，其德乃普。」我們繪之為圖，豈不與丁圖一樣？足知孔老學說原是一貫。

仲尼祖述堯舜。《堯典》曰：「克明俊德，以親九族；九族既睦，平章百姓；百姓昭明，協和萬邦。黎民于變時雍。」繪出圖來，也與丁圖一樣。足知孔門學說是堯舜家法。

西人講個人主義，反對國家主義和社會主義。講國家主義的，反對個人主義和

社會主義；講社會主義的，反對個人主義和國家主義。個人即所謂我，社會即所謂天下。西人之我也、國家也、天下也，三者看為不相容之物，存其一，必去其二。而中國之學說則不然，把此三者融合為一。於三者之間，還要添一個家字。老子更添了一個鄉字。看起來，並無所謂衝突。《禮記》曰：「以天下為一家，以中國為一人。」此種學說，何等精闢。自西人眼光看來，世界處處衝突，此強權競爭，優勝劣敗之說所由來也。《中庸》曰：「萬物並育而不相害，道並行而不相悖。」處處取平等線態度，絕無所謂衝突。所以，要想世界太平，非一齊走入中國主義這條路不可。

中西人士，聰明才智是相等的，不過研究的方法稍有不同。西人把他的聰明才智用以研究物理，中國古人把他的聰明才智用以研究人事。西人用仰觀俯察的法子，把宇宙自然之理看出來了，創出物理上種種學說；中國古人，用仰觀俯察的法子，把宇宙自然之理看出來了，創出人事上種種學說，逃不出心理學。我們定出一條臆說：「心理依力學規律而變化。」即可將人事與物理溝通為一，也即是將中西學說溝通為一。中國古人所說上行下效、父慈子孝，與夫綏之斯來、動之斯和一類話，都含磁電感應原理，社會上一切組織，看似無有條理，而實極有條理，看似不科學，而實極合科學。本書所繪甲乙丙三圖，純是磁場現象，厘然秩然，可說中國古人是將磁電原理運用到人事上來了。西人則父子兄弟夫婦間的權利義務都用簿式計算，以致人與人之間冷酷無情，必須灌注以磁電，才有一種祥和之氣。

中國古人喜歡說與天地合德、與天地同流一類話，初看去，不過是些空洞的話。而今科學昌明了，大家都知道：所謂天體，是循著力學規律走的。古人窺見了真理，他說與天地合德同流，無異是說：吾人做事，要與力學規律相合。

吾人做事，根於心理，心理依力學規律而變化。水之變化，即是力之變化。古人論事，多以水作喻，可以說：都是援引力學規律。老子曰：「上善若水。」孔子曰：「逝者如斯夫。」孟子曰：「源泉混混。」其他諸如「防民之口，甚於防川」以及「器方則水方，器圓則水圓」等等說法，無一不取喻於水。孫子曰：「兵形象水。水之形避高而趨下，兵之形避實而擊虛。水因地而制流，兵因敵而致勝。故兵無常勢，水無常形。」故《孫子》十三篇，俱可以力學規律繩之。如本書所舉《孫子》：「吳人越人，同舟共濟而遇風。」韓信背水列陣，引孫子語：「置之死地而後生。」俱可本力學規律說明。

宋儒《孔記》中，特別提出《大學》、《中庸》二篇，程朱諸人復精研易理，於真理都有所窺見。周子太極圖，儼然是螺旋式的迴旋狀況。所以宋儒之理學，能於學術上開一新紀元。宋儒發明了理學，愈研究愈精微，到了明朝王陽明出來，他

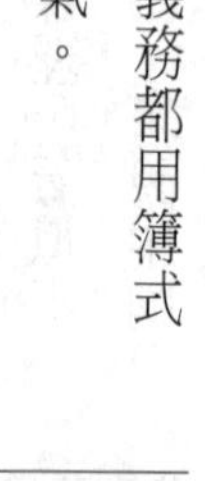

的學說風靡天下，我們只把陽明提出來研究即是了。他的學說，最重要者：（一）良知；（二）知行合一。此二者均含有力學原理。

（一）良知。《王陽明傳習錄》說：「人的良知，就是草木瓦石的良知。」草木暫不說，請問瓦石是無生之物，良知安在？我們把瓦分子加以分析，除了泥沙，別無他物。細加考察，即知它有凝聚力，能把泥沙分子攏來，對於外物有一種引力；把瓦石向空中拋去，它能依力學規律向下而墜。由此知：陽明所謂良知，不外力之作用罷了。陽明所說的良知，與孟子所說的良知不同。孟子指仁愛之心而言，只是一種引力；陽明則指是非之心而言，是者自必引之使近，非者自必推之使遠，具有向心離心二力之作用。故陽明學說較孟子學說圓滿。我們這樣研究，即知陽明所謂良知者，無非把力學原理應用到事事物物而已。

（二）知行合一。陽明說：「知是行的主意，行是知的功夫；知是行之始，行是知之成。」他這個道理，可畫根力線來表示。例如：我聞友人病重，想去看他。我心中這樣想，即是心中發出一根力線，直射到友人方面。我由家起身，即是沿著這根力線一直前進，直走到病人面前為止。知友人病重，是此線之起點。故曰：「知是行之始。」走到友人面前，是此線的終點。故曰：「行是知之成」。兩點俱在一根直線上。故曰：「知行合一」。一聞友人病重，即把這根力線畫定。故曰：

「知是行的主意。」畫定了，即沿著此線走去。故曰：「行是知的功夫」。陽明把明德、親民二者合為一事，把博學、審問、慎思、明辨、篤行五者合為一事，把格致誠正、修齊治平八者合為一事，即是用的這個方式，都是在一根直線上，從起點說到終點。

王陽明解釋《大學．誠意章》「如好好色，如惡惡臭」二句，說道：「見好色屬知，好好色屬行。只見好色時，已自好了，不是見後又立個心去好。聞惡臭屬知，惡惡臭屬行。只聞惡臭時，已自惡了，不是聞後別立一個心去惡。」他這種說法，用磁電感應之理一說就明白了。異性相引，同性相推，是磁電的定例。能判別同性、異性者，知也；推之引之者，行也。我們在講室中試驗，即知磁電一遇異性，立即相引，一遇同性，立即相推；並不是判定同性異性後，然後才去推之引之。知行二者，簡直分不出來，恰是陽明所說「即知即行」的現象。

王陽明說的「知行合一」，乃是「思想與行動合一」。如把知字改作思想二字，更為明瞭。因為人的行動是受思想支配的，故陽明曰：「知是行的主意。」所以觀察人的行動，即可窺見其心理；知道他的心理，即可預料其行為。古人說：「誠於中，形於外。」又說：「中心達於面目。」又說：「根於心，見於面，盎於背，施於四體。」

我們下細研究，即知這些說法很合力學規律。心中起了一個念頭，力線一動，即依著直線進行的公例，達於面目，跟著即見於行事了。但有時心中起了一個念頭，竟未見諸實行，這是甚麼緣故呢？是心中另起一個念頭，把前線阻住了。猶如我起身去看友人之病，行至中途，因事見阻一樣。此種現象，在陽明看來，仍與實行了無異，不必定要走到病人面前才算實行，只要動了看病人的念頭，即等於行，故曰：知行合一。

陽明說：「見好色屬知，好好色屬行。」普通心理學分知、情、意三者，這「好好色」明明屬乎情，何以謂之行呢？因為一動念，這力線即射到色字上去了，已是行之始，故陽明把情字看作行字。他說的「知行合一」可說是「知情合一」。

所以，我們要徹底瞭解王陽明的學說，必須應用力學規律，根據他所說的「知是行之始，行是知之成」，繪出一根直線，才知他的學說不是空談，而是很合自然之理的。

II・經濟、政治、外交三者應採用合力主義

我國古代，不但哲學家的學說與力學規律相合，就是大政治家的政策亦與力學規律相合。以春秋戰國言之，其時外交上發生兩大政策，第一是管仲「尊周攘夷」的政策，第二是蘇秦「合六國以抗強秦」的政策。這兩大政策俱合力學規律，故當時俱生重大影響。管仲的政策是「尊周攘夷」。他提出尊周二字，九合諸侯，把全國力線集中於尊周之一點，內部力線既已統一了，然後向四面打出，伐狄，伐山戎，伐楚，遂崛起而稱霸了。春秋時楚國最強，齊自襄公之亂，國力微弱，遠非楚敵。召陵之役，齊合魯宋陳衛鄭許曹諸國以擊楚，是合眾弱國以攻打一個強國，合得到力學上的合力方式，所以能取勝。後來晉文公合齊宋秦諸國以伐楚，也是師法管仲之策，採用合力主義。

蘇秦合六國以攻強秦，這是齊楚燕趙韓魏六國各發出一根力線；其政策名曰合縱，是合六根力線，從縱的方向向強秦攻去，也是一種合力主義，故他的政策實行，秦人不敢出關者十五年。

諸葛孔明是三代以下第一個政治家，他的外交政策是聯吳伐魏，合兩個弱國攻打一個強國。史稱：「孔明自比管仲、樂毅。」孔明治蜀，略似管仲治齊，以之自比，尚屬相似。請問孔明生平哪一點像樂毅，為甚以之自比？我們考《戰國策》，燕昭王以樂毅為上將軍，率燕趙楚魏韓五國之兵以伐齊。孔明的《隆中對》，主張西和諸戎，南撫夷越，東聯孫權，然後北伐曹魏，與樂毅和燕昭王那篇言論完全相似。可知孔明自比管樂，全是取他合眾弱國以攻打強國這一點。這是孔明在南陽同諸名士研討出來的政策，不過古史簡略，只載「自比管仲樂毅」一句，未及詳言之耳。後來孔明的政策成功，曹操聽說孫權把荊州借與劉備，二人實行聯合了，他正在寫字，手中之筆都落了。

由此知合力主義之厲害。大凡列國紛爭之際，弱小國之唯一辦法就是採用合力主義，合眾弱國以攻打強國，已經成了歷史上的鐵則。而強國對付之唯一辦法，是破壞他的合力主義，設法解散弱國之聯盟。故六國聯盟成功，秦即遣張儀出來挑撥離間；吳、蜀聯盟成功，曹操即設法使孫權敗盟。

弱國能否戰勝強國，以弱國之合力主義能否貫徹到底為斷。齊合八國之師以伐楚，晉合四國之師以伐楚，燕合五國之師以伐齊，是合力到底，故能成功。蘇秦合六國以抗秦，而六國自相衝突，故歸失敗；吳蜀聯盟，中經孫權敗盟，關羽被殺，後來雖重行聯合，而勢力大為衰滅，故仍不能成功。

合力主義，不但施之外交，且應施之內政。齊桓公之能夠稱霸，是由管仲作內政，寄軍令，內部力線是一致的；孔明治蜀，內部力線也是一致的，故魏人畏之如虎。秦自商鞅而後，內部事事一致，六國既相衝突，而各國內部復不講內政，故秦興兵而六國滅。管仲與甯、鮑諸人同心一德，合得到合力主義，故成功；蘇秦有一個好友張儀，反千方百計，驅之入秦，違反合力主義，故失敗。

主持國家大計，貴在傾全國力線，根根都發展出來，集中於中央政府，用以對外，自然綽有餘裕。所以身負國家重責的人，必須有籠罩萬方的氣象。古人云：「萬方有罪，罪在朕躬。」即是此種氣象。秦曰：「如有一介臣，斷斷猗，無他技，其心休休焉，其如有容焉，人之有技，若己有之，人之彥聖，其心好之，不啻如自其口出。」也是此種氣象。劉邦豁達大度，能把敵人方面的韓信、陳平、黥布、彭越等人收為己用，智者盡其謀，勇者盡其力。項羽則氣量狹小，不唯韓彭諸人容留不住，連一個忠心耿耿的范增亦不能用。劉邦用眾人之合力，項羽用一己之力，故漢興而楚滅。

武王曰：「紂有臣億萬，惟億萬心。」這是違反了合力主義。「予有臣三千，惟一心。」這是合乎合力主義。故武王興而殷紂滅。其他如光武推心置腹，諸葛孔

明之集思廣益，都可謂之實行合力主義。

互競主義，力線是橫的，彼此相互衝突；互助主義，彼此雖不衝突，然力線仍是橫的，成立不起政府，不得不流而為無政府主義。若行合力主義，則力線是縱的，可以成立政府，而力線則根根直達中央，彼此不相衝突。講尼采的超人主義，其流弊至於你死我活；講托爾斯泰的不抵抗主義，其流弊至於你活我死。最好是行合力主義，你與我大家都活。

世界之所以紛爭不已者，實由互相反對之兩說同時並行之故；而此互相反對之兩說大都一則建築在性善說上，一則建築在性惡說上。例如：個人主義經濟學之鼻祖是斯密士，他說：「人類皆有自私自利之心，利用這種自私自利之心，就可把人世利源儘量開發出來。」因此主張營業自由。故知《原富》一書是建築在性惡說上。社會主義經濟學之倡始者是聖西門諸人，他們都說：「人性是善良的，上帝造人類，並莫有給人類罪惡痛苦，人類罪惡痛苦，都是惡社會製成的。」故知此書是建築在性善說上。

性善說與性惡說既兩相衝突，故社會主義與個人主義就兩相衝突。民主主義的學說發源於盧梭。盧梭說：「自然之物皆善，經人類之手，乃變而為惡。」這是屬乎性善說。倡獨裁主義者，則謂人心好亂，必須採用獨裁制，才能鎮壓下去，這是屬乎性惡說。性善說與性惡說既兩相衝突，民主主義與獨裁主義遂兩相衝突。達爾文倡優勝劣敗之說，發揮人類自私自利之心，這是屬乎性惡說。克魯泡特金起而反對之，說：「動物和原始人類都知道互助。」這是屬乎性善說。性善說與性惡說既兩相衝突，故達爾文學說、克魯泡特金學說遂兩相衝突。我們試想：同一社會之中，有種種兩相衝突之主張同時並行，世界烏得不大亂？

我們要想解除世界紛爭，非先把人性研究清楚不可；人性研究清楚了，再來定經濟、政治、外交三者的實施辦法。我們主張：性無善無惡，算是把性善說與性惡說合而為一，因此我們擬具的經濟制度，是把個人主義與社會主義合而為一，擬具的政治方式，是把民主主義與獨裁主義合而為一。至於外交方面，我們把被侵略者聯合為一，算是互助主義；進而對侵略者抗戰，算是互競主義。這可說是把克魯泡特金學說與達爾文學說合而為一。基於經濟之組織，生出政治之組織，基於經濟政治之方式，生出外交之方式，由民生，而民權，而民族，三者一以貫之，而三民主義就成為整個的了。

孫中山先生的學說業經國內學者詳加闡發，獨於他的學說，係根據力學原理立論，許多人都未注意。他講五權憲法，曾說道：「政治裡頭有兩個力量，好比物理學裡頭有離心力與向心力一般。」他主張兩力平衡，才能達到安全現象。他講民權

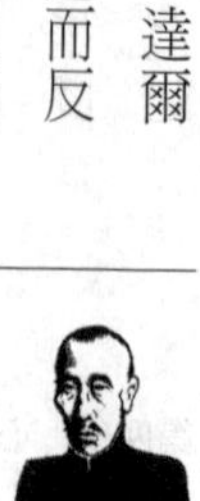

主義，以機器為喻，以機器中之活塞為喻。又說：放水掣與接電鈕等等，都是把力學原理運用到政治方面。中山先生把人事與物理匯通為上，故創出的學說很合宇宙自然之理。

此書初版，對於經濟、政治、外交三者，本著合力主義，一一擬具實施辦法。此次再版，因為曾寫了一本《社會問題之商榷》，又寫了一本《制憲與抗日》，後來又總括大意，寫入《我的思想體系》中。其大旨：

關於政治第一層，人民行使四權，先從一村一場開始。各村各場辦好了，聯合為區；各區辦好了，聯合為縣。由是而省，而全國，四萬萬五千人有四萬萬五千根力線，根根力線直達中央，成一個合力政府。大總統去留之權，操諸人民之手，與革大政，由全體人民裁決，大總統違法，可由人民總投票，撤職訊辦，是為民主主義。大總統在職權內發出之命令，任何人不能違反，儼然專制時代之皇帝，是為獨裁主義。像這樣的辦法，民主制與獨裁制即合而為一了。

關於經濟一層：土地、工廠、銀行和經濟貿易四者一律收歸國有，其他經濟之組織悉仍其舊，個人主義與社會主義融合為一。人民私有之土地，始而收歸一村一場公有，繼而收歸全區公有，全縣公有，全省公有，終而收歸全國公有（詳細辦法，俱載拙著《我的思想體系》中）。

關於外交一層，由我國出來，組織「新的國際聯盟」，喊出「人類平等」的口號，以弱小民族為主體，進而與列強聯合，以這個新的國聯為推行我國正道主義之機關。我們最終的目的，是全球十八萬萬人共同做皇帝，把全世界土地收歸全人類公有。

自有歷史以來，都是人同人爭，其力線是橫的。我們改為縱的方向，懸出地球為目的物，合全人類向之進攻，把他內部蘊藏的財富取出來，全人類平分，人同人爭之現象永遠消滅，是為合力主義之終點。

第五部

中國學術之趨勢

我平生喜歡研究心理學。於民國九年，作一文曰：「心理與力學」，創出一條臆說：「心理依力學規律而變化。」有了這條臆說，覺得經濟、政治、外交，與夫人世一切事變，都有一定軌道。於是，陸陸續續寫了些文字，曾經先後發表。

自序

我平生喜歡研究心理學。於民國九年，作一文曰：「心理與力學」，創出一條臆說：「心理依力學規律而變化。」有了這條臆說，覺得經濟、政治、外交，與夫人世一切事變，都有一定軌道，於是陸陸續續寫了些文字，曾經先後發表。

後來我又研究諸子百家的學說，覺得學術上之演變也有軌道可尋。我們如果知道從前的學術是如何演變，即可推測將來的學術當向何種途徑趨去。因成一文曰：「中國學術之趨勢」。自覺此種觀察，恐怕不確，存在篋中，久未發表。去歲在重慶，曾將原稿交《濟川公報》登載。茲把它印為單行本，請閱者指正。

我說：「心理依力學規律而變化。」聞者常駁我道：「人的思想，活動自由，哪裡有什麼規律？」殊不知我們受了規律的支配，自己還不覺得。譬如書房裡有一鳥籠，鳥在籠中跳來跳去，自以為活動自由了，而我們在旁觀之，任牠如何跳，終不出籠之範圍。設使把籠打破，鳥在此室中，更是活動自由了，殊不知仍有一個書房把牠範圍著。漢唐以後的儒者，任他如何說，終不出孔子的範圍。周秦諸子和東

西洋哲學家，可說是打破了孔子範圍，而他們的思想仍有軌道可尋。既有軌道可尋，即是有規律。

自開天闢地以來，人類在地球上行行走走，自以為自由極了。三百年前出了一個牛頓，發明地心引力，才知道：任你如何走，終要受地心引力的支配。這是業已成了定論的。人類的思想，自以為自由極了。我們試把牛頓的學說擴大之，把他應用到心理學上，即知道：任你思想如何自由，終有軌道可尋，人世上一切之事變莫不有力學規律行乎其間，不過一般人習而不察，等於牛頓以前的人不知有地心引力一樣。

我寫文字，有一種習慣：心中有一種感想，即寫一段，零零碎碎；積了許多段，才把它補綴起來，成了一篇文字。此次所發表者，是把許多小段，就其意義相屬者放在一處，再視其內容，冠以篇名。因此成了四篇文字：（一）老子與諸教之關係；（二）宋儒與川蜀文化；（三）宋儒之道統；（四）中西文化之融合。總題之曰：「中國學術之趨勢」。

寫文字是發表心中感想，心中如何想，即當如何寫。如果立出題目，來做文字，等於入場應試，心中受了題之拘束，所有感想不能盡情寫出，又因題義未盡，不得不勉強湊補，於是寫出來的乃是題中之文，不是心中之文。我發表這本書，本想以隨筆體裁。許多朋友說不對，才標出大題目、小題目。我覺得做題目比做文章更難。文章是我心中所有，題目是我心中所無，此書雖名「中國學術之趨勢」，而內容則非常的簡陋，對於題義，發揮未及十分之一，這是很抱歉的。

我寫文字，只求把心中感想表達出，即算完事。許多應當參考的書，也未參考，許多議論，自知是一偏之風，仍把它寫出來。是心中有了這種疑團，待發表出來，請閱者賜教，如蒙指駁，自當敬謹受教，不敢答辯。指駁越嚴，我越是感謝。

民國二十五年七月二日，李宗吾，於成都

I・老子與諸教之關係

我國學術最發達有兩個時期，第一是周秦諸子，第二是趙宋諸儒。這兩個時期的學術都有創造性。漢魏晉南北隋唐五代是承襲周秦時代之學術而加以研究；元明是承襲趙宋時代之學術而加以研究；清朝是承襲漢宋時代之學術而加以研究；俱缺乏創造性。周秦是中國學術獨立發達時期，趙宋是中國學術和印度學術融合時期。周秦諸子，一般人都認孔子為代表；殊不知孔子不足以代表，要老子才足以代表。趙宋諸儒，一般人都認朱子為代表；殊不知朱子不足以代表，要程明道才足以代表。

《老子》一書，常分兩部分看。他說「致虛守靜、歸根復命」一類話，是出世法，莊列關尹諸人走的是這條路。他說：「以正治國，以奇用兵」一類話，是世間法。孔子以仁治國，墨子以愛治國，申韓以法治國等等，皆是以正治國。孫吳、司馬穰苴諸人是以奇用兵。這都是走的世間法這條路。《老子》一書，是把世間法和出世法一以貫之，兩無偏重。所以提出老子，可以總括周秦學術的全體。

漢明帝時，印度佛教傳入中國，歷魏晉南北朝隋唐五代，愈傳愈盛，與中國固有的學術成為兩大門派，相推相蕩，到了程明道出來，把二道融合為一，是為宋朝之理學，名為儒家，實是中國和印度兩方學術融合而成的新學說。程明道的學說出來後，跟著就分兩大派：一派是程伊川和朱子；一派是陸象山和王陽明。所以宋學要以程明道為代表，朱子不足以代表。

從周秦至今，可劃為三個時期。周秦諸子，為中國學術獨立發達時期；趙宋諸儒，為中國學術與印度學術融合時期。現在已經入第三時期了。世界大通，天涯比鄰，中國、印度、西洋三方學說相推相蕩，依天然的趨勢看去，這三者又該融合為一。故第三時期為中西印三方學術之融合時期。學術之進化，其軌道歷歷可尋，知道從前中印兩方學術之融合，出以某種方法，即知將來中西印三方學術之融合當出以某種方式。我們用鳥瞰法，升在空中，如看河流入海，就可把學術上的大趨勢看出來。

一、老子哲學是周秦學派之總綱

宇宙真理是渾然的一個東西，最初是蒙蒙昧昧的，像一個絕大的荒山，無人開

採。後來偶有人在山上拾得些許珍寶歸來，人人驚異，大家都去開採，有得金的，有得銀的，有得銅鐵錫的。雖是所得不同，總是各有所得。周秦諸子都是上山開採的人，這夥人中所得的東西，要以老子為最多。

老子是道家，道家出於史官。我國有史以來，零零碎碎的留下許多學說，直到老子出來，才把它整理成一個系統。老子生於春秋時代，事變紛繁，他年紀又高，眼見的事就多。身為周之柱下史，是國立圖書館館長，讀的書又多，他自隱無名，不問外事，經過了長時間的研究，所以能把宇宙真理發現出來。

老子把古今事變融會貫通，尋出了它變化的規律，定名曰道。道者，路也。即是說，宇宙萬事萬物，非走這條路不可。把這種規律，筆之於書，即名之曰：《道德經》。德者，有繩於心也。根據以往的事變，就可以推測將來的事變。故曰：「執古之道，以御今之有。」他見到了真理的全體，講出來的道理顛撲不破，後人要研究，只好本著他的道理，分頭去研究。他在周秦諸子中，真是開山之祖。諸子取他學說中之一部，引而申之，擴而大之，就獨成一派。

前乎老子者，如黃帝，如太公，如鬻子、管子等，《漢書．藝文志》均列入道家，算是老子之前驅。周秦諸子中最末一人是韓非。非之書有《解老》、《喻老》兩篇，把老子的話，一句一句地解釋，呼老子為聖人，可見非之學也出於老子。至呂不韋之門客所輯的《呂氏春秋》，也是推尊黃老。所以周秦時代的學說，徹始徹終，可用老子貫通之。老子的學說是總綱，諸子是細目，是從總綱中提出一部分，詳詳細細地研究，只能說研究得精細，卻不能出老子的範圍。

關於老子年代問題。有人說：孔子問禮於老子，為春秋時人，著《道德經》之老子為戰國時人，是兩人，不是一人。這層不必深問。我們只說：《道德經》一書，可以總括周秦學術之全體。其書出現於周秦諸子之前，是諸子淵源於老子；出現於周秦諸子中間，或在其後，我們可說：《道德經》可以貫通諸子，而集周秦學術之大成。無論他生在春秋時，生在戰國時，甚或生在嬴秦時，其為周秦學術之總代表則一也。

關於老子姓名問題，有種種說法，甚有謂老子姓老者。我想不必這樣講。古人的名字，有點像字學中之反切法，用兩個字切出一個字，舉出其人之兩個特點，即知其為某人，名字之上不必一定冠以姓。如祝鮀是名之上冠以官；行人子羽，是名之上冠以官；東里子產，是字之上冠以地；叔梁紇，是名之上冠以字。司馬遷是史官，故稱史遷；曾受腐刑，又稱腐遷。他如髯參軍，短主簿，是官職之上冠以形貌。只要舉出兩個特點，即可確定其為某人。

大約老子耳有異狀，故姓李名耳。他是自隱無名的人，埋頭研究學問，世人得

見他時，年已老矣，人人驚其學問之高深，因其鬚髮皓然，又是一個大耳朵，因呼之為老聃。聃是生前的綽號，不是死後之諡。他不是生而皓首，乃是世人得見他時，業已皓首了。一般學者聞老子之名，都來請教，孔子也去問禮。各人取其學說之一部分，發輝光大之，就成為一家之言，發表出來，是新奇之說，人人都去研究。老子自隱無名，其出處存亡，世人也就不甚注意了。猶之四川廖平，與康有為談一席話，康本其說，跟即著出《孔子改制考》、《新學偽經考》，震驚一世，而廖之書尚未出也，其人亦不甚為世注意。

老子年齡，大約比孔子大二三十歲。孔子是七十幾歲死的。老子修道養壽，享年最高，或許活到二百多歲，著《道德經》時，已入了戰國時代，這也是可能的事（編按・其實，有前五七一年~前四七一年的記載，剛好活了一百歲）。

二、「無為」之實踐意義

老子的「無為」，許多人都誤解了。《老子》一書，是有為，不是無為。他以為：要想有為，當從無為下手。所以說：「無為則無不為。」老子的書，大概每句中，上半句是無為，下半句是有為。例如：「慈故能勇，儉故能廣，不敢為天下先，故能成器長。」要想勇，當從慈做起走；要想廣，當從儉做起；要想成器長，當從不敢為天下先做起。慈與儉，不敢為天下先，是無為；能勇，能廣，能成器長，即是有為。

老子洞明盈虛消長之理，陰陽動靜，互依為根，凡事當從相反方面下手，如作文欲抑先揚，欲揚先抑，寫字欲左先右，欲右先左一般。老子說：「我無為而民自化，我好靜而民自正，我無事而民自富，我無欲而民自樸。」我無為，我好靜，我無事，我無欲，是無為；能使民化民正，能使民富民僕，是有為。「弱勝強，柔勝剛」，弱柔是無為，勝強勝剛，是有為。《老子》書中，這類話很多，俱是「無為則無不為」之實徵。

老子所說的無為，是順其自然，我無執心的意思。當為的就為，當不為的就不為。如果當為的不為，這是有心和自然反抗，這叫作有為，算不得無為。王弼注《老子》，就是這種見解。他注《老子》二十七章，說道：「順自然而行，不造不始。」注二十九章，說道：「萬物以自然為性，故可因而不可為也，可通而不可執也。物有常性而造為之，故必敗也；物有往來而執之，故必失矣。」可算得了老子的真諦。老子說：「輔萬物之自然而不敢為。」即是《陰符經》所說：「聖人知自然之不可違，因而制之。」也即《易經》所說：「裁成天地之體，輔相天地之

宜。」曹參為相，日飲醇酒，諸事不管，只可謂之「不輔萬物之自然」，「不裁成天地之道，不輔相天地之宜」，「知自然之不可違，因而不制之」，黃老之道豈是這樣嗎？老子說：「安其易持，其未兆易謀，其脆易判，其微易散，為之於未有，治之於未亂，合抱之木，生於毫末，九層之臺，起於累土，千里之行，始於足下。」

老子把宇宙事事物物的來源去路看得清清楚楚，事未發動，或才一動，就把他弄好了。猶如船上掌舵的人，把水路看得十分清楚，只須輕輕地把舵一扳，那船就平平穩穩地下去了，這叫作無為。即是所謂：「善用兵者，無赫赫之功。」何嘗是曹參那種辦法呢？文景行黃老，只是得點皮毛，於「為之於未有，治之於未亂」等工作未免缺乏，所以不無流弊。但政治之修明，已稱為三代下第一，黃老之道之大，也可想見了。

老子說：「失道而後德，失德而後仁，失仁而後義，失義而後禮。」失字作流字解。道流而為德，德流而為仁，仁流而為義，義流而為禮，道德仁義禮五者是聯貫而下的。天地化生萬物，有一定規律，如道路一般，是之謂道。吾人懂得這個規律，而有得於心，即為德。本著天地生物之道，施之於人即為仁。仁是渾然的，必須制裁之，使之合宜，即為義。但所謂合宜，只是空空洞洞的幾句話，把合宜之事制為法式，是為飾文，即為禮。萬一遇著不守禮之徒，為之奈何？於是威之以刑。萬一有悖禮之人，刑罰不能加，又將奈何？於是臨之以兵。我們可續兩句曰：「失禮而後刑，失刑而後兵。」禮流而為刑，刑流而為兵。由道德以至於兵，原是一貫而已。

老子洞明萬物變化的軌道，有得於心，故老子言道德。孔子見老子後，明白此理，就用以治人，故孔子言仁。孟子繼孔子之後，故言仁必帶一義字。荀子繼孟子之後，注重禮學。韓非學於荀卿，知禮字不足以範圍人，故專講刑名。這都是時會所趨，不得不然。世人見道德流為刑名，就歸咎於老子，說申韓之刻薄寬恩淵源於老子。殊不知中間還有道德流為仁義一層，由仁義才流為刑名的。言仁義者無罪，言道德者有罪，這真要為老子叫屈。

孔子說：「志於道，據於德，依於仁，遊於藝。」都是順著次序說的。韓昌黎說：「博愛之謂仁，行而宜之之謂義，由是而之焉之謂道，存乎己，無待於外謂之德。」把道德放在仁義之下，算是弄顛倒了。

老子說：「夫禮者，忠信之薄而亂之首也。」這句話很受世人的痛罵。這也是誤解老子。道流而為德，德流而為仁，仁流而為義，義流而為刑，刑流而為兵，這是天然的趨勢，等於人之由小孩而少年，而壯，而老，而死一般。老子說：「失道

而後德，失德而後仁，失仁而後義，失義而後禮。」等於說：「失孩而後少，失少而後壯，失壯而後老。」他看見由道德流而為禮，知道繼續下去，就是為刑為兵，故警告人曰：「夫禮者，忠信之薄而亂之首也。」等於說：「夫老者，少壯之終而死之始也。」這本是自然的現象，說此等話的人有何罪過。

要救死，只有「復歸於嬰兒」；要救亂，只有「復歸於無為」。吾人身體發育最快，要算嬰兒時代。嬰兒無知無欲，隨時都是半睡眠狀態。今之修養家叫人靜坐，卻用種種方法，無非叫人達到無知無欲，成一種半睡眠狀態罷了。嬰兒的半睡眠狀態是天然的，修養家的半睡眠狀態是人工作成的。只要此心常如嬰兒之未孩，也就可以長生久存了。我們知：復歸於嬰兒，可以救死；即知：復歸於無為，可以救亂。

國家到了非用禮不可的時候，跟著就有不守禮之人，非用刑不可；跟著就有刑罰不能加的人，非用兵不可。所以，到了用禮之時，亂兆已萌，故曰「亂之首」。然而，為之奈何？老子曰：「化而欲作，吾將鎮之以無名之樸。」亂機雖 動，用無為二字，即可把他鎮壓下去。老子用的方法，是：「我無為而民自化，我好靜而民自正，我無事而民自富，我無欲而民自樸。」

他這個話不是空談，是有事實可以證明。春秋戰國，天下大亂，延至嬴秦，人心險詐，盜賊縱橫，與現在的時局是一樣的。始皇二世用嚴刑峻罰，其亂愈甚。到了漢初，劉邦的謀臣張良、陳平是講黃老的人，曹參相惠帝用黃老，文景也用黃老，而民風忽然渾樸，儼然三代遺風，這就是實行「鎮之以無名之樸」，人民就居然自化自正，自富自樸了。足知老子所說：「復歸於無為」，是治亂的妙法。「復歸於嬰兒」，可以常壯不老，「復歸於無為」，可以常治不亂。

由道流而為德，為仁，為義，為禮，為刑，為兵，道是本源，兵是末流。老子屢言兵，他連兵都不廢，何至會廢禮？他說：「以道佐人主者，可以兵強天下。」又說：「夫慈以戰則勝。」慈即是仁。他用兵之際，顧及道字仁字，即是顧及本源之意。用兵顧及仁字，才不至於窮兵黷武；用刑顧及仁字，才能哀矜勿喜；行禮顧及仁字，才有深情行乎其間，不致徒事虛文；行仁義顧及道德，才能到熙熙皞皞的盛世，不是相呴以濕，相濡以沫。我們讀《老子》一書，當作如是解。老子用兵之際，都顧及本源，即知他無處不顧及本源。

老子說：「兵者，不祥之器，非君子之器，不得已而用之，恬澹為主。」他對於兵是這種主張，即知他對於禮的主張，是說：「禮者，忠信之薄而亂之首，不得已而用之，道德為主。」老子明知「兵之後必有凶年」，到了不得已之時，還是要用兵，即知他明知禮之後必有兵刑，到了不得已之時，還是要用禮。吾故曰：老子

不廢禮。唯其不廢禮，以知禮守禮名於世，所以孔子才去問禮。老子知兵之弊，故善言兵；知禮之弊，故善言禮。

用刑用兵，只要以道佐之，以慈行之，民風也可復歸於樸。莊子曰：「假道於仁，托宿於義，以遊於消遙之虛……消遙無為也。」由此知用刑用兵，也是假道於刑，托宿於兵，以達無為之域。我們識得此意，即知老子說「失義而後禮」，說「禮仁忠信之薄」，與孔子所說「禮云禮云，玉帛云乎哉」，同是一意。

三、「絕聖棄智，絕仁棄義」之本意

老子說：「絕聖棄智，民利百倍；絕仁棄義，民復孝慈；絕巧棄利，盜賊無有。」又說：「天地不仁，以萬物為芻狗；聖人不仁，以百姓為芻狗。」又說：「大道廢，有仁義；智慧出，有大偽。」等語很受世人的訾議。這也未免誤解。老子是叫人把自己的意思除去，到了無知無欲的境界，才能窺見宇宙自然之理。一切事，當順自然之理而行之。如果不絕聖棄智，本我個人的意見做去，得出來的結果，往往違反自然之理。

宋儒即害了此病，並且害得很深。例如：「婦人餓死事小，失節事大」一類話，就是害的這個病。洛蜀分黨，也是害的這個病。他們所謂理，完全是他們個人的意見。戴東原說：「宋以來儒者，以己之見，硬做為聖賢立言之意……其於天下之事也，以己所謂理，強斷行之。」又曰：「其所謂理者，同於酷吏所謂法。酷吏以法殺人，後儒以理殺人。」東原此語，可謂一針見血。假使宋儒能像老子絕聖棄智，必不會有這種弊病。

凡人只要能夠洞明自然之理，一切事順天而動，如四時之行，動物之生，不言仁義而仁義自在其中。《莊子》一書，全是發揮此理。蘇子由解《老子》，說道：「大道之隆也，仁義行於其中，而民不知，大道廢而後仁義見矣。世不知道之足以贍足萬物也，而以智慧加之，於是民始以偽報之矣。六親方和，孰非孝慈；國家方治，孰非忠臣。堯非不孝，而獨稱舜，無瞽瞍也；伊尹、周公非不忠也，而獨稱龍逢、比干，無桀紂也。涸澤之魚，相濡以沫，相呴以濕，不知相忘於江湖。」子由這種解釋，深得老子本旨。

昌黎說老子小仁義。讀了子由這段文字，仁義烏得不小。嬴秦時代，李斯、趙高挾智術以馭天下，叛者四起，即是「智慧出，有大偽」的實證。漢初行黃老之術，民風渾樸，幾於三代，即是「絕巧棄利，盜賊無有」的實證。

老子絕聖棄智，此心渾渾穆穆，與造化相通，此等造詣極高。孔子心知之，亦

曾身體力行之，但只能喻之於心，而不能喻之於口，只可行之於己，而不能責之於人。孔子不言性與天道，非不欲言也，實不能言也；即言之與人，亦未必瞭解也。孔子曰：「天何言哉？四時行焉，動物生焉。天何言哉？」此等處可見孔老學術原是一貫。重言「天何言哉」，反覆讚歎，與老子所說：「吾不知其誰之子，象帝之先」，「恍兮惚兮，其中有物」等語絕肖。蘇子由曰：「夫道不可言，可言皆其似者也。達者因似以識真，而昧者執似以陷於偽。」子由識得此旨，所以明朝李卓吾稱之曰：「解老子者眾矣，而子由最高。」

要窺見造化流行之妙，非此心與宇宙融合不可，尋常人自然做不到。我們既然做不到，而做出的事如果違反了造化流行之理，又是要不得的。這拿來怎樣辦呢？於是孔門傳下一個最簡單、最適用的法子，這個法子即是孔子所說的良知良能。孔門教人，每發一念，就用自己的良心裁判一下，良心認為對的即是善，認為不對的即是惡。惡的念頭立即除去，善的念頭，就把他存留下。這即是《大學》上的誠意工夫。這種念頭與宇宙自然之理是相合的。何以故呢？人是宇宙一分子，我們最初發出之念並未參有我的私意私見，可說是逕從宇宙本體發出來的。我把這個念頭加以考察，即與親見宇宙本體無異；把這種念頭推行出來的，就可修身齊家治國平天下。這個法子，豈不簡單極了嗎？有了這個法子，我們所做的事，求與自然之理相合，就不困難了。所難者，何者為善念，何者為惡念，不容易分別。於是孔門又傳下一個最簡單的法子，叫人閒居無事的時候，把眼前所見的事仔細研究一下，何者為善，何者為惡，把它分別清楚，隨後我心每動一念，我自己才能分別善惡，這就是格物致知了。

孔門正心誠意，格物致知，本是非常簡單，愚夫愚婦都做得到，不料宋明諸儒把他解得玄之又玄。朱子無端補入「格致」一章，並且說：「至於用力之久，而一旦豁然貫通焉，則重物之表裡精粗無不到，而吾心之全體大用無不明矣。」直是禪門的頓語，豈不與《中庸》所說「愚夫愚婦，與知與能」相悖嗎？我們把正心誠意改作良心裁判四字，或改作問心無愧四字，就任何人都可做到了。

四、盈虛消長循環之軌道

老子的學說是本著盈虛消長立論的。什麼是盈虛消長呢？由虛而長、而盈、而消，循環不已，宇宙萬事萬物都不出這個軌道。以天道言之，春夏秋冬，是循著這個軌道走的。以人事言之，國家之興衰成敗和通常所謂「貧賤生勤儉，勤儉生富貴，富貴生驕奢，驕奢生淫佚，淫佚又生貧賤」，都是循著這個軌道走的。

老子之學，純是自處於虛，以盈為大戒。虛是收縮到了極點，盈是發展到了極點。不動則已，一動則只有發展的，這即是長了。如果到了盈字地位，則消字即隨之而來。這是一定不移之理。他書中所謂「弱勝強，柔勝剛」，「高以下為基」，「功成身退天之道」，「強梁者不得其死」，「飄風不終朝，驟雨不終日」，「跂者不立，跨者不行」，「多藏必厚亡」，「高者抑之，下者舉之」，「將欲翕之，必固張之；將欲弱之，必固強之；將欲廢之，必固與之；將欲奪之，必固與之」等種種說法，都是本諸這個原則立論。這個原則，人世上一切事都適用，等於瓦特發明蒸汽，各種工業都適用。

五、老子言兵之真諦

老子把盈虛消長之理應用到軍事上，就成了絕妙兵法。試把他言兵的話匯齊來研究，即知他的妙用了。老子說：「以道佐人主者，不以兵強天下，其事好還……善者果而已。」又曰：「夫佳兵者不祥之器，非君子之器，不得已而用之。」又曰：「以奇用兵。」又曰：「慈故能勇……夫慈以戰則勝，以守則固。天將與之，以慈衛之。」又曰：「善為士者不武，善戰者不怒，善勝敵者不爭。」又曰：「用兵有言，不敢為主而為客，不敢進寸而退尺。禍莫大於輕敵，輕敵幾喪吾寶。故抗兵相加，哀者勝矣。」又曰：「勇於敢則殺，勇於不敢則活。」又曰：「堅強者死之徒，柔弱者生之徒，是以兵強則不勝。」

可知老子用兵，是出於自衛，出於不得已，以慈為主。慈有二意：一是恐我的人民為敵人所殺，二是恐敵人的人民為我所殺。所以我不敢為造事之主。如若敵人實在要來攻我，我才起而應之。即所謂「不敢為主而為客」。雖是起而應之，卻不敢輕於開戰。「輕敵幾喪吾寶。」這個寶字，就是「吾有三寶」的寶字。慈為三寶之一，輕於開戰即是不慈，就算失去一寶了。

我既不願戰，而敵人務必來攻，我將奈何？老子的法子就是守。故曰：「以守則固。」萬一敵人猛攻，實在守不住了，又將奈何？老子就向後退。寧可退一尺，不可進一寸。萬一退到無可退的地方，敵人還要來攻，如果不開戰，坐視我的軍士束手待死，此可謂不慈之極了。到了此刻，是不得已了，也就不得不戰了。從前步步退讓，極力收斂，收斂到了極點，爆發出來，等於炸彈爆裂。這個時候，我的軍士，處處是死路，唯有向敵人衝殺，才是生路，人人悲憤，其鋒不可擋。故曰：「哀者勝矣。」敵人的軍士遇著這種拚命死戰的人，向前衝是必死的路，向後轉是生路，有了這種情形，我軍當然勝。故曰：「以戰則勝。」敵人的兵恃強已極，

「堅強者死之徒」，他當然敗。這真是絕妙兵法，故曰：「以奇用兵。」韓信背水陣，即是應用這個原理。

孫子把老子所說的原理推演出來，成書十三篇，就成為千古言兵之祖。孫子曰：「卑而驕之。」又曰：「少則逃之，不若則避之。」又曰：「不可勝者，守也。」又曰：「善守者藏於九地之下。」又曰：「投之無所往，死且不北。」又曰：「兵士甚陷則不懼，無所往則固，入深則拘，不得已則鬥。」又曰：「投之無所往者，諸劌之勇也。」又曰：「帥與之期，如登高而去其梯，帥與之深入諸侯之地，而發其機；若驅群羊，驅而往驅而來，莫知所之。聚三軍之眾，投之於險，此謂將軍之事也。」又曰：「死地，吾將示之以不活。」又曰：「投之亡地然後存，陷之死地然後生。」又曰：「始如處女，敵人開戶；後如脫兔，敵不及拒。」

凡此種種，我們拿來與老子所說的對照參觀，其方法完全是相同的，都是初時收斂，後來爆發。孫子曰：「將軍之事靜以幽。」靜字是老子書上所常用，幽字是老子書上玄字、杳字、冥字合併而成的。足知孫子之學淵源於老子。所異者：老子用兵，以慈為主，出於自衛，出於不得已，被敵人逼迫，不得不戰，戰則必勝。孫子則出於權謀，故意把兵士陷之死地，以激戰勝之功，把老子的以奇用兵之奇字發揮盡致。凡是一種學說發生出來的支派，都有這種現象，就是把最初之說引而用之，擴而大之。惟其如此，所以獨成一派。

老子的虛靜無為，連兵事上都用得著，世間何事用不著？因為老子窺見了宇宙的真理，所以他的學說無施不可。

六、老子哲學統領諸子百家之說

韓非「主道篇」曰：「虛靜以待令。」又曰：「明君無為於上。」這虛靜無為四字是老子根本學說，韓非明明白白提出，足見他淵源所自。其書曰：「若水之流，若船之浮，守自然之道，行無窮之令。」又曰：「不逆天理，不傷情性，不吹毛而求小疵，不洗垢而察難知，不引繩之外，不推繩之內，不急法之外，不緩法之內，守成理，因自然，禍福生於道德，而不出於愛惡。」

可見韓非所制定的法律，總是本於自然之理，從天理人情中斟酌而出，並不強人以所難。他說：「明主立可為之賞，設可避之罰，故賢者勸賞，而不肖者少罪。」可見他所懸的賞，只要能夠努力，人人都可獲得；所定的罰，只要能夠注意，人人都可避免。又曰：「明君之行賞也，暖乎如時雨，百姓利其澤；其行罰也，畏乎若雷霆，神聖不能解也。誠有功，則雖疏賤必賞；誠有過，則雖嬖而必

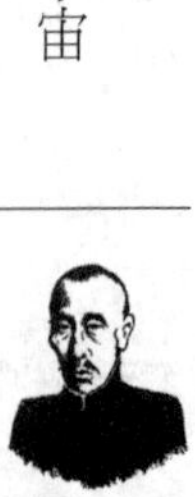

誅。」事事順法律而行，無一毫私見。他用法的結果是：「因道全法，君子樂而大奸止，淡然閒靜，因天命，持大體，上下交順，以道為舍。」這是歸於無為而止。

老子講虛靜，講無為；韓非也是講虛靜，講無為。黃老之術發展出來，即為申韓；申韓之術收斂起來，即為黃老。二者原是一貫。史遷把老莊申韓同列一傳，即是這個道理。後人不知此理，反痛詆史遷，以為韓非與李耳同傳，不倫不類。試想史遷父子都是深通黃老的人，他論大道則先黃老，難道對於老氏學派，還會談外行話嗎？不過，韓非之學雖是淵源於老子，也是引而申之，擴而大之，獨成一派。老子曰：「我無為而民自化。」韓非曰：「明君無為於上，群臣竦懼乎下。」在老子口中，何等恬適，一出韓非之口，凜然可畏。唯其如此，所以才獨立成派。

莊子與韓非同是崇奉老子，一出世、一入世，途徑絕然相反，而皆本之於無為。莊子事事放任，猶可謂之無為；韓非事事干涉，怎麼可謂之無為呢？莊子是須應自然做去，毫不參加自己的意見，所以謂之無為。韓非是順應自然，制出一個法律，我如依著法律實行，絲毫不出入，也是不參加自己的意見，故韓非之學也歸於無為。因為他執行法律時，莫得絲毫通融，不像儒家有議親議貴這類辦法，所以就蒙刻薄寡恩之名了。

韓非說：「故設柙非所以備鼠也，所以使怯弱能服虎也。」可見他立法是持大體，並不苛細。漢高祖用講黃老的張良為謀臣，入關之初，「除秦苛法，約法三章，殺人者死，傷人及盜抵罪。」「苛法」是投鼠之物。把它除去，自是黃老舉動。「殺人者死，傷人及盜抵罪」，是設柙服虎，即是韓申手段。我們從此等地方考察，黃老與申韓有何衝突。

道流而為德，德流而為仁，仁流而為義，義流而為禮，禮流而為刑，刑流而為兵。道德居首，兵刑居末。孫子言兵，韓非言刑，而其源皆出於老子。我們如果知道兵刑與道德相通，即知諸子之學無不與老子相通了。老子三寶，一曰慈，二曰儉，三曰不敢為天下先。孔子溫良恭儉讓，儉字與老子同，讓即老子之不敢為天下先，孔子嘗言仁，即是老子之慈。足見儒家與老子相通。墨子之兼愛，即是老子之慈；墨子之節用，即是老子之儉。老子曰：「用兵有言，不敢為主而為客，不敢進寸而退尺。」又曰：「以守則固。」墨子非攻而善守，足見其與老子相通。

戰國的縱橫家首推蘇秦，他讀的書是陰符，揣摩期年，然後才出而遊說。古陰符不傳。他是道家之書，大約是與老子相類。老子曰：「天之道其猶張弓乎，高者抑之，下者舉之。」老子此語，是以一個平字立論。蘇秦說六國，每用「寧為雞口，無為牛後」一類話，激動人不平之氣，暗中藏得有天道張弓的原理，與自然之理相合，所以蘇秦的說法能夠披靡一世。老子所說「欲取姑予」等語為後世陰謀家所祖。他如楊朱莊列關尹諸人，直接承繼老子之學，更不待說。周秦諸子之學即使不盡出於老子，也可說老子之學與諸子不相抵觸；既不抵觸，也就可以相通。後世講神仙、講符籙等等，俱托始於老子，更足知老子與百家相通。

漢朝汲黯，性情剛直，其治民宜乎嚴刑峻法了，乃用黃老之術，專尚清靜。諸葛武侯，淡泊寧靜，極類道家，而治蜀則用申韓。這都是由於黃老與申韓根本上是共通的原故。孔孟主張仁義治國，申韓主張法律治國，看是截然不同的兩種，其實是一貫的。諸葛武侯說：「法行則知恩。」這句話真是好極了，足補四書五經所未及。要施恩，先必行法做起來，行法即是施恩，法律即是仁義。子產治鄭用猛，國人要想殺他，說道：「孰殺子產，吾其與之。」後來感他的恩，又生怕他死了，說道：「子產而死，誰其嗣之。」難道子產改變了政策嗎？他臨死前，還說為政要用猛，可見猛的宗旨至死不變，而所收的效果卻是惠字。《論衡》載：「子謂子產……其養民也惠。」又講：「或問子產。子曰：『惠人也。』」猛的效果是惠，此中關鍵，只有諸葛武侯懂得，所以他治蜀尚嚴，與子產收同一之效果。一般人說申韓刻薄寡恩，其實最慈惠者莫如申韓。申子之書不傳，試取韓非子與諸葛武侯本傳對照讀之，當知鄙言之不謬。

韓非之學出於荀子，是主張性惡的。荀子以為人性惡，當用禮去裁制他。韓非以為禮的裁制力弱，法律的裁制力強，故變而論刑名。由此可知：黃老申韓孟荀原是一貫。害何種病，服何種藥。害了嬴秦那種病，故漢初藥之以黃老；害了劉璋那種病，故孔明藥之以申韓。儒者見秦尚刑名，至於亡國，以為申韓之學萬不可行。此乃不知通變之論。商鞅變法，秦遂盛強。逮至始皇，統一中國，見刑名之學生了大效，繼續用下去，猶之病到垂危，有良醫開一劑芒硝大黃，服之立愈。病已好了，醫生去了，把芒硝大黃作為常服之藥，焉得不病？焉得不死？於芒硝大黃何尤？於醫生何尤？

七、孔子不言性與天道之原因

《禮記》上，孔子屢言：「吾聞諸老聃曰。」足見他的學問淵源於老子。至大限度，只能與老子對抗，斷不能駕老子而上之。《史記》載：「孔子適周，問禮於老子。去，謂弟子曰：『鳥，吾知其能飛；魚，吾知其能游；獸，吾知其能走。走者可以為網，游者可以為綸，飛者可以為矰。至於龍，吾不能知其乘風雲而上天。吾今日見老子，其猶龍耶。』」這種驚訝、佩服的情形，儼如虬髯客見了李世民，默然心死一樣。《虬髯客傳》載：道士謂虬髯曰：「此世界非公世界，他方可

也。」虬髯也就離開中國，到海外扶餘另覓生活。孔子一見老子，恰是這種情形。老子曰：「失道而後德，失德而後仁，失仁而後義，失義而後禮。」道德已被老子講得透透徹徹，莫得孔子說的，孔子只好從仁字講起來了。老子學說雖包含有治世法，但是略而不詳。他專言道德，於仁義禮三者不加深論。孔子窺破此旨，乃終身致力於仁義禮，把治國平天下的方法條分縷析地列出來。於是老子談道德，孔子談仁義禮，結果孔子與老子成了對等地位。

孔子是北方人，帶得有點強哉矯的性質，雖是佩服老子，卻不願居他籬下。這就像清朝惲壽平善畫山水，見了王巖谷的山水，自量不能超出其上，再畫得好，也是第二手，乃改習花卉，後來二人竟得齊名。孔子對於老子，也是這樣。他二人一談道德，一談仁義禮，可說是分工的工作。

《論語》載：子貢曰：「夫子之文章，可得而聞也，夫子之言性與天道，不可得而聞也。」孔子何以不言性與天道呢？因為性與天道，老子已經說盡，莫得孔子說的了。何以故呢？言性言天道，離不得自然二字。老子提出自然二字，業已探驪得珠，孔子再說，也不能別有新理，所以就不說了。

老子說：「致虛極，守靜篤。」請問致的是什麼？守的是什麼？這明明是言心言性。一部宋元明學案，虛字靜字，滿紙都是，說來說去，終不出「致虛守靜」的範圍，不過比較說得詳細罷了。

《老子》書中言天道的地方很多，如云：「天地之間，其猶橐籥乎？虛而不屈，動而愈出。」「天長地久。天地所以長且久者，以其不自生，故能長生。」「飄風不終朝，驟雨不終日，孰為此者天地。天地尚不能長久，而況於人乎。」「天網恢恢，疏而不失。」「天之道其猶張弓乎，高者抑之，下者舉之，有餘者損之，不足者補之。」老子這一類話，即把天地化生萬物、天人感應、天道福善禍淫，種種道理，都包括在內，從天長地久，說至天地不能長久，就叫孔子再談天道，也不能出其範圍，所以只好不說了。老子所說：「有物混成，先天地生。」孔子也是見到了的。他贊《周易》，名此物曰太極，曾極力發揮。惟理涉玄虛，對門人則渾而不言，故《大學》教人，從誠意做起來。

性與天道，離了自然二字，是不能講的。何以見得呢？一般人說宋儒是得了孔子真傳的，朱子是集宋學大成的。朱子畢生精力，用在《四書集注》上，試拿《集注》來研究。「性與天道，不可得而聞也」這一章，朱子注曰：「性者，人所受之天理，天道者，天理自然之本體，其實一理也。」這不是明明白白地提出自然二字嗎？《中庸》：「天命之謂性，率性之謂道。」朱注：「率，循也；道，猶路也。人物各循其性之自然，則其日用事物之間莫不各有當行之路，是則所謂道也。」豈

不是又提出自然二字嗎？孟子曰：「天下之言性也，則故而已矣。故者以利為本，所惡於智者，為其鑿也。如智者若禹之行水也，則無惡於智矣。禹之行水也，行其所無事也，如智者亦行所無事，則智亦大矣。天之高也，星辰之遠也，苟求其故，千歲之日至，可坐而致也。」此章言性又言天道，朱注：「利，猶順也，語其自然之勢也……其所謂故者，又必本其自然之勢……水之在山，則非自然之故矣……禹之行水，則因其自然之勢則導之……程子曰：此章專為智而發。愚謂事物之理莫非自然，順而循之，歸為大智。」朱注五提自然二字，足見性與天道離卻自然二字，是講不清楚的。老子既已說盡，宜乎孔子不再說了。

八、儒釋道三教之異同

春秋戰國時，列國並爭，同時學術界也有百家爭鳴。自秦以後，天下統一，於是學說隨君主之旨意，也歸於統一。秦時奉法家的學說，此外的學說皆在排斥之列。漢初改而奉黃老。到了漢武帝表章六經，罷黜百家，獨尊儒術。從此以後，專奉孔子之學。而老子的學說，勢力也很大。孔、老二教，在中國成為兩大河流。隨後佛教傳入中國，越傳越盛，成了三大河流，同在一個區域內相推相蕩，經過了很長的時間，天然有合併的趨勢，於是宋儒的學說應運而生。

我們要談宋儒的學說，須先把儒釋道三教之異同研究一下：三教異同，古人說的很多，無待我們再說。但我們可補充一下：三教均以返本為務。孟子曰：「天下之本在國，國之本在家，家之本在身。」但返至身，還不能終止。孟子又曰：「孩提之事，無不知愛其親也。及其長也，無不知敬其兄也。」可知儒家返本以返至孩提為止。《老子》一書屢言嬰兒。請問孟子之孩提與老子之嬰兒同乎不同？答曰：不同。何以故？孟子所說之孩提能愛親敬兄，大約是二三歲或一歲半歲。老子曰：「如嬰兒之未孩。」說文：孩，小兒笑也。嬰兒還未能笑，當然是指才下地者而言。老子又說：「骨弱筋柔而握固。」初生小孩，手是握得很緊的。可見老子所說的嬰兒，確指才下地者而言。孟子所說的孩提知愛知敬，是有知識的。老子曰：「常使民無知無欲。」是莫有知識的。可知老子返本更進一步，以返至才下地的嬰兒為止。

但老子所說的雖是無知無欲，然猶有心。故曰：「聖人當無心，以百姓心為心。」釋氏則並心而無之，以證入涅槃，無人無我為止。禪家常教人「看父母未生前面目」，竟是透過娘胎，較老子的嬰兒更進一步。

他們三家俱是在一條線上，我們可作圖表示之。

如下圖所示：儒家由庚返至丁，再由丁返至丙；老子由丁返至乙；佛氏由丁返至甲。我們可呼此線為「返本線」。由此可看出三家的異同。要說他們不同，他三家都沿著返本線向後而走，這是相同的。要說他們相同，則儒家返至丙點而止，老子返至乙點而止，釋氏直返至甲點方止，又可說是不同。所以三教同與異俱說得去，總看如何看法。

《大學》說：「欲修其身者先正其心，欲正其心者先誠其意。」從身字追進兩層，直至意字，從誠意做起來。但是有意就有我，老子以為有了我即有人，人我對立，就生出許多膠膠擾擾的事，鬧個不休。有我即身，故曰：「吾所以有大患者，為吾有身。」倘若無有我身，則人與我混而為一，就成了與人無我，與世無爭，再不會有膠膠擾擾的事。故曰：「及吾無身，吾有何患？」《莊子》書上種種譏誚孔子的話，與夫老子謂孔子曰：「去子之驕氣與多欲、態色與淫志」等語，都是根據這個原理。試問如

前

甲	乙	丙	丁	戊	己	庚
父母未生前	嬰	孩	身	家	國	天下
無人無我	無知無欲	知愛知敬	成人時			

後

老子所說，是個什麼境界呢？這就是所說的：「恍兮惚兮，窈兮冥兮」了，也即是「嬰兒未孩」的狀態。

自佛學言之，此等境界是為第八識。釋氏更進一步，打破此識，而為大圓鏡智，再進而連大圓鏡智也打破，即是心經所說「無智亦無得」了。

據上面所說，似乎佛氏的境界，非老子所能到，老子的境界，非孔子所能到。則又不然。佛氏說妙說常。老子曰：「復命曰常」。又曰：「玄之又玄，眾妙之門。」佛氏的妙常境界，老子何嘗不能到呢？孔子毋意必固我，又曰：「無可無不可」。佛氏所謂法執我執，孔子何嘗莫有破呢？但三教雖同在一根線上，終是個個獨立。他們立教的宗旨各有不同。佛氏要想出世，故須追尋至父母未生前，連心字都打破，方能出世。說是要出世，所以世間的禮樂刑政等等，也就不詳加研究了。孔門要想治世，是在人事上工作，人事之發生以意念為起點，而意念之最純粹者莫如孩提之童，故從孩提之童研究起來，以誠意為下手工夫，由是而正心修身，以至齊家治國平天下。他的宗旨，既是想治世，所以關於涅槃滅度的學理，也就不加深討了。老子重在窺探造化的本源，故絕聖棄智，無知無欲，於至虛至靜之中，領會那寂然不動，虛而逍遙之妙，故而像於初生之嬰兒。向後走是出世法，向前走是世間法。他說道：「多言數窮，不如守中。」這個中字，即指乙點而言，是介於入世

出世之間。佛氏三藏十二部，孔子詩書易禮春秋，可算說得很多了。老子卻不願意多說，只簡簡單單五千多字，扼著乙點立論，含有「引而不發，躍如也」的意思。他的意思，只重在把入世出世打通為一，揭出原理，等人自去研究，不願多言，所以講出世法莫得釋氏那麼精，講世間法莫得孔子那麼詳。綜而言之，釋氏專言出世法，孔子專言世間法，老子則把出世法和世間法打通為一，這就是他三人立教不同的地方。

老子說：「致虛極，守靜篤，萬物並作，吾以觀其後。夫物芸芸，各歸其根，歸根曰靜，靜曰復命。」他是用致虛守靜的功夫，步步向內收斂，到了歸根復命，跟著又步步向外發展。所以他說：「修之於身，其德乃真；修之於家，其德乃彰；修之於鄉，其德乃長；修之於邦，其德乃豐；修之於天下，其德乃普。」孔子之學，得之於老子，其步驟是一樣的。《大學》說：「古之欲明明德於天下者，先治其國；欲治其國者，先齊其家；欲齊其家者，先修其身；欲修其身者，先正其心；欲正其心者，先誠其意。」這是步步向內收斂。「意誠而後心正，心正而後身修，身修而後家齊，家齊而後國治，國治而後天下平。」又是步步向外發展。老子歸根復命的工作與佛氏相同，從「修之於身」，以至「修之於天下」，與孔子相同，所以老子之學可貫通儒釋兩家。

北方人喜吃麵，南方人喜吃飯。孔子開店賣麵；釋迦開店賣飯；老子店中，麵和飯皆有。我們喜歡吃某種，進某家店子就是了。不能叫人一律吃麵，把賣飯的店子封了；也不能叫人一律吃飯，把賣麵的店子封了。賣麵的未嘗不能做飯，賣飯的也未嘗不能做麵，不過開店的目的各有不同罷了。儒釋道立教，各有各的宗旨，三教之徒互相攻擊，真算多事。

九、宋學是融合儒釋道三家學說而成

最初孔老二教迭為盛衰，互相排斥。故太史公說：「世之學老子則絀儒學，儒學亦絀老子。」到了曹魏時，王弼出來，把孔老溝通為一。他說：「聖人茂於人者，神明也，情，應物而無累於物者也，今以無累便其不復應物，失之遠矣。」（見《魏志．鍾會傳》裴松之注）「沖和以通無」，指老氏而言；「哀樂以應物」，指孔氏而言。裴說：「應物而無累於物。」就把孔老二說從學理上融合為一。王弼曾注《易經》和《老子》。《易經》是儒家的書，《老子》是道家的書，他注這兩部分，就是做的融合孔老的工作。這是學術上一種大著作，算是一種新學說，大受一般人的歡迎，所以開晉朝清談一派。

人情是厭故喜新的，清談既久，一般人都有點厭煩了，適值佛教陸續傳入中國，越傳越盛，在學術上另開一新世界，朝野上下群起歡迎。到了唐時，佛經遍天下，寺廟遍天下，天臺，華嚴、淨土各宗大行，禪宗有南能北秀，更有新興之唯識宗，可算是佛學極盛時代。唐朝自稱是老子之後，追尊老子為玄元皇帝，道教因之很盛。孔子是歷代崇奉之教，當然也最盛行。三教相蕩，天然有合併的趨勢。那個時侯的儒者多半研究佛老之學，可說他們都在做三教合一的工作，卻不曾把此融合為一。直到宋儒，才把這種工作完成了。

戴東原謂：「宋以前，孔孟自孔孟，老子自老子，談老子者高妙其言，不依附孔孟。宋以來，孔孟之書盡失其解，儒家雜襲老釋之言以解之。」這本是詆斥宋儒的話，但我們從這個地方，反可看出宋儒的真本事來。最當注意的是：「宋以前，孔孟自孔孟，老釋自老釋」二語，老釋和孔孟，大家認為是截然不同之二派，宋時就把他融合為一，創作力何等偉大。

在宋儒，儘管說他是孔門嫡派，與佛老無關，實際是融合三教而成，他們之說俱在，何能掩飾。其實，能把三教融合為一，這是學術上最大的成功，他們有了這樣的建樹，盡可自豪，反棄而不居，自認孔門嫡派。這即是為門戶二字所誤。唯其是這樣，我們反把進化的趨勢看出來了。儒釋道三教，到了宋朝，天然該合併，宋儒順著這個趨勢做去，自家還不覺得。猶如河內撐船一般，宋儒極力欲逆流而上，自以為撐到上流了，殊不知反被捲入大海。假令程朱諸人立意要做三教合一的工作，還看不出天然的趨勢；惟其極力反對三教合一，實際上反而完成了三教合一的工作，這才見天然趨勢之偉大。

宋儒學說，所以不能磨滅掉，在完成三教合一的工作；其所以為人詬病者，在裡子是三教合一，面子務必說是孔門嫡派，成了表裡不一致。我們對於宋儒，只要他的裡子，不問他的面子；他們既建樹了這樣大功，就應替他表彰。

宋儒融合三教，在實質上，不在字面上。若以字面而論，宋儒口口聲聲詆斥佛老，所用的名詞都出在四書五經。然而實質上卻是三教合一。今人言三教合一者，滿紙是儒釋道書上的名詞，我們卻不能承認他把三教融合了。這是甚麼緣故？譬如吃飯食，宋儒把雞鴨魚肉、米飯菜蔬吃下肚去，變為血氣，看不出雞鴨魚肉、米飯菜蔬的形狀，實質上卻是這些東西融合而成。他人是把這些東西吃下去，吐在地上，滿地是雞鴨魚肉、米飯菜蔬的細顆，並未融化。我們把融合三教之功歸之宋儒，就是這個道理。世間道理根本上是共通的，宋儒好學深思，凡事要研究徹底，本無意搜求共通點，自然把共通點尋出，所以能夠把三教融合。

由晉歷南北朝隋唐五代，而至於宋，都是三教並行。名公巨卿，大都研究佛老

之學。就中以禪宗為尤盛。我們試翻《五燈會元》一看，即知禪宗自達摩東來，源遠流長，其發達的情形，較之《宋元學案》所載的道學，還要盛些。王荊公嘗問張文定（方平）：「孔子去世百年，生孟軻亞聖，自後絕人，何也？」文定言：「豈無？只有過孟子上者。」公問是誰？文定言：「江南馬大師，汾陽無業禪師，雷峰、岩頭、丹霞、雲門是也。儒門淡泊，收拾不住，皆歸釋氏耳。」荊公欣然歎服。（見《宋稗類鈔宗乘》）佛教越傳越盛，幾把孔子地盤完全奪去。宋儒生在這個時候，受儒道的甄陶孕育，所以能夠創出一種新學說。

周敦頤的學問，得力於佛家的壽涯和尚與道家陳摶的太極圖，這是大家知道的。程伊川說：「程明道出入於老釋者幾十年。」宋史說：范仲淹命張橫渠讀《中庸》。讀了猶以為未足，又求諸老釋。這都是「儒門淡泊，收拾不住」的原故。明道和橫渠都是「返求諸六經，然後得之。」

試問：他二人初讀孔子書，何以得不到真傳，必研究老釋多年，然後返求諸六經，才把他尋出來？何以二人都會如此？此明明是初讀儒書，繼讀佛老書，涵泳既久，融會貫通，心中恍若有得；然後還向六經搜求，見所說的話有與自己心中相合者，就把他提出來組織成一個系統，這即是所謂宋學了。因為天下的真理是一樣的，所以二人得著的結果相同。

著者往年著《心理與力學》一文，創一條臆說：「心理依力學規律而變化。」曾說：「地心有引力，把泥土沙石，有形有狀之物吸引來成為一個地球。人心也有引力，把耳濡目染，無形無體之物吸引來成為一個心。」

宋儒研究儒釋道三教多年，他的心已經成為儒釋道的化合物，自己還不覺得，所以宋學表面上是孔學，裡子卻是儒釋道融合而成的東西。從此以後，儒門就不淡泊了，就把人收拾得住，於是宋學風靡天下，歷宋元明清以至於今，傳誦不衰。他們有了這種偉大工作，盡可獨立成派，不必依附孔子。在他們以為，依附孔子，其道始尊；不知依附孔子，反把宋儒的價值看小了。

十、宋學含老學成分特別深厚

宋學是融合三教而成，故處處含有佛老意味。其含有佛學的地方，前人指出很多，不必再加討論。我們所要討論的，就是宋學所含老氏成分之特別深厚。宋儒所做的工夫，不外「人欲淨盡，天理流行」八字。天理者，天然之理，也即是自然之理。人欲者，個人之私意。宋儒教人把自己的私意除掉，順著自然的道理做去，這種說法，與老子有何區別？所異者，以天字代自然二字，不過字面不同罷了。

但他們後來注重理學，忽略了天字，即是忽略了自然二字，而理學就成了管見。此戴東原所以說宋儒以理殺人也。

周子著《太極圖說》，云：「無極而太極。」這無極二字，即出自《道德經》。張橫渠之《易說》，開卷詮乾四德，即引老子「迎之不見其首」二語。中間又引老子「谷神」、「芻狗」、「三十輻共一轂」、「高以下為基」等語，更是彰明其著的。

伊川門人尹焞言：「先生（指伊川）平生用意，惟在易傳。求先生之學，觀此足矣。語錄之類，皆學者所記，所見有深淺，所記有工拙，蓋不能無失也。」（《二程全書》）可見易學是伊川根本學問。伊川常令學者看王弼《易注》。《四庫提要》說：「自漢以來，以老莊說易，始魏王弼。」伊川教人看此書，即知：伊川之學根本上參有老學。

朱子號稱是集宋學大成的人。《論語》開卷言：「學而時習之。」朱子注曰：「後覺者必效先學者之所為，乃可以明善而復其初。」戴東原曰：「復其初，出莊子。」（《東原年譜》）明善復初，是宋儒根本學說，莊子是老氏之徒，這也是參有老學之證。

《大學》開卷言：「大學之道，在明明德。」朱子注曰：「明德者，人之所得乎天，而虛靈不昧，以其眾理而應萬事者也。」這個說法，即是老子的說法。我們可把這幾句話移注老子。老子曰：「谷神不死。」谷者虛也，神者靈也，不死者不昧也。「谷神不死」，蓋言：虛靈不昧也。「具眾理而應萬事」，即老子「虛而不屈，動而愈出」之意。「虛」則衝漠無朕，「不屈」則萬象森然，故曰「具眾理」。「動」則感而遂通，「愈出」則順應不窮，故曰「應萬事」。這豈不是老子的絕妙注腳？

《中庸》開卷亦言：「天命之謂性，率性之謂道。」朱注提出自然二字。《論語》：「夫子之言性與天道，不可得而聞也。」朱注又提出自然二字。孟子「天下之言性也」一章，朱注五提自然二字，這是前面已經說了的。

又，老子有「致虛極，守靜篤」二語，宋儒言心性，滿紙是虛靜二字。靜字猶可說《大學》中有之，這虛字，明明是從老子得來。

宋學發源於孫明復、胡安定、石守道三人，極盛於周程張朱諸人。程氏弟兄幼年曾受業於周子，其學是從周子傳下來的。但伊川作《明道行狀》說：「先生生於一千四百年之後，得不傳之學於遺經。」又說：「先生為學，自十五六時，聞汝南周茂叔論道，遂厭科舉之業，慨然有求道之志，未知其要，氾濫於諸家，出入於老釋者幾十年，返求諸六經，然後得之。」可見宋學是程明道特創的。明道以前，只

算宋學的萌芽；到了明道，才把他組織成一個系統，成為所謂宋學。周子不過啟發明道求道之志罷了。所以我們研究宋學，當從明道研究起。

明道為宋學之祖，等於老子為周秦諸子之祖。而明道之學即大類老子。老子曰：「聖人無常心，以百姓心為心。」明道著《定性書》，說：「夫天地之常，以其心普萬物而無心；聖人之常，以其情順萬物而無情。故君子之學，莫如廓然而大公，物來而順應。」此等說法，與老子學說有何區別？也即是王弼所說：「體沖和以通無，應物而無累於物。」

《二程遺書》載：明道言：「天地萬物之理，無獨必有對，皆自然而然，非有安排也。每中夜以思，不知手之舞之，足之蹈之也。」明道所悟得者，即是老子所說「有無相生，難易相成，長短相形，高下相傾，聲音相和，前後相隨」之理。《老子》書中，每用雌雄、榮辱、禍福、靜躁、輕重、歙張、枉直、生死、多少、剛柔、強弱等字，兩兩相對，都是說明「無獨必有對」的現象。明道提了自然二字，宛然老子之學說。

其他言自然者不一而足。如《遺書》中，明道云：「言天之自然者，謂之天道。」又云：「一陰一陽之謂道，自然之道也。」皆是。故近人章太炎說：「大程遠於釋氏，偏邇於老聃。」（見《檢論卷》四《通程篇》）宋學是明道開創的，明道之學既近於老子，所以趙宋諸儒均含老氏意味。

宋儒之學何以會含老氏意味呢？因為釋氏是出世法，孔子是世間法，老子是出世法和世間法一以貫之。宋儒以釋氏之法治心，以孔子之學治世，二者俱是順其自然之理而行，把治心治世打成一片，恰是走入老子途徑。宋儒本莫有居心要走入老氏途徑，只因宇宙真理實是這樣，不知不覺就走入這個途徑。由此知：老子之學，不獨可以貫通周秦諸子，且可以貫通宋明諸儒。換言之，即是老子之學可以貫通中國全部學說。

伊川說：「返求諸六經，然後得之。」究竟他們在六經中得著些甚麼呢？他們在《禮記》中搜出《大學》、《中庸》兩篇，提出來與《論語》、《孟子》合併研究。在《尚書》中搜出「人心惟危，道心惟微，惟精惟一，允執厥中」十六字，又在《樂記》中搜出「人生而靜，天之性也；感於物而動，性之欲也」數語，創出天理、人欲等名詞，互相研究，這即是所謂「得不傳之學於遺經」了。

宋儒搜出這些東西，從學理上言之，固然是對的，但務必說這些東西是孔門「不傳之學」，就未免靠不住。「人生而靜」數語，據後人考證，是《文子》引老子之語，河間獻王把他採入《樂記》的。而《文子》一書，又有人說是偽書。觀其全書，自是道家之書，確非孔門之書。

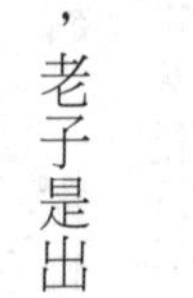

閻百詩《尚書古文疏證》說：「虞廷十六字，蓋純襲用荀子，而世未之察也。《荀子．解蔽篇》『昔者舜之治天下也』云云。故《道經》曰：『人心之危，道心之微，危微之幾，唯君子而後能知之。』此文前文有精於道、一於道之語，遂概括為四字，復續以成十六字。」可見宋儒講的危微精一，直接發揮荀子學說，間接是發揮道家學說。

朱子注《大學》，說：「經一章，蓋孔子之言，而曾子述之。其傳十章，則曾子之意，而門人記之也。」朱子以前，並無一人說《大學》是曾子著的，不知朱子何所依據，大約是見「誠意」章有曾子曰三字。據閻百詩說：《禮記》四十九篇中，稱曾子者共一百個，除有一個指曾子外，其餘九十九個俱指曾參，何以見得此篇多處提及曾子二字，就是曾子著的？

朱子說：《中庸》是孔門傳授心法，子思學之於書以授孟子。此話也很可疑。《中庸》有「載華嶽而不重」一語。孔孟是山東人，一舉目即見泰山，所以論孟中言山之高者，必說泰山。華山在陝西，孔子西行不到秦，華山又不及泰山著名，何以孔門著書，會言及華山呢？明明是漢都長安，漢儒著書，一舉目即見華山，故舉以為例。又說：「今天下車同軌，書同文」，更是嬴秦統一天下後的現象。這些也是經昔人指出了的。

據上所述，宋儒在遺經中搜出來的東西，根本上發生疑問。所以宋儒的學問絕不是孔孟的真傳，乃是孔老孟荀混合而成的。宋儒此種工作，不能說是他們的過失，反是他們的最大功績。他們極力尊崇孔孟，反對老子和荀子，實質上反替老荀作宣傳。由此知：老荀所說的是合理的，宋儒所說的也是合理的。我們重在考求真相，經過他們這種工作，就可證明孔老孟荀可融合為一，宋儒在學術上的功績真是不小。

我們這樣研究，就可把學術上的趨勢看出來了。趨勢是什麼？就是各種學說根本上是共通的，越是互相攻擊，越是日趨融合。何以故？因為越攻擊，越要研究，不知不覺，就把共通之點發出來了。

《宋元學案》載：「明道不廢觀釋老書，與學者言，有時偶舉示佛語。伊川一切屏除，雖莊列亦不看。」明道把三教之理融會貫通，把大原則發明了。伊川只是依著他這個原則研究下去，因為原則上含得有釋老成分，所以伊川雖屏除釋老之書不觀，而傳出來的學問仍帶有釋老意味。

伊川常謂門人張繹曰：「我昔狀明道先生之行，我之道蓋與明道同。異時欲知我者，求之此文可也。」伊川作明道行狀，言出入於老釋者幾十年，既自稱與明道同，當然也出入於老釋。所謂不觀釋老書者，是指學成之後而言，從前還是研究過

釋老的。

宋儒的學說原是一種革命手段。他們把漢儒的說法全行推倒，另創一說，是備具了破壞和建設兩種手段。他們不敢說是自己特創的新說，仍復托諸孔子，名為復古，實是創新。路德之新教、歐洲之文藝復興，俱是走的這種途徑。宋儒學說帶有創造性，所以信從者固多，反對者亦不少。凡是新學說出來，都有這類現象。

明道把三教融合的工作剛剛做成功，跟著就死了。死後，他的學術分為兩大派。一派是伊川、朱子，一派是陸象山和王陽明。明道死時，年五十四歲；死了二十多年，伊川才死。伊川傳述明道的學問，就走入一偏，遞傳以至朱子。後人說朱子集宋學之大成，其實他未能窺見明道全體。《宋元學案》說：「朱子謂明道說話渾淪，然太高，學者難看……朱子得力於伊川，於明道之學，未必盡其傳也。」據此可知：朱子得明道之一偏，陸象山起而祖述明道，與朱子對抗，不但對於朱子不滿，且對於伊川亦不滿。他幼年聞人誦伊川語，即說道：「伊川之言，奚為與孔孟不類。」又說：「二程見茂叔後，吟風弄月而歸，有『吾與點也』之意。後來明道此意卻存，伊川已失此意。」又說：「元晦似伊川，欽夫似明道。伊川錮蔽深，明道卻疏通。」

象山自以為承繼明道的，伊川也自以為承繼明道的，其實伊川與象山俱是得明道之一偏，不足盡明道之學。伊川之學，得朱子發揮光大之，象山之學，得陽明發揮光大之，成為對抗之兩派。朱子之格物致知，是偏重在外，陽明之格物致知，是偏重在內。明道曰：「與其非外而是內，不若內外之兩忘。」明道內外兩忘，即是包括朱陸兩派。

朱陸之爭，乃是於整個道理之中各說半面。我們會通觀之，即知兩說可以並行不悖。（一）孔子說：「學而不思則罔，思而不學則殆。」朱子重在學，陸子重思，二者原是不可偏廢。（二）孟子說：「博學而詳說之，將以反說約也。」朱子宗的是這個說法。孟子又說：「心之官則思，思則得之，不思則不得也。此天所與我者，先立乎其大者，則其小者不能奪也。」陸子宗的是這個說法。二說同出於孟子，原是不衝突的。（三）陸子尊德性，朱子道問學。《中庸》說：「尊德性而道問學。」中間著一而字，二者原可聯為一貫。（四）從論理學上言之：朱子用的是歸納法，陸子用的是演繹法，二法俱是研究學問所不可少。（五）以自然現象言之：朱子萬殊歸於一本，是向心力現象；陸子一本散之萬殊，是離心力現象。二者原是互相為用的。我們這樣的觀察，把他二人的學說合而用之即對了。

明道學術分程（伊川）朱和陸王兩派，象山相當於伊川，陽明相當於朱子。有了朱子「萬殊歸於一本」之格物致知，跟著就有陽明「一本散之萬殊」之格物致

知，猶之有培根之歸納法，跟著就有笛卡兒之演繹法。培根之學類伊川和朱子，笛卡兒之學類象山和王陽明。宇宙真理，古今中外是一樣的，所以學術上之分派和研究學問的方法，古今中外也是一樣的。

孔子是述而不作的人，祖述堯舜，憲章文武，融合眾說，獨成一派。老子書上有「谷神不死」及「將欲取之」等語，經後人考證，都是引用古書。他書中所說「用兵有言」及「建言有之」等語，更是明白援引古說。可見老子也是述而不作之人，他的學說也是融合眾說，獨成一派。印度有九十六外道，釋迦一一研究過，然後另立一說，這也是融合眾說，獨成一派。宋儒之學是融合儒釋道三教而成，也是融合眾說，獨成一派。這種現象，是學術上由分而合的現象。

大凡一種學說，獨立成派之後，本派中跟著就要分派。韓非說：「儒分為八，墨分為三。」就是循著這個軌道走的。孔學分為八派。秦亡而後，孔學滅絕，漢儒研究遺經，成立漢學，跟著又分許多派。老氏之學也分許多派。佛學在印度，分許多派；傳入中國，又分若干派。宋儒所謂佛學者，蓋禪宗也。禪宗自達摩傳至五祖，分南北兩派，北方神秀，南方慧能。慧能為六祖，他門下又分五派。明道創出理學一派，跟著就分程（伊川）朱和陸王兩派。而伊川門下分許多派，朱子門下分許多派，陸王門下也分許多派。這種現象，是由合而分的現象。

宇宙真理是圓陀陀的，一個渾然的東西。人類的知識很短淺，不能驟窺其全，必定要這樣分而又合，合而又分地研究，才能把那個圓陀陀的東西研究得清楚。其方式是每當眾說紛紜的時候，就有人融會貫通，使他匯歸於一，這是作的由分而合的工作。既經匯歸於一之後，眾人又分頭研究，這是作的由合而分的工作。

我們現在所處的時代，是西洋學說傳入中國，與固有的學說發生衝突，正是眾說紛紜的時代。我們應該把中西兩方學說融會貫通，努力做出分而合的工作。必定要這樣，才合得到學術上的趨勢。等到融會貫通過後，再分頭研究，做的合而分的工作。

2．宋學與川蜀文化

一、二程學派與川蜀之地緣關係

凡人的思想，除受時代影響之外，還要受地域的影響。孔子是魯國人，故師法周公；管仲是齊國人，故師法太公。孟子是北方人，故推尊孔子；莊子是南方人，故推尊老子。其原因：（一）人生在一個地方，對於本地之事，耳濡目染，不知不覺，就成了拘墟之見。（二）為生在此地，對於此地之名人有精深的觀察，能見到他的好處，故特別推稱他。此二者可說是一般人的通性。我寫這篇文字，也莫有脫此種意味。

程明道的學說融合儒釋道三家而成，是順應時代的趨勢，已如前篇所說。至於地域關係，他生長河南，地居天下之中，為宋朝建都之地，人文薈萃，是學術總匯的地方，故他的學說能夠融合各家之說。這層很像老子。老子為周之柱下史，地點也在河南。周天子定都於此，諸侯朝聘往來，是傳播學說集中之點，故老子的學說能夠貫通眾說。獨是程明道的學說很受四川的影響。這一層少人注意，我們可以提出來討論一下：

明道的父親在四川漢州做官，明道同其弟伊川曾隨侍來川。伊川文集中有《為太中（程子父）作試漢州學生策問》三首，《為家君請宇文中允典漢州學書》、《再書》及《蜀守記》等篇，都是在四川作的文字。其時四川儒釋道三教很盛，二程在川濡染甚深，事實俱在，很可供我們研究。

其一、二程與川蜀之易學

《宋史‧譙定傳》載：「程頤之父珦，嘗守廣漢，頤與其兄顥皆隨侍，遊成都，見治篾箍桶者，挾冊，就視之，則易也，欲擬議致詰，而篾者先曰：『若嘗學此乎？』因指『未濟男之窮』以發問。二程遜而問之。則曰：『三陽皆失位也。』兄弟渙然有所省。翌日再過之，則去矣。」伊川晚年注易，於未濟卦，後載「三陽失位」之說，並曰：「斯義也，聞之成都隱者。」足觀《宋史》所載不虛。據《成都縣志》所載：「二程過箍桶翁時地方，即是省城內之大慈寺。」

《譙定傳》又載：「袁滋入洛，問易於頤。頤曰：『易學在蜀耳，盍往求之？』滋入蜀訪問，久之，無所遇。已而見賣醬薛翁於眉邛間，與語，大有所

得。」我們細玩「易學在蜀」四字，大約二程在四川，遇著長於易的人很多，不止箍桶翁一人，所以才這樣說。

段玉裁做富順縣知縣，修薛翁祠，作碑記云：「……繼讀東萊呂氏撰《常州志》，有云。袁道潔聞蜀有隱君子名，物色之，莫能得。末至一郡，有賣香薛翁，且荷芨之市，午輒扃門默坐，意象靜深。道潔以弟子禮見，且陳所學。叟漠然久之，乃曰：『經以載道，子何博而寡要也？』之語，未幾復去。」《宋史》云「眉邛間」，呂氏云「至一郡」，皆不定為蜀之何郡縣。最後讀浚儀王氏《困學紀聞》云：「譙天授之易，得於蜀夷族曩氏，袁道潔之易，得於富順監賣香薛翁。故曰：『學無常師。』宋之富順監，即今富順縣也，是其為富順人無疑。」（見段玉裁《富順縣志》）究竟薛翁是四川何處人，我們無須深考，總之有這一回事，其人是一個平民罷了（按《宋史》作賣醬，呂作賣香，似應從呂、王氏，因東萊距道潔不久，《宋史》則元人所修也。）。

袁滋問易於伊川，無所得；與賣醬翁語，大有所得。這賣醬翁的學問當然不小。《論語》上的隱者，如晨門、荷蕢、沮溺、丈人等，不過說了幾句諷世話，真實學問如何，不得而知，箍桶翁和賣醬翁確有真實學問表現，他二人易學的程度，至少也足與程氏弟兄相埒。賣醬翁僅知其姓薛，箍桶翁連姓亦不傳，真是鴻飛冥冥的高人。

易學是二程的專長，二人語錄中談及易的地方不勝枚舉。《宋史·張載傳》稱：「載嘗坐虎皮，講易京師，聽者甚眾。一夕，二程至，與論易。次日語人曰：『比見二程，深明易理，吾所不如，汝可師之。』撤坐輟講。」據此可見二程易學之深。然遇箍桶翁則敬謹領教，深為佩服，此翁之學問可以想見。袁滋易學，伊川不與之講授，命他入蜀訪求，大約他在四川受的益很多，才自謙不如蜀人。於此可見四川易學之盛。

據《困學紀聞》所說，四川的夷族也能傳授高深的易學。可見那個時候，四川的文化是很普遍的。《易經》是儒門最重要之書，易學是二程根本之學，與四川發生這樣的關係，這是很值得研究的。

其二、二程與川蜀之道教

薛翁說袁道潔博而寡要，儼然道家口吻；他扃門默坐，意象靜深，儼然道家舉止。可見其時道家一派，蜀中也很盛。二程在蜀，當然有所濡染。

宋儒之學，據學者研究，是雜有方士派，而方士派，蜀中最盛。現在講靜功的人，奉《參同契》和《悟真篇》二書為金科玉律，此二書均與四川有甚深之關係。

《悟真篇》是宋朝張伯端字平叔號紫陽所著。據他自序，是熙寧己酉年，隨龍國陵公到成都，遇異人傳授。

考熙寧己酉，即宋神宗二年，據伊川新作《先公太中傳》稱：「神宗即位年代知漢州，熙寧中議行新法，州縣囂然，皆以為不可。公未嘗深論也。及法出，為守令者奉行惟恐後，成都一道，抗議指其未便者，獨公一人。」神宗頒行新法，在熙寧二年，即是張平叔遇異人傳授之年，正是二程在四川的時候。平叔自序，有「既遇真筌，安敢隱默」等語。別人作的序，有云：「平叔遇青城丈人於成都。」又云：「平叔傳非其人，三受禍患。」漢州距成都只九十里，青城距成都，距漢州，俱只百餘里，二程或者會與青城丈人或張平叔相遇，否則平叔既不甚祕惜其術，二程間接得聞也未可知。

現在流行的《參同契集注》，我們翻開一看，注者第一個是彭曉，第二個是朱子。彭曉字秀川，號真一子，仕孟昶為祠部員外郎，是蜀永康人。永康故治，在今崇慶縣西北六十里。南宋以前，注《參同契》者十九家，而以彭曉為最先。通行者皆彭本，分九十一章。朱子乃就彭本，分上中下三卷。寧宗元年，蔡季通編置道州，在「寒泉精舍」與朱子相別，相與訂正《參同契》，竟夕不寐。明年，季通卒。越二年，朱子亦卒。足見朱子晚年都還在研究「參同契」這種學說。

清朝毛西河和胡渭等證明：宋儒所講無極太極、河洛書是從華山道士陳摶傳來。朱子解易，曾言：「邵子得於希夷（即陳摶），希夷源流出自《參同契》。」宋學既與《參同契》發生這種關係，而注《參同契》，第一個人是彭曉，出在四川，他是孟昶之臣，孟昶降宋，距二程到川，不及百年，此種學說流傳民間，二程或許也研究過。

義和團後，某學者著一書，說：「道教中各派，俱發源於四川，其原因就是由於漢朝張道陵在四川鶴鳴山修道，其學流傳民間，分為各派，歷代相傳不絕。」他這話不錯。以著者所知，現在四川的學派很多，還有幾種傳出外省，許多名人俯首稱弟子，這是歷歷可數的。逆推上去，北宋時候，這類教派當然很盛，二程在蜀當然有所濡染。

其三、二程與川蜀之佛教

佛教派別很多，宋儒所謂佛學者，大概指禪宗而言。禪宗至六祖慧能而大盛。六祖言：「不思善，不思惡，正憑麼時，那個是明上座本來面目？」宋儒教人：「看喜怒哀樂未發前氣象。」宛然是六祖話語。

四川佛教歷來很盛。華嚴宗所稱為五祖宗密，號圭峰，即是唐時四川西充人。

唐三藏法師玄奘，出家在成都大慈寺。以禪宗而論，六祖再傳弟子「馬道一」，即是張文定所說馬大師，是四川什邡人。他在禪宗中的位置，與宋學中的朱子相等，有《五燈會元》可考。他的法嗣布於天下，時號馬祖。他出家在什邡羅漢寺，得道在衡岳，傳道在江西。曾回什邡築臺說法，邑人稱為活佛。（《什邡縣志》）二程到四川的時候，當然他的流風餘韻，猶有存者。什邡與漢州毗連，現在什邡高景關內有雪門寺，相傳二程曾在寺中讀書，後人於佛殿前建堂祀二程，把寺名改為雪門，取「立雪程門」之義。（《什邡縣志》）二程為甚不在父親署內讀書，要跑到什邡去讀？一定那廟宇內有個高僧，是馬祖法嗣，二程曾去參訪，住了許久，一般人就說他去行醫讀書了。

馬祖教人，專提「心即是佛」四字。伊川曰：「性即理也。」宛然馬祖聲口。這種學理，或許從雪門寺高僧得來。

宋朝禪宗大師宗杲名震一時，著有《大慧語錄》。朱子也曾看他的書，並引用他的話，如「寸鐵傷人」之語。魏公道是四川廣漢人，他的母親秦國夫人曾在大慧門下參禪有得。事載《五燈會元》。大慧之師圓悟，是成都昭覺寺和尚，著有《圓悟語錄》。成都昭覺寺現有刻板，書首載有張魏公序文，備極推崇。圓悟與二程約略同時，二程在川之時，四川禪風當然很盛，二程當然有所濡染。

其四、二程講道臺

二程的父親卒於元祐五年庚午，年八十五歲。逆推至熙寧元年戊申，年六十三歲。其時王安石厲行新法，明道曾力爭不聽，他們弟兄不願與安石共事，因為父親年已高，所以侍父來蜀。明道生於宋仁宗明道元年壬申，伊川生於二年癸酉，二人入蜀時，年三十六七歲，正是年富力強的時候。他們拋棄了政治的生活，當然專心研究學問。王陽明三十七歲謫居貴州龍場驛，大悟格物致知之旨，與二程在漢州時年齡相同；不得志於政治界，專心研究學問，忽然發明新理，也是相同。

現在漢州城內，開元寺前，有「二程講道臺」。（《漢州志》）可見二程在漢州，曾召集名流，互相討論，把三教的道理融會貫通，恍然有得，才發明所謂宋學。伊川所說的「返求諸六經，然後得之」，大約就在這個時候。

漢州開元寺，可等於王陽明的龍場驛。

宋明諸儒，其初大都出入佛老。其所謂佛者，是指禪宗而言；其所謂老者，不純粹是老子，兼指方士而言。

陽明早年，曾從事神仙之學，並且修習有得，幾於能夠前知，有《陽明年譜》可證。不過，陽明不自讀，宋儒就更多方掩飾。朱子著《參同契考異》，託名「華山道士鄒訴」，不直署己名，掩飾情形，顯然可見。

二程是敏而好學，不恥下問的人，遇著箍桶匠，都向他請教，當然道家的紫陽派、真一派，佛家的圓悟派，也都請教過的。我們看程子主張「半日讀書，半日靜坐」，形式上都帶有佛道兩家的樣子，一定與這兩家有關係。伊川少時，體極弱，愈老愈健，或許得力於方士派的靜坐。不過後來排斥佛老，與這兩家發生關係的實情，不肯一一詳說，統以「出入佛老」一語了之。箍桶翁是他自己說出，並筆之於書，後人方才知道。

我們從旁書考證，宋朝高僧甚多，乃《宋史》僅有方技傳，而高僧則絕不一載。此由宋儒門戶之見最深，元朝修《宋史》的人亦染有門戶習氣，一意推崇道學，特創道學傳，以位置程朱諸人，高僧足與程朱爭名，故削而不書，方技中人不能奪程朱之席，故而書之。以我揣度，即使二程曾對人言，在蜀時與佛老中人如何往還，《宋史》亦必削而不書。箍桶翁和賣醬翁不能與二程爭名，才把他寫上。其餘的既削而不書，我們也就無從詳考。

二、宋學與川蜀文化

箍桶翁、賣醬翁傳易，張平叔、彭曉傳道，圓悟傳禪，可見其時四川的學者很多。請問，為甚麼那個時候四川有許多學者呢？因為漢朝文翁化蜀後，四川學風就很盛。唐時天下繁盛的地方，揚州第一，四川第二，有「揚一益二」之稱。唐都陝西，地方與蜀接近，那個時候的名人莫到過四川的很少，所以中原學術就傳到四川來。加以五代時，中原大亂，許多名流都到四川來避難。四川這個地方最適宜於避難。前乎此者，漢末大亂，中原的劉巴、許靖都入蜀避難；後乎此者，邵雍臨死，說：「天下將亂，唯蜀可免。」他的兒子邵伯溫攜家入蜀，卒免金人之禍。昔人云：「天下未亂蜀先亂，天下已治蜀後治。」這是對乎中原而言。因為地勢上的關係，天下將亂，朝廷失去了統禦力，四川就首先與之脫離，故謂之先亂；等到中原平定了，才來征服，故謂之後治。其實四川關起門是統一的，內部是很安定的。

五代時，中原戰爭五十多年，四川內政很修明，王、孟二氏俱重文學。《十國春秋》說王建「雅好儒臣，禮遇有加。」又說王衍「童年即能文，甚有才思。」

孟蜀的政治比王蜀更好。孟氏父子二世，凡四十一年，孟昶在位三十二年。

《十國春秋》說孟昶「勸善恤刑，肇興文教，孜孜求治，與民休息。」又曰：「後主（指孟昶）朝宋時，自二江至眉州，萬民擁道痛哭，慟絕者凡數百人。後主亦掩面而泣。若非慈惠素著，亦何以深入人心至此哉？」這是孟昶亡國之後，敵國史臣的議論，當然是很可信的。清朝知縣大堂面前牌坊大書曰：「爾俸爾祿，民膏民脂，下民易虐，上天難欺。」這十六字，是宋太宗從孟昶訓飭州縣文中選出來，頒行天下的。（見《容齋續筆．戒石銘條》）昶之盛飭吏治，已可概見。

後世盛稱文景之治，文帝在位二十三年，景帝在位十六年，合計不過三十九年。孟氏父子，孜孜求治，居然有四十一年之久，真可謂太平盛世。國內既承平，所以大家都研究學問。加以孟昶君臣都提倡文學。《十國春秋》曰：「帝（指孟昶）所學，為文皆本於理。居恒謂李昊、徐光溥曰：『王衍浮薄而好為輕豔之文，朕不為也。』」他的宰相，毋昭裔，貧賤時，向人借《文選》。其人有難色。他發憤說道：「我將來若貴，當鏤板行之。」後來他在蜀做了宰相，請後主鏤板印九經，又把九經刻石於成都學宮，自己出私財營學宮，立教舍，又刻《文選》、《初學記》、《白氏六帖》。國亡後，其子守素齎至中朝，諸書大章於世。紀曉嵐著《四庫提要》，敘此事，並且說：「印行書籍，創見於此。」他們君臣在文學上的功績，可算不小。

孟昶君臣既這樣提倡文學，內政又修明，當然中原學者要向四川來，所以儒釋道三教的學問普及到了民間。二程和袁滋不過偶而遇著兩個，其餘未遇著的，不知還有若干。因為有了這樣普遍的文化，所以北宋時，四川才能產出三蘇和范鎮諸人。蘇子由說：「轍生十九年，書無不讀。」倘非先有孟昶的提倡，他在何處尋書來讀？若無名人指示門徑，怎麼會造成大學問？東坡幼年曾見出入孟昶宮中的老尼。二程二蘇與孟蜀相距不遠，他們的學問都與孟昶有關。子夏居西河，魏文侯受經於子夏，初置博士官，推行孔學。秦承魏制，置博士官，伏生、叔孫通、張蒼皆故秦博士。梁任公說：「儒教功臣，第一是魏文侯。」我們可以說：「宋學功臣，第一是孟昶。」

隋朝智者大師居天臺山，開天臺宗，著有《大小止觀》。唐朝道士司馬承禎，字子微，也居天臺山，著有《天隱子》，又著《坐忘論》七篇。《玉澗雜書》云：「道釋二氏本相矛盾，而子微之學乃全本於釋氏，大抵以戒定慧為宗……此論與智者所論止觀實相表裡。子微中年隱天臺玉霄峰，蓋智者所居，知其淵源有自也。」（《圖書集成．道教部雜錄》）由此知：凡是互相矛盾的學問，只要同在一個地方，就有融合之可能。五代中原大亂，三教中的名人齊集成都，彷彿三大河流，同趨於最隘的一個峽口，天然該融合為一。大約這些名流麇集成都，互相討論，留下

不少的學說。明道弟兄來川，召集遺老，築臺講道，把他集合起來，融會貫通，而斷以己意，成為一個系統，就成為所謂宋學。

三、蘇子由之學說與川蜀文化

大家只知程氏弟兄是宋學中的泰斗，不知宋朝還有一個大哲學家，其成就，較之程氏弟兄，有過之，無不及，一般人都把他忽略了。此人為誰？即是我們知道的蘇子由。程氏弟兄做了融合三教的工作，還要蒙頭蓋面，自稱是孔孟的真傳；蘇子由著有《老子解》，自序著此書時，會同僧道商酌，他又把《中庸》「喜怒哀樂之未發」和六祖「不思善不思惡」等語合併研究，自己直截了當地說出來，較諸其他宋儒光明得多。子由之孫蘇籀記其遺言曰：「公為籀講《老子》數篇曰：『高出孟子二三等矣！』又曰：『言至道，無如五千文。』」蘇籀又說：「公老年作詩云：近存八十一章注，從道老聃門下人。蓋老而所造益妙，碌碌者莫測矣。」

子由敢於說老子高出孟子二三等，自認從道老聃門下，這種識力，確在程氏弟兄之上。蘇東坡之子蘇邁等著有《先公手澤》，載東坡之言曰：「昨日子由寄《老子新解》，讀之不盡卷，廢卷而歎：使戰國有此書，則無商鞅、韓非；使漢初有此書，則孔老為一；使晉宋間有此書，則佛老不為二。不意晚年見此奇特。」我披讀東坡此段文字，心想子由此書有甚好處，值得如此稱歎？後來始知純是讚歎他融合三教的工作。

明朝有個李卓吾，同時代的人幾乎把他當作聖人。他對於孔子，顯然攻擊，著《藏書》六十八卷，自序有曰：「前三代，吾無論矣！後三代，漢唐宋是也。中間數百餘年，而獨無是非者，豈其人無是非哉？咸以孔子之是非為是非，因未嘗有是非耳。」又曰：「此書但可自怡，不可示人，故名藏書也。而無奈一二好事朋友索觀不已，予又安能以已耶。但戒曰：『覽則一任諸君覽，但無以孔夫子之定本行賞罰也，則善矣。』」

他生在明朝，思想有這樣的自由，真令人驚詫。他因為創出這樣的議論，鬧得書被焚毀，身被逮捕，下場至自刎而死，始終持其說不變。其自信力有這樣的堅強，獨對蘇子由非常佩服。萬曆二年，他在金陵刻子由《老子解》，題其後曰：「解老子者眾矣，而子由最高……子由乃獨得微言於殘篇斷簡之中，宜其善發老子之蘊，使五千餘言爛然如皎日。學者斷斷乎不可一日去手也。解或示道全，當道全意，寄子瞻，又當子瞻意。今去子由，五百餘年，不意復見此奇特。」卓吾這樣推崇子由，子由的學問也就可知了。

蘇子由在學術上有了這樣的成就，何以談及宋學，一般人只知道有程朱，不知道蘇子由呢？其原因：

（一）子由書成年已老。子由死於政和二年壬辰，年七十四歲，此書是幾經改刪，至大觀二年戊子十二月方才告成。程明道死於元豐八年乙丑，年五十四歲；伊川死於大觀元年丁亥，年七十五歲。子由成書時，在明道死後二十三年，伊川死後一年，那個時候，程氏門徒遍天下，子由的學說出來得遲，自不能與他爭勝；子由書成後四年即死，也就無人宣傳他的學說了。（二）那時黨禁方嚴，禁人學習元祐學術。伊川謝絕門徒道：「尊所聞，行所知可也，不必及吾門也。」連伊川都不敢宣傳他的學問，子由何能宣傳？伊川死時，門人不敢送喪，黨禁之嚴可想。史稱子由「築室潁濱，不復與人相見，終日默坐，如是者幾十年。」據此，則子由此書能傳於世，已算僥幸，何敢望其能行？（三）後來朱子承繼伊川之學，專修洛蜀之怨，二蘇與伊川不合，朱子對於東坡所著《易傳》，子由所著《老子解》，均痛加詆毀。其詆子由曰：「蘇侍郎晚為是書，合吾儒於老子，以為未足，又並釋氏而彌縫之，可謂舛矣。然其自許甚高，至謂當世無一人可以語此者，而其兄東坡公亦以為『不意晚年見此奇特』。以予觀之，其可謂無忌憚者歟！因為之辯。」（見《宋元學案》）《中庸》有「大人而無忌憚」之語，朱子說他無忌憚，即是說他是小人。此段文字幾於破口大罵。朱子又把子由之說逐一批駁，大都故意挑剔。其書俱在，可以復按。朱子是歷代帝王尊崇的人，他既這樣攻擊子由，所以子由的學說也就若存若亡，無人知道了。（四）最大原因，則孔子自漢武帝而後，取得學術界正統的地盤，程子做融合三教的工作，表面上仍推尊孔子，故其說受人歡迎，子由則赤裸裸地說出來，欠了程明道的技術，所以大受朱子的攻擊，而成為異端邪說。朱子痛詆子由，痛詆佛老，是出於門戶之見，我們不必管，只看學術演進的情形就是了。

四、中國學術演進之總趨勢

我們從進化趨勢上看去，覺得到了北宋的時候，三教應該融合為一，程明道和蘇子由都是受了天然趨勢的驅迫。程子讀了許多書，來在四川，加以研究，完成融合三教的工作。蘇子由在四川讀了許多書，去在潁濱，閉門研究，也完成融合三教的工作。二者都與四川有關。這都是由於五代時中原大亂，三教名流齊集成都，三大河流同時流入最隘一個峽口的原故。子由少時在蜀，習聞諸名流緒論，研究多年，得出的結果，也是融合三教，也是出於釋氏而偏邇於老聃，與大程子如出一

轍。可見宇宙真理實是如此。從前佛教傳入中國，與固有學術生衝突，歷南北隋唐以至五代，廷垣明令天下毀佛寺，焚佛經，誅僧尼之事凡數見，自宋儒之學說出，而此等衝突之事遂無，不過講學家文字上小有攻訐而已。何也？根本上已融合故也。

世界第一次大戰、第二次大戰紛爭不已者，學說紛歧使之然也。現在國府遷移重慶，各種學派之第一流人物，與夫留學歐美之各種專門家，大都齊集重慶，儼如孟蜀時，三教九流齊集成都一樣，也都是無數河流趨入一個最隘之峽口。我希望產生一種新學說，融合中西印三方學術而一之，而世界紛爭之禍於焉可免。（著者按：初版時，國府尚未遷移重慶，只言：現在交通便利，天涯比鄰，中國、印度、西洋三大文化接觸，相推相蕩，也是三大河流趨入最隘的峽口，中西印三大文化也該融合為一。）

3・宋儒之道統

一、道統之來源

宋儒最令人佩服之處，是把儒釋道三教，從學理上融合為一；其最不令人佩服之處，就在門戶之見太深，以致發生許多糾葛。其門戶之見共有二點：（一）孔子說的就對，佛老和周秦諸子說的就不對。（二）是尊崇孔子的人，程子和朱子說的就對，別人說的就不對。合此兩點，就生道統之說。

宋儒所說的道統，究竟是個什麼東西呢？我們要討論這個問題，首先要討論唐朝的韓愈。韓愈為人很倔強，富於反抗現實的性質。唐初文體，沿襲陳隋餘習，他就提倡三代兩漢的古文；唐時佛老之道盛行，他就提倡孔孟之學。他取的方式，與歐洲文藝復興所取的方式是相同的。二者俱是反對現代學術，恢復古代學術，是一種革新運動。所以歐洲文藝復興是一種驚人事業，韓愈在唐時，負泰山北斗之地位，也是一種驚人事業。

韓愈的學問傳至宋朝，分為兩大派：一派是歐蘇曾王的文學，一派是程朱的道學。宋儒所謂道統的道字，就是從昌黎原道篇「斯道也，何道也」那個道字生出來的。孟子在從前，只算儒學中之一種，其書價格與荀墨相等，昌黎才把他表章出來。他讀《荀子》，說：「始吾得孟軻書，然後知孔子之道尊……以為聖人之徒沒，尊聖人者孟氏而已。晚得揚雄書，益信孟氏，因雄書而益尊，則雄者亦聖人之徒歟……孟子醇乎醇者也，荀與揚大醇而小疵。」經昌黎這樣推稱，孟氏才嶄然露頭角。

宋儒承繼昌黎之說，把孟子益加推崇，而以自己直發其傳。伊川作《明道行狀》，說道：「周公沒，聖人之道不行；孟軻死，聖人之學不傳。道不行，百世無善治；學不傳，千載無真儒……先生生乎一千四百年之後，得不傳之學於遺經……蓋自孟子之後，一人而已。」史遷以孟子、荀卿合傳，寥寥數十字，於所歷鄒滕任薛魯宋之事不一書，朱子《綱目》，始於適魏之齊，大書特書。宋淳熙時，朱子才將《孟子》、《論語》、《大學》、《中庸》合稱為四子書，至元延祐時，始懸為令甲。我們自幼讀四子書，把孟子看作孔子化身。及細加考察，才知是程朱諸人有了道統之見，才把他特別尊崇的。

昌黎是文學中人，立意改革文體，非三代兩漢之書不觀。他讀孔子孟荀的書，初意本是研究文學，因而已略窺見大道，無奈所得不深。他為文主張辭必己出，字法句法喜歡戛戛獨造，因而論理論事也要獨造。他說：「斯道也，何道也，非向所謂老與佛之道也。堯以是傳之舜，舜以是傳之禹，禹以是傳之湯，湯以是傳之文武周公，文武周公傳之孔子，孔子傳之孟軻。孟軻死，不得其傳。」這個說法，不知他何所見而云然。程伊川曰：「軻死不得其傳，似此言語，非蹈襲前人，非鑿空撰出，必有所見。」這幾句話的來歷，連程伊川都尋不出，非杜撰而何？

宋儒讀了昌黎這段文字，見歷代傳授，猶如傳國璽一般，堯舜禹直接傳授，文，武，周公，孔子，孟軻，則隔數百年，都可傳授，心想我們生在一千幾百年之後，難道不能得著這個東西嗎？於是立志要把這傳國璽尋出。經過許久，果然被他尋出來了。在《論語》上尋出：「堯曰：咨爾舜……允執其中……舜亦以命禹。」恰好偽《古文尚書》有「人心惟危，道心惟微，惟精惟一，允執厥中」十六字。堯傳舜，舜傳禹，有了實據，他們就認定這就是歷代相傳的東西。究禹湯文武周公所謂授文者安在？又中間相隔數百年，何以能夠傳授？又孔子以前，何以獨傳開國之君，平民中並無一人能得其傳？這些問題，他們都不加研究。

宋儒因為昌黎說孟子是得了孔子真傳的，就把《孟子》一書從諸子中提出來，上配《論語》，又從《禮記》中提出《大學》、《中庸》二篇，硬說《大學》是曾

子著的，又說《中庸》是子思親筆寫出，交與孟子，於是就成了孔子傳之曾子，曾子傳之子思，子思傳之孟子，一代傳一代，與傳國璽一般無二。孟子以後忽然斷絕，隔了千幾百年，到宋朝，這傳國璽又出現，被濂洛關閩諸儒得著，又遞相傳授，這就是所謂道統了。

道統的統字，就是從「帝王創業垂統」那個統字竊取來，即含有傳國璽的意思。那時禪宗風行天下，禪宗本是衣鉢相傳，一代傳一代，由釋迦傳至達摩，達摩傳入中國。達摩傳（至）六祖，六祖以後雖是不傳衣鉢，但各派中仍有第若干代名稱，某為嫡派，某為旁支。宋儒生當其間，染有此等習氣，特創出道統之名，與之對抗。道統二字，可說是衣鉢二字的代名詞。

請問：濂洛關閩諸儒距孔孟一千多年，怎麼能夠傳授呢？於是創出「心傳」之說，說「我與孔孟心心相傳」。禪宗有「以心傳心」的說法，所以宋人就有「虞廷十六字心傳」的說法。這心傳二字，也是摹仿禪宗來的。

本來禪宗傳授也就可疑，所謂西天二十八祖，東土六祖，俱是他們自相推定的。其學簡易，最合中國人習好，故禪宗風行天下。其徒自稱「教外別傳」，謂不必研究經典，可以直契佛祖之心，見人每問：「如何是祖師西來意？」宋儒教人「尋孔顏樂處」，其意味也相同。

周子為程子受業之人，橫渠是程子戚屬，朱子紹述程氏，所謂濂洛關閩，本是幾個私人講學的團體，後來愈傳愈盛，因創出道統之名，私相推定，自誇孔孟真傳，其方式與禪宗完全相同。

朱子爭這個道統，尤為出力。他注《孟子》，於末後一章結句說道：「……百世之下，必將有神會而心得之者耳。故於篇中歷序群聖之統，而終之以此，所以明其傳之所在，而又以俟後聖於無窮也，其旨深哉。」提出「統」字、「傳」字，又說「神會心得」，即為宋學中所謂「心傳」和「道統」伏根。最奇的，於「其旨深哉」四字之後，突然寫出一段文字，說道：「有宋元豐八年，河南程顥伯醇卒，潞公文彥博題其墓曰：明道先生。而其弟正叔序之曰：周公沒，聖人之道不行；孟軻死，聖人之學不傳。道不行，百世無善治；學不傳，千載無真儒。無善治，士猶得以明。夫善治之道，以淑諸人，以傳諸後。無真儒，則天下貿貿焉莫知所之，人欲肆而天理滅矣。先生生乎千四百年之後，得不傳之學於遺經，以興起斯文為己任，辨異端，闢邪說，使聖人之道煥然復明於世，蓋自孟子之後，一人而已。然學者於道，不知所向，則孰知斯人之為功，不知所至，則孰知斯名之稱情也哉。」此段文字寫畢，即截然而止，不再著一語，真是沒頭沒尾的。見得程子即是「後聖」。朱子於《大學章句》序，又說道：「河南兩夫子出，而有以接孟氏之傳。雖以熹之不

敏，亦幸私淑而與有聞焉。」著「聞」字，儼然自附於「聞而知之」之列，於是就把道統一肩擔上。

二、道統之內幕

宋儒苦心孤詣，創出一個道統，生怕被人分去。朱子力排象山，就是怕他分去道統。象山死，朱子率門人往寺中哭之。既罷，良久曰：「可惜死了告子。」硬派象山作告子，自己就變成宋學中的孟子了。

程朱未出以前，揚雄聲名很大，他自比孟子。北宋的孫復，號稱名儒，他尊揚雄為範模。司馬光注《太玄經》，說道：「余少之時，聞玄之名，而不獲見……於是求之積年，乃得觀之。初則溟涬漫漶，略不可入；乃研精易慮，屏人事而讀之，數十遍，參以首尾，稍得窺其梗概。然後喟然置書歎曰：嗚呼，揚子真大儒耶！孔子既沒，知聖人之道者，捨揚子而誰？荀與孟殆不足擬，況其餘乎！觀玄之書，昭則極於人，幽則盡於神，大則包宇宙，細則入毛髮，合天人之道以為一，刮其根本，示人所出，胎育萬物，而兼為之母，若地履之而不可窮也，若海挹之而不可竭也。天下之道雖有善者，其蔑以易此矣。」

司馬光這樣說法，簡直把《太玄》推尊得如《周易》一般，儼然直接孔子之傳，道統豈不被揚雄爭去嗎？孟子且夠不上，何況宋儒？宋儒正圖謀上接孟子之傳，怎能容揚雄得過？適因班固《漢書》說揚雄曾仕新莽，朱子修《綱目》，輕輕與他寫一筆：「莽大夫揚雄死。」從此揚雄成了名教罪人，永不翻身。孟子肩上的道統無人敢爭，濂洛關閩就直接孟氏之傳了。這就像爭選舉的時候，自料比某人不過，就清查某人的檔案，說他虧吞公款，身犯刑事，褫奪他被選權一般。假使莫得司馬光這一類稱讚揚雄的文字，《綱目》上何至有莽大夫這種特筆呢？揚雄仕新莽，作《劇秦美新論》。有人說其事不確，我們也不深辯。即使其事果確，一部《紫陽綱目》中，類於揚雄、甚於揚雄的人很多，何以未盡用此種書法呢？這都是司馬光諸人把揚雄害了的。

從前揚雄曾入孔廟，後來因他曾仕王莽，就把他請出來；荀子曾入孔廟，因為言性惡，把他請出來；公伯寮曾入孔廟，因為他譭謗子路，也把他請出來。我所不解者，司馬光何以該入孔廟？揚雄是逆臣，司馬光推尊揚雄，即是逆黨。公伯寮不過口頭譭謗子路罷了，司馬光著《疑孟》一書，反孟子說的話，層層攻訐，對於性善說，公然懷疑，其書流傳到今，司馬光一身備具了公伯寮、荀卿、揚雄三人之罪，公然得入孔廟，豈非怪事？推原其故，司馬光是二程的好友，哲宗即位之初，

司馬光曾薦明道為宗正寺丞，薦伊川為崇政殿說書，司馬光為宰相，連及二程也做官，所以二程入孔廟，連及司馬光也配享。司馬光之人品本是很好，但律公伯寮、荀卿、揚雄三人之例，他就莫得入孔廟的資格，而今公然入了孔廟，我無以名之，直名之曰「徇私」。

宋儒口口聲聲尊崇孔子，排斥異端，請問諸葛亮這個人為甚麼該入孔廟？諸葛亮自比管樂，管樂為曾晳所不屑為，孔門羞稱五霸，孟子把管仲說得一錢不值，管仲的私淑弟子怎麼該入孔廟？又諸葛亮手寫申韓，以教後主，可見他又是申韓的私淑弟子。太史公作《史記》，把申韓與老子同傳，還有人說申韓夠不上與老子並列，老子是宋儒痛詆之人，諸葛亮是申韓私淑弟子，乃竟入孔廟，大書特書曰：「先儒諸葛亮之位」。這個儒字，我不知從何說起？

劉先主臨終，命後主讀《商君書》，又不主張行赦。他們君臣要研究的，都是法家的學說。我們遍讀諸葛亮本傳及他的遺集，尋不出孔子二字，尋不出四書上一句話，獨與管仲商鞅申韓發生不少的關係。本傳上說他治蜀嚴，又說他「惡無識而不貶」，與孔子所說「赦小過」，孟子所說「省刑罰」，顯然違反。假如修個「申韓合廟」，請諸葛亮去配享，寫一個「先法家諸葛亮之位」，倒還名實相符。

宋儒排斥異端，申韓管商之學豈非異端嗎？異端的嫡派弟子高坐孔廟中，豈非怪事嗎？最好是把諸葛亮請出來，遺缺以史記上的陳餘補授。《史記》稱：「成安君，儒者也，自稱義兵，不用詐謀。」此真算是儒者。假使遇著庸儒之敵將，陳餘一戰而勝，豈不是「仁者無敵」，深合孟子的學說嗎？恐怕孔廟中早已供了「先儒陳餘之位」。無奈陳餘運氣不好，遇著韓信是千古名將，兵敗身死，儒者也就置之不理了。

諸葛亮明明是霸佐之才，偏稱之曰王佐之才，明明是法家，卻尊之曰先儒，豈非滑稽之至？在儒家，謂諸葛亮托孤寄命，鞠躬盡瘁，深合儒家之道，所以該入孔廟。須知托孤寄命，鞠躬盡瘁，並不是儒家的專有品。難道只有儒家才出這類人才，法家就不出這類人才？這道理怎麼說得通？我無以名之，直名之曰「慕勢」。只因漢以後，儒家尋不出傑出人才，諸葛功蓋三分，是三代下第一人，就把他迎入孔廟，藉以光輝門面。其實何苦乃爾？

林放問「禮之本」，只說得三個字，也入了孔廟。老子是孔子曾經問禮之人，《禮記》上屢引老子的話，孔子稱他為「猶龍」，崇拜到了極點；宋儒乃替孔子打抱不平，把老子痛加詆毀，這個道理，又講得通嗎？

兩廡豚肩，連朱竹垞都不想吃，本來是值不得爭奪的。不過我們須知：一部廿四史，實在有許多糊塗帳。地方之高尚者，莫如聖廟；人品之高尚者，莫如程朱。

乃細加考察，就有種種黑幕，其他尚復何說？

宋儒有了道統二字，橫塞胸中，處處皆是荊棘。我不知道道統二字有何貴重，值得如許爭執。幸而他們生在莊子之後，假使被莊子看見，恐怕又要發出些鵷雛腐鼠的妙論。我們讀書論古，當自出見解，切不可為古人所愚。

《四庫全書提要》載：「《公是先生弟子記》四卷，宋劉敞撰。敞發明正學，在朱程前，所見皆正，徒以獨抱道經，澹於聲譽，未與伊洛諸人傾意周旋，故講學家視為異黨，抑之不稱耳。實則元豐熙寧之間，卓然醇儒也。」劉敞發明正學，卓然醇儒，未與伊洛諸人周旋，就視為異黨。此中黑幕，紀曉嵐早已揭穿。司馬光讚揚雄，詆孟子，因與伊洛諸人周旋，死後得入孔廟，此種黑幕，還沒有人揭穿。

三、宋儒之缺點

著者平日有種見解：凡人要想成功，第一要量大，才與德尚居其次。以楚漢而論，劉邦、項羽二人，德字俱說不上，項羽之才勝過劉邦，劉邦之量大於項羽。韓信、陳平、黥布等，都是項羽方面的人，只因項羽量小，把這些人容納不住，才一齊走到劉邦方面來。劉邦豁達大度，把這些人一齊容納，漢興楚敗，勢所必至。

《秦誓》所說「一個臣」，反覆讚歎，無非形容一個量字罷了。於此可見量字的重要。宋儒才德二者俱好，最缺乏的是量字。他們在政治界是這樣，在學術界也是這樣。君子排君子，故生出洛蜀之爭；孔子信徒排斥孔子信徒，故生出朱陸之爭。

邵康節臨死，伊川往訪之。康節舉兩手示之曰：「眼前路徑令放寬，窄則自無著身處，如何使人行？」這一窄字，深中伊川的病。《宋元學案》載：「二程隨侍太中，知漢州，宿一僧寺。明道入門而右，從者皆隨之。先生（指伊川）入門而左，獨行，至法堂上相會。先生自謂：『此是某不及家兄處。』蓋明道和易，人皆親近；先生嚴直，人不敢近也。」又稱：「明道猶有諧語……伊川直是謹嚴，坐間不問尊卑長幼，莫不肅然。」卑幼不說了，尊長見他，都莫不肅然。連走路都莫得一人敢與他同行，這類人在社會上如何走得通？無怪洛蜀分黨，東坡戲問他：「何時打破誠敬？」此語固不免輕薄，但中伊川之病。

《宋元學案》又說：「大程德性寬宏，規模廣闊，以光風霽月為懷。小程氣質剛方，文理密察，以峭壁孤峰為體。道雖同而造德固自各有殊。」於此可見明道量大，伊川量小。可惜神宗死，哲宗方立，明道就死了。他死之後，伊川與東坡因語言細故，越鬧越大，直鬧得洛蜀分黨，寃寃不解。假使明道不死，這種黨爭必不會起。

伊川凡事都自以為是，連邵康節之學，他也不以為然。康節語其子曰：「張巡、許遠，同為忠義，兩家子弟互相攻併，為退之所貶。凡托伊川之說，議吾為數學者，子孫勿辯。」康節能這樣預誡後人，故程邵兩家未起爭端。

朱子的量，也是非常狹隘。他是伊川的嫡系，以道統自居，凡是信從伊川和他之學說的人，就說他是好人，不信從的，就是壞人。蘇黃本是一流人物，朱子詆毀二蘇，獨不詆毀山谷，因為二蘇是伊川的敵黨，所以要罵他，山谷之孫，黃瑩，字子耕，是朱子的學生，所以就不罵了。

林栗、唐仲友，立身行己，不愧君子。朱子與栗論一不合，就成仇衅，朱子的門人至欲燒栗之書。朱子的朋友陳亮，狎臺州官妓，囑唐仲友為脫籍，仲友沮之，亮譖於朱子，朱子為所賣，誤興大獄。此事本是朱子不合，朱派中人就視仲友如仇讎。張浚一敗於富平，喪師三十萬，再敗於淮西，喪師七萬，三敗於符離，喪師十七萬，又嘗逐李綱，引秦檜，殺曲端，斥岳飛，誤國之罪，昭然共見，他的兒子張南軒是朱子講學的好友，朱子替張浚作傳，就備極推崇。

最可怪者，朱子與呂東萊本是最相好的朋友，《近思錄》十四卷，就是他同朱子撰的。後來因為爭論毛詩不合，朱子對於他的著作，就字字譏彈。如云：「東萊博學多識則有之矣，守約恐未也。」又云：「伯恭之弊，盡在於巧。」又云：「伯恭教人看文字也粗。」又云：「伯恭聰明，看文理卻不仔細，緣他先讀史多，所以看粗著眼。」又云：「伯恭於史分外仔細，於經卻不甚理會。」又云：「伯恭要無不包羅，只是撲過，都不精。」對於東萊，抵隙蹈瑕，不遺餘力，朱派的人隨聲附和，所以元人修史，把東萊列入儒林傳，不入道學傳。一般人都稱「朱子近思錄」，幾於無人知是呂東萊同撰的。

朱子與陸象山同是尊崇孔教的人，因為爭辯無極太極，幾至肆口謾罵。朱子的胸懷狹隘到這步田地，所以他對於政治界、學術界俱釀許多糾紛。門人承襲其說，朱陸之爭，歷宋元明清以至於今，還不能解決。

紀曉嵐著《四庫提要》，將上述黃瑩、林栗、唐仲友、張浚諸事一一指出。其評朱呂之爭，說道：「當其投契之時，則引之於《近思錄》，使預聞道統之傳；及其牴牾以後，則字字譏彈，身無完膚，本中亦負氣相攻，有激而然歟。」別人訾議朱子不算事，《四庫提要》是清朝乾隆欽定的書，清朝功令、四書文非遵朱注不可，康熙五十一年，文廟中把朱子從廡中升上去，與十哲並列，尊崇朱子，可算到了極點。乾隆是康熙之孫，紀著《四庫提要》，敢於說這類話，可見是非公道，是不能磨滅的。紀文說：「劉敞卓然醇儒。未與伊洛諸人傾意周旋，故講學家視為異黨。」這些說法，直是揭穿黑幕，進呈乾隆御覽後，頒行天下，可算是清朝欽定的

程朱罪案。

宋俞文豹《吹劍外集》（見《知不足齋叢書》第二十四卷）說：「韓范歐馬張呂諸公，無道學之名，有道學之實，而人無閒言。今伊川晦庵二先生，言為世法，行為世師，道非不弘，學非不粹，而動輒得咎，何也？蓋人心不同，所見各異，雖聖人不能律天下之人，盡棄其學而學焉……今二先生以道統自任，以師嚴自居，別白是非，分毫不貸，與安定爭，與東坡爭，與龍川、象山辯，必勝而後已。浙學固非矣，貽書潘呂等，既深斥之，又語人曰：『天下學術之弊不過兩端，永嘉事功，江西頴悟，若不極力爭辯，此道何由而得明。蓋指龍川、象山也。』程端蒙謂：『如市人爭，小不勝，輒至喧競……』」俞氏這段議論，公平極了。

程朱的學問本是不錯，其所以處處受人攻擊者，就在他以嚴師自居，強眾人以從己。他說：「若不極力爭辯，此道何由得明。」不知越爭辯越生反響，此道越是不明。大凡倡一種學說的人，只應將我所見的道理誠誠懇懇地公布出來，別人信不信由他。只要我說得有理，別人自然肯信，無須我去爭辯。若是說得不確，任是如何爭辯，也是無益的。惜乎程朱當日，未取此種方式。

伊川、晦庵本是大賢，何至會鬧到這樣呢？要說明這個道理，就不得不採用戴東原的說法了。東原以為：「宋儒所謂理，完全是他們的意見。因為吾人之心，至虛至靈，著不得些子物事，有了意見，就不虛不靈，惡念固壞事，善念也會壞事，猶之眼目中，不但塵沙容不得，就是金屑，也容不得。伊川胸中有了一個誠敬，誠敬就變成意見，於是放眼一看，就覺得蘇東坡種種不合。晦庵胸中有了一個程伊川，放眼一看，就覺得象山、龍川、呂東萊諸人均種種不合。這就像目中著了金屑，天地易色一般。佛氏主張破我執、法執，不但講出世法當如是，就是講世間法，也當如是。然後知老子所說『絕聖棄智』，真是名言。東坡問伊川：『何時打破誠敬？』雖屬惡謔，卻亦至理。東坡精研佛老之學，故筆談中俱含妙諦。」程明道是打破了誠敬的，觀於「目中有妓，心中無妓」這場公案，即可知道。

伊川抱著一個誠敬，去繩蘇東坡，鬧得洛蜀分黨，朱子以道統自命，黨同伐異，激成慶元黨案，都是為著太執著的流弊。莊子譏孔子昭昭揭日月而行，就是這個道理。莊子並不是叫人不為善，他只是叫人按著自然之道做去，不言善而善自在其中。例如勸人修橋補路，周濟貧窮，固然是善。但是，按著自然之道做去，物物各得其所，自然無壞橋可修，無濫路可補，無貧窮來周濟。回想那些想當善人的，抱著金錢，朝朝出門，尋橋來修，尋路來補，尋貧窮來周濟，真是未免多事。莊子說：「泉涸，魚相與處於陸，相呴以濕，相濡以沫，不如相忘於江湖。」就是這個道理。程伊川、蘇東坡爭著修橋補路，彼此爭得打架。朱子想獨博善人之名，把修橋補路的事一手攬盡，不許他人染指，後來激成黨案，嚴禁偽學，即是明令驅逐，不許他修橋，不許他補路。如果他們有莊子這種見解，何至會鬧到這樣呢？

宋朝南渡，與洛蜀分黨有關；宋朝亡國，與慶元黨案有關。小人不足責，程朱大賢，不能不負點咎。我看現在的愛國志士互相攻擊，很像洛蜀諸賢，君子攻擊君子，各種學說互相詆斥，很像朱子與陸子互相詆斥。當今政學界諸賢，一齊走入程朱途徑去了，奈何！奈何！

問：程朱諸賢，缺點安在？曰：「少一個量字。」

我們評論宋儒，可分兩部分：他們把儒釋道三教融合為一，成為理學，為學術上開一新紀元，這是做的由分而合的工作，這部分是成功了的。洛蜀分黨，釀成政治上之紛爭，朱陸分派，釀成學術上之紛爭，這是做的由合而分的工作，這部分是失敗了的。我們現在所處的時代正與宋儒所處時代相同，無論政治上、學術上，如做由分而合的工作，決定成功，如做由合而分的工作，一定徒滋糾紛。

問：做由分而合的工作，從何下手？曰：從量字下手。

4・中西文化之融合

一、中西文化衝突之點

西人對社會、對國家，以我字為起點，即是以身字為起點。中國儒家講治國平天下，從正心誠意做起，即是以心字為起點。雙方都注重把起點培養好。所以西人一見人閒居無事，即叫他從事運動，把身體培養好。中國儒者見人閒居無事，即叫他讀書窮理，把心地培養好。西人培養身，中國培養心。西洋教人，重在「於身有益」四字；中國教人，重在「問心無愧」四字。這就是根本上差異的地方。

斯密士倡自由競爭，達爾文倡強權競爭，西洋人群起信從，因為此等學說是「於身有益」的。中國聖賢，絕無類似此等學說，因為倡此等學說，其弊流於損人利己，是「問心有愧」的。我們遍尋四書五經、諸子百家，尋不出斯密士和達爾文一類學說，只有《莊子》上的盜跖所持議論，可稱神似。然而此種主張，是中國人深惡痛絕的。孟子曰：「雞鳴而起，孜孜為利者，跖之徒也。」自由競爭、強權競

爭，正所謂孜孜為利。這就是中西文化有差異的地方。

孔門的學說：「欲修其身，先正其心；欲正其心，先誠其意。」從身字向內，追進兩層，把意字尋出，以誠意為起點，再向外發展。猶之修房子，把地上浮泥除去，尋著石底，才從事建築。由是而修身，而齊家，而治國平天下。造成的社會，是「以天下為一家，以中國為一人」，人我之間，無所謂衝突。這是中國學說最精粹而西洋所不及的地方。

西人自由競爭等說以利己為主，以身字為起點，不尋石底，徑從地面建築起，基礎未穩固，所以國際上釀成世界大戰，死人數千萬。大戰過後，還不能解決，跟著就是第二次世界大戰。經濟上造成資本主義。

孔門的正心誠意，我們不必把它太看高深了，把它改為「良心裁判」四字就是了。每作一事，於動念之初，即加以省察，「己所不欲，勿施於人。」孔門的精義，不過如是而已。然而，照這樣做去，就可達到「以天下為一家」的社會。如果講「自由競爭」等說法，勢必至「己所不欲，也可施之於人。」中國人把盜跖罵得一文不值，西洋人把類似盜跖的學說奉為天經地義，中西文化焉得不衝突。中西文化衝突，其病根在西洋，不在中國，是西洋人把路走錯了，中國人的路並沒有走錯。

我們講「三教異同」，曾繪有一根「返本線」，我們再把此線一看，就可把中西文化衝突之點看出來。凡人都是可以為善，可以為惡的。善心長則惡心消，惡心長則善心消。因此，儒家主張，從小孩時，即把愛親敬兄這份良知良能搜尋出來，在家庭中培養好。小孩朝夕相處的，是父親母親、哥哥弟弟，就叫他愛親敬兄。把此種心理培養好了，擴充出去，「親親而仁民，仁民而愛物」，就造成一個仁愛的世界了。故曰：「孝弟也者，其為仁之本歟。」所以中國的家庭，可說是一個「仁愛培養場」。西洋人從我字徑到國字，中間缺少了一個家字，即是莫得「仁愛培養場」；少了由丁至丙一段，缺乏誠意功夫，即是少了「良心裁判」。故西洋學說發揮出來，就成為殘酷世界。所以說：中西文化衝突，其病根在西洋，不在中國。

所謂中西文化衝突者，乃是西洋文化自相衝突，並非中國文化與之衝突。何以故呢？第一次世界大戰、第二次世界大戰，打得九死一生，是自由競爭一類學說釀成的，非中國學說釀成的。這就是西洋文化自相衝突的明證。西人一面提倡自由競爭等學說，一面又痛恨戰禍，豈不是自相矛盾嗎？所以，要想世界太平，非要把中國「仁愛」的學說發揮光大之不可。則庶乎其可！

二、中國學說可救西洋印度學說之弊

西洋人看見世界上滿地是金銀，總是千方百計，想把它拿在手中，造成一個殘酷無情的世界。印度人認為這個世界是污濁到極點，自己的身子也是污濁到極點，總是千方百計，想把這個世界捨去，把這個身子捨去。惟老子則有一個見解。他說：「金玉滿堂，莫之能守。」又說：「多藏必厚亡。」世界上的金銀，他是看不起的，當然不做搶奪的事。他說：「吾所以有大患者，為吾有身。及吾無身，吾有何患。」也是像印度人，想把身子捨去。但是，他捨去身子，並不是脫離世界，乃是把我的身子與眾人融合為一。故曰：「聖人無常心，以百姓之心為心。」因此也就與人無忤與世無爭了。所以他說：「陸行不避兕虎，入軍不避甲兵。」老子造成的世界不是殘酷無情的世界，也不是污濁可厭的世界，乃是「如享太牢，如登春臺，眾人熙熙」的世界。

以返本線言之：西人從丁點起，向前走，直到己點或庚點止，絕不回頭。印度人從丁點起，向後走，直到甲點止，也絕不回頭。老子從丁點起，向後走，走到乙點，再折轉來向前走，走到庚點為止，是雙方兼顧的。老子所說「歸根復命」一類話，與印度學說相通，「以正治國，以奇用兵」一類話，則與西洋學說相通。雖說他講出世法莫得印度那樣精，講治世法莫得西人那樣詳，但由他的學說，就可把西洋學說和印度學說打通為一。

我所謂：「印度人直走到甲點止，絕不回頭。」是指小乘而言，指末流而言。若釋迦立教之初，固云：「不度盡眾生，誓不成佛。」原未嘗捨去世界也。釋迦本是教人到了甲點，再回頭轉來在人世上工作。無如甲點太高遠了，許多人終身走不到，於是終身無回頭之日，其弊就流於捨去世界了。老子守著乙點立論，要想出世的，向甲點走，要想入世的，就回頭轉來，循序漸進，以至庚點為止。孔子意在救世，叫人尋著丙點，即回頭轉來，做由丁到庚的工作，不必再尋乙、甲兩點，以免耽誤救世工作。此三聖人立教之根本大旨也。

孔子的態度與老子相同。印度厭棄這個世界，要想離去它。孔子則「素富貴，行乎富貴；素貧賤，行乎貧賤；素患難，行乎患難；素夷狄，行乎夷狄。」這個世界並不覺得可厭。老子把天地萬物融合為一，孔子也把天地萬物融合為一，宇宙是怎麼一回事，還他怎麼一回事。所謂「老者安少，少者懷之。」「天地位焉，萬物寧焉。」就是這個道理。

曾點說：「暮春者，春服既成，冠者五六人，童子六七人，浴乎沂，風乎舞雩，詠而歸。」這幾句話與治國渺不相關，而獨深得孔子的嘉許，這是什麼原故

呢？因為這幾句話是描寫我與宇宙融合的狀態，有了這種襟懷、措施出來，當然人與我融合為一。子路可使有勇，冉有可使足民，公西華願為小相，只做到人與我相安，未做到人與我想融，所以孔子不甚許可。

宋儒於孔門這種旨趣，都是識得的，他們的作品，如「綠滿窗前草不除」之類，處處可以見得。王陽明「致良知」，即是此心與宇宙融合，心中之理，即是事物上之理，遇有事來，只消返問吾心，推行出來，自無不合。所以我們讀孔孟老莊及宋明諸儒之書，滿腔是生趣，讀斯密士、達爾文、尼采諸人之書，滿腔是殺機。

印度人向後走，在精神上求安慰；西洋人向前走，在物質上求安慰。印度人向後走，而越來越遠，與人世脫離關係，他的國家就被人奪去了。西洋人向前走，路上遇有障礙物，即直衝過去，鬧得非大戰不可。印度和西洋兩種途徑流弊俱大，惟中國則不然。孟子曰：「養生送死無憾，王道之始也。」又曰：「黎民不饑不寒，然而不王者，未之有也。」對於物質，只求足以維持生活而止，並不在物質上求安慰。因為世界上物質有限，要求過度，人與人就生衝突，故轉而在精神上求安慰。精神在吾身中，人與人是不相衝突的。

但是，印度人求精神之安慰，要到彼岸，脫離這個世界。中國人求精神上之安慰，不脫離這個世界。我國學說折衷於印度、西洋之間，將來印度和西洋非一齊走入我國這條路，世界不得太平。

孔子曰：「學而時習之，不亦悅乎；有朋自遠方來，不亦樂乎；人不知而不慍，不亦君子乎。」孟子曰：「君子有三樂，而王天下不與焉。父母俱存，兄弟無故，一樂也；仰不愧於天，俯不怍於人，二樂也；得天下英才而教育之，三樂也。」中國人尋樂，在精神上，父兄師友間；西洋人尋樂，大概是在物質上，如遊公園、進戲場之類。

中西文化，本是各走一條路，然而兩者可以調和，精神與物質是不生衝突的。何以言之呢？我們把父兄師友約去遊公園、進戲場，精神上的娛樂和物質上的娛樂就融合為一了。中西文化可以調合，等於約父兄師友遊公園、進戲場一般。但是不進公園、戲場，父兄師友之樂仍在，即是物質不足供我們要求，而精神上之安慰仍在。我們這樣設想，足見中西文化可以調和，其調和之方式，可括為二語：「精神為主，物質為輔。」今之採用西洋文化者，偏重物質，即是專講遊公園、進戲場，置父兄師友於不顧，所以中西文化就衝突了。

中西文化，許多地方極端相反，然而可以調和。茲舉一例為證：中國的養生家主張靜坐，靜坐時，絲毫不許動。西洋的養生家主張運動，越運動越好。二者極端相反，此可謂中西學說衝突。我們靜坐一會，又起來運動，中西兩說就融合了。我

認為中西文化可以融合為一，其方式就是這樣。

有人說：「孔門講仁愛，西人講強權，我們行孔子之道，他橫不依理，以兵臨我，我將奈何？」

我說：這是無足慮的。孔子講仁，並不廢兵。他主張「足食足兵」。又說：「我戰則克。」又說：「仁者必有勇。」何嘗是有了仁就廢兵？孔子之仁，即是老子之慈。老子三寶，慈居第一。他說：「夫慈以戰則勝，以守則固。」假使有了仁慈，即把兵廢了，西人來，把我的人民殺死，這豈不是不仁不慈之極嗎？西洋人之兵是拿來攻擊人，專作掠奪他人的工具，孔老之兵是拿來防禦自己，是維持仁慈的工具，以達到你不傷害我，我不傷害你而止。這也是中西差異的地方。

孔老講仁慈，與佛氏相類，而又不廢兵，足以抵禦強暴。戰爭本是殘忍的事，孔老能把戰爭與仁慈融合為一，這種學說真是精粹極了。所以中國學說具有融合西洋學說和印度學說的能力。

西洋的學問重在分析，中國的學問重在會通。西人無論何事，都是分科研究。中國古人，一開口即是天地萬物，總括全體而言之。就返本線來看，西洋講個人主義的，只看見線上的丁點（我），其餘各點均未看見。講國家主義的，只看見線上的己點（國），其餘各點也未看見。他們既未把這根線看通，所以各種主義互相衝突。孔門的學說是修身齊家治國平天下一以貫之。老子說：「修之於身，其德乃真；修之於家，其德乃彰；修之於鄉，其德乃長；修之於邦，其德乃豐；修之於天下，其德乃普。」孔老都是把這根線看通了，倡出「以天下為家，以中國為一人」的說法，所謂個人也，國家也，社會也，就毫不覺得衝突。（以天下為一家二語，出《禮運》，本是儒家之書，或以為是道家的說法，故渾言孔老。）中國人能見其會通，但嫌其渾圇疏闊；西人研究得很精細，而彼此不能貫通。應該就西人所研究者，以中國之方法貫通之，各種主義就無所謂衝突，中西文化也就融合了。

印度講出世法，西洋講世間法，老子學說，把出世法、世間法打通為一。宋明諸儒都是做的老子工作，算是研究了二三千年，開闢了康莊大道。我們把這種學說發揮光大之，就可把中西印三方文化融合為一。

世界種種衝突，是由思想衝突來的，而思想之衝突又源於學說之衝突。所謂衝突，都是末流的學說。若就最初言之，則釋迦孔老和希臘三哲固無所謂衝突。我想，將來一定有人出來，把儒釋道三教、希臘三哲和宋明諸儒學說、西方近代學說合併研究，融會貫通，創出一種新學說，其工作與程明道融合儒釋道三教成為理學一樣。假使這種工作完成，則世界之思想一致，行為即一致，而世界大同就有希望

了。

就返本線來看，孔子向後走，已經走到丙點，老子向後走，已經走到乙點，佛學傳入中國，不過由乙點再加長一截，走到甲點罷了，所以佛學傳入中國，經程明道一番工作，就可使之與孔老二教融合。

孔老二氏折身向前走，由身而家，而國，而天下，與西人之由個人而國家，而社會，也是同在一根線上，同一方向而走，所以中國學說與西洋學說有融合之可能。

西洋、印度、中國是世界三大文化區域，印度文化首先與中國接觸，經宋儒的工作，已經融合了，現在與西洋文化接觸，我們應該把宋儒的理學加以整理，去其拘迂者，取其圓通者，拿來與西洋學說融會貫通，世界文化就融合為一了。

三、中國學術界之精神特色

有人問道：「西洋自由競爭諸說雖有流弊，但施行起來，也有相當效果，難道我們一概不採用嗎？」我說：「我國學術界有一種很好的精神，只要能夠應用此種精神，西洋的學說就可採用了。」茲說明如下：

魯有男子獨處，鄰有嫠婦亦獨處。夜雨室壞，婦人趨而托之。男子閉戶不納。婦人曰：「子何不學柳下惠？」男子曰：「柳下惠則可，我則不可。我將以我之不可，學柳下惠之可。」孔子聞之曰：「善學柳下惠者，莫如魯男子。」這種精神，要算我國學術界特色。孔子學於老子，老子尚陰柔，有合乎「坤」。孔子贊《周易》，以陽剛為貴，深取乎「乾」。我們可說：「善學老子者，莫如孔子。」孟子終身願學孔子，孔子言「性相近」，孟子言「性善」。孔子說：「我戰則克。」孟子則說：「善戰者服上刑。」孔子說：「齊桓公正而不譎。」又說：「桓公九合諸侯，不以兵車，管仲之力也，如其仁，如其仁。」又曰：「微管仲，吾其披髮左衽矣。」孟子則大反其說，曰：「仲尼之徒，無道桓文之事者。」又曰：「管仲，曾晳之所不為也，而子為我願之乎。」諸如此類，與孔子之言顯相抵觸，然不害為孔門嫡系。我們可說：「善學孔子者，莫如孟子。」韓非學於荀子，荀子言禮，韓非變而為刑名。我們可說：「善學荀子者，莫如韓非。」非之書，有《解老》、《喻老》兩篇，書中言虛靜，言「無為」，而無一切措施，與老子全然不類。我們可說：「善學老子者，莫如韓非。」其他類此者，不勝枚舉。九方皋相馬，在牝牡驪黃之外。我國古哲師法古人，全在牝牡驪黃之外。遺貌取神，為我國學術界最大之特色，書家、畫家，無不如此。我們本此精神，去採用西歐文化，就有利無害了。

孟子曰：「規矩，方圓之至也；聖人，人倫之至也。」規矩是匠師造房屋的器具，人倫是匠師造出的房屋。古人當日相度地勢，計算人口，造出一座房屋，原是適合當時需要的。他並未說：「傳之千秋萬世，子子孫孫都要住在這個屋子內。」又未說：「這個房子，永遠不許改造修補。」匠師臨去之時，把造屋的器具交給我們，將造屋的方法傳給我們。後來人口多了，房屋不夠住，日曬雨淋，房子朽壞，居然不改造，又不修補，徒是朝朝日日，把數千年以前造屋的匠師痛罵，這個道理，講得通嗎？

中國一切制度，大概是依著孔子的主義制定的，此種制度，原未嘗禁人修改。孔子主張尊君。孟子說：「君之視臣如土芥，則臣視君如寇仇。」又說：「民為貴，社稷次之，君為輕。」又說：「聞誅一夫紂矣，未聞弒君也。」孔子說：「入公門，鞠躬如也。」孟子曰：「說大人則藐之。勿視其巍巍然，堂高數仞，榱題數尺。我得志，弗為也。」孔子尊君的主張，到了孟子，幾乎莫得了。孔子作《春秋》，尊崇周天子，稱之曰天王。孟子以王道說各國之君，其言曰：「地方千里，而可以王。」那個時候，周天子尚在，孟子視同無物，豈不顯悖孔子的主張嗎？他是終身願學孔子的人，說：「自生民以來，未有聖於孔子。」算是崇拜到了極點的。他學孔子，未及百年，就把孔子的主張修改得這樣厲害，孔子至今二三千年，如果後人也像孟子的辦法，繼續修改，恐怕歐人的德謨克拉西早已見諸中國了。孟子懂得修屋的法子，手執規矩，把孔子所建的房屋大加修改，還要自稱是孔子的信徒。今人現放著規矩不知使用，只把孔子痛罵，未免不情。

從前印度的佛學傳入我國，我國儘量採用，修改之，發揮之，所有「天臺宗」、「華嚴宗」、「淨土宗」等，一一中國化，非復印度之舊，故深得一般人歡迎。就中最盛者，厥惟「禪宗」，而此宗在印度，幾等於無。惟有「唯識」一宗，帶印度色彩最濃，此宗自唐以來，幾至失傳，近始有人出而提倡之。我們可以得一結論：「印度學說傳至中國，越中國化者越盛行，帶印度彩色越濃者越不行，或至絕跡。」

我們今後採用西洋文化，仍應採用印度文化方法，使斯密士，達爾文諸人一一中國化，如用藥之有炮炙法，把他有毒那一部分除去，單留有益這一部分。達爾文講進化不錯，錯在因競爭而妨害他人；斯密士發達個性不錯，錯在因發達個性而妨害社會。我們去其害，存其利，就對了。第一步，用老子的法子，合乎自然趨勢的就採用，不合的就不採用。第二步，用孔子的法子，凡是先經過良心裁判，返諸吾心而安，然後才推行出去。如果能夠這樣採用，中西文化自然融合。今之採用兩法者，有許多事項，律以老子之道，則為違反自然之趨勢，律以孔子之道，則為返諸

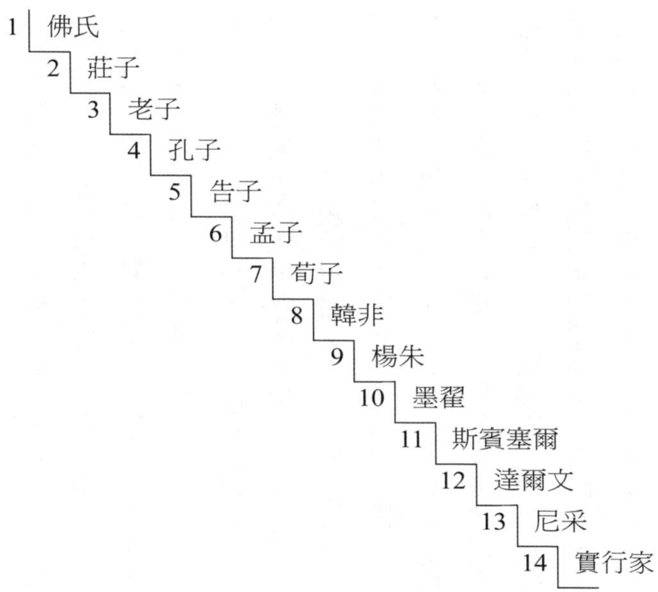

吾心而不安，及至行之不通，處處荊棘，乃嘵嘵然號於人曰：「中西文化衝突，此老子之過也，此孔子之過也。」天乎冤哉！

四、聖哲之等級

我國周秦之間，學說紛繁。佛學雖是印度學說，但傳入中國已久，業已中國化。就我個人的意見，與他定一個等級，名曰：「聖哲等級表」，一佛氏，二莊子，三老子，四孔子，五告子，六孟子，七荀子，八韓非，九楊朱，十墨翟。

此表以老子為中心。莊子向後

走，去佛氏為近，是為出世法；孔子以下，向前走，俱是世間法。告子謂性無善無不善，其湍水之喻，實較孟荀說為優。古來言「性」之人雖多，唯有告子之說，任從何方面說，俱是對的，故列孟荀之上。凡事當以人己兩利為原則。退一步言之，亦當利己而無損於人，或利人而無損於己。楊朱利己而無損於人，故列第九。墨翟利人而有損於己，故列第十。此表以十級為止。近來的人喜歡講斯密士、達爾文、尼采諸人的學說，如把這三人列入，則斯達二氏的學說，其弊流於損人，斯氏當列第十一，達氏當列第十二。尼采倡超人主義，說：「剷滅弱者，為強者天職。」說：「愛他主義，為奴隸道德。」專作損人利己的工作，其學說為最下，當列第十三。共成十三級。尼采之下，不能再有了。中國之盜跖和西洋之希特勒、墨索里尼，就其學說言之，應與尼采同列一欄。

我們從第十三級起，向上看，越上越精深，研究起來，越有趣味。從第一級起，向下看，越下越粗淺，實行起來越適用。王弼把孔老融合為一，晉人清談，則趨入老莊，尤偏重莊子，這是由於老子談理，比孔子更精深，莊子談理，比老子更精深的原故。程明道把儒釋道三教融合為一，創出「理學」一派，而宋明諸儒多流入佛氏，這是由佛氏談理，比孔老更精深的緣故。從實施方面言之，印度行佛教而亡國，中國行孔老之教而衰弱，西人行斯密士、達爾文諸人學說而盛強，這即是越

粗淺越適用的明證。我們研究學理，當力求其深，深則洞見本源，任它事變紛乘，我都可以對付，不致錯誤。至於實踐方面，當力求其淺，淺則愚夫愚婦能知能行，才行得起來。

西人崇奉斯密士之說而國富，崇奉達爾文之說而國強，而世界大戰之機即伏於其中。德皇威廉第二崇奉尼采之說，故大戰之前，德國最為昌盛，然敗不旋踵。現在希特勒、墨索里尼和日本軍閥正循威廉覆轍走去，終必收同一之結果，故知斯密士等三人之學說收效極大，其弊害亦極大。

墨子學說雖不完備，但確是救時良藥，其學說可以責己，而不可以責人，只有少數聖賢才做得到。當今之世，滔滔者皆是損人利己之流，果有少數聖賢反其道而行之，抱定損己利人之決心，立可出斯民於水火。墨子之說偏激，惟其偏，才能醫好大病。現在斯密士、達爾文、尼采諸人之言盈天下，墨子之學說恰是對症良藥。

墨子之損己，是出乎自願，若要強迫他受損，這是不行的。墨子善守，雖以公輸之善攻，且無如之何！如果實行墨子之道，絕不會蹈印度亡國覆轍。我國學說理論之不完備，莫如墨子，然而施行起來，也可救印度學說和西洋學說兩方之偏。所以要想世界太平，非西洋和印度人一齊走入中國這條路不可。

楊朱的學說也是對症之藥。現在的弊病是少數人爭權奪利，大多數人把自己的權利聽憑別人奪去，以致天下大亂。楊朱說：「智之所貴，存我為貴；力之所賤，侵物為賤。」守著自己的權利，一絲一毫不許人侵犯，我也不侵犯人一絲一毫。人人不利天下，亦不損天下，天下自然太平。孟子說：「楊氏為我，是無君也。」君主是從每人身上掠取些須權利，積而成為最大的權利，才有所謂君主。人人守著自己的權利，絲毫不放，即無所謂君主。猶之人人守著包裹、東西，自然就莫得強盜。實行楊朱學說，則那些假借愛國名義，結黨營私的人，當然無從立起。各人立在地上，如生鐵鑄成的一般，無侵奪者，亦無被侵奪者，天下焉得不太平？不過，由楊朱之說，失去人我之關連，律以天然之理，尚有未合。

孟子說：「楊朱、墨翟之言盈天下，天下之言不歸楊，則歸墨。」這個話很值得研究。因為孟子那個時代，人民所受痛苦與現在一樣，所以楊墨的學說才應運而生。春秋戰國是我國學術最發達時代，楊墨的學說，自學理上言之，本是一偏，無如害了那重病，這類辦法確是良藥，所以一般學者都起來研究，而楊墨之言就盈天下了。

孔子的學說最為圓滿，但對於當時不甚切要。所以身死數十年後，他在學術上的地盤會被楊墨奪去。孟子說：「天下之言不歸楊，則歸墨。」可見孔子三千弟子的門徒全行變為楊墨之徒，大約孟子的師伯師叔和一切長輩都是楊墨之徒了。因此孟子才出來，高呼：「打倒楊墨，恢復孔教。」

孟子的學說本來較楊墨更為圓滿，但對於我們現在這個時代不免稍微帶了唱高調的性質，應該先服點楊墨之藥，才是對症。現在須有人抱定墨子犧牲自己的精神，出來提倡楊墨的學說，叫人人守著自己的權利，絲毫不放，天下才得太平。並且還要先吃點韓非之藥，才能吃孔孟之藥，何以故呢？諸葛武侯曰：「法行則知恩。」現在這些驕兵悍將、貪官污吏、劣紳土豪、奸商貴族，非痛痛地用韓非的法子懲治一下，難免不養癰遺患。故我們應當從第十級逆行上去，第十一級以下暫不必說。

五、老子無為思想與西洋民主學說

我國學說，當以老子為總代表。他的學說與佛氏相通，這是無待說的。而其學說又與西洋學相通。茲舉嚴批《老子》為證。嚴又陵於《老子》第三章說道：「試讀布魯達奇《英雄傳》中來刻谷士一首，考其所以治斯巴達者，則知其作用與老子同符。此不佞所以云：黃老為民主治道也。」於第十章批曰：「夫黃老之道，民主之國所用也……君主之國，未有能用黃老者也。漢之黃老，貌襲而取之耳。」於三十七章批曰：「文明之進，民物熙熙，而文物聲名皆大盛。此欲作之且宜防也。《老子》大意，以為亦鎮之以樸而已。此旨與盧梭正同。」又曰：「老子言作用，則稱侯王，故知《道德經》是言治之書。然孟德斯鳩《法意》篇中言：『民主乃用道德，君主則用禮，至於專制乃用刑。』中國未嘗有民主之制也，雖老子不能為未見其物之思想。於是道德之治，於君主中求之不得，乃遊心於黃農以上，意以為太古有之。蓋太古君不甚尊，民不甚賤，事本與民主為近也。此所以下篇有小國寡民之說。夫甘食美服，安居樂俗，鄰國相望，如是之世，正孟德斯鳩《法意》篇中所指為民主中之真相也。世有善讀二書者，必將以我為知矣。嗚呼，老子者，民主之治之所用也。」於第四十六章批曰：「純是民主主義。讀法儒孟德斯鳩《法意》一書，有以徵吾言之不妄也。」據嚴氏這種批評，可見老子學說又可貫通西洋最優秀的民主思想。

現在西洋經濟上所實行的，以斯密士學說為原則，政治上所採用的，以盧梭學說為原則。斯密士在經濟上主張自由，盧梭在政治上主張自由，我國的老子正是主張自由的人，我們提出老子來，就可貫通斯、盧二氏之學說。斯密士的自由競爭一變而為達爾文的強權競爭，再變而為尼采的超人主義，與中國所謂「道德流為刑名」是一樣的。西洋有了自由主義，跟著就有法西斯主義，與中國有了黃老之放

任，跟著就有申韓之專制，也是一樣的。我們知道黃老之道德與申韓之刑名原是一貫，即可把各種學說之貫通性和蛻變之痕跡看出來。

我不是說中國有了老子，就可不去研究西洋的學問；我只是提出老子，見得各種學說可以互相貫通，只要明白這個道理，就可把西洋的學問儘量研究。

六、中西印三方思想之融合

西人用仰觀俯察的法子，窺見了宇宙自然之理，因而生出理化各科。中國古人用仰觀俯察的法子，窺見了宇宙自然之理，因而制定各種制度。同是窺見自然之理，一則用之物理上，一則用之人事上，雙方文化實有溝通之必要。

中國古人定的制度，許多地方極無條理，卻極有道理。如所謂父慈子孝、兄友弟恭，在上者仁民愛物，在下者親上事長之類，隱然磁電感應之理，不言權利義務，而權利義務自在其中，人與人之間生趣盎然。西人則與人之間劃出許多界線，所以西洋的倫理，應當灌注以磁電，才可把冷酷的態度改變。中國則未免太渾圇了，應當參酌西洋學說。果能如此，中西文化即融合了。

研究學問，猶如開礦一般，中國人、印度人、西洋人各開一個洞子，向前開採。印度人的洞子和中國人的洞子首先打通。現在又與西洋的洞子接觸了。宇宙真理是渾然的一個東西，中國人、印度人、西洋人分途研究，或從人事上研究，或從物理上研究，分出若干派，各派都分了又合，合了又分。照現在的趨勢看去，中西印三方學說應該融會貫通，人事上的學說與物理上的學說也應該融會貫通。我輩生當此時，即當順應潮流，做這種融合工作。融合過後，再分頭研究。像這樣分了又合，合了又分，經了若干次，才能把那個渾然的東西研究得毫髮無遺憾，依舊還它一個渾然的東西。

宇宙真理只有一個，只要研究得徹底，彼此是不會衝突的。如有互相衝突之說，必有一說不徹底，或二說俱不徹底。衝突愈甚，研究愈深，自然就把本源尋出，而二者就融合為一。故衝突者，融合之預兆也。譬如數個泥丸放至盤中，不相接觸，則永久不生衝突，永久是個個獨立。取之擠之捏之，即可合為一個大泥丸。中國、印度、西洋三方學術，從前是個個獨立，不相接觸。自佛法西來，與中國固有學術發生衝突，此所謂擠之捏之也，而程明道之學說遂應運而生。歐化東漸，與中國固有學術又發生衝突，此亦所謂擠之捏之也。就天然趨勢觀之，又必有一種新學說應運而生，將中西印三方學術融合為一。

然則，融合中西印三學術，當出以何種方式呢？我們看從前融合印度學術的方

式，就可決定應走的途徑了。

佛教是出世法，儒教是入世法，二者是相反的。程明道出來，以釋氏之法治心，孔氏之法治世，入世出世打成一片，是走的老子途徑。蘇子由著一部《老子解》，融合儒釋道三教，也是走的老子途徑。王陽明在龍場驛大徹大悟，獨推象山，象山推崇明道，也是走入老子途徑。思想自由如李卓吾，獨有契於蘇子由，仍是走入老子途徑。又明朝陳白沙，學於吳康齋，未知入處，乃揖耳目，去心智，久之然後有得，而白沙之學，論者謂其近於老莊。可見，凡是掃除陳言，冥心探索的人，得出的結果，無不走入老子途徑。因老子之學深得宇宙真理故也。據嚴批《老子》所說，老子之學又可貫通西洋學說。我們循著老子途徑做去，必可將中西印三方學術融合為一。

老子之學，內聖外王。其修之於內也，則曰：「致虛靜，萬物並用，吾以觀其復。」其推之於外也，則曰：「修之於身，其德乃真；修之於家，其德乃彰；修之於鄉，其德乃長；修之於邦，其德乃豐；修之於天下，其德乃普。」孔門誠意，正心，修身，齊家，治國，平天下，一以貫之，與老子之旨正同，此中國學說之特色也。佛學傳入中國，與固有學術發生衝突，程明道就用孔門的正心誠意與佛學的明心見性打通為一。現在西洋的個人主義、國家主義傳入中國，與固有學術又生衝突，我們當用孔門的修齊治平打通為一。西人把個人也、國家也、社會也，看為互不相容之三個物體，而三種主義遂互相衝突。孔門則身也，家也，國也，天下也，一以貫之，於三者之中，添一個家字，老子更添一鄉字，毫不衝突，此中國主義之所以為大同主義也。中印學術早已融合，現在只做融合中西學術之工作就是了。此種工作一經完成，則世界學說匯歸於一，學術一致，行為即一致，人世之紛爭可免，大同之政治可期。這種責任應由中國人出來擔任，西洋人和印度人是不能擔負的。何也？西印兩方人士對於中國學術素乏深切之研究，而中國人對於本國學術研究了數千年，對於印度學術研究了二千年，甲午庚子之役後，中國人儘量研究西洋學術，已四十五年，所以融合中西印三方學術的工作，應該中國人出來擔負，是在我國學者順應此種之趨勢，努力為之而已。

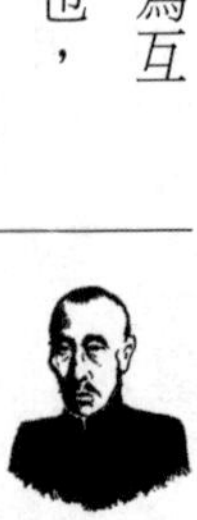

第六部

社會問題之商榷

民國十六年，做了一篇《解決社會問題之我見》，載入《宗吾臆談》內。十七年擴大為一單行本，十八年印行，名曰《社會問題之商榷》。此書發表後，據朋友的批評，大概言：「理論尚不大差，惟辦法不易實行，並且有些辦法，恐非數百年後辦不到。」

自序

我從二十四年八月一日起，在成都《華西日報》寫《厚黑叢話》，每日寫一二段。初意是想把平日一切作品拆散來，連同新感想，融合寫之。乃寫至二十五年四月底止，歷時九月，印了三小冊，覺得心中想寫的文字還莫有寫出好多，長此寫去，閱者未免討厭。因變更計畫，凡新舊作品已經成了一個系統者，各印專冊。《厚黑叢話》暫行停寫。其他心中想寫的文字，有暇時，再寫一種《厚黑餘談》。

我打算刊為專冊的，計：(1)《厚黑學》，(2)《心理與力學》，(3)《社會問題之商榷》，(4)《考試製之商榷》，(5)《中國學術之趨勢》，共五種。《厚黑學》業於本年五月內印行，茲特將《社會問題之商榷》付印。

民國十六年，做了一篇《解決社會問題之我見》，載入《宗吾臆談》內。十七年擴大為一單行本，十八年印行，名曰《社會問題之商榷》。此書發表後，據朋友的批評，大概言：「理論尚不大差，惟辦法不易實行，並且有些辦法，恐非數百年後辦不到。」

這種批評，我很承認。我以為，改革社會，等於修房子，應當先把圖樣繪出，然後才按照修造。如或財力不足，可先修一部分，陸續有款，陸續添修，最終就成為一個很完全整的房子了。倘莫得全部計畫，隨便修幾間來住，隨後人多了，又隨便添修幾間，再多添幾間，結果雜亂無章，不改修，則人在裡面，擁擠不通，欲改修，則須全行拆掉，籌款另建，那就有種種困難了。東西各國，舊日經濟之組織漫無計畫，就是犯了這種弊病。

大凡主持國家大計的人，眼光必須注及數百年後，斷不能為區區目前計。斯密士著《原富》，缺此種眼光，造成資本主義，種下社會革命之禍胎。達爾文缺乏此種眼光，倡「優勝劣敗」之說，以強權為公理，把全世界造成一個虎狼社會。孟德斯鳩缺乏此種眼光，倡「三權分立」之說，互相牽制，因而激成反動，產出墨索里尼、希特勒等專制魔王，為擾亂世界和平的罪魁，這是很令人痛心的。

我輩改革社會，當懸出最遠大的目標，使人知道前途無有止境，奮力做去，社會才能日益進化。並且有了公共的目標，大家向之而趨，步驟一致，社會才不至紛亂。

《禮記》上有《禮運》一篇，本是儒家的書，又有人說是道家的思想，書中提出大同的說法，至今二千多年，並未實現。當日著書的人明知其不容易實現，而必須這樣說者，即是懸出最遠大的目標，使數千年後之人向之而趨。也即是繪出一個房子的樣式，使後人依照這個樣式修造，經過若干年，這個完整的房子終當出現。著《禮運》的人雖然提出此種目標，而實際上則從小康下手，一步一步做去。至於釋迦佛所說的境界，更非力戒不能到。然而有此種目標，學佛的人明知今生不能達到，仍不能不苦苦修習。東方儒釋道三個教主，眼光之遠大，豈是西洋斯密士異類學者所能夢見。有了西洋這類目光短淺的學者，才會釀成世界第一次大戰，直接間接死了數千萬人。大戰過後，仍不能解決，跟著又要第二次世界大戰。如不及早另尋途徑，可斷跟著又要第三次大戰，第四次大戰。

墨索里尼、希特勒和日本少壯軍人真是瞎子牽瞎子，一齊跳下巖。

我國自辛亥革命，至今已二十五年，政治和經濟，一切機構完全打破，等於舊房子全行拆掉，成了一片平地。我們應當斟酌國情，另尋一條路走。如果盲目地模仿西洋，未免大錯而特錯。

房子是眾人公共住的，我們要想改修，當多繪些樣式，經眾人細細研究，認為某種樣式好，才著手修去。不能憑著一己的意見，把眾人公住的房子隨便拆來亂修。我心中有了這種想法，就不揣冒昧，先繪個樣式出來，請閱者嚴加指駁，將不合的地方指出；同時就說：「這個辦法，應當如何修改？」另繪一個樣式，我們大

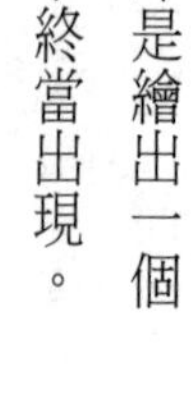

家斟酌。

本書前四章是理論，第五章是辦法。有了這種理論，就不能不有這種辦法。十八年刊行之本，有吳郝姚楊四君的序文。本年四月再版《厚黑學》，已刻入，茲不贅刻。我有自序一首，也刪去。第六章「各種學說之調和」，中間刪去數段，其餘一概仍舊，不加改竄。現在我覺得辦法上，有許多地方，應該補充和修改，將來寫入《厚黑餘談》，藉見前後思想之異同。

中華民國二十五年，六月十二日，李宗吾，於成都

I．公私財產之區分

我們要想解決社會問題，首先當研究的，就是世界上的財物，哪一種應當歸諸社會公有，哪一種應當歸諸個人私有。先把這一層研究清楚了，然後才有辦法。茲將我所研究者分述如下：

第一項，地球的生產力。地球上未有人類，先有禽獸。禽獸渴則飲水，饑則食果實。那個時候，地球上的天然物是禽獸公有的，即可以說那個時候的地球是禽獸公有物。隨後人類出來，把禽獸打敗了，也如禽獸一般，渴飲饑食，地球上的天然物歸人類所有。我們可以說，那個時候的地球是人類公有物，任何人都有享受地球上天然物的權利。後來人類繁興，地球上的天然物不夠用，才興耕稼，把地球內部蘊藏的生產力設法取出來，以供衣食之用。於是大家占據地球上面一段，作為私有物，就有所謂地主了。地主占據之方法有二：最初是用強力占據，後來才用金錢買賣。無論哪一種，都是把地球的生產力攘為私有。

我們須知，這地球的生產力是人類的公有物，不惟不該用強力占據，並且不該

用金錢買賣，不惟資本家不該占有，就是勞動者也不該占有。

為甚麼勞動者不該占有呢？例如我們請人種樹，每日給以工資口食費壹元，這壹元算是勞力的報酬。所種之樹，經過若干年，出售與人，得十元百元或千元。我們所售者，是地球內部的生產力，不是種樹人的勞力，因為他的勞力是業已報酬了的，當初種樹的工人即無分取樹價之權。地球是人類公有物，此種生產力即該人類平攤。故我主張的第一項，即是地球生產力應該歸諸社會公有。

第二項，機器的生產力。最初人民做工，全靠手足之力。後來機器發明，他那生產力就大得了不得。我們川省轎夫擔夫的工價，大約每日壹元；如用手工製出之貨，每日最多獲利不到壹元。這壹元算是勞力的報酬。如改用機器，一人之力，可抵十人性人千人之力，所獲之利，十元百元或千元不等。這多得的九元，或九十九元，或九百九十九元，是機器生產力的效果，不是勞力的效果，也應該人類公有，不該私人占有。就說工人勞苦功高，有了機器，莫得勞力，他的生產力不能出現，我們對於工人，加倍酬報，每人每日給以二、三元，或是四、五元罷了，所餘的五元，或是九十五元，或是九百九十五元，也應該人類平攤。

被資本家奪去，固是不平之事；全歸工人享用，也是不平之事。因為發明家發明機器，是替人類發明的，不是替哪個私人發明的。猶之前輩祖先遺留的產業一般，後世子孫各有一份，我們對發明家，予以重大的報酬，他那機器就成為人類公有物。現在通行的機器，發明家早將發明權拋棄了，成了無主之物，他的生產力即該全人類公共享受。故我主張的第二項，即是機器生產力應該歸諸社會公有。

上面所舉種樹人及在工廠做工之人，是就勞力之顯著者而言。若精密言之，則種樹時尚有規劃者，種後有守護者，砍售時有砍伐者和售者，工廠中亦有經理、監工、售貨種種勞工，除去此等人之報酬外，才是純粹的地球生產力和機器生產力，才應歸社會公有。

第三項，人的腦力、體力。各人有一個身體，這個身體即算是各人的私有物。身體既是各人私有物，則腦之思考力和手足之運動力即該歸諸個人私有，不能把他當作社會公有物，不能說使用了不給代價。故我主張的第三項，即是各人的腦力、體力應該歸諸個人私有。

我們把上面三項的性質研究清楚了，就可定出一個公例曰：「地球生產力和機器生產力是社會公有物，不許私人用強力占據，或用金錢買賣。腦力、體力是個人私有物，如果要使用他，必須給予相當的代價。」

（一）斯密士的學說，律以上述公例，就發現一個大缺點：各工廠除開支工資而外，所得純利，明明是機器生出來的效果，乃不歸社會公有，而歸廠主私有，這就是掠奪了機器的生產力，是極不合理的事。又田地中產出之物，地主把他劃作兩部分：一部分歸佃農自用，這是勞力的報酬，是很正當的。另一部分作為租息，由地主享用。這一部分明明是使用地球的代價，乃不歸社會公有，而歸地主私有，這就是掠奪了地球的生產力，也是極不合理的事。斯密士的學說，承認廠主有享受純利之權，承認地主有享受租息之權，犯了奪公有物以歸私之弊。有了這個缺點，所以歐美實行他的學說，會造成許多資本家，會釀出勞資的大糾紛。

（二）孫中山的學說，律以上述公例，就覺得他的學說是很圓滿的，是與公例符合的。閱者如果不信，試取孫中山所著三民主義反覆熟讀，再遍覽他的著作及一切演說詞，無論如何，總尋不出他奪私有物以歸公的地方，也尋不出奪公有物以歸私的地方。

2・人性善惡之研究

大凡研究古人之學說，首先要研究他對於人性之主張，把他學說之出發點尋出了，然後才能把他學說之真相研究得出來。我們要解決社會問題，非先把人性研究清楚了，是無從評判的。

孟子主張性善，荀子主張性惡，二說對峙不下，是二千餘年未曾解決之懸案，所以中國學術史上生出許多糾紛。其實二說俱是一偏之見。宋以後儒者篤信孟子之說，一部宋元明清學案，處處皆是穿鑿矛盾。

中國如此，歐洲亦然。因為性善說、性惡說，是對峙的兩大派，所以經濟學上就生出個人主義和社會主義兩大派，一派說人有利己心，一派說人有同情心，各執一詞，兩派就糾紛不已了。

斯密士認定人人都是徇私的，人人都有利己心。但他以為，這種自私自利之心不惟於社會無損，並且是非常有益的。因為人人有貪利之心，就可以把宇宙自然之利開發無遺，社會文明就因而進步。雖說人有自私自利之心，難免不妨害他人，但是，對方也有自私自利之心，勢必起而相抗，其結果必出於人己兩利，各遂其私之一途。斯密士全部學說俱是這種主張，他不料後來資本家專橫到了極點，工人毫無抵抗能力，致受種種痛苦。他的學說，得了這樣的結果。

社會主義之倡始者，如聖西門等人，都是悲天憫人之君子，目睹工人所受痛苦，倡為共產之說。他們都說：「人性是善良的，上帝造人類，並沒有給人類罪惡痛苦，人類罪惡痛苦，都是惡社會製成的。」我們看他這種議論，即知道共產主義的學說是以性善說為出發點。

孟子主張性善，他舉出的證據共有兩個：（一）「孩提之童，無不知愛其親。」（二）「乍見孺子將入於井，皆有怵惕惻隱之心。」

孟子這兩個證據都是有破綻的。他說：「孩提之童，無不知愛其親。」這話誠然不錯，但是，我們可以任喊一個當母親的，把他的親生孩子抱出來當眾試驗。母親手中拿一塊糕餅，小兒見了，就伸手來拖。母親如不給他，把糕餅放在自己口中，小兒就會伸手，從母親口中把糕餅取出，放入他的口中。請問孟子，這種現象算不算愛其親呢？

孟子又說：「今人乍見孺子將入於井，皆有怵惕惻隱之心。」這個說法，我也承認。但是，我要請問孟子，這句話中明明是怵惕惻隱四字，何以下文說：「惻隱之心，仁之端也。」「無惻隱之心，非人也。」平空把怵惕二字摘來丟了，是何道理？又孟子所舉的證據，是孺子對於井，生出死生存亡的關係，那個時候，我是立在旁邊，超然於利害之外。請問孟子，假使我與孺子同時將入井，此心作何狀態？請問此剎那間發出來的念頭，究竟是惻隱？是怵惕？不消說，這剎那間，只是有怵惕而無惻隱。惻隱是仁，怵惕斷不可謂之為仁。怵惕是驚懼的意思，是從自己怕死之心生出來的。

吾人怕死之心根於天性，乍見孺子將入井，是猝然之間有一種死的現象呈於吾前，我見了不覺大吃一驚，心中連跳幾下，這即是怵惕。我略一審視，知道這是孺子死在臨頭，不是我死在臨頭，立即化我身而為孺子，化怵惕而為惻隱。孺子是我身之放大形，惻隱是怵惕之放大形。先有我而後有孺子，先有怵惕而後有惻隱，天然順序，原是如此。怵惕是利己之心，惻隱是利人之心，利人心是利己心放大出來的。主張性善說者，每每教人把利己心剷除了，單留利人之心。皮之不存，毛將安附？既無有我，焉得有孺子？既無怵惕，焉得有惻隱？

研究心理學，自然以佛家講得最精深。但他所講的是出世法，我們現在研究的是世間法。佛家言無人無我，此章是研究人我的關係，目的各有不同，不能高談佛理。孟子言怵惕惻隱，我們從怵惕隱研究起就是了。怵惕是利己心，惻隱是利人

心。荀子知道人有利己心，故倡性惡說，以怵惕為出發點。孟子的學說，以惻隱為出發點。王陽明《傳習錄》說：「孟子從源頭上說來，荀子從流弊上說來。」荀子所說，是否流弊，姑不深論；怵惕之上有無源頭，我們也不必深求。惟孟子所講之惻隱，則確非源頭。怵惕是惻隱之源，惻隱是怵惕之流，王陽明所言源流二字，未免顛倒了。

孟子的學說雖不以怵惕為出發點，但怵惕二字，他是看清楚了的。他知道惻隱是從怵惕擴充出來的，因教人再擴而充之，以達於四海，其說未嘗不圓滿。孟子的學說純是推己及人，所以他對齊宣王說：「王如好貨，與民同之。」「王如好色，與民同之。」又說：「老吾老，以及人之老；幼吾幼，以及人之幼。」又說：「人人親其親，長其長，而天下平。」吾字、其字，俱是己字的代名詞。

孟子的學說，處處顧及己字，留得有己字的地位，本無何種蔽害，惜乎他的書上少說了一句「惻隱是怵惕擴充出來的」，傳至宋儒，就誤以為人之天性一發動出來，即是惻隱，以惻隱二字為源頭，抹殺了怵惕二字。元明清儒者承繼其說，所以一部宋元明清學案，總是盡力發揮惻隱二字，把怵惕二字置之不理，不免損傷己字，因而就弊端百出。

宋儒創「去人欲，存天理」之說，天理隱貼惻隱二字，把他存起，自是很好。

惟人欲二字界說不清，有時把怵惕也認為人欲，想設法把他除去，成了「去怵惕，存惻隱」，那就壞事不小了。程子說：「婦人餓死事小，失節事大。」他不知死之可畏，這可算是去了怵惕的。程子是主張去人欲之人，他發此不通之論，其病根就在抹殺了己字。這是由於他讀孟子書，於怵惕惻隱四字欠了體會的緣故。張魏公符離之敗，死人無算，他終夜鼾聲如雷，其子南軒誇其父心學很精，這也算是去了怵惕的。

怵惕是惻隱的根源，去了怵惕，就無惻隱，就會流於殘忍，這是一定不移之理。許多殺人不眨眼的惡匪，身臨刑場，談笑自若，就是明證。

據上項研究，可知怵惕與惻隱同是一物，天理與人欲也同是一物，猶之煮飯者是火，燒房子者也是火一般。宋儒不明此理，把天理、人欲看作截然不同之二物，創出「去人欲」之說，其弊往往流於傷天害理。

王陽明說：「無事時，將好色好貨好名等私逐一追究搜尋出來，定要拔去病根，永不復起，方始為快。常如貓之捕鼠，一眼看著，一耳聽著，才有一念萌動，即與克去，斬釘截鐵，不可姑容，與他方便，不可窩藏，不可放他出路，方是真實用功，方能掃除廓清。」這種說法，彷佛是見了火會燒房子，就叫人以後看見了一星之火，立即把它撲滅，斷絕火種，方始為快。

《傳習錄》中又說：「一友問：欲於靜坐時，將好名好色好貨等根逐一搜尋，掃除廓清，恐是剜肉做瘡否？先生正色曰：這是我醫人的方子，真是去得人病根，更有大本事人，過了十數年，亦還用的著。你如不用，且放起，不要作壞我的方子。是友愧謝。少間曰：此量非你事，必吾門稍知意思者，為此說以誤汝。在座者悚然。」我們試思，王陽明是很有涵養的人，他平日講學，任人如何問難，總是勤勤懇懇地講說，從未動氣，何以門人這一問，他會動氣？何以始終未把那門人誤點指出？何以又承認說這話的人是稍知意思者呢？因為王陽明能把知行二者合而為一，能把明德親民二者合而為一，能把格物致知誠意正心修身五者看作一事，獨不能把天理人欲看作一物，這是他學說的缺點，他的門人這一問，正擊中他的要害，所以他就動起氣來了。

究竟剜肉做瘡四字怎樣講呢？肉喻天理，瘡喻人欲，剜肉做瘡，即是把天理認作人欲，去人欲即未免傷及天理。門人的意思即是說：我們如果見了一星之火，即把它撲滅，自然不會有燒房子之事，請問拿甚麼東西去煮飯呢？換言之，即是把好貨之心連根去盡，人就不會吃飯，豈不餓死嗎？把好色之心連根去盡，就不會有男女居室之事，人類豈不滅絕嗎？這個問法，何等利害？所以陽明無話可答，只好忿然作色了。宋儒去人欲，存天理，所做的是剜肉做瘡的工作。

我們如果知道怵惕與惻隱同是一物，天理與人欲同是一物，即知道個人主義與社會主義並不是截然兩事。斯密士說人有利己心，是以怵惕為出發點；聖西門說人有同情心，是以惻隱為出發點。前面曾說，惻隱是怵惕之放大形，因而知同情心是利己心之放大形，社會主義乃是個人主義之放大形。

據我的研究，人性無所謂善，無所謂惡，善惡二字，都是強加之詞。我舉一例，就可證明了：

假如有友人某甲來訪我，坐談許久。我送他出門去後，旋有人來報，說某甲走至街上，因事與人互毆，非常激烈，現刻正在難解難分之際。我聽了這話，心中生怕某甲受傷，趕急前往救援。請問這種生怕某甲受傷之心究竟是善是惡？

假使我們去問孟子，孟子一定說：「此種心理，即是性善的證明。因為某甲是你的朋友，你怕他受傷，這即是愛友之心。此種心理是從天性中不知不覺自然流出，人世種種善舉由此而生。古之大聖大賢，民胞物與，是從此念擴充出來的。現在所謂愛國，所謂愛人類，也是從此念擴充出來。此種心理是維持世界和平之基礎，你應該把它好生保存，萬不可失掉。」假如我們去問荀子，荀子一定說：「此種心理，即是性惡的明證。因為某甲是人，與某甲相毆之某乙也是人，人與人相毆，你不怕某乙受傷，而怕某甲受傷，不去救某乙，而去救某甲，這即是自私自利

之心。此種心理是從天性中不知不覺自然流出，人世種種惡事由此而生。歐洲大戰數年，死人無算，是從此念擴充出來的。日本在濟南任意慘殺，也是從此念擴充出來的。此種心理，是擾亂世界和平之根苗。你應該把它剷除淨盡，萬不可存留。」

上面所舉之例，同是一事，兩面說來，俱是持之有故，言之成理，所以性善、性惡之爭，就數千年而不能解決。因為研究人性，有兩說對抗不下，所以個人主義和社會主義就對抗不下。

據我的研究，聽見友人與人鬥毆，就替友人擔憂，怕他受傷，這是心理中一種天然現象，猶如磁電之吸引力一般，不能說他是善，也不能說他是惡，只能名之曰天然現象罷了。我們細加考察，即知吾人任發一念，俱是以我字為中心點，以距我之遠近，定愛情之厚薄。

小兒把鄰人與哥哥相較，覺得哥哥更近，故小兒更愛哥哥。把哥哥與母親相較，覺得母親更近，故小兒更愛母親。把母親與己身相較，自然更愛自己，故見母親口中糕餅，就取來放在自己口中。把朋友與別人相較，覺得朋友更近，故聽見朋友與別人鬥毆，就去救朋友。由此知人之天性，是距我越近，愛情越篤。愛情與距離成反比例，與磁電的吸引力相同，此乃一種天然現象，並無善惡之可言。

我所說小兒奪母親口中食物的現象，和孟子所說孩提愛親，少長敬兄的現象，俱是一貫的事，並不生衝突。孟子看見小兒愛親敬兄的現象，未看見奪母親口中食物的現象，故說性善；荀子看見奪母親口中食物的現象，未看見愛親敬兄的現象，故說性惡。各人看見半截，就各執一詞。我們把兩截合攏來，孟荀兩說就合而為一了，現在所講的個人主義和社會主義也就聯為一貫了。

古今學說之衝突，都是由於人性之觀察點不同，才生出互相反對之學說，其病根就在對於人性，務必與他加一個善字或惡字。最好是把善惡二字除去了，專研究人性之真相，如物理學家研究水火之性質一般。只要把人性的真相研究出來，自然就有解決的方法。假如研究物理的人，甲說水火性善，乙說水火性惡。問他們的理由。甲說水能潤物，火能煮飯，是有益於人之物，是謂性善。乙說水能淹死人，火會燒房子，是有害於人之物，是謂性惡。

像這樣的說法，可以爭辯數千年不能解決。不幸孟子之性善說、荀子之性惡說，其爭辯的方式，純是爭辯水火善惡之方式，所以兩說對峙二千餘年而不能解決。物理學家只是埋頭研究水火之性質，用其利，避其害，絕不提及善惡二字，此種研究法，我們是應該取法的。

著者嘗謂小兒愛親敬兄，與夫奪母親口中食物等事，乃是一種天然現象，與水流濕、火就燥的現象是一樣的，不能說他是善，也不能說他是惡。我多方考察，知道凡人任起一念，俱以我字為中心點，曾依孟子所說性善之理，繪出一圖，又依荀子性惡之理，繪出一圖，拿來觀照之，兩圖俱是一樣，兩圖俱與物理學中磁場現象相似。（見拙著《心理與力學》）因臆斷人之性靈，和地球之引力，與夫磁氣、電氣，同是一物。我們把地球物質的分子解剖之，即得原子；把原子解剖之，即得電子。據科學家研究，電子是一種力，這是業經證明了的。吾身之物質，無一不從地球而來。將吾身之物質解剖之，亦是由分子而原子，而電子，也是歸於一種力而後止。吾人的身體，純是電子集合而成，所以吾人心理的現象與磁電的現象絕肖，與地球的吸引力也絕肖。

人有七情，大別之，只得好惡二者。好者引之使近，惡者推之使遠，其現象與磁電相推相引是一樣的。磁電同性相推，異性相引，與人類男女相愛、同業相嫉是一樣。人的心分知、情、意三者。意是知、情的混合物，只算有知、情二者。磁電相推相引，是情的作用。能判別同性、異性，是知的作用。足知磁電之性與人之性相同。小兒生下地即會吸乳，與草木之根能吸取地中水分是一樣的。小兒見了食物，伸手取來，放在口中，其作用與地心遇著物體就吸，是一樣的。小兒有了這種天然作用，小兒才能生活。地球有了這種天然作用，地球才能成立。小兒奪取食物，固然是求生存，地心吸引物體，草木之根吸取地中水分，與夫磁電之相推相引，都是求生存的現象。不如此，即無磁電，無草木，無地球，無人類了。基於此種研究，可知孫中山說：「生存是社會問題的重心。」真是不錯。

物理種種變化，逃不出力學公例。人為萬物之一，故吾人心理種種變化，也逃不出力學公例。著者用物理學規律去研究心理學，覺得人心的變化，處處是循著力學軌道走的，可以一一繪圖說明。於是多方考察，從歷史事蹟上、現今政治上、日常瑣事上、自己心坎上、理化數學上、中國古書上、西洋哲學上，四面八方印證起來，似覺處處可通。我於是創了一條臆說：「心理變化，循力學公例而行。」曾著一文，題曰：「心理與力學」。所有引證及圖解俱載原作，茲不備述。

我於緒論中，曾說：「治國之術，有主張用道德感化的，其說出於孔孟，孔孟學說，建築在性善說上。性善說有缺點，所以用道德治國，會生流弊。有主張用法律製裁的，其說出於申韓，申韓學說，建築在性惡說上。性惡說有缺點，所以用法律治國，也會生出流弊。我主張治國之術，當採用物理學，一切法令制度當建築在力學之上。」等語。我因此主張國家所訂制度，當使離心向心二力保持平衡，猶如地球繞日一般。地球對於日，有一種離力，時時想向外飛去；日又有一種引力，去把地球牽引著。二力平衡，成橢圓狀，所以地球繞日，萬古如一，我們這個世界就因而成立了。國家一切制度，當採用此種原理，才能維持和平。例如甲女不必定嫁

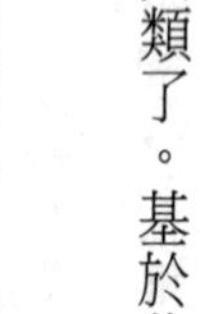

乙男，是謂離力，而乙男之愛情足以繫著她，是謂引力；乙男不必定娶甲女，是謂離力，而甲女之愛情足以繫著他，是謂引力。二力保其平衡，甲乙兩男女之婚姻遂成。故自由結婚之制度，是具備了引離二力的，是為最良之制度。中國的舊婚制，父母之命，媒妁之言，一與之齊，終身不改，只有向心力而無離心力，故男女兩方均以為苦。又如歐洲資本家專制，工人不入工廠做工，就會餓死，離不開工廠，缺乏了離力，故釀成勞資的糾紛。著者主張做工與否，聽其自由，這是一種離力。對於做工者，優予報酬，使人見而生羨，這是一種引力。二力保持平衡，願做工者做工，不願做工者聽其自由，社會就相安無事了。

著者著了《心理與力學》過後，再去讀孫中山的三民主義，覺得他的學說處處與力學公例符合。他講民族主義，說：「世界是天然力和人為力湊合而成。人為力最大的有兩種，一種是政治力，一種是經濟力。我們中國同時受這三種力的壓迫，應該設個方法，去打消這三種力量。」他處處提出力字。又孫中山《演說集》講五權憲法，說：「政治裡頭有兩個力量，一個是自由的力量，一個是維持秩序的力量。政治中有這兩個力量，好比物理學裡頭有離心力與向心力一樣。離心力是要把物體裡頭的分子離開向外的，向心力是要把物體裡頭的分子吸收向內的。如果離心力過大，物體便到處飛散，沒有歸宿；向心力過大，物體愈縮愈小，擁擠不堪。總要兩力平衡，物體才能夠保持平常的狀態。政治裡頭，自由太過，便成了無政府；束縛太緊，便成專制。中外數千年來，政治變化，總不外乎這兩個力量之往來衝動。」又說：「兄弟所講的自由同專制這兩個力量，是主張雙方平衡，不要各走極端，像物體的離心力和向心力互相保持平衡一樣。如果物體是單有離心力，或者是單有向心力，都是不能保持常態的；總要兩力相等，兩方調和，才能夠令萬物均得其平，成現在的安全現象。」這簡直是明明白白地引用力學公例。

民權主義第六講說：「現在分開權與能，所造成的政治機關，就是像物質的機器一樣，其中有機器本體的力量，有管理機器的力量。現在用新發明來造新國家，就要把這兩種力量分別清楚……像這樣分開，就是把政府當作機器，把人民當作工程師，人民對於政府的態度，就好比是工程師對於機器一樣，有了這樣的政治機關，人民和政府的力量才可以平衡。」這就是孫中山把力學上兩力平衡之理運用到政治上的地方。他又說：「現在做種種工作的機器，像火車、輪船，都是有來回兩個方向的動力。蒸汽推動活塞前進以後，再把活塞推回，來往不息，機器的全體便運動不已。人民有了這選舉、罷免兩個權，對於政府之中的一切官吏，一面可以放出去，又一面可以調回來，來去都可以從人民的自由，這好比是新式機器，一推一拉，都可以用機器的自性。」推出去是離心力，拉回來是向心力，這也是應用力學

原理的地方。這類話很多，不及備引。

孫中山民權主義第六講還說：「中國有一段最有系統的政治哲學，在外國的大政治家，還沒有見到、還沒有說到那樣清楚的，就是《大學》中所說的格物致知、誠意正心、修身齊家治國平天下那一段話，把一個人從內發揚到外，由一個人的內部做起，推到平天下止。像這樣精微展開的理論，無論甚麼政治哲學家，還沒有見到，都沒有說出。」

我們試把《大學》這段文字拿來研究。格致誠正，是我身內部的工作，暫不必說，今從我身說起：「身修而後家齊，家齊而後國治，國治而後天下平。」試繪一圖，第一圈是我，第二圈是家，第三圈是國，第四圈是天下，層層放大，是一種離心力現象。「欲明明德於天下者，先治其國，欲治其國者，先齊其家，欲齊其家者，先修其身。」層層縮小，是一種向心力現象。這種現象與磁場現象絕肖。孟子

的學說，由怵惕擴充而惻隱，再擴充之以達於四海。又說：「老吾老，以及人之老；幼吾幼，以及人之幼。」又說「親親而仁民，仁民而愛物。」都是層層放大。孟子主張愛有差等，即是大圈包小圈的現象。孟子的學說，是個人主義和社會主義兩相調和的。楊子拔一毛而利天下不為也，有個人而無社會，照上面之法

繪出圖來，只有第一圈之我，我以外各圈俱無。墨子愛無差等，摩頂放踵以利天下，有了社會，卻無個人，如果繪出圖來，只有天下之一個大圈，內面各圈俱無。吾人的愛情，如磁電之吸引力一般，楊墨兩家的學說，繪出圖來，均與磁場現象不類，可知他們的學說是違反了天然之理。孟子因為楊墨的學說不能把個人主義和社會主義調和為一，故出死力去排斥他；因為孔子的學說能把個人主義和社會主義調和為一，故終身崇拜孔子。

現在歐洲講個人主義和講社會主義的，都是落了楊墨兩家的窠臼，把兩主義看作截然不相容之二物。孫中山不取他們學說，返而取《大學》的說法，真是卓識。

他說：「外國是以個人為單位，他們的法律，對於父子弟兄姊妹夫婦，各個人的權利，都是單獨保護的。打起官司來，不問家族的情形是怎麼樣，只問個人的是非怎麼樣。再由個人放大，便是國家，在個人和國家的中間便是空的。」我們把他繪出圖來，只有內部一個我字小圈和外部一個國字大圈，不像《大學》那個圖層層包裹，故孫中山說他中間是空的。孫中山又說：「中國國民和國家結構的關係，先有家族，再推到宗族，再然後才是國家，這種組織，一級一級地放大，有條不紊。」我們細繹「一級一級地放大」這句話，儼然把磁場現象活畫紙上。我們由此知，孫中山的學說，純是基於宇宙自然之理的。

中國的舊家庭，以父子弟兄叔侄同居為美談，這種制度是淵源於儒家之性善說。歐洲社會主義倡始者，如聖西門諸人，都說「人性是善良的」，與儒家之學說相同，故生出來的制度也就相同。福利埃主張建築同居舍，以一千六百人同居一舍，其制尤與中國家庭相似。講共產主義的人主張「各盡所能，各取所需」，我國聖賢所創的家庭制即是想實行此種主張：一家之中，父子弟兄叔侄實行共產，能讀書的讀書，能耕田的耕田，能做官的做官，其餘能做何種職業，即做何種職業，各人所得之錢一律歸之公有，這即是「各盡所能」了；一家人的衣食費、疾病時藥醫費、兒童的教育費、老人的贍養費，一律由公上開支，這可謂「各取所需」了。我們試想，以父子兄弟叔侄骨肉之親，數人以至數十人，在一個小小場所，施行「各盡所能，各取所需」的組織，都還行之不通，都還要分家，何況聚毫無關係之人，行大規模之組織，怎麼辦得好？中國歷代儒者俱主張性善說，極力提倡道德，極力剷除自私自利之心，卒之他們自己的家庭也無一不是分析了的，這都是由於性善說有破綻的原故。

孫中山的理想社會則不然。他主張的共產，是公司式的共產，不是家庭式的共產。他《建國方略》之二，結論說：「吾之國際發展實業計畫，擬將一概工業組成一極大公司，歸諸中國人民公有。」民國十三年一月十四日，他對廣州商團警察演說道：「民國是公司生意，賺了錢，股東都有份。」又說：「中華民國是一個大公司，我們都是這個公司內的股東，都是應該有權力來管理公司事務的。」十三年三月十日，對東路討伐軍演說道：「把國家變成大公司，在這個公司內的人，都可以分紅利。」又說：「中華民國，是四萬萬人的大公司，我們都是這個大公司內的股東。」由此可知，孫中山的理想社會是公司式的組織，絕非家庭式的組織。

現在歐美的大公司，即可說是孫中山主義的試驗場所。歐美各公司的組織法，比中國家庭的組織法好得多，這是無待說的，所以我們講共產，應當採歐美公司式，不當採中國家庭式。家庭式的共產制建築在性善說上，帶得有道德作用和感情的關係。歐洲人的家庭組織與中國人不同，他不知中國家庭之弊，故理想中的社會走入了中國家庭式的軌道。孫中山是中國人，深知舊式家庭之弊，所以他的理想社會採取歐美公司式，真可謂真知灼見。現在崇拜歐化的人，一面高呼打倒舊家庭，一面又主張「各盡所能，各取所需」的家庭式共產制度，未免自相矛盾。

孫中山民生主義是建築在經濟原則上，脫離了道德和感情的關係。我這話是有實證的。《民生主義》第四講說：「洋布便宜過於土布，無論國民怎麼提倡愛國，也不能夠永久不穿洋布，來穿土布……或者一時為愛國心所激動，寧可願意犧牲。但是這樣的感情衝動，是和經濟原則相反，是不能持久的。」

我們讀這一段文字，即知孫中山對於人性之觀察……惟公司式的共產則不然。股東中有在公司中辦事的人，予以相當的報酬；不願在公司中辦事的人，聽其自由。如此則「有所能而不盡」，也就無妨於事了。股東要需用公司中所出物品，由各人拿錢來買，自然不會有「取所需而無厭」的事。這就是公司式共產遠勝家庭式共產的地方。中國的舊家庭，往往大家分小家，越分越小；歐美的公司，往往許多小公司合併為一大公司，越合越大。中國舊家庭，數人或十數人，都會分裂；歐美大公司，任是幾百萬人，幾千萬人，都能容納。我們把這種公司制擴大之，使他容納四萬萬人，就可成為全國共產；再擴之能容納十五萬萬人，就可成為世界共產，這即是大同世界了。

我把中國的舊家庭看作歐洲社會主義者的試驗場所，把歐美的大公司看作孫中山的試驗場所，就試驗的結果，下一斷語曰：「公司式的共產制可以實行，家庭式的共產制不可實行。」將來我們改革社會，訂立制度的時候，凡與中國家庭制類似的制度，都該避免，遇有新發生的事項，我們即在歐美公司中搜尋先例，看公司中遇有此類事項，是用甚麼方法解決，如此辦去，方可推行無阻。著者有了此種意見，所以提出解決社會問題的辦法，是採用公司制的辦法。

我著《心理與力學》，創一臆說曰：「心理變化，循力學公例而行。」此臆說發表後，很有些人說我是牽強附會的。後來我曾經考得：歐洲十七世紀時，有白克勒者，曾說：「道德吸引，亦若物理之吸力。」他嘗用離心力和向心力以解釋人類自私和社交本能。又十八世紀與十九世紀之初，曾有人用牛頓之引力律以解釋社會現象。可知我所說的，古人早已說過，並不是何種新奇之說。又我主張性無善無惡，這個說法，中國告子早已說了的。告子說：「性猶湍水也。」湍水之動作，純是循著力學公例走的。我說：「心理變化，循力學公例而行。」算是把告子和白克勒諸人之說歸納攏來的一句話。既是中外古人都有此種學說，我這個臆說或許不會大錯。我用這個臆說去考察孫中山的學說，就覺得他是深合宇宙自然之理的，他改革社會的辦法確與力學公例符合。茲再舉兩例如下：

孫中山主張平均地權。他說：「令人民自己報告地價，政府只定兩種條件：一是照原報的價抽稅，一是照價由政府收買。這個辦法，可使人人不敢欺蒙政府，不敢以多報少或以少報多，效用是很妙的。因為人民以少報多，原意是希望政府去買那塊地皮，假設政府不買，要照原報之價去抽稅，豈不受重稅之損失嗎？至於以多報少，固然可以減輕稅銀，假若政府要照原價收買，豈不是因為減稅，反致虧本嗎？地主知道了這種利害，想來想去都有危險，結果只有報一個折中的實價。法則之善，是再無有復加的。」（見《孫中山演說集》第一編三民主義）他這個辦法，

即是暗中運用力學原理。地價報多報少，可以自由，這是離心力。但是報多報少，都怕受損失，暗中有一種強制力，即是向心力。兩力平衡，就成為折中之價了。

孫中山講民權主義，曾說：「機器之發動，全靠活塞。從前的活塞只能推過去，不能推回來，必用一個小孩子，去把他拉轉來。後來經一個懶孩子的發明，逐漸改良，就成了今日來往自如的活塞，推過去了之後，又可以自性地拉回來。」這是由於從前的機器只有推出去的離心力，沒得拉回來的向心力，後來經懶孩子的發明，把二力配置停勻，機器就自能運動不已，不須派人拉動了。外國對於地價一層，設專官辦理，不時還要發生訴訟之事，就像從前的活塞要派小孩子拉動一樣，偶爾管理不周，機器就會發生毛病。這是由於此種制度未把二力配置停勻之故。孫中山定地價的法子，內部藏有自由和強制兩個力量，這兩個力量是平衡的，所以不須派人去監督，人民自然不會報多報少，真是妙極了！非怪他自己稱讚道：「法則之善，無有復加。」

更以孫中山之考試制言之。中國施行考試制度的時候，士子願考與否，聽其自由，這是離力；考上了，有種種榮譽，使人歆羨，又具有引力。二力是平衡的，所以那個時候的士子，政府不消派人去監督他，他自己會三更燈火五更雞，發憤用功。現在的學生，若非教職員督課嚴密，學生就不會用功，就像從前機器中的活塞，要派一個小孩子去拉動一般。現在各省設教育廳，設省視學，各縣設教育局，設縣視學，各校又設校長和管理員，督促不可謂不嚴，而教育之窳敗也如故，學生之嬉惰也如故，其所以然之理，也就可以想見了。孫中山把考試制採入五權憲法，厘訂各種考試制度，以救選舉制度之窮，可算特識。

綜上所述，可知孫中山主義純是基於宇宙自然之理，其觀察人性，絕未落性善、性惡窠臼。我們用物理學的眼光看去，他的主張，無一不循力學公例而行，無一不合科學原理。

3・世界進化之軌道

大凡一國之中，每一制度俱與其它制度有連帶關係。我們試把古今中外會通視之，即知每一時期的制度都有共通的性質，都與那個時期的情形相適應，猶之冬寒夏暑一般，每一時期的飲食衣服，俱與那個時期的氣候相適應。我們如想改革社會，應當先把世界進化之趨勢審察清楚，一切設施才不致違背潮流。

前一章，人性善惡之研究，是置身在斯密士和孫中山學說之內部，搜尋他的立足點；這一章是站在他們學說之外部，鳥瞰世界之趨勢。譬如疏導河流者，必須站在河側高山之上，縱覽山川形勢，與夫河流方向，才知道何處該疏濬，何處該築堤。茲將我所研究者，拉拉雜雜地寫它出來。我這種研究有無錯誤，還望閱者諸君指正。

禹會諸侯於塗山，執玉帛者萬國。成湯時三千國；周武王時一千八百國。到了春秋的時候，只有二百幾十國；到了戰國的時候，只有七國。到了秦始皇的時候，就成為一統。以後雖時有分裂，然不久即混一，仍不害其為一統之局。歐洲從前也是無數小國，後來也是逐漸合併，成為現在的形勢。由此知，世界的趨勢總是由數小國合併為一大國，由數大國合併成一更大之國，漸合漸大，國數亦漸少。由這種趨勢觀去，終必至全球混一而後止。現在國際聯盟是全球混一的動機，發明了世界語，是世界同文的預兆，這種由分而合的趨勢，我們是應該知道的。

我們熟察宇宙一切事變，即知道社會進化是以螺旋線進行，不是以直線進行。螺旋式的狀態是縱的方面越深，橫的方面越寬。例如現在列強並峙，彷彿春秋戰國一般，但是，現在範圍更大，文化更進步。這就是螺旋式的進化。

古人每說：「天道循環，無往不復。」可知他們已窺見這種迴旋狀態。但他們不知是螺旋形，誤以為是環形，所以才有「循環無端」之說。假使宇宙事事物物之進行都是循著一個圈子旋轉不已，怎麼會有進化呢？我國古來流傳有「循環無端」的諺語，所以才事事主張復古。這都是由於觀察錯誤所致。古人說：「天道循環。」今人說：「人類歷史，永無重複。」我們把這兩說合併攏來，就成一個螺旋式的狀態了。

我國的兵制可分為三個時期。

春秋戰國的時候，國際競爭劇烈，非竭全國之力，不足以相抗，故那時候實行徵兵制，全國皆兵，這算是第一個時期。後來全國統一了，沒得國際的戰爭，雖間有外夷之患，其競爭也不劇烈，無全國皆兵之必要，故第二個時期就依分工之原則，兵與民分而為二，民出財以養兵，兵出死以衛民，就改行募兵制。

現在入了第三個時期，歐亞交通，列強並峙，國際競爭劇烈，非竭全國之力不能相抗，又似有全國皆兵之趨勢。但務必強迫人民當兵，回復第一時期的制度，社會上一定紛擾不堪。這個時期的辦法，應取螺旋進化的方式，參用第一時期的徵兵制而卻非完全徵兵制，把募兵制與全國皆兵之制融為一致。平日用軍事教育訓練人民，即寓全國皆兵之意；有事時仍行招募法，視戰事之大小，定招募之多寡，規定每省出兵若干，由各省酌派每募若干，再由各縣向各鄉村分募，以志願當兵者充之。我國人口四萬萬，世界任何國之人口俱不及我國之多，故與任何國開衅，均無須驅全國之人與之作戰，只須招募志願者，已足夠了。鼓之以名譽，予之以重賞，自不患無人應募。且此等兵出諸自願，其奮勇敵愾之心，自較強迫以為兵者熱烈得多。否則，把那些懦怯無勇的人強迫到軍中來，湊足人數，反是壞事不小。

這個辦法，可用力學公例來說明。當兵與否，聽其自由，這是一種離力；當兵者享美名，得厚賞，又足以使人欣羡，是一種引力。二力保其平衡，願當兵者與不願當兵者各得所欲，社會上自然相安。又戰事終了之後，解散軍隊，最為困難。如用上述招募法，事平後，由原籍之省縣設法安插，就容易辦理了。

我國婚姻制度也可分為三個時期。上古時男女雜交，無所謂夫婦，生出之子女知有母而不知有父，這個時候的婚制只有離心力而無向心力，是為第一個時期。後來制定婚制，一與之齊，終身不改，夫婦間即使有非常的痛苦，也不能輕離，是為有向心力而無離心力，這是第二個時期的婚制。到了現在，已經進入了第三個時期。這個時期是結婚自由，某女不必定嫁某男，而某男之愛情足以繫引她；某男不必定娶某女，而某女之愛情足以繫引他，由離心向心二力之結合，就成為第三時期的自由婚制。此種婚制，本來參得有一半上古婚制，也是依螺旋式進化的。許多青年男女看不清這種軌道，以為應該回復上古那種雜交狀態，就未免大錯了。

歐洲人民的自由也可分為三時期。上古人民穴居野處，純是一盤散沙，無拘無束，極為自由，是為第一時期。中古時，人民受君主之壓制，言論、思想極不自由，是為第二時期。自法國革命後，政府干涉的力量和人民自由的力量保持平衡，是為第三個時期。以力學公例言之，第一時期有離心力而無向心力，第二個時期有向心力而無離心力，第三時期，向心離心二力保其平衡。從表面上觀之，這第三時期中參有第一時期的自由狀態，似乎是回復第一時期了，而實非回復第一時期，乃是一種似回復非回復的螺旋狀態。

盧梭生當第二時期之末，看見那種迴旋的趨勢，誤以為應當回復到第一時期，

所以他的學說完全取第一時期之制以立論，以返於原始自然狀態為第一要義。他說：「自然之物皆善，一入人類之手，乃變而為惡。」他的學說，有一半合真理，有一半不合真理。因其有一半合真理，所以當時備受一般人之歡迎；因其有一半不合真理，所以法國大革命的時候，釀成非常騷動的現象，結果不得不由政府加以干涉，卒至政府干涉的力量與人民自由的力量保持平衡，社會方才安定，此乃天然之趨勢。惜乎盧梭倡那種學說之時，未把這螺旋式進化的軌道看清楚，以致法國革命之初，冤枉死了許多人。

人類分配財產的方法，第二章內曾經說明，是分三個時期。第一個時期，地球上的貨財為人類公有；第二個時期，把地球上的貨財攘為各人私有；第三個時期，公有私有並行不悖。

到了第三時期，儼然是把個人私有物分出一半，公諸社會，帶得有點回復第一時期的狀態，實際是依螺旋式進化，並非回復到第一時期。

我們把時代劃分清楚，就知道何種學說適宜，何種學說不適宜。我們現在所處的時代是第二時期之末，將要入第三時期了。斯密士自由競爭的學說、達爾文優勝劣敗的學說，都是律以第二時期，故施行起來能生效，其說能聳動一時；但律以第三時期，則格不相入。所以斯密士之學說會生出資本家專制之結果，達爾文之學說會生出歐洲大戰之結果。窮則變，因而產出共產主義，以反對斯密士之學說，產出互助論，以反對達爾文之學說。這共產主義和互助論宜乎是第三時期的學說了，而卻又不然，因為第三時期之學說，當折衷第一時期和第二時期之間。

克魯泡特金之互助論確是第三時期的人應當行的軌道，惜乎克魯泡特金發明這種學說是旅行西伯利亞和滿洲等處，從觀察動物和野蠻人生活狀態得來的，他理想中的社會是原始的狀態。換言之，即是無政府狀態。因之他極力提倡無政府主義。他的學說，也是有一半可取，有一半不可取。

我們會通觀之，凡是反對第二時期制度之人，其理想中的社會俱是第一時期的社會。中國人之夢想華胥國，夢想唐虞，與夫歐洲倡社會主義的人，倡無政府主義的人，倡民約論的人，俱是把第一時期的社會作為他們理想中的社會，俱是走入相同的軌道。他們這些人都說人性皆善，也是走入相同的軌道。這是很值得研究的事。此外，凡是不滿意現在制度的人，其理想中的社會無一不是原始狀態。例如打倒知識階級，與夫戀愛自由等說法，都是回復原始時狀態。我們用這種眼光去研究現在各種學說，孰得孰失，就了如指掌了。

孫中山的學說是公有的貲財和私有的貲財並行不悖。他主張把那應該歸公有者歸還公家，似乎是回復第一時期了，然而私有權仍有切實之保障，則又非完全回復

第一時期。這種似回復非回復的狀態，恰是依著螺旋進化的軌道走的。

我們要解決社會問題，當知我國情形與歐美迥然不同。我國未通商以前，無論誰貧誰富，金錢總是在國內流轉。現在國內金錢如水一般，向外國流去。例如外國運洋紗、洋油到中國來賣，我們拿金錢和他買，不久衣穿爛了，油點乾了，金錢一去，永不回頭，這是一種變形的搶劫。我國現在的情形猶如匪徒劫城，全城之人無一不被劫，不過受害有輕重罷了。我們對付外國劫城，當行堅壁清野之法，不動外貨，使他無從掠奪，才是正辦。外國工人受歐美資本家之壓迫，我國人民也受歐美資本家之壓迫，彼此的敵人是相同的，我國抵制外貨和外國工人罷工乃是一貫的策略，歐美工人攻其內，我們防堵於外，那些大資本家自然就崩潰了。孫中山主張收回關稅，以免外貨之壓迫，即是堅壁清野的辦法，所以孫中山主義在我國很適宜。

資本家的剩餘價值是從掠奪機器生產力得來。換言之，即是掠奪了全人類的勞力。他並莫有掠奪自己廠內工人的勞力，因為廠內工人，他給了相當的工價，就不能坐以掠奪之罪。惟有他把廠內製出之貨銷售於世界各國，全世界的人就受其掠奪了。例如我國人口四萬萬，男女各半，我國女子自古以紡織為業，自從洋紗洋布輸入中國，女子紡織之事遂至絕跡，這就是掠奪了二萬萬女子的職業，雖有勞力，無所用之。諸如此類，不勝枚舉。由此知歐美工業發達，全人類的勞力都被資本家掠奪了。所以，凡是由機器生出來的純利，必須全人類平攤，在道理上才講得通。

世界上的金錢，與夫一切物品，都是從地球中取出來的，我們人類如果缺乏金錢，抑或想享受愉快的生活，只消向地球索取就是了。不料歐洲那些講強權競爭，優勝劣敗的學者，只教人向人類奪取，不知向地球索取，真可謂誤人誤己。

地球是擁有寶庫的主人翁，人類猶如盜賊一般，任你如何劫壓，主人毫不抗拒。歐洲大戰，殺人數千萬，恰像一夥劫賊，在主人門外互相劫殺，你剝我的衣服，我搶你的財物，並不入主人門戶一步，鬧到一齊受傷，遍體流血，這夥劫賊才講和而散。地球有知，當亦大笑不止。推原禍始，那充當群盜謀主的達爾文實在不能辭其責。孫中山的實業計畫，是劫奪地球的策略。

世界的紛爭，實則機器生產力和地球生產力不相調協，才釀了出的。歐洲工業國，機器生產力發達到了極點，不能不在國外尋銷場，尋原料，所以釀成大戰；而世界之農業國，則地中生產力蘊藏而不能出，貨棄於地，殊為可惜。有了這種情形，農業國、工業國就有通功易事之必要了。無如列強專以侵奪為目的，迷夢至今未醒，奈何奈何！

列強既執迷不悟，我們斷無坐受宰割之理，也無向他搖尾乞憐之理，只有修明內政，準備實力，與之周旋，一面組織弱小民族聯盟，仿蘇秦聯合六國的辦法，去

對付五大強國即是了，以修明內政為正兵，以聯合弱小民族為奇兵。蘇秦的方法是「秦攻一國，則五國務出銳師以撓秦，或救之。有不如約者，五國攻之。」現在五大強國是秦人，世界弱小民族是六國，我們把世界弱小民族聯合起來，互相策應，多方以撓之。

這個辦法有種種勝算：（一）世界弱小民族人數多，各強國人數少；（二）弱小民族利害相同，容易聯合，各強國利害衝突，舉動不能一致；（三）弱小民族大概是農業國，列強大概是工業國，他們的原料和銷場嘗仰給農業國，可以說強國人民的衣食仰給於弱小民族，弱小民族的衣食不仰給於他們。

以上三者皆是弱小民族占優勝。我們把弱小民族聯合起來，向列強進攻，與他一個重大打擊，其入手方法即是不供給他原料，不動他的貨物，採用甘地的辦法，為大規模之組織。列強能悔禍固好，如要開釁，我們就一致動作起來。明知世界大戰終不能免，不如我們先動手，經過一次大戰，然後才有和平之可言。這是弱小民族之生死關頭，斷無退讓之理。等到各強國創痛巨深，向弱小民族求和的時候，才提出最平等之條件與之議和：農業國出土地和工人，工業國出機器和技師。所得利益，按照全世界人口平場分攤。不達到此項目的，絕不與之妥協。只要弱小民族能夠努力，大同世界未必不能實現。

此種辦法是順著進化軌道走的。這種軌道，孫中山看得極清楚。他主張聯合弱小民族的十二萬萬五千萬人去攻打列強的二萬萬五千萬人，就是順著這軌道走的。

蘇秦聯合六國以抗強秦的法子，是他發篋讀書，經過刺股流血的功夫，揣摹期年，才把他發明出來的。我們不可因蘇秦志在富貴，人格卑下，就連他的法子都看輕了。蘇秦的法子含得有真理，是以平字為原則，與孫中山所講民族主義相同。他說六國純用「寧為雞口，毋為牛後」等語以激動人不平之氣，與孫中山所講次殖民地等語措詞相同。蘇秦窺見了真理，自信他的法子會生效，所以他自己說道：「此真可以說當世之君矣。」果然出來一說就生效，六國都聽他的話，以他為縱約長。他的計畫成了，秦人不敢出關達十五年之久。這個法子的效力，也就可以想見了。可惜蘇秦志在富貴，佩了六國相印，就志滿意得，不復努力，以致六國互相攻伐，縱約破裂，後來誤信張儀之話，連袂事秦，遂一一為秦所滅。今日主張親美親日親英法等，都是走入了六國西向以事秦之軌道，實在令人寒心！

現在弱小民族被列強壓制久了，一旦有人出來聯合，是非常容易的。威爾遜提出「民族自決」之標語，大得世界之歡迎。但自決云者，不過叫他自己解決罷了，還沒有說幫助他。我們如果打出「弱小民族互助」的標語，當然受加倍的歡迎。

《孫中山演說集》說：日俄戰爭的時候，俄國由歐洲調來的艦隊，被日軍打得全軍覆沒。這個消息傳出來，孫中山適從蘇伊士運河經過。有許多土人看見孫中山是黃色人，現出很歡喜的樣子來問道：「你是不是日本人呀？」孫中山答應道：「我是中國人。你們為甚麼這樣高興呢？」他們答應道：「我們東方民族總是被西方民族壓迫，總是受痛苦，以為沒有出頭的日子。這次日本打敗俄國，我們當作是東方民族打敗西方民族，日本打勝仗，我們當作是自己打勝仗一樣，這是一種應該歡喜的事，所以我們便這樣的高興。」（見《演說集》第五編「大亞洲主義」）

我們讀了這段故事，試想日本打敗俄國，與蘇伊士運河側邊的土人何關？日本又沒有說過一句要替他們解除痛苦的話，他們表現出這種狀態，世界弱小民族的心理也可窺見一般了。我們中國如果打出「弱小民族互助」的旗幟，真可謂世界幸福，這種辦法，是促成世界大同的時機，將來世界大同了，不但是弱小民族之幸，也是列強之幸。

世界革命是必然之趨勢，社會主義國際化也是當然之事，而今應該由中國出來，擔負世界革命的任務，把三民主義普及全世界。其方法也和革滿清的命一樣，從宣傳入手。我國人民四萬萬，世界各處都布散得有，宣傳起來非常容易。我們須知，世界大戰爆發在即，一開戰，我國勢必牽入漩渦，那時費盡氣力，飽受犧牲，還不得好結果。不如我們早點從事此項工作，或許能夠制止大戰，使它不致發生。

何以言之呢?因為前次歐戰，列強全靠屬國之兵助戰，我國用宣傳的方法，把他屬國人民的心理改變了，釜底抽薪，未必非制止大戰之一辦法。

現在之國際聯盟，可以說是強國聯盟，是他們宰割弱小民族之分贓團體。像我國濟南慘案這類事，與其訴諸國際聯盟，不如訴諸弱小民族；與其派人到歐美去宣傳，不如派人到印度、非洲、南洋等處去宣傳。我國在列強中，誠渺乎其小，但在被壓迫民族中，則是堂堂一大國。我國素重王道，向不侵凌小國，在歷史上久為世界所深信，由我國出來提倡世界革命，當然比俄國更足取信於人，兼之孫中山三民主義之學理講得更徹底，施行起來，任何民族都能滿意。我們對世界弱小民族，以平字為原則，對五大強國，亦以平字為原則，絕不為絲毫已甚之舉，本著此項宗旨做去，一定收絕大效果。孫中山抱大同思想，以天下為公，將來把三民主義普及全世界，實現大同，完成孫中山之遺志，發揚中國之光輝，然後才可謂之革命成功。

我格外還有層意見，也可提出來研究。古人說：「外寧，必有內憂。」幾乎成了一定不移之理。晉武平吳過後，跟著就有八王之亂。洪秀全取了南京，跟著就有韋楊之亂。去歲革命軍取得武漢、江西、南京之處，跟著就寧漢分裂。現在定都南京，全國統一，而內部意見紛歧，明爭暗鬥，日益激烈。大家高呼打倒某某，剷除某某，其目標全在國內。我們應設法把目標移向國際去，使全國人的視線一致注射

外國，內部衝突之事自然可以減免。我主張由我國出來組織弱小民族聯盟，大家努力去做世界革命的工作，即是轉移目標之法。目標既已轉移了，內部意見自然可以調和。

舉個例子來說：劉備和孫權本來是郎舅之親，因為大家都以荊州為目的物，互相爭奪，鬧得郎舅決裂，夫婦生離，關羽被殺，七百里之連營被燒，吳蜀二國儼然成了不共戴天之仇。後來諸葛亮提出聯盟伐魏的政策，以魏為目的物，大家視線都注向魏國，吳蜀二國的感情立即融洽，彼此合作到底。後來諸葛亮和孫權死了，後人還繼續他們的政策。直到司馬昭伐蜀，吳還遣兵相救。及聞後主降了，方才罷兵。這就是目標轉移了，感情就會融洽的明證。諸葛亮和孫權都是人傑，他們這種政策，我們很可取法。

我的主張，可以二語括之曰：對內調和，對外奮鬥。現在列強以不平等待我，故當取奮鬥主義。等到他以平等待我了，對外即改取調和主義。我們此時唯一的辦法，在首先調和內部。必須內部調和，才能向外奮鬥；能夠向外奮鬥，內部才能調和。二者是互相關聯的。便是根本上調和的方法，尤在使全國人思想一致。要想使全國人思想一致，非先把各種學說調和一致不能成功。

4・解決社會問題之辦法

改革社會，猶如醫生醫病一般，有病之部分，應該治療，無病之部分，不可妄動刀針。社會上有弊害的制度，應該改革，無弊害的制度，不可任意更張，致滋紛擾……這是我們應該注意的。前數章俱係理論上之討論，這一章是討論實施辦法。

關於辦法上應該討論者，可分作兩層：一是舊社會之經濟制度應如何結束，二是新社會之經濟濟制度應如何規定。本章就是在這兩點上加以討論。

土地和機器該歸公有，理由是很正當的。便是已經歸入私人之土地、機器，究竟該用甚麼手段把他收歸公家，這是亟待研究的。我國私人的土地和機器，都是用金錢購來的，細察他們金錢之來源，除少數人是用非理手段從人民手中壓取者外，餘人的金錢，大概是由勞心勞力得來的。換言之，即是用私有的腦力體力換來的。我們既承認腦力是個人私有物，如果把地主的土地和廠主的機器無代價地沒收了，就犯了奪私有物以歸公之弊，社會上當然起絕大糾紛，當然發生流血慘禍。凡事以平為本。把私人的土地和機器搶歸公有，這算是極不平之事。不平則爭……

關於這一點，孫中山認得最清楚。《民主主義》第二講說：「我們所主張的共產，是共將來不共現在。這種將來的共產是很公道的辦法，以前有了產的人，絕不至吃虧。和歐美所謂收歸國有，把人民已有了的產業都搶去政府裡頭，是大不相同。」

從前美國北方各省主張釋放黑奴，南方各省也未嘗不贊成，只是要求給以相當的代價。那個時候有幾百萬黑奴，其代價約需銀幾萬萬元，政府無這筆款去償還黑奴的主人，才發生戰事。一共血戰五年，雙方都非常激烈，為世界大戰之一。此次戰爭比美國獨立戰爭損失更大，流的血也更多。後來南方戰敗，才無代價地把黑奴釋放了。我們可以說，釋放黑奴之戰，是發源於債務的關係。假如當日的美國政府有幾萬萬元去償還黑奴的主人，這種流血慘禍當然可以避免。後來雖說把黑奴釋放了，目的得達到，但這五年血戰中，犧牲的生命財產也就不少了，其代價也不可謂不大。猶幸是北方戰勝了，萬一戰敗，那更是無謂之犧牲了。現在把私人的土地和機器收歸公有，其事與釋放黑奴相類。美國當日勒令南方各省釋放黑奴，不給代價，才發生大殺戮。我們為避免大戰爭、大殺戮起見，當然採用孫中山的辦法，購歸公有。

現在政局紛亂，一切改革事項當然說不上。但是，就學理上言之，將來改革經濟制度，究竟當採用何種方式呢？我們不妨預先討論，等到有了人民可以信託之廉潔政府，才好實行。據著者個人的主張，凡是使用機器的工廠和輪船、鐵道等，一律由公家辦理。其有私人業已辦理者，由公家照價收買。全國土地，一律由公家備價收買，私人要使用土地者，一律向公家承佃，把舊日繳與地主的租價繳與公家，公家收得此款，作為全國人民公用。如此則全國之人無一不享受租金之利，即是無一不享受地主之權。換言之：無一人不是佃戶，亦即是無一人不是地主。孫中山所謂平均地權，就完全實現了。

但其中最困難者，就是收買的經費太大，無從籌措。現在中國工業未發達，使用機器的工廠也少，輪船、鐵路也少，公家收買起來倒還容易。只是中國土地如此之廣，地價如此之昂，如果照價收買，比釋放黑奴的代價不知高過若干萬倍。美國當日，尚若無款償黑奴主人，我國今日怎麼會有這宗鉅款，去償還地主？關於這一層，孫中山是慮到了的。所以他於照價收買之外，再定一個照價抽稅的法子。他的辦法是把地價確定了，令地主按年納稅；以後地價增長了，多得的利益仍歸公家。遇必要時，才照價收買。他就是因為政府無這筆鉅款，來收買全國土地，才想出這種照價抽稅的辦法，以濟照價收買之窮。

現在亟須籌劃的就是款項一端。這種收買全國土地的款究竟從何籌措呢？著者

主張，第一步的辦法就是規定銀行由國家設立，不許私人設立，人民有款者應存入銀行，需款者應向銀行借貸，其有私相借貸者，將來有賴騙等事，法律上不予保護，人民以金錢存入外國銀行者，查確後，取消國籍，逐出國外。又於華僑所在地設立國家銀行，存儲華僑之款，有款不存入本國銀行者，取消國籍，不予保護。一面由銀行發行國家鈔票，內地交易，純用國家鈔票，人民持外國鈔票向銀行存放者，不予收受。如此則外國鈔票即被驅逐了，人民的金錢完全集中於國家之手，國家要收買土地和舉辦大實業，就不患無款了，孫中山所謂發達國家資本就算辦到了。

銀行貸出之息與存入之息為二與一之比。例如，人民存入銀行之款定為月息六厘，人民向銀行貸款則定為月息一分二厘。如此則一進一出之間，銀行可得月息六厘。人民有款放借者，無異於將子金繳一半與公家。現在購買土地者，其利也不過幾厘，並且買地時須過稅，每年須上糧，不時還有派逗等事。今定為銀行存款，月息六厘，其利也不為薄。通常人民借貸之利，每月一分幾或二三分不等。以著者所居自流井之地言之，每當銀根枯窘時，月息有高至五六分者。今定為向銀行貸款，月息一分二厘，其利也不為貴。像這樣辦去，公家坐享大利，而於存款者、貸款者，仍兩無所損，那些用大利盤剝的人就無所用其技了。

有人主張廢除利息。這卻可以不必。因為人民的金錢是從勞力得來的，人民以金錢存入銀行，由公家拿去作社會上種種公益，即無異把勞力貢獻到社會上，謀種種幸福。此等人是應該獎勵的。銀行給予之利息，即可視為一種獎勵金。

又有主張廢除金錢，發行勞動券者，更可以不必。

資本家之專橫，是由於土地和機器許私人占有才生出來的，與金錢制何干？我們把土地、機器收歸公有，又是不許私相借貸，雖有金錢，成了英雄無用武之地，也就無害於社會了。拿勞動券去換取衣食住，其實效與金錢何異？現在的金錢，我們又何嘗不可把他當作一種勞動券呢？主張發行勞動券之人，其用心未免太迂曲了。

我們把銀行組織好了，就可著手收買全國的土地了。照孫中山的辦法，是命地主自將地價，呈報到政府。我們收買之時，恐怕地主所報地價有以少報多之弊，可用投標競佃法（川省各縣教育局所轄產業，多作投標競佃法，頗稱便利），用投標競佃，以定租金，然後據租金之多寡，以轉定地價。例如某甲在鄉間，有地若干畝，由政府將其地投標競佃，假定投標結果，得年租七百二十元，以月息六厘計，即定為地價一萬元。由銀行收入某甲存款一萬元，月付息六十元，其欲用現款者，以鈔票付給之，公家收入之租息與銀行支付之利息相等，彷彿公家是替私人經管產

業一般。公家本無利可圖，但經公家收買過後，可用大規模之組織來改良土地，此後每年增加的利益就完全歸諸公有了。

投標之時，即以地主所投之價為標準。假定某甲所報地價是一萬元，投標結果，租息最高額是七百二十元，我們即認定地主所報之價是確定的，即由銀行收入某甲存款一萬元。如果投標結果，依租息計算，該一萬一千元，我們因為他原報之價是一萬元，銀行只能收入某甲一萬元，如果依租息計算，只該九千元，我們就認定某甲有意欺蒙政府，罰他一千元，銀行中只收他八千元的存帳。我們定出此種辦法，地主呈報地價，自必非常慎重，絕不敢以少報多。

著者主張：「全國土地，應一律由政府備價收買，不許私人占有。」向友人談及，友人即說道：「中國哪有這筆鉅款來收買？」我即把組織銀行和集中全國金錢的辦法說與他聽，見得收買土地，不愁無款。

聽者每每駁我道，孫中山定的法子是「照價抽稅」和「照價收買」兩種，你單取「照價收買」這一種，把「照價抽稅」那一種抹殺了，把私人所有權完全奪去，與孫中山主義不合。並且投標標佃之法，孫中山也莫有說過，施行起來，未免與他的辦法衝突。我說道：我所說的，與孫中山主義並無不合，辦法也無衝突。孫中山的辦法是：「由地主呈報地價，政府照價抽稅，將來地價增加之利益全歸公家。公家如要收買，照原報之價給與地主。」

照他這個辦法，則是地主報價之時，所有權已經轉移與公家去了，所以日後增加之利益全歸公有，收買之時，只照原價給予。如果地主的所有權尚未消失，則增加之利益應歸地主所有，政府買之時，當另行議價。我們因此知「照價抽稅」和「照價收買」只算是一個辦法，並不是兩個辦法。孫中山本來想把全國土地一律照價購歸公有，因為無此鉅款，才想出照價抽稅之辦法。先把所有權轉移了，把地價確定了，暫不付價，等到隨後有錢之時才付價。我們只要有款，早點付價，又何不可之有？

土地是公有物，應該歸公；金錢是私人腦力體力調換來的，應該歸私。孫中山的民生主義，我可以替他下一條公例曰：「金錢可私有，土地不能私有。」因此之故，他才規定以金錢給地主，把土地收歸公有。所以我主張全國土地一律由公家備價收買，與孫中山主義並無違反。至於我所說投標競佃的法子，乃是照價收買時的一種補充辦法，對於地主所報之價，予以一種測驗，與孫中山的辦法絲毫沒有衝突。

社會問題中，最難解決的就是土地問題。我們只要把土地問題解決了，其餘的就容易解決了。收買工廠和輪船、鐵道等項都是很容易的事。

我主張解決社會問題的辦法，可包括為數語曰：「地球生產力和機器生產力完全歸公，腦力和體力完全歸私。使用機器的工業歸公，不使用機器的工業歸私。大商業歸公。小商業歸私，貸款和利息，一半歸公，一半歸私。」如此辦理，則個人主義和社會主義兩相調和，與孫中山民生主義的精神就符合了。

我們既承認體力是個人私有物，所以凡服務社會，就該給以相當代價，不能把他的腦力、體力看作社會公有物，任意沒收。各人的資稟不同、才能不同，應聽其擇業自由，各就其性之所近，自去選擇職業。欲務農者，向公家承佃土地；欲做工者，向工廠尋覓工作。其願當官吏、教員及從事他種職業者亦同。因勞動的種類不同，所得的報酬也不同，表面上看去，似乎不平等。其實不然。這個道理與民權主義是一樣的。

孫中山說：「天生萬物，除了水面以外，沒有一物是平的，各人的聰明才力有天賦的不同，所以造就的結果當然不同，造就既不同，自然不能平等。如果把他壓下去，一律要平等，世界便莫有進步，人類便要退化。」所以孫中山主張的民權平等，是各人在政治上立足點平等，不是從上面壓下去，成為平頭線的平等。因此我們主張的經濟平等，也不是把平等線放在平頭上，成為國中貧富相等；是把平等線放在立足點，使各人致富的機會平等，或貧或富，純視各人努力與否以為斷。

關於商業問題，我以為，日常生活必需之品如果一律由國家經營，那就不勝其繁了。因此我主張大商業歸公，小商業歸私。但是大小界限如何劃分，這是很費研究的。我主張施行之初，可定為國際貿易歸公，國內貿易歸私。國家向外國購買大批貨物，分售與人民；人民有貨欲銷售外國者，由國家承買，轉售與外國。我國閉關數千年，並未產生何種大資本家，可知國內貿易並非造成資本制度之主因，故國內貿易可以聽人民自由經營。我們把國際貿易歸公辦到了，再看國內情形如何，並可進而規定國內某種商業亦應由國家經營，私人不得經營。關於機器方面，亦可規定某種機器，私人不得使用。此種辦法，必須到了實施之時，斟酌現情而為之，此時不能一一預定。我們不許私人購買土地，不許私人使用機器，不許私人設立銀行，不許私人經營國際貿易，孫中山所謂節制私人資本，就算達到了。

依上述辦法，國家把土地、機器、銀行和國際貿易收歸公有過後，國家每年收入當然非常之多，自當儘量擴充實業教育與增加民眾利益之事。但是，國家發達極點，每年餘款究竟作何用途呢？我也想有一個辦法。

孫中山屢屢向人演說，他要把中國變成一個大公司，四萬萬人都是股東，並且說：「這個公司內的人都可以分紅利，子子孫孫便不怕窮。」我們把土地、機器、銀行和國際貿易四者收歸公有，那末四萬萬人都成為地主、廠主，成為銀行和國際

貿易的股東，孫中山理想中的大公司就出現了。這個大公司是以每一個身體為一股，國中生了一人，即是增加一股，死了一人，即是取消一股，股權是非常明晰的。我們就可仿照公司分紅的辦法，政府每年除各項開支而外，其所有餘款即按照全國人口數目平均分攤，作為生活費。其分攤數目之多少，以國家每年餘款多少為斷。最大限度以能維持生活為止。

有了這個辦法，社會上可以免去許多糾紛：

（一）中國所謂育嬰嫠濟貧諸局可以裁撤，外國所謂失業者救濟法、教員工人養老金等等，俱可廢去了；

（二）現在許多富有哲學、文學、科學等天才的人每因饑寒所迫，兼營他業，或改營他業，國家受無形之損失。倘能發給生活費，使無凍餒之憂，則各人能就其性之所近，專心深造，於社會之文明增進不少；

（三）語云：衣食足而禮義興。又云：饑寒起盜心。有了發給生活費的辦法，則國民的道德可以增進。

有人問道：人人都有飯吃，還有何人肯做工？還有何人肯努力？社會怎麼能夠進化？我道：人人有了飯吃，努力心或許減少一點，如謂人類就不努力，社會就不會進化，我卻不以為然。請問，牛頓和達爾文諸人，其目的豈是因為要吃飯，才去研究學問嗎？難道他們有了飯吃，就不會研究學問嗎？我恐怕正是因為他們有了飯吃，才能專心研究，才能有此空前絕後的大發明。

孫中山把生活程度分作三級：第一級是需要，有衣穿才不會冷死，有飯吃才不會餓死。第二級是安適，穿的求其舒服，吃的求其甘美。第三級是奢侈，穿的要輕綃細絹、海虎貂鼠，吃的要山珍海味、魚翅燕窩。我所說的發給生活費，只算達到第一級，其第二級、第三級，則讓那些勤勉做工的人享受。

努力向上之心，人人都有，凡是稍知奮勉的人，斷莫有因為免去凍餒，就可滿足他的欲望，就不前進。其例甚多，無待詳舉。平心論之，人之天性不一，有因為生活問題解決了，就不去做工的，卻也有豐衣足食，還是孳孳不已的。若謂國家發了生活費，就無人做工，這層可以不慮。假使實施之時，果然有此現象，我們少發給點款，使他們所得者不足維持生活，就不患無人做工了。做工與否，本是聽人自由，但做工者優予報酬，使人見而生羨，又不得不做工，於是做工者、不做工者各遂所願，社會上就相安無事了。

有人問我道：全國人民，具何種資格，有坐領生活費之權利？政府為甚麼有發給生活費之義務？我說道：這有兩個理由：

（一）地球是人類公有物，使用土地者，對於公家繳納租金，此項租金，即該

人類平均分受；

（二）發明家發明機器，是替人類發明的，由機器生出來的利益，應該人類平均分受。基於這兩種理由，故人民有領受生活費的權利。政府是掌管全國土地和工廠的機關，故有發給人民生活費的義務。

孫中山講衣食住行四者，曾說：「一定要國家來擔負這種責任。如果國家把這四種需要供給不足，無論何人，都可以來向國家要求。」可見國家有保證人民生存的義務，人民有向國家要求生存的權利。

我主張發給生活費，即是國家擔負人民衣食等項的責任，保證人民的生存。此種辦法，與民生主義是很合的。

我提出解決社會問題的辦法，是採用公司式的組織，這是業經說明了的。我分配資財的方法，是從自然界中兩個地方取法得來：其一是取法身體分配血液的方法。身體中某部分越勞動，血液之灌注越多，除了彌補消耗之外，還有剩餘。因此，人身越勞動的部分就越發達。這就是人身獎勵勞動的方法。所以，我們對於勞動者，應該從優報酬。我們身體中還有些無用的部分。例如男子之乳，它是無用的東西，但是既已生在我們的身上，也不能不給以血液。不過，男子之乳不勞動，灌注的血液很少，所以男子之乳就漸漸縮小。我們發給生活費，不可過多，使不做工的人，如男子之乳一般，漸漸消縮，才合天然公理。其二是取法天空分配雨露的方法。自然界用日光照曬江海池沼、土地草木，把它的水蒸氣取出來，變為雨露，又向地上平均灑下，不惟於乾枯之地，蒙其澤潤，就是江海池沼，本不需水，也一律散給。最妙的是：把草木中所含水分蒸發出來，又還給它，一轉移間，就蓬蓬勃勃地生長了；並且枯枝朽木，也一樣散給，不因為它莫得生機，就剝奪它享受雨露之權。灑在地上之水，聽憑草木之根吸取，無所限制，吸多吸少，純是草木自身的關係，自然界固無容心於其間。公家收入的租息，與夫銀行和工商業的純利，原是從人民身上取出來的，除公共開支而外，不問貧富，一律平均分給，致富的機會人人均等，這就是取法雨露之無私。

孫中山把生活程度分作三級：（一）需要，即生存；（二）安適；（三）奢侈。現在的經濟組織是以死字為立足點，進而求生存，再進而求安適，求奢侈。因為立足點是死字，一遇不幸的事，就有冷死和餓死的。著者主張發給生活費，是以生存為立足點，進而求安適，求奢侈。照孫中山民生主義說來，生存是社會問題的重心。國家倘能每年發給生活費，使人人能夠生存，這就算重心穩定了；重心既穩定，社會自然安定。著者諄諄以發給生活費為言，意蓋在此。

本章所擬辦法，把土地、機器、銀行、國際貿易四者收歸國有，則擁有金錢之

人，任他如何努力，絕不會造到鋼鐵大王、煤油大王、銀行大王、汽車大王、商業大王諸人的地位。每年由政府發給生活費，則勞動者任如何不幸，絕不會有凍餒之虞。像這樣的辦法，把富者的地位削低一級，把貧者的地位升高一級，貧富之間就不會相差過遠了。現在痛恨資本制度的人，對於有資財者，設種種法子去抑制他。我們施行此種經濟制度之後，從上面削低一級，從下面升高一級，在兩級中間的地方就可任人發展，不加限制；不惟不當限制，並且還要盡力提倡，社會才能進步。

我主張把國際貿易收歸國有，把國內貿易留為人民活動之餘地，又主張人民存款在銀行者，應當付以利息，都是為提倡人民努力起見。有人說：這種辦法，仍不免貧富不平。我說：惟其不平，人民才肯努力，世界才能進化。猶如水之趨入大海一般，惟其地勢高下不平，才能奔趨不已；如果平而不流，就成為死水了。水不流則腐，人類不努力，世界便會退化，其理是相同的。世間至平者莫過於水，故量物平否，以水為準。然而水前進不已者，實在是由於不平；名為不平，實為至平。我們取水之原理以改造社會，就與天然之理符合了。

政府每年發給生活費，其手續很麻煩，當由各都市、各鄉村分頭辦理。每一都市和每一鄉村應設立戶籍調查所，把人口調查清楚，確定某人的籍貫，隸屬某處，生活費由原籍的戶籍調查所轉發，即無錯誤了。某處死了一人，即由該處的戶籍調查所查明死者籍隸何處，即通知原籍的調查所。旅行在外，生下子女，就地報告該處調查所，將來的生活費即向該調查所承領。但經申請後，得由所生地的調查所備文移歸原籍。

人是活動之物，轉徙不常，調查之時和發給生活費之時，從生死兩點注意，就可杜絕流弊了。

我們既規定人民有款者當存入銀行，需款者當向銀行借，則各都市、各鄉村都要遍設銀行，人民取款存款方才便利。政治方面之組織是合各鄉村而成為一縣，合各縣而成為一省，合各省而成為一國。經濟方面當與之相應，首都設中央銀行，各省設省銀行，各縣設縣銀行，各鄉村設鄉村銀行；各鄉村之銀行隸屬於縣銀行，各縣之銀行隸屬於省銀行，各省之銀行隸屬於中央銀行。金錢是人民膏血，故銀行之分布當如脈絡一般，使之成為網狀，才能流通無阻。私人向銀行借款者，須有擔保人，擔保人須銀行中有存款，足供擔保者，否則以借款者或擔保者應得之生活費作抵押品。銀行與戶籍調查所關係密切，二者宜併設一處。

施行本章所說之辦法，有當慮及者，土地、機器、銀行、國際貿易四者集中於國家之手，全國人民的金錢俱歸於銀行，政府每年又要發給生活費，國家的權責太大，當局的人舞起弊來，人民就受害不淺了。如果防弊的方法尚未想好，就冒冒昧

昧地著手改革，把土地、工廠等項收歸公有，倒不如不改革、不收歸公有還好點。所以我們要改革經濟制度，當先從改革政治入手。先把政治改革了，把防弊之方法想完善，然後才能說改革經濟制度。只要在政治方面能把孫中山所說的選舉、罷免、創制、複決四權完全辦到了，則經濟方面，無論甚麼弊，都可防止了。本章所說解決社會問題的辦法，都是預定計畫，不能立即就辦。我們現在第一要著，就是努力去實行這四權。等到人民對於這四權能充分行使了，再來改革經濟制度，那就莫有流弊了。

銀行及戶籍調查所之職員，與夫銀行之性察員及其他重要職員，由人民投票選舉或罷免。屬於一鄉村者，由全鄉村人民總投票；屬於全縣者，由全縣人民總投票；屬於全省全國者亦然。遇有大事，亦用總投票法公決。

例如原定銀行存款月息六厘，有人提議，應改為四厘，又有提議應改為八厘，即將三者的理由作具說明書，公布全國，定期總投票。各人向本地戶籍調查所投票。其旅居異地者，可從郵局投遞，由戶籍調查所開票。總計主張四厘者若干票，主張六厘者若干票，主張八厘者若干票，彙報於縣，由縣彙報於省，由省彙報中央。假定主張四厘者占多數，即改為存入銀行者月息四厘，向銀行借款者月息八厘。

又如有人主張各人的資財不可過多，存入銀行之款應該加以限制，又有主張不應加以限制。究竟應限制還是不應限制？如應限制，則每人存款究應至多以若干為限，可由全國人民總投票決定之。全國是一個大公司，四萬萬人是公司中之股東，人人有切己之利害，有分紅息之希望，故投票時不會受人運動，即使有舞弊者，亦必互相舉發，在公家服務之人如有侵蝕虧吞等弊，亦必互相稽查。假如無發給生活費之規定，人民與國家不生關係，即使他人營私舞弊，亦不願因為公家之事，去開罪於私人。中國官吏侵蝕公款，無人過問，其弊正在於此。今有發給生活費之規定，則人民與國家居於利害共同的地位，侵蝕國家之款，即無異侵蝕私人之款，全國有四萬萬人，即是有四萬萬個監察員，侵蝕者無所藏其奸，孫中山主張的全民政治即可出現。

關於遺產制一層，許多人都主張廢除。如照本章所說的辦法做去，土地、工廠一律歸公，私人也就無所謂產業了，所有者不過銀行中所存之金錢，我們只研究此項金錢應否傳給子孫就是了。此事於各個人都有關係，將來可用全民投票法解決之。在我個人之主張，是可以聽其傳給的，因為我們既經承認各人的身體是各人私有物，由腦力、體力換來的資財就應該各人私有。各人所生子女，是他的身體化分出來的，當然有承受他的資財之權。如果歸為公有，也就犯了「奪私有物以歸公」

之弊。普通人所以努力者，大都想積下資財，傳之後人。如果積下的金錢不許傳之子孫，必會減少人類努力心，即是減少社會進化之速度。

富者過富，貧者過貧，欲廢除遺產制，以化除貧富階級，殊不知資本家之產生與遺產無甚關係。茲可舉例為證：

美國鋼鐵大王卡內基為貧人子，三歲時為絲廠工徒，一周得工資一美元二十美分。煤油大王洛克菲勒為農家兒，六、七歲時隨其母往山上拾柴，或隨其父在田間拔草。鐵道大王魯姆舍特爾，十五歲，父死，無以為生，乃入商店為學徒。韋爾德以架設太平洋海底電線名聞天下，十六歲時，也在紐約商店為學徒。法國大銀行家勞惠特少時家貧，走至某銀行，向主人陳述，願執賤役，主人不許。他走出來之時，皮鞋上落下一釘，俯而拾之。主人因為他不忽細事，乃呼入，令在銀行服役。美國大富豪修華布係小村中織毛工人之子，少時助其父工作，或傭於農家，或為郵局馬夫。銅山王章洛克為農人子，少時隨其父驅牛十餘頭，走數百里，夕與牛同寢，晨與牛同興。砂糖王斯布累克，德國人，十八歲時航海至美國，抵岸後檢視衣囊，左方餘砂糖數塊，右方剩金三美元，一身之外，別無長物。商業大王瓦納邁爾為造磚工人之子，幼時家貧，無力就學，無冬無夏，皆跣行於街市。汽車大王福特，二十餘年前，他尚為鐘錶職工。以上諸人都是貧人之子，並未承受遺產。唯銀行大王摩根之父是美國著名富翁，但他之致富全不依賴其父。他常說：「余雖為斯派沙．摩根之子，並不藉此以立於世界。余必為一個獨立之奇男子。」可見他之擁有鉅資，也不是遺產的關係。

我們細考諸人致富之源，都是掠奪地球和機器的生產力，否則經營國際貿易，抑或開設銀行，惟修華布一人未獨立營業，但他終身輔佐鋼鐵大王，他之資財仍是從掠奪地球和機器生產力而來。如果把土地、機器、銀行和國際貿易四者收歸國有，那些在實業界稱王的人斷不會產生，這才是根本治療之法。

至於改革社會之程序，我主張從鄉村辦起，以每一鄉村為一單位，各辦各的。因為改革之初，情形複雜，應該各就本地情形斟酌辦理，才能適合，如有窒礙處，隨時改良。等到各鄉村辦好了，才把全縣聯合起來；各縣辦好了，才把全省聯合起來；各省辦好了，才把全國聯合起來。將來世界各國辦好了，把全球聯合起來，就是大同世界了。

改革社會，應該注意者有兩點：其一，所訂法令規程，要多留各地方伸縮之餘地。越苛細，就窒礙越多，越是不能實行。其二，當從勸導入手，使各地人民喜喜歡歡地去辦理，不能用嚴刑峻罰，強迫人民辦理。其實施方法，當如下述：

政府把土地收歸公有後，即編計此一鄉村共有土地若干，命全鄉村之人組織一

個團體，公共管理，由這個團體把土地分佃與農民，全鄉村每年共收租息若干，政府責成這個團體繳交銀行。如租息是穀物等項，由這個團體公共變賣，以銀繳入銀行。政府立於監督地位，也就不繁難了。

全國土地，由國家出資財改善者，其利益歸國家所得；由各鄉村出資財改善者，其利益歸各鄉村所得。各鄉村改善土地後，增加之收入，由本鄉村人民平均分受。凡購置機器，改良肥料等所需之款，向銀行息借，其息可緩至獲利後償付。若建築馬路、疏鑿溝渠等項，其工程施之土地上而含有永久性者，所用之款，政府與該鄉村各擔負一半。例如某鄉村因建路鑿渠，向銀行借款二千元，工畢之日，政府派員勘驗認可後，政府擔負一半，銀行只列該鄉村借銀一千元就是了。政府名為負擔一半，實則仍無所損，因為銀行貸出之息與存入之息為二與一之比。假定存入是月息六厘，貸出是一分二厘，人民向銀行存款二千元，銀行應付月息十二元，某鄉村因築路鑿渠，借去二千元，銀行只列該鄉村去銀一千元，其收入之月息十二元恰與人民存款二千元之息相抵，不過政府多負擔一千元無息之債務罷了。只要政府不付利息，此項債務，就多擔負點也無妨。

孫中山所說農業上增加生產的方法，共計七種：第一是機器問題，第二是肥料問題，第三是換種問題，第四是除害問題，第五是製造問題，第六是運送問題，第七是防滅問題。應由政府派人到鄉村去，把改良辦法詳加講演，或用文字說明，務使農民心中了然。其採用與否，聽人民自由，不必用強力干涉。語云：「利之所在，人必趨之。」他們知道大利所在，自然會踴躍從事。

孫中山曾說：「對中國人說要他去爭自由，他們便不明白，不情願附和。但是對他說，請他去發財，便有很多人跟上來。」我們叫各鄉村組織團體，叫他改良土地，就是請他去發財，人民哪有不歡迎之理？即有懷疑之人，充其量不過不遵照改良就是了，斷不會出來阻撓，因為公家叫他們組織團體，擔負繳納全鄉村租息，這個團體盡可照公家原定租額轉佃出去，團體中人不過費點力，代公家收租息就是了，並不至於賠累，他們何致出頭反對？只要這層辦到，鄉村中的事權漸歸統一，將來一切事都好辦理，也就算收了效果了。

關於增加生產的事項，他們不願意改良，只好聽之。如其加以干涉，反轉多事，反會生出反響。我們總是盡力提倡，盡力勸導，聽其自由採用。只要某鄉村獲了大利，他們自然會爭先恐後地仿辦起來。這類事，如果督促嚴厲了，反轉會弊病叢生。

王安石的青苗法，就是前車之鑑。宋朝那個時候的人民，於青黃不接之時，每每出重利向富室借貸。王安石創青苗法，由公家以較輕之利借與農民，於秋收後付

還，使利歸公家，而農民也不致受重利之苦，本是公私兩利的好法子。王安石雷厲風行地督促官吏實行，據散放青苗錢之多少，以定官吏之成績，於是那些地方官就向民間估派，其有不需款之農民，與夫家資富饒之富民，都強迫他領取青苗錢，鬧得天怒人怨。以最良之法，收最惡之果，都是由於強迫二字生出來的。蘇東坡說宋神宗求治太急，真是洞見癥結之論。我輩改革社會，當引為大戒。

天下事有當強迫者，有不當強迫者。例如把土地、機器、銀行和國際貿易四者收歸國有的時候，則當強制執行，任何人不能獨異。至於鄉村中改良事項，則當如上說的辦法，聽其自由。像這樣辦法，就與孫中山所主張「政府強制的力量和人民自由的力量雙方平衡」的原則相符合了。

語云：十年樹木，百年樹人。教養人民，原是與種植樹木一樣。我們雖甚望樹子長成，亦只能把土壤弄好，把肥料弄好，等它自家生長，我們是不能替樹子幫忙的。這個道理，柳宗元的《郭橐駝傳》說得很明白。現在新政繁興，民間大困，當局諸公每每以福國利民之心，做出禍國害民之事，就是違反了柳宗元的說法。斯密士全部學論，純取放任自由。他說：「人民好利之心根於天性，政府只消替他把障礙物除去了，利之所在，人民自然會盡力搜求，一切天然之利，就因而開發出來了。」他這個學說，在歐洲是生了大效的。我們開發鄉村利益的時候，本他這個學說做去，自然會生大效。

前面的辦法，實行之後，一人之身，可得兩重利益：（一）鄉村中改善土地，增加生產的利益，每人可得一份；（二）每年由政府按照全國人口發給生活費，這又是一份利益。有了這個原因，全鄉村之事和全國之事，人民就不能不過問了。

現在的人，大都是「事不關己不勞心」。革命的人，拚命去爭民權。爭得之後，交給人民，叫他來行使，我恐怕鄉間的老百姓還會嫌我們多事，妨害他吃飯睡覺的時間。只好順著他們喜歡發財的天性，把民權二字附著在發財二字上面，交與人民，人民接受發財這個東西，順便就把民權那個東西攜帶去了。他們知道官吏是替他經理銀錢的管事，不得不慎選其人，遇有不好的管事，不得不更換。如此則選舉權、罷免權，他們自然曉得行使了。他們知道一切章程如不訂好，就有人舞弊，公款就要受損失，他們將來就要少分點紅利，如此則創制權、複決權也就曉得行使了。所以政府每年必要發給生活費，人民與政府才生得起關係，才能行使民權，人人有切己關係，才不會為少數人所把持，全民政治乃能實現。

改革社會，千頭萬緒，猶如鐘錶一般，中間的機械只要有了點小小毛病，全部動作都會停止。我國土地有如此之大，各地情形不同，實施的詳細辦法豈是政府中幾個人能夠坐而揣測的，只好劃歸各地人民自去斟酌辦理，政府只消把大政方針與

各種進行計畫宣布出來，使人民知道政府的目的是怎麼樣，進行的途徑是怎麼樣，他們自然會朝著那個途徑做去。各鄉各縣漸漸趨於一致，就可以漸漸聯合起來了。現在世界的大勢是朝全民政治方面趨去，故一切事權當散而給諸人民，才不致與潮流違反。民生主義與民權主義是一個東西，不可分而為二，一面又須顧及世界民族的心理，順大同的軌道做去，三民主義就成為整個之物了。

5．各種學說之調和

現在世界上紛紛擾擾，衝突不已。我窮源竟委地考察，實在是由於互相反對的學說生出來的。孟子之性善說，荀子之性惡說，是互相反對的；宗教之利人主義，進化論派之利己主義，是互相反對的；個人主義之經濟學，社會主義之經濟學，是互相反對的。凡此種種互相反對之學說，均流行於同一社會之中，從未折衷一是。思想上既不一致，行為上當然不能一致，衝突之事就在所不免。

真理只有一個，猶如大山一般，東西南北看去，形狀不同，遊山者各見山之一部分，所說山之形狀就各不相同。我們研究事理，如果尋出了本源，任是互相反對之說，都可調和為一。性善與性惡可以調和為一，利人與利己可以調和為一，個人主義與社會主義可以調和為一，這是前面業已說了的。著者把所有互相反對的學說加以研究，覺得無不可以調和。茲再舉兩例於下：

（甲）馬克思說：「人的意志為物質所支配。」又有人說：「物質為人的意志所支配。」這兩說可以調和為一。茲用比喻來說明：假如我們租佃了一座房子，遷

移進去，某處作臥房，某處作廚房，某處作會客室，器具如何陳設，字畫如何懸掛，一一要審度屋宇之形勢而為之。我們的思想受了屋宇之支配，即是意志受了物質之支配。但是，我們如果嫌屋宇不好，也可把它另行改造，屋宇就受我們之支配，即是物質受意志之支配。

歐洲機器發明而後，工業大興，人民的生活情形隨之而變，固然是物質支配了人的意志，但機器是人類發明的，發明家費盡腦力，機器才能出現，工業才能發達，這又是人的意志支配了物質。這類說法與「英雄造時勢，時勢造英雄」是一樣的，單看一面，未嘗說不過去，但必須兩面合攏來，理論方才圓滿。有了物理、數學等科，才能產出牛頓，有了牛頓，物理、數學等科又生大變化。有了咸同的時局，才造出曾、左諸人，有了曾、左諸人，又造出一個時局。猶如雞生蛋，蛋生雞一般，表面看去，是輾轉相生，其實是前進不已的，後生蛋非前一蛋，後之雞非前之雞。物質支配人的意志，人的意志又支配物質，英雄造時勢，時勢又造英雄，而世界就日益進化了。

倘若在進化歷程中，割取半截以立論，任他引出若干證據，終是一偏之見。我們細加考究，即知雞與蛋原是一個東西，心與物也是一個東西，雞之外無蛋，蛋之外無雞，心之外無物，物之外無心，唯心論、唯物論原可合而為一的。

（乙）古人說：「非知之艱，行之維艱。」孫中山說：「知難行易。」這兩說也可合而為一。古人因為世人只知坐而研究，不去實行，就對他說道：知是很容易的，行是很艱難的，你們總是趨重實行就是了。孫中山研究出來的學理，黨人不肯實行，孫中山就對他們說道：知是很艱難的，行是很容易的。我已經把艱難的工作做了，你們趕快實行就是了。古人和孫中山都是注重在實行，有何衝突？

「非知之艱，行之維艱」二語出在《偽古文尚書》上，是傅說對武丁所說的。傅說原是勉勵武丁實行，並沒有說事情難了，叫武丁莫行。原書俱在，可以復按。發明輪船、火車的人，費了無限心力，方才成功。發明之後，技師照樣製造，是很容易的，這是「知難行易」。初入工廠的學生，技師把製造輪船、火車的方法傳授他，學生聽了，心中很了然，做起來卻很艱難，這是「知易行難」。

孫中山的說法和傅說的說法，其差異之點，即在知字的解釋不同。孫中山是指發明家發見真理而言，傅說是指學生聽講時心中瞭解而言。我們試取《孫文學說》讀之，他舉出的證據是飲食、作文、用錢等十事和修理水管一事，都是屬乎發明方面的事。孫中山是革命界的先知先覺，他訓誡黨員，是發明家對技師說話，故說「知難行易」。傅說身居師保之位，他訓誡武丁，是技師對學生說話，故說「知易行難」。就實際言之，發明家把輪船、火車發明了，交與技師製造，技師又傳授學

生，原是一貫的事。孫中山和傅說，各說半截，故二者可合而為一。由此知「知易行難」，和「知難行易」兩說可以調和為一。世間的事，有知難行易者，有知易行難者，合二者而言之，理論就圓滿了。

著者把性善和性惡、利人和利己、個人主義和社會主義、唯心和唯物、知難行易和知易行難種種互相反對之學說加以研究之後，乃下一結論曰：「無論古今中外，凡有互相反對之二說，雙方俱持之有故，言之成理，經過長時間之爭辯，仍對峙不下者，此二說一定可以並存，一定是各得真理之一半，我們把兩說合而為一，理論就圓滿了。」

著者從前對於孫中山的學說，也不甚滿意，故去歲著《解決社會問題之我見》，係自闢蹊徑，獨立研究，不與民生主義相涉，自以為超出孫中山的範圍了。今歲著此文時，復取孫中山學說研究之，意欲尋出縫隙，加以攻擊。無如任從何方面攻擊，他俱躲閃得開，始知他的學說理論圓滿。他倡此種學說時，四面八方俱是兼顧到了的，我去歲所擬解決社會問題各種辦法已盡包括於民生主義之中。我當初討論這個問題，自有我的根據地，並未依傍孫中山，乃所得結果，孫中山早已先我而言之，因自愧學識之陋，而益服孫中山用力之深。真理所在，我也不敢強自立異，於是把我研究所得者作為闡發孫中山學說之材料。閱者試取拙著《宗吾臆談》

與此文對照觀之，當知著者之信仰孫中山，絕非出於盲從。

著者幼年極崇拜孔子，見《禮記》上有「儒有今人與居，古人與稽，今世行之，後世以為楷」等語，因改名世楷，字宗儒。後來覺得孔子學說，有許多地方不滿我意，乃改字宗吾，表示信仰自己之意，對於孔子宣布獨立。而今下細研究，始知孔子的學問原自精深，確能把個人主義和社會主義調和為一，遠非西洋哲學家所能企及。

孔子學說，最貽人口實者，不過忠君一層。其實這是時代的關係，於他的學說並無甚損。古時主權在君，故孔子說忠君。這不是尊君，乃是尊主權。現在主權在民，我們把它改為忠於民就是了。例如孔子說：「君使臣以禮，臣事君以忠。」我們改為：「人民對政府要有禮，政府對人民要盡忠。」施行起來，就無流弊了。孫中山曾說：歐美人民對於政府常有反抗的態度。瑞士學者新發明一種說法，說：「人民對政府要改變態度。」我們說：「人民對於政府要有禮。」也可算是新學說。像這樣替孔子修正一下，他的學說就成為現在最新的學說了。

《大學》有格致誠正修齊治平一段話，把個人主義和社會主義融合為一，孫中山稱讚它是中國獨有的寶貝，外國大政治家沒有見到。孔子說：「大道之行也，天下為公。」孫中山常喜歡寫天下為公四字。因為孔子理想的社會是大同世界，孫中

山理想的社會也是大同世界，所以孫中山對於孔子極為心折。

宇宙事物原是滋生不已的，由最初之一個，滋生出無數個，越滋生，越紛繁。自其相同之點觀之，無在其不同；自其相異之點觀之，無在其不異。古今講學的人儘管分門別戶，互相排斥，其實越講越相合。即如宋儒排斥佛學，他們的學說中參得有禪理，任何人都不能否認。孟子排斥告子，王陽明是崇拜孟子之人，他說「無善無惡心之體」，其語又絕類告子。諸如此類，不勝枚舉。因為宇宙真理同出一源，只要能夠深求，就會同歸於一。猶如山中生出草草木木一般，從它相異之點看去，草與木不同，此木與彼木不同，同是一木，發生出來的千花萬葉，用顯微鏡看之，無一朵相同之花，無一片相同之葉，可說是不同之極了。我們倘能會觀其通，從它相同之點看去，則花花相同，葉葉相同，花與葉相同，此木與彼木相同，木與草相同。再進之，草木和禽獸相同。精而察之，草木禽獸、泥土沙石，由分子，而原子，而電子，也就無所謂不同了。我們明白此理，即知世間種種爭端，無不可以調和的。

有人問我道：你說：「心理變化，循力學公例而行。」請問各種學說，由同而異，又由異而同，是屬乎力學公例之哪一種？我說：水之變化即是力之變化。同出一源之水可分為數支，來源不同之水可匯為一流，千派萬別，無不同歸於海，任它如何變化，卻無一不是循力學公例而行。宇宙事物，凡是可以用水來作比喻的，都可說是與力學公例符合。

中國人研究學問，往往能見其全體，而莫能見其細微。古聖賢一開口即是天地萬物，總括全體而言之，好像遠遠望見一山，於山之全體是看見了的，只是山上之草草木木的真相就說得依稀恍惚了。西人分科研究，把山上之一草一木看得非常清楚，至於山之全體，卻不十分了然。將來中西學說終必有融合之一日，學說匯歸於一，即是思想一致，思想既趨一致，即是世界大同的動機。現在世界紛爭不已，純是學說分歧釀出來的。我們要想免除這種紛爭，其下手之方法，就在力求學說之一致。

所謂一致者，不在勉強拉合，而在探索本源。只要把他本源尋出來，就自然歸於一致了。所以我們批評各家學說，務於不同之中尋出相同之點，應事接物，務於不調和之中尋覓調和的方法，才不致違反進化之趨勢。不是我們強為調和，因為它根本上原自調和的。我看現在國中之人，往往把相同之議論，故意要尋它不同之點，本來可以調和的事，偏要從不調和方面做去，互相攻擊，互相排擠，無一事不從衝突著手，大亂紛紛，未知何日方止。

現在各黨各派紛爭不已，除挾有成見，意氣用事者外，其他一切紛爭，實由於

學說衝突醞釀出來的。要調和這種紛爭，依我想，最好是各人把各人所崇奉的學說徹底研究，又把自己所反對的學說平心觀察，尋覓二者異同之點。果能反覆推求，一定能把真正的道理搜尋出來，彼此之紛爭立歸消滅。因為宇宙間的真理只有一個，只要研究得徹底，所得的結果必定相同。假使有兩人所得結果不同，其中必有一人研究不徹底，或是二人俱不徹底。如果徹底了，斷無結果不同之理。大家的思想既趨於一致，自然就沒得紛爭了。

現在各種主義紛然並立，彷彿世界各國紛然並立一樣。有了國界，此國與彼國即起爭端；有了主義，此黨與彼黨即起爭端。將來世界各國終必混合為一而後止，各種主義也必融合為一而後止，無所謂國，無所謂主義，國界與主義同歸消滅，這就是大同世界了。著者主張聯合世界弱小民族攻打列強，可說是順著大同軌道走；主張各種主義公開研究，也可說是順著大同軌道走。

耶教以博愛為主，後來宗教戰爭，同奉耶穌之人，互相焚燒屠殺，殘酷到了極點，與博愛之宗旨完全背道而馳。倡民約論的人，何嘗不源於悲憫之一念，而其結果，則法國大屠殺，無復絲毫悲憫之念，豈非咄咄怪事！著者求其故而不得，只好返求之力學公例。人之思想感情俱是以直線進行，耶穌、盧梭諸人的信徒只知朝著他的目的物奔走，猶如火車汽車開足了馬力，向前奔馳，途中人畜無不被其碾斃一樣。現在身操殺人之柄者，與夫執有手槍炸彈者，如果明白這個道理，社會上也就受賜不少了。

歐洲新舊教之爭，施行大屠殺，是學說衝突之關係；法國革命，施行大屠殺，也是學說衝突之關係。學說殺人，至於如此，真令人四顧蒼茫，無從說起。宗教之說，根本上令人懷疑，歐洲殉教諸人前仆後繼，視死如歸，自我們的目光看去，彷佛吃了迷藥一般，而他們則自以為無上光榮。

第七部

宗吾趣談

我對於聖人之懷疑

自序

我原來是孔子的信徒。小的時候父親與我命的名，我嫌他不好，見《禮記》上孔子說：「儒有今人與居，古人與稽，今世行之，後世以為楷。」就自己改名世楷，字宗儒，表示信從儒教之意。光緒癸卯年，我從富順赴成都城讀書，與友人雷君疊同路，每日步行百里，途中無事，縱談時局，並尋些經史，彼此討論。他對於時事，非常憤慨，心想鐵肩擔宇宙，就改字鐵崖。我覺得儒家學說有許多缺點，心想與其宗孔子，不如宗自己，因改字宗吾。從此之後，我的思想也就改變，每讀古人的書，就有點懷疑，對於孔子，雖未宣布獨立，卻是宗吾二字，是我思想獨立之旗幟，二十多年前已經樹立了。

我見二十四史上一切是非都是顛倒錯亂的，曾做了一本《厚黑學》，說古來成功的人，不過面厚心黑罷了。民國元年，曾在成都報紙上發表。我對於堯舜禹湯文

武周公孔子十分懷疑，做了一篇《我對於聖人之懷疑》。這篇文字，我從前未曾發表。

我做了那兩種文字之後，心中把一部二十四史。一部宋元明清學案掃除乾淨，另用物理學的規律來研究心理學，覺得人心的變化，處處是跟著力學軌道走的。從古人事蹟上、現今政治上、日用瑣事上、自己心坎上、理化數學上、中國古書上、西洋學說上，四面八方印證起來，似覺處處可通。我於是創設了一條臆說：心理之變化，循力學公例而行。這是我一人的拘墟之見，是否合理，不得而知，特著《心理與力學》一篇，請閱者賜教。

我應用這條臆說，覺得現在的法令制度，很有些錯誤的地方。我置身學界，把學制拿來研究，曾做了一篇《考試制度之商榷》，又著了一篇《學業成績考察會之計畫》，曾在成都報紙發表，並經四川教育廳印行。那個時候，我這個臆說還未發表，文中只就現在的學制陳說利弊，我的根本原理未曾說出。諸君能把那兩篇文字與這篇《心理與力學》對看，合併賜教，更是感激。我近日做有一篇《推廣平民教育之計畫》，也附帶請教。

我從癸卯年，即發下一個疑問：孔孟的道理既是不對，真正的道理究竟在甚麼地方？這個疑團蓄在心中，遲至二十四年，才勉強尋出一個答案，真可謂笨極了。

我重在解釋這個疑問，很希望閱者指示迷途。我絕對不敢自以為是，指駁越嚴，我越是感激。如果我說錯了，他人說得有理，我就拋棄我的主張，改從他人之說，也未嘗不可。諸君有賜教的，請在報紙上發表。如能交成都國民公報社社長李澄波先生，或成都新四川日刊社社長周雁翔先生代轉，那就更好了。

我從前做的《厚黑學》及《我對於聖人之懷疑》，兩種文字的底稿早已不知拋往何處去了，我把大意寫出來，附在後面，表明我思想之過程。凡事有破壞，才有建設，這兩篇文字算是一種破壞，目的在使我自己的思想獨立，所以文中多偏激之論。我們重在尋求真理，無須乎同已死的古人爭鬧不休。況且我們每研究一理，全靠古人供給許多材料，我們對於古人，只有感謝的，更不該吹毛求疵。這兩篇文字的誤點，我自己也知道，諸君不加以指正也使得。

中華民國十六年一月十五日　李世楷序於成都

我先年對於聖人很為懷疑，細加研究，覺得聖人內面有種種黑幕，曾做了一篇《聖人之黑幕》。民國元年，本想與《厚黑學》同時發表，因為《厚黑學》還未登載完，已經眾議譁然，說我破壞道德，煽惑人心，這篇文字更不敢發表了，只好藉以解放自己的思想。現在國內學者已經把聖人攻擊得體無完膚，中國的聖人已是日暮途窮，我幼年曾受過他的教育，本不該乘聖人之危，墜井下石，但我要表明我思想之過程，不妨把當日懷疑之點略說一下。底稿早不知拋往何處，只把大意寫出來。

世間頂怪的東西要算聖人，三代以上產生最多，層見迭出，同時可以產生許多聖人！三代以下就絕了種，並莫產生出一個。秦漢以後，想學聖人的，不知有幾千百萬人，結果莫得有一個成為聖人，最高的不過到了賢人地位就止了。

請問聖人這個東西，究竟學不學得到？如說學得到，秦漢而後，那麼多人學，至少也該出一個聖人。如果學不到，我們何苦朝朝日日，讀他的書，拚命地學。

三代上有聖人，三代下無聖人，這是古今最大怪事。我們通常所稱的聖人，是堯舜禹湯文武周公孔子。我們把他們分析一下，只有孔子一人是平民，其餘的聖人盡是開國之君，並且是後世學派的始祖，他的破綻就現出來了。

原來周秦諸子，各人特製一種學說，自以為尋著真理了，自信如果見諸實行，立可救國救民。無奈人微言輕，無人信從。他們心想，人類通性都是悚慕權勢的，凡是有權勢的人說的話，人人都肯聽從。世間權勢之大者莫如人君，尤其是開國之君；兼之那個時候的書都是竹簡做的，能夠得書讀的很少，所以新創一種學說的人都說道：我這種主張是見之書上，是某個開國之君遺傳下來的。於是道家托於黃帝，墨家托於大禹，倡並耕的托於神農，著本草的也托於神農，著醫學的、著兵書的，俱托於黃帝。此外百家雜技，與夫各種發明，無不托於開國之君。孔子生當其間，當然也不能違背這個公例。他所托的更多，堯舜禹湯文武之外，更把魯國開國的周公加入，所以他是集大成之人。周秦諸子，個個都是這個辦法，拿些嘉言懿行，與古帝王加上去，古帝王坐享大名，無一個不成為後世學派之祖。

周秦諸子，各人把各人的學說發布出來，聚徒講授，各人的門徒都說我們的先生是個聖人。原來聖人二字，在古時並不高貴。依《莊子．天下篇》所說，聖人之上，還有天人、神人和至人的名稱，聖人列在第四等。聖字的意義，不過是「聞聲知情，無事不通」罷了。只要是聰明通達的人，都可呼之為聖人，猶之古時的朕字一般，人人都稱得。

後來把朕字、聖字收歸御用，不許凡人冒稱，朕字、聖字才高貴起來。周秦諸子的門徒尊稱自己的先生是聖人，對於聖人的言語，即使不明白，也從不僭妄。孔

子的門徒說孔子是聖人，孟子的門徒說孟子是聖人，老莊楊墨諸人，當然也有人喊他為聖人。

到了漢武帝的時候，表章六經，罷黜百家，從周秦諸子中把孔子挑選出來，承認他一人是聖人，諸子的聖人名號一齊削奪，孔子就成為御賜的聖人了。孔子既成為聖人，他所尊崇的堯舜禹湯文武周公，當然也成為聖人。所以中國的聖人只有孔子一人平民，其餘的都是開國之君。

周秦諸子的學說要依託古之人君，也是不得已而為之。這可舉例證明：

南北朝有個張士簡，把他的文字拿與虞訥看，虞訥加以詆斥。隨後士簡把文字改作，託名沈約，又拿與虞訥看，他就讀一句，稱讚一句。清朝陳修園著了一本《醫學三字經》，起初託名葉天士，及到其書流行了，才改歸己名，有修園的自序可證。

從上列兩事看來，假使周秦諸子不依託開國之君，恐怕我們的學說早已消滅，豈能傳到今日。

周秦諸子志在救世，用了這種方法，他們的學說才能進行，後人受賜不少，我們對於他們是應該感謝的。但是，為研究真理起見，他們的內幕是不能不揭穿的。

孔子之後，平民之中，總算是出了一個聖人，此人就是人人知道的關羽！凡人死了，事業就完畢，惟有關羽死了之後，還幹了許多事業，竟自掙得聖人的名號，又著有《桃園經》、《覺世真經》等書流傳於世。孔子以前，那些聖人的事業與典籍，恐怕也與關羽差不多。

現在鄉僻之區，偶然有一人享了小小富貴，講因果的就說他陰功積得多，講堪輿的，就說他墳地葬得好，看相的、算命的就說他的面貌生庚與眾不同。我想古時的人心與現在差不多，大約也有講因果的人看見那些開基立國的帝王，一是說他品行如何好，道德如何高，這些說法流傳下來，就成為周秦諸子著書的材料了。兼之，凡人皆有我見，心中有了成見，眼中所見東西就會改變形象。帶綠色眼鏡的人，見凡物皆成綠色；帶黃色眼鏡的人，見凡物皆成黃色。周秦諸子創了一種學說，用自己的眼光去觀察古人，古人自然會改變形象，恰與他的學說符合。

我們權且把聖人中的大禹提出來研究一下。他腓無胈，脛無毛，憂其黔首，顏色黎黑，宛然是摩頂放踵的兼愛家。韓非子說：「禹朝諸侯於會稽，防風氏之君後至而禹斬之。」他又成了執法如山的大法家。孔子說：「禹，吾無間然矣。菲飲食而致孝乎鬼神，惡衣服而致美乎黻冕，卑宮室而盡力乎溝洫。」儼然是恂恂儒者，又帶點棲棲不已的氣象。讀魏晉以後禪讓文，他的行徑又與曹丕、劉裕諸人相似。宋儒說他得了危精微一的心傳，他又成了一個析義理於毫芒的理學家。雜書上說他

娶塗山氏之女，是個狐狸精，彷彿是《聊齋》上的公子書生。說他替塗山氏造傅面的粉，又彷彿是畫眉的風流張敞。又說他治水的時候驅遣神怪，又有點像《西遊記》上的孫行者，《封神榜》上的姜子牙。據宗吾的眼光看來，他始而忘親事仇，繼而奪仇人的天下，終而把仇人逼死蒼梧之野，簡直是厚黑學中的重要人物。他這個人，光怪陸離，真是莫名其妙。

其餘的聖人，其神妙也與大禹差不多。我們略加思索，聖人的內幕也就可以了然了。因為聖人是後人幻想結成的人物，各人的幻想不同，所以聖人的形狀便有種種不同。

我做了一本《厚黑學》，從現在逆推到秦漢是相合的，又逆推到春秋戰國，也是相合的。可見，從春秋以至今日，一般人的心理是相同的。再追到堯舜禹湯文武周公，就覺得他們的心理，神妙莫測，盡都是天理流行，惟精惟一，厚黑學是不適用的。

大家都說三代下人心不古，彷彿三代上的人心與三代下的人心成為兩截了，豈不是很奇怪嗎？

其實並不奇。假如文景之世，也用漢武帝的辦法，把百家罷黜了，單留老子一人，說他是個聖人，老子推崇的黃帝當然也是聖人，於是乎平民之中只有老子一人是聖人，開國之君只有黃帝一人是聖人。老子的心，「微妙玄通，深不可測」，黃帝的心也是「微妙玄通，深不可識」，「其政悶悶，其民淳淳」。黃帝而後，人心就不古了。堯奪哥哥的天下，舜奪婦翁的天下，禹奪仇人的天下，成湯文武以臣叛君，周公以弟殺兄，我那本《厚黑學》直可逆推到堯舜而止，三代上的人心、三代下的人心就融合一片了。無奈再追溯上去，黃帝時代的人心與堯舜而後的人心，還是要成為兩截的。

假如老子果然像孔子那樣際遇，成了御賜的聖人，我想孟軻那個亞聖名號一定會被莊子奪去，我們讀的四子書，一定是《老子》、《莊子》、《列子》及《尹子》，所讀的經書，一定是《靈樞》、《素問》。孔孟的書與管商申韓的書一齊成為異端，束諸高閣，不過遇到好奇的人，偶爾翻來看看，《大學》、《中庸》在《禮記》內，與「王制」、「月令」並列，「人心惟危」十六字混在「曰若稽古」之內，也就莫得甚麼精微奧妙了。後世講道學的人，一定會向《道德經》中，玄牝之門，埋頭鑽研，一定又會造出「天玄人玄」、「理牝欲牝」種種名詞互論。依我想，聖人的真相不過如此。

儒家的學說以仁義為立足點，定下一條公例：「行仁義者昌，不行仁義者亡。」古今成敗，能合這個公例的，就引來做證據，不合這個公例的，就置之不

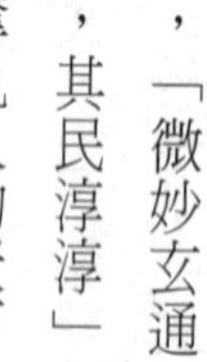

論。

舉個例子來說：太史公《殷本記》說：「西伯歸，乃陰修德行善。」《周本記》說：「西伯昌陰行善。」連下兩個陰字，其作用就可想見了。《齊世家》更直截了當地說：「西伯之脫羑里歸，與呂尚陰謀修德以傾商政，其事多兵權與奇計。」可見文王之行道義，明明是一種權術，何嘗是實心為民？

儒家見文王成了功，就把他推尊得不得了。徐偃王行仁義，漢東諸侯，朝者三十六國。荊文王惡其害己也，舉兵滅之。這是行仁義失敗了的，儒學就絕口不提。他們的論調完全與鄉間講因果報應的一樣，見人富貴，就說他積得有陰德，見人觸電死了，就說他　獉不孝。推其本心，固是勸人為善，其實真正的道理並不是那樣。

古人的聖人真是怪極了。虞芮質成，腳踏聖人的土地，立即洗心革面。聖人感化人，有如此神妙。我不解管蔡的父親是聖人，母親是聖人，哥哥弟弟是聖人，四面八方被聖人圍住了，何以中間會產生鴟鴞。清世宗呼允禟為阿其那，允䄔為塞思黑，翻譯出來，是豬狗二字。這個豬狗的父親是聖人，哥哥是聖人，侄兒也是聖人。鴟鴞豬狗會與聖人錯雜而生，聖人的價值也就可以想見了。

李自成是個流賊，他進了北京，尋著崇禎帝后的屍體，載入宮扉，盛以柳棺，放在東華門，聽人祭奠。武王是個聖人，他走至紂死的地方，射他三箭，取黃鉞把頭斬下來，懸在太白旗上。他們爺兒曾在紂名下稱過幾天臣，做出這宗舉動，他的品行連流賊都不如，公然也成為惟精惟一的聖人，真是妙極了！假使莫得陳圓圓的那場公案，吳三桂投降了，李自成豈不成為太祖高皇帝嗎？他自然也會成為聖人，他那《闖太祖本紀》所載深仁厚澤，恐怕比《周本紀》還要高出幾倍。

太王實始翦商，王季、文王繼之。孔子稱武王纘太王、王季、文王之緒，其實與司馬炎纘懿、師、昭之緒何異？所異者，一個生在孔子前，得了世世聖人之名，一個生在孔子後，得了世世逆臣之名。

後人見聖人做了不道德之事，就千方百計替他開脫。到了證據確鑿，無從開脫的時候，就說以上的事蹟出於後人附會。這個例是孟子開的。他說：以至仁伐至不仁，斷不會出現流血的事。就斷定《武成篇》血流漂杵那句話是假的。我們從殷民三叛、多方大誥那些文字看來，可知伐紂之時，血流漂杵不假，只怕「以至仁伐至不仁」那句話有點假。

子貢曰：「紂之不善，不如是之甚也。是以君子惡居下流，而天下之惡皆歸焉。」我也說：「堯舜禹湯文武周公之善，不如是之甚也。是以君子顯居上流，而天下之美皆歸焉。」若把下流二字改作失敗，把上流二字改為成功，更覺確切。

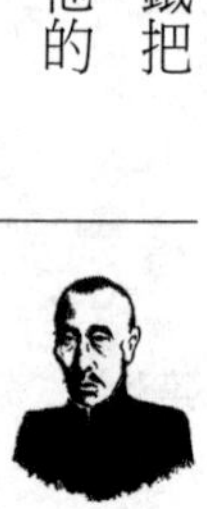

古人神道設教，祭祀的時候，叫一個人當尸，向眾人指說：「這就是所祀之神。」眾人就朝著他磕頭禮拜。同時又以聖道設教，對眾人說：「我的學說，是聖人遺傳下來的。」有人問：「哪個是聖人？」他就順手指著堯舜禹湯文武周公說道：「這就是聖人。」眾人也把他當作尸一般，朝著他磕頭禮拜。後來進化了，人民醒悟了，祭祀的時候，就把尸撤銷，惟有聖人的迷夢，數千年未醒，堯舜禹湯文武周公竟受了數千年的崇拜。

講因果的人說有個閻王。問：閻王在何處？他說：「在地下。」講理學的人說有許多聖人。問：「聖人在何處？」他說：「在古時。」這種種怪物，都是只可意為想像，不能目睹，不能證實。惟其不能證實，他的道理就越是玄妙，信從的人就越是多。在創造這種議論的人本是勸人為善，其意固可嘉，無如事實不真確，就會生出流弊。因果之弊，流為拳匪；聖人之弊，使真理不能出現。

漢武帝把孔子尊為聖人過後，天下的言論都折衷於孔子，不敢違背。孔融對於父母問題略略討論了一下，曹操就把他殺了。嵇康菲薄湯武，司馬昭把他殺了。儒教能夠推行，全是曹操、司馬昭一般人維持之力。後來開科取士，讀書人若不讀儒家的書，就莫得進身之路。一個死孔子，他會左手拿官爵，右手拿江山，哪得不成為萬世師表。宋元明清學案中人物都是孔聖人馬蹄腳下的人物，他們的心坎上受了聖人的摧殘，他們的議論焉得不支離穿鑿？焉得不迂曲難通？

中國的聖人真是專橫極了。他莫有說過的話，後人就不敢說。如果說出來，眾人就說他是異端，就要攻擊他。朱子發明了一種學說，不敢說是自己發明的，只好說孔門的格物致知，加一番解釋，說他的學說是孔子嫡傳，然後才有人信從。王陽明發明了一種學說，也只好把格物致知，加一番解釋，然後以附會自己的學說，說朱子講錯了，他的學說才是孔子嫡傳。本來朱王二人的學說都可以獨樹一幟，無須依附孔子，無如處於孔子勢力範圍之內，不依附孔子，他們的學說萬萬不能推行。他二人費盡心力去依附，當時的人還說是偽學，受重大的攻擊。聖人專橫到了這種地步，怎麼能把真理研究得出來？

韓非子說得有個笑話：「郢人致書於燕相國。寫書的時候，天黑了，喊：『舉燭。』寫書的人就寫上『舉燭』二字，把書送去。燕相得書，想了許久，說道：『舉燭是尚明，尚明是任用賢人的意思。』以是說進之燕王。燕王用他的話，國遂大治。雖是收了效，卻非原書本意。」所以韓非說：「先王有郢書，後世多燕說。」

究竟「格物致知」四字是何解釋，恐怕只有手著《大學》的人才明白，朱王二人中，至少有一人免不脫「郢書燕說」的批評。豈但格物致知四字，恐怕《十三經

註疏》、《皇清經解》，宋元明清學案裡面許多妙論，也逃不脫「郢書燕說」的批評。

學術上的黑幕，與政治上的黑幕是一樣的。聖人與君王是一胎雙生的，處處狼狽相依。聖人不仰仗君王的威力，聖人就莫得那麼尊崇；君主不仰仗聖人的學說，君主也莫得那麼猖獗。於是君主把他的名號分給聖人，聖人就稱起王來了；聖人把他的名號分給君主，君主也稱起聖來了。君主箝制人民的行動，聖人箝制人民的思想。君主任便下一道命令，人民都要遵從，如果有人違背，就算是大逆不道，為法律所不容。聖人任便發一種議論，學者都要信從，如果有人批駁了，就算是非聖無法，為清議所不容。中國的人民受了數千年君主的摧殘壓迫，民意不能出現，無怪乎政治紊亂；中國的學者受了數千年聖人的摧殘壓迫，思想不能獨立，無怪乎學術消沈。因為學說有差誤，政治才有黑暗，所以君主之命該革，聖人之命尤其該革。

我不敢說孔子的人格不高，也不敢說孔子的學術不好，我只說除了孔子，也還有人格，也還有學說。孔子並沒有壓制我們，也未言禁止我們別創異說，無如後來的人偏要抬出孔子，壓倒一切，使學者的意思不敢出孔子的範圍之外。學者心坎上被孔子占據久了，理應把他推開，思想才能獨立，宇宙真理才研究得出來。前時有人把孔子推開了，同時達爾文諸人就闖進來，盤踞學者心坎上，天下的言論又折衷於達爾文諸人，成一個變形的孔子，執行聖人的任務。有人違反他們的學說，又算是大逆不道，就要被報章雜誌罵個不休。如果達爾文諸人去了，又會有人出來，執行聖人的任務，他的學說也是不許人違反的。

依我想：學術是天下公務，應該聽人批評。如果我說錯了，改從他人之學說，於我也無傷，何必取軍閥態度，禁人批評。

凡事以平為本。君主對於人民不平等，故政治上生糾葛；聖人對於學者不平等，故學術上生糾葛。我主張把孔子降下來，與周秦諸子並列，我與閱者諸君一齊參加進去，與他們平坐一排，把杜威、羅素、達爾文諸人歡迎進來，分庭抗禮；發表意見，大家磋商，不許孔子、杜威、羅素、達爾文諸人高踞我們之上，我們也不高踞孔子、杜威、羅素、達爾文之上。人人思想獨立，才能把真理研究得出來。

我對於聖人既已懷疑，所以每讀聖人之書，無所不疑。因定下讀書三訣，為自己用功之步驟。茲附錄於下：

第一步，以古為敵。讀古人之書，就想此人為我之勁敵，有了他，就莫得我，非與他血戰一番不可。逐處尋他縫隙，一有縫隙，即便攻入；又代古人設法抗拒。愈戰愈烈，愈攻愈深。必要如此，讀書方能入理。

第二步，以古為友。我若讀書有見地，即提出一種主張，與古人的主張對抗，

把古人當如良友，相互切磋。如我的主張錯了，不妨改從古人；如古人主張錯了，就依著我的主張，向前研究。

第三步，以古為徒。著書的古人，學識膚淺的很多，如果我自信學力在那些古人之上，不妨把他們的書拿來評閱，當如評閱學生文字一般，說得對的，與他加幾個密圈，說得不對的，與他劃幾根槓子。世間俚語村言，含有妙趣的尚且不少，何況古人的書，自然有許多至理存乎其中。批評越多，知識自然越高，這是普通所說的教學相長了。如遇一個古人，知識與我相等，我就把他請出來，以老友相待，如朱晦庵、蔡元定一般。如遇有知識在我之上的，我又把他認為勁敵，尋他的縫隙，看攻擊得進不進？

我雖然定下此三步功夫，其實並沒有做到，自己很覺抱愧。我現在正做第一步功夫，想進第二步，還未達到。至於第三步，自量終身無達到之一日。譬如行路，雖然把路徑尋出，無奈路太長了，腳力有限，只好努力前進，走一截，算一截。

怕老婆哲學

黑主生平好寫滑稽文字，或用雜文體，或用小說體，莫有一篇不是嬉笑怒罵，語含諷刺。有人說：「黑主在世，是天地間一大諷刺。」我也認為的確如此。他不僅諷刺世人，有時也諷刺自己。不過，當他諷刺自己的時候，更是惡毒地諷刺世人。這是他一貫的伎倆。例如他倡導厚黑學，明明是借罵世人的，但他偏偏一身獨當，自居為厚黑教主，而有《厚黑經》、《厚黑傳》、《厚黑傳習錄》的寫作。

如果有人質問他：「你為什麼罵人呢？」他必然回答道：「我怎敢罵人？我是罵我自己。」試問你對他又有什麼辦法呢？

本篇首先要介紹的是他所著的《怕老婆的哲學》一文，仍是襲取這種故智。他著此文的動機，想是鑑於吾國的倫常日趨乖舛，所謂五倫，幾乎是破壞殆盡的，社會上無非是些「好貨財和妻子」的東西。但他卻不像道學家們的一貫作風，說什麼「世風不古，江河日下」的慨歎之詞，竟然喊出「怕老婆」的口號，加以提倡，而且著為專論，名之曰哲學，末附《怕經》，以比儒家的《孝經》。這種諷刺，真可

說是惡毒極了！他自己怕不怕老婆，我們不甚知道；但他曾極力主張當約些男同志，設立「怕學研究會」，共相研討，儼然以「怕學」研究的會長自居，這不又是一種現身說法嗎？

他那自稱哲學的文章，大意是說：大凡一國的建立，必有一定的重心。我國號稱禮教之邦，首要的就是五倫。古之聖人，於五倫中特別提出一個「孝」字，以為百行之本。所以說：「事君不忠，非孝也；朋友不信，非孝也；戰陣無勇，非孝也。」全國重心，建立在一個「孝」字上，因而產生種種文明。我國雄視東南亞數千年，並不是無因。自從歐風東漸，一般學者大呼「禮教吃人」，首先打倒的就是「孝」字，全國失去重心，於是謀國就不忠了，朋友就不信了，戰陣就無勇了。有了這種現象，國家焉得不衰落？外患焉得不侵凌？因此，必須另尋一個字，作為立國的重心，以替代古之「孝」字。這個字仍當在五倫中去尋。

我們知道：五倫中，君臣是革了命，父子是平了等的，兄弟朋友更是早早已棄了的。所幸五倫中尚有夫婦一倫存在，我們應當把一切文化建立在這個倫上。天下的兒童無不知愛其親也，積愛成孝，所以古時的文化建立在「孝」字上；世間的丈夫無不愛少妻也，積愛成怕，所以今後的文化應當建立在「怕」字上。於是怕老婆的「怕」字便不得不成為全國的重心了。

他說「怕學」中的先進，應該是首推四川。宋朝的陳季常就是頂頂有名的怕界巨擘，河東獅吼的故事已傳為怕界的佳話了。所以蘇東坡贊以詩曰：「忽聞河東獅吼，拄杖落手心茫然。」這是形容他當時怕老婆的狀態，算是靈魂無主，六神出竅的。但陳季常並非等閒之輩，他是有名的高人逸士。高人逸士都如此地怕老婆，可見怕老婆一事應當視為天經地義。蘇東坡又稱述他道：「環堵蕭然，而妻子奴婢皆有自得之意。」這是證明了陳季常肯在「怕」字上做工夫，所以家庭中才收到這種良好的效果。

時代更早的，還有一位久居四川的劉先主，他對於「怕學」一門，可說是發明家兼實行家。他新婚之夜，就向孫夫人下跪。後來困處東吳，每遇著不得了的事，就守著老婆痛哭，而且常常下跪，無不逢凶化吉，遇難成祥。他發明這種技術，真可說是渡盡無邊苦海中的男子。凡遇著河東獅吼的人，可把劉先主的法寶取出來，包管閨房中頓呈祥和之氣，其樂也融融，其樂也洩洩。他更從史事來證明——

東晉而後，南北對峙，歷宋齊梁陳，直到隋文帝出來，才把南北統一，而隋文帝就是最怕老婆的人。有一天，獨孤皇后發了怒。文帝怕極了，跪在山中，躲了兩天，經大臣楊素諸人把皇后勸好了，才敢回來。《怕經》曰：「見妻如鼠，見敵如虎。」隋文帝之統一天下，誰曰不宜？

隋末天下大亂，唐太宗掃滅群雄，平一海內，他用的謀臣房玄齡也是一位最怕老婆的人。他因為常受夫人的壓迫，無計可施，忽然想到：太宗是當今天子，當然可以制服她。於是就向太宗訴苦。太宗說：「你喊她來，等我處置她。」哪知房太太幾句話就說得太宗啞口無言，便私下對房玄齡說：「你這位太太，我見了都怕她，此後好好地服從她的命令就是了。」太宗見了臣子的老婆都害怕，真不愧為開國明君。

我國歷史上，不但要怕老婆的人才能統一全國，就是偏安一隅，也非有怕老婆的人不能支援危局。從前東晉偏安，全靠王導、謝安出來支持；而他們兩人都是「怕學」的先進。

王導身為宰相，兼充清談會的主席。有一天手執麈尾，坐在主席位上，談得正起興時，忽然報道：「夫人來了！」他連忙跳下犢車就跑，弄得狼狽不堪。但他在朝廷中的功勞最大，竟獲得天子九錫之寵。推根尋柢，全是得力於怕字訣。

苻堅以百萬之師伐晉，謝安圍棋別墅，不動聲色，把苻堅殺得大敗，也是得力於怕字訣。因為大家知道的：謝安的太太把周公制定的禮改了，拿來約束他的丈夫。謝安在他夫人的名下，受過嚴格的訓練，養成泰山崩於前而色不變的習慣，苻堅怎是他的敵手。

黑主如此主張怕老婆的重要，自不免啟人之疑。所以有人問他道：「外患這樣嚴重，如果再提倡『怕學』，養成怕的習慣，敵人一來，以怕老婆的心理怕之，豈非要亡國嗎？」他說：「這卻不然。從前有位大將，很怕老婆。有一天憤然道：『我怕做甚？』傳下將令，點集大小三軍，令人喊他夫人出來，打算以軍法從事。他夫人出來，厲聲問：『喊我何事？』他惶恐伏地道：『請夫人出來閱兵。』」此事經他多方考證，才知道是明朝戚繼光的事。但他絲毫也不覺得奇怪。繼光雖然行軍極嚴，他兒子犯了軍令，就把他斬首；可是夫人尋他大鬧，他自知理屈，不敢聲辯，就養成怕老婆的習慣。誰知道一怕反把膽子嚇大了，以後日本兵來，他都不怕，就成為抗日的英雄。因為日本雖可怕，總不及老婆的可怕，所以他敢於出戰。

凡讀過希臘史的人，想都知道斯巴達每逢男子出征，妻子就對他說：「你不戰勝歸來，不許見我之面！」於是一個個奮勇殺敵。斯巴達以一個小國，遂崛起稱雄。倘平日沒有養成怕老婆的習慣，怎能收此效果呢？

黑主不但由歷史上證明了應當怕老婆的至理名言，而且他更從政治舞臺上的人物去考察，得出的結論是官級越高的，怕老婆的程度越深，官級和怕的程度幾成為正比例。於是由古今的事實，又歸納出精當的定理，而特著《怕經》若干條，垂範後世——

一、教主曰：夫怕，天之經也，地之義也，民之行也。五刑之屬三千，而罪莫大於不怕。

二、教主曰：其為人也怕妻，而敢於在外為非者鮮矣。人人不敢為非，而謂國之不興者，未之有也。君子務本，本立而道生，怕妻也者，其復興中國之本也。

三、教主曰：惟大人為能有怕妻之心，一怕妻而國本定矣。

四、教主曰：怕學之道，在止於至善，為人妻止於嚴，為人夫止於怕。家人有嚴君焉，妻之謂也。妻發令於內，夫奔走於外，天之大義也。

五、教主曰：大哉，妻之為道也！巍巍乎唯天為大，唯妻則之，蕩蕩乎無能名焉！不識不知，順妻之則。

六、教主曰：行之而不著焉，習矣而不察焉，結身怕妻，而不知為怕者眾矣。

七、教主曰：君子見妻之怒也，食旨不甘，聞樂不樂，居處不安，必誠必敬，勿之有觸焉耳矣。

八、教主曰：妻子有過，下氣怡色柔聲以諫。諫若不入，起敬起畏；三諫不聽，則號泣而隨之。妻子怒而不悅，撻之流血，不教疾怨，起敬起畏。

九、教主曰：為人夫者，朝出而不歸，則妻倚門而望；暮出而不歸，則妻倚閭而望。是以妻子在，不遠遊，遊必有方。

十、教主曰：君子之事也，視於無形，聽於無聲。入閨房，鞠躬如也。不命之坐，不敢坐；不命之退，不敢退。妻憂亦憂，妻喜亦喜。

十一、教主曰：謀國不忠，非怕也；朋友不信，非怕也；戰陣無勇，非怕也。一舉足而不敢忘妻子，一出言而不敢忘妻子。將為善，思貽妻子令名，必果；將為不善，思貽妻子羞辱，必不果。

十二、教主曰：妻子者，丈夫所指而終身者也。身體髮膚，屬諸妻子，不敢毀傷，怕之始也；立身行世，揚名於後世，以顯妻子，怕之終也。

上述十二章，據他說，「為怕學入道之門，其味無窮。為夫者，玩索而有得焉，則終身用之，有不能盡者矣。」

最後，他對於今後的歷史家，尚有此建議：舊禮教注重「忠孝」二字，新禮教注重「怕」字。我如說某人怕老婆，無異譽之為忠臣孝子，是很光榮的。孝親者為「孝子」，忠君者為「忠臣」，怕妻者當名「怕夫」。舊日史書中有「忠臣傳」、有「孝子傳」，將來民國的史書一定要立「怕夫傳」。

六十晉一妙文

鄙人今年（民國二十八年）已滿六十歲了，即使此刻壽終正寢，抑或為日本飛機炸死，祭文上也要寫享年六十有一上壽了。生期那一天，並無一人知道，過後我遍告眾人，聞者都說與我補祝。我說：「這也無須。」他們說：「教主六旬誕頌，是普天同慶的事，我們應該發出啟事，徵求詩文，歌頌功德。」我謂：「這更勿勞費心。許多做官的人，德政碑是自己立的，萬民傘是自己送的，甚至生祠也是自己修的。這個徵文啟事，不必煩諸親友，等我自己幹好了。」

大凡徵求壽文，例應補敘本人道德文章功業。最主要者，尤在寫出其人特點，其他俱可從略。鄙人以一介匹夫，崛起而為厚黑聖人，於儒釋道三教之外特創一教，這可算真正的特點。然而其事為眾人所共知，其學已家喻戶曉，並且許多人都已身體力行，這種特點，也無須贅述。茲所欲說者，不過表明鄙人所負責任之重大，此後不可不深自勉勵而已。

鄙人生於光緒五年己卯正月十三日，次日始立春。算命先生所謂：「己卯生人，戊寅算命。」所以己卯年生的人，是我的老庚；戊寅年生的人，也是我的老庚。光緒己卯年，是西曆一八七九年。愛因斯坦生於三月十九日，比我還要小一點，算是我的庚弟。他的「相對論」震動全球，而鄙人的「厚黑學」僅僅充滿四川，我對於庚弟，未免有愧。此後只有把我發明的學問努力宣傳，才能不虛此生。

正月十三日，曆書上載明：「是楊公忌日，諸事不宜。」孔子生於八月二十七日，也是楊公忌日。所以鄙人一生際遇，與孔子相同。官運之不亨通，一也；其被稱為教主，一也。天生鄙人，冥冥中以孔子相待，我何敢妄自菲薄！

楊公忌日的演算法，是以正月十三為起點，以後每退二日，如二月十一日，二月十九日……到了正月，又忽然發生變例，以十三為起點。諸君試翻歷史書一看，即知鄙言不謬。大凡教主，都是應運而生。孔子生日即為八月二十七日，所以鄙人生日非正月十三日不可。這是楊公在千年前早已注定了的。

孔子生日定為陰曆八月二十七日，考據家頗有異詞。改為陽曆八月二十七日，一般人更莫名其妙。千秋萬歲後，我的信徒飲水思源，當然與我建個厚黑廟，每年聖誕致祭，要查看陰陽曆對照表，未免麻煩。好在本年（民國二十八年）正月十三日為厚黑教主聖誕。將來每年陰曆重九登高，陽曆重三日入厚黑廟致祭，豈不很好。

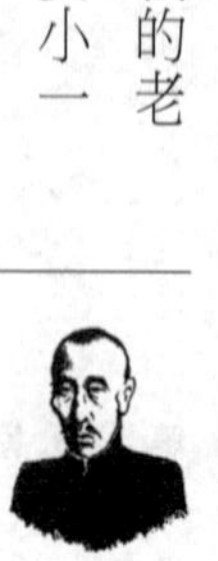

四川自漢朝文翁興學而後，文化比諸齊魯，歷晉唐而不衰。到了明朝，蜀學之興盛，更足與江浙諸省相比。明朝獻賊躪蜀，殺戮之慘，亙古未有。秀傑之士起而習武，蔚為風氣。有清一代，名將輩出，公侯伯子男，五等封爵，無一不有。嘉慶道光時，全國提鎮，川籍人占十之七八。於是四川武功特盛，而文學則一蹶不振。六十年前，張文襄建立尊經書院，延聘湘潭王壬秋先生來川講學，及門弟子中有井研之廖季平，富順之宋芸子，名滿天下，其他學者，指不勝屈，樸學大興，文風復盛。

考《湘綺樓日記》，己卯年正月十二日，王先生接受尊經書院聘書，次日鄙人誕生，明日即立春，萬象更新，這其間實見造物運用之妙。

帝王之興者也，必先有為之驅除障礙者；教主之興也，亦必先有為之驅除障礙者。隨著四時的變化，成功者都相繼離去了。孔教之興，已二千餘年，皇天上帝乃眷西顧，擇是四川為新教主誕生之所，使東魯聖人、西蜀聖人，遙遙相對。無如川人尚武，已成風氣，特先遣王壬秋入川，為之驅除障礙也。此所以王先生一受聘書，而鄙人即嵩生嶽降也。

民國元年，共和肇造，為政治上開一新紀元。今為民國二十八年，也即是厚黑紀元二十八年。所以四川之進化，可分為三個時期：蠶叢魚鳧，開國茫然，勿庸深論。秦代通蜀而後，由漢司馬相如，以至明楊慎，川人以文學見長，是為第一期，此則文翁之功矣。有清一代，川人以武功見長，是為第二時期，此張獻忠之功也。民國以來，川人以厚黑學見長，是為第三時期，此鄙人之功也。

民國元年而後，我的及門弟子和私淑弟子努力工作，把四川造成一個厚黑國，於是中國高瞻遠矚之士大聲疾呼曰：「四川是民族復興之根據地！」

試想，要復興民族，打倒日本，捨了這種學問，還有什麼法子？所以鄙人於所著《厚黑叢話》內，喊出「厚黑救國」的口號，舉出越王勾踐為模範人物。其初也，勾踐入吳，身為臣，妻為妾，是之謂厚。其後也，沼吳之役，夫差請照樣身為臣，妻為妾，勾踐不許，必置之死地而後已，是之謂黑。

九一八以來，我國步步退讓，是勾踐事吳的方式。七七事變而後，全國抗戰，是勾踐沼吳的精神。我國當局定下國策，不期而與鄙人之學說暗合，這是很可慶幸的。天下興亡，匹夫有責。余豈好講厚黑哉？余不得已也。

鄙人發明「厚黑學」，是千古不傳之祕，而今而後，當努力宣傳，死而後已。鄙人對於社會，既有這種空前的貢獻，社會人士即該予以褒揚。我的及門弟子和私淑弟子當茲教主六旬聖誕，應該作些詩文，歌功頌德。自鄙人的目光看來，舉世非之，與舉世譽之，有同等的價值。除弟子而外，如有志同道合的蘧伯玉，或走入異端的原壤，甚或有反對黨，如楚狂、沮溺、微生畝諸人，都可儘量地作些文字，無論為歌頌，為笑罵，鄙人都一一敬謹拜受。將來彙刊一冊，題曰「厚黑教主榮錄」。千秋萬歲之後，厚黑學如皎日中天，可謂其生也榮，其死也榮。

厚黑紀元二十八年，三月十三日，李宗吾謹啟

是日也，即我庚弟愛因斯坦六旬晉一之前一日也

宗吾答客問

問：先生能否暫將厚黑學收起不講，專在文化學術方面多加發揮與著述，以餉國人？

答：這是辦不到的！十年以來，已有很多朋友勸我不必再談厚黑。殊不知厚黑是「說得做不得的」。我們既不能應用，又不能不講；不講，心中反而難受。若想勸我不講「厚黑」，無異於勸公孫龍不講「白馬非馬」，這是萬萬辦不到的。我本著「說得做不得」的信條，儘量發揮厚黑哲理來創教立學，試問這樣無冕王，惟我獨尊，又誰能比得我優遊自豪呢？且古今真理只有一個，仁者見仁，智者見智，孔孟的仁義、老子的道德、佛耶的慈悲博愛和宗吾的厚黑均是一個真理，不過說法不同罷了。若是各有發明，各立一說，不相假借，便是各有千秋。這樣，比起及身得志的人，我覺得尤勝一籌，又何必用世呢？你屢來信勸我不講厚黑，怕我前途有阻。我想，當年基督尚肯以身殉教，區區之阻，又何足以使教主不談厚黑呢？

問：先生滿腹經綸，是當代的一個諸葛孔明。先生自忖，以為如何？

答：（笑）孔明何足道哉！他的名士氣太重了！單就用兵而論，他猶不及先帝。先帝不過借他來懾服頭腦簡單的關張趙黃諸人罷了，實則他尚被先帝玩弄於股掌之中的。不然，伐吳之役，先帝何以不使孔明自將呢？且孔明用馬謖奪街亭，實為大失著（當用魏延）；軍敗而斬馬謖，尤為大失著。蜀之窮蹙以亡，斬馬謖時，已肇其因了。孔明無能為如此，何足道哉！

問：先生看，古今來，誰是可取的呢？

答：我不是說過做一姜太公的話嗎？實則千古可取法者，惟此一人。太公年至八十，尚能佐周克商，已是亙古奇蹟。厥後蘇秦誦其《陰符》，而合六國；張良用其兵法，而滅秦楚。試問：厚黑遠祖，捨太公還有何人呢？鄙人實是他百代的徒孫，想抉發出這千古不傳之祕訣，以光前裕後的。

問：先生治學的門徑，可以見告嗎？

答：我平生治學，實得力於八股義法的「截搭題」。那是很合乎「辯證法」之邏輯的。我的《厚黑學》及一切著作，都是從中推衍而出的。

問：先生莫非是說笑話吧？

答：不是笑話，我確是得的這一套八股法寶。如若不信，就請以後對於八股義法多下些功夫。

問：先生的著作，出版的，未出版的，一共有多少種？

答：出版的有《厚黑學》、《厚黑叢話》、《宗吾臆談》、《社會問題之商榷》、《制憲與抗日》、《中國學術之趨勢》、《心理與力學》、《孔子辦學記》、《吊打校長之奇案》、《孔告大戰》、《怕老婆哲學》十餘種。現在正寫的及已寫成未發表的，還有《中國民族特性之研究》、《政治經濟之我見》、《敘屬旅省中學革命始末記》、《性靈與磁電》、《迂老隨筆》等種種。談正經道理的，有《社會問題之商榷》、《考試制度之商榷》、《制憲與抗日》、《中國學術之趨勢》、《心理與力學》五書。其餘的正經作品，因尚未問世，暫可不談。其實我已老了，還著作什麼書呢？真可謂不自量。

問：先生以往的資歷，及目前的身世、境遇如何？

答：我早年受教於富順名八股家盧彖先生之門，後入成都高等學堂學習數理，曾加入同盟會。民國以來，充督署科長，全省官產清理處處長。擢為重慶海關監督，未就。後長富順縣中，綿陽省中，再任省督學多年，曾出川考察各省教育。北伐後，入省府任編纂委員，去年始解職歸家。我自幼生於窮家，經一生奮鬥的結果，已有小積蓄，現有市宅一所，水田三處，收租百石，生活尚稱小康。生有二子，長子甚能幹，曾任富順教育局長，及自井中學校長；次子曾在成都工業學校讀書。不幸兩子均於近年中先後死去，現有老妻寡媳及三孫四孫女，請有塾師，就家中教讀。這便是我的大概情形。

主張考試被打

民國十一年，宗吾同省視學游子奉命赴各省考察教育，見到南北各省學校辦理的成績，比較上雖不無優秀的差異，但同在現行教育制度束縛之下，是不會有理想發展的。因此他考察歸來，即力主實行考試制，以救其弊。

十二年下學期，成都開「新學制會議」，宗吾便同幾位省視學及會員多人提出考試案，開會討論，未蒙通過。會畢，宗吾即單獨上一呈文，主張各校學生畢業，應由政府委員考核。即後此十年，教育部才頒令全國的會考制度。

宗吾於呈文中列舉理由十六項，並請在原籍富順試辦，經省署核准，委他為主試委員，於十三年暑假舉行，後來推廣於川南各縣。

十四年年假，敘州府聯立中學學生畢業，宗吾復為主試委員，考了幾場。一夜，學生多人，手持木棒、啞鈴，把他拖出寢室，痛打一頓。據宗吾說，打時秩序非常之好，全場靜靜悄悄，學生寂無一語，他也默不作聲，學生只是打，他只是挨。

學生打夠了，臨走，罵道：「你這個狗東西，還主不主張嚴格考試？」當時，他躺在地上，想道：「只要打不死，又來！」

學生走後，他請宜賓知事來驗傷，將傷單粘卷，木棒、啞鈴存案備查。次晨，又請該校鄧校長到床前，他口授電文，呈報上峰，歷述經過情形。末云：「自經此次暴動，愈見考試之必要。視學身受重傷，死生莫卜。如或不起，尚望厲行考試，挽此頹風。生平主張，倘獲見諸實行，身在九泉，亦當引為大幸！」

痛傷稍愈，即宣布繼續考試。他裹傷上堂，勒令全體學生一律就試，不許一人不到，就是打他的學生也無例外，但場規較前更加嚴厲了。學生也只得規規矩矩地考下來。

事後，他作一書，叫作「考試制度之商榷」，說明考試的必要，尤其注重學制的改革，由教育廳印發各縣討論。

後來，宗吾常常對人說：「不經這一次痛打，我這本書是作不出的。所以，對於該生等，不能不深深地感謝！」

宗吾以為這次的挨打是十分應該的。因為當時各地的學生都在運動廢除考試，而他偏偏主張嚴格考試，又不曾宣傳詳細的理由，哪能不挨打呢？自經這次苦打以後，他才得了一種覺悟，凡事固然重在實行，尤其重在宣傳。他之所以被打的原因，是由於一般人對考試制懷疑，所以才生出反對的事來。

王安石的新法，本來是對的，當他在鄞縣作官的時候，曾經試辦過，人人都稱便利。但他做了宰相，把他的新法推行天下，就遭了一個大大的失敗。要說他沒有毅力嗎？他是天變不畏，人言不恤的，其擔當宇宙的氣概，是古今不可多得的人物。要說他的新法不好嗎？他死去以後，他的法子幾乎完全被人採用，還有許多法子一直行到今日，不過把名稱改一下或把辦法略略修正一下就是了。然則王安石何以當時會失敗呢？這就是他少了一層宣傳的手續。當時的名流，如司馬光、蘇東坡諸人，都不能瞭解，一齊反對他，彼此各走極端，結果兩敗俱傷，不但人民吃虧，國家吃虧，反種下後來亡國的因素，真可說是不幸之至。假如王安石不亟亟實行，先從宣傳著手，把他的法子提出來，聽人指駁，取消那種執拗態度，容納諸賢的意見，把那法子酌量修改，諸賢也不泥守祖宗的成法，把那法子悉心研究，經過長時間的辯論，然後折衷一致，大家同心協力做去，豈不是很好的事嗎？

宗吾心中有了這個見解，所以他把主張考試的意見就發表了出來。

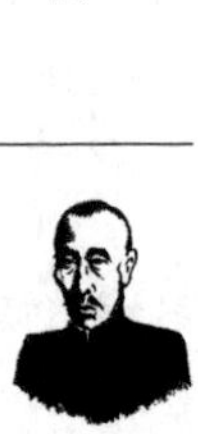

諷刺國醫

黑主的生性本是樸訥的，幼時不言不語，呆頭呆腦，對於同學，也是以謙讓為本。所以他的父親呼他為「迂夫子」，同學之間則稱他為「老好人」。自從他在私塾中受了建侯老師好開玩笑的影響，他才慢慢詼諧起來。最初，還只是開玩笑的性質，繼而於開玩笑中帶有諷刺，終則嬉笑怒罵，一發不可遏止了。他這種作風，不但表現在語言文字之中，就是他自己的行動，也往往充滿了這種特徵。

他幼年時，本是終日不可離藥罐的。除了哮喘症外，四肢也不靈動，有時穿衣服都要人幫忙，登樓不能下樓，大便不能蹲下。每次洗澡，母親見他骨瘦如柴，就不禁放聲大哭起來。當他在炳文書院讀書時，同學們都說他活不長久。雷鐵崖、雷民心弟兄就主張活祭他。但他卻並不悲觀，仍是優游自得。

他因為鄉間庸醫替他治不好病，就想自行研究醫書，自行治療。於是借了些陳修園、徐靈胎、喻嘉言諸人的醫書來看。哪知越看越不懂。心想：「我這樣用心研究，都弄不清楚，市上的醫生，連字都莫認得好多，怎樣能讀過醫書？我之不為庸醫殺死，真是萬幸！」於是他廢然思返，把醫書丟了，自己不再吃藥，而身體反慢慢健壯起來。

從此之後，得了病，照例不吃藥。他的主張，是寧死於病，不死於藥。中間只有一次幾乎破例：

他在高等學堂時，腿上生一瘡，好像是疔瘡。學堂內種有菊花，他於菊花葉嚼來貼敷。

同學陸逵九懂得醫學，見他面有病容，就叫他伸出舌頭來看，驚問道：「你的舌苔都黑了，還不趕急醫治？」說得他毛骨悚然，就請為他開刀。

他在校是向不請假的，這時也只得請假調養。在寢室睡了一會兒，心想：「這哪裡會有病？何致舌苔會黑？」

於是，恍然大悟，尋著陸逵九說道：「我除了腿上生瘡以外，自覺毫無病狀；我的舌頭發黑，是不是因為嚼菊花葉的緣故？」

陸逵九叫他伸舌一看，連說：「不錯！不錯！」

於是，二人相視而笑，但並非有心。

這是他用行動來諷刺國醫也。

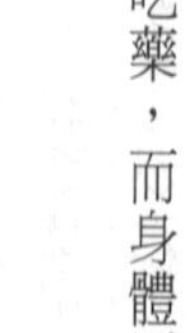

自創「無極拳」

四川講靜功的派別很多，如同善社，如劉門，如關龍派，如吳礁子派等等，黑主都曾拜門稱弟子。其中有講靜功的一書，名為「樂育堂語錄」，是豐城黃元吉來川講道時所著，各派講靜功的人都奉為天書。自然，他也仔細拜讀過。

黑主初時以為講靜功總比服藥好得多，但他試驗的結果如何呢？據他說，從未坐過三十分鐘之久。越想靜坐，心思越亂。強自鎮靜，則如受苦刑。哪一派的方法，他都試驗過；哪一派的方法，他都試驗無效。這是他用行動來諷刺靜功的。

黑主學國醫不成，學靜功不成，於是又想練拳術。他先學拳術家的氣功，繼而又學太極拳。他於二者所得的經驗：氣功一門，他認為無非裝模作樣，是違反自然的動作。太極拳一門，動作不甚激烈，似乎較相宜；但他學習不久就棄去了，因為其中仍有一定的規律，他是不耐拘束的。最後，他自己發明了一種拳術，名之曰「無極拳」。

據說，他是把氣功和太極拳融合為一，隨意動作，師其意而不泥其跡，略略參加些黃帝內視法、天隱子存想法，並會通莊子所說「真人之息以踵」的道理而成此拳法。他說這種拳法，睡時、坐時、讀書作文時、與人談話時，均可以行之。他說，將來如把這種拳術傳出來，不但為厚黑教主，並可稱為無極祖師。

及至我們會面時，我問他無極拳的詳情。

他笑著說：「既名無極拳，還有什麼說的呢？無非是恍兮惚兮，玄之又玄而已。」

他這段學拳的歷史，不知是諷刺自己的無恒呢？還是諷刺堂堂的國術呢？

〈終〉

國家圖書館出版品預行編目資料

厚黑學經典大全集／李宗吾著，方東野校訂
初版，新北市：新潮社文化事業有限公司，
2023. 02
面；　公分
ISBN 978-986-316-857-7（平裝）
1. CST：應用心理學　2. CST：成功法

177　　111019505

厚黑學經典大全集

李宗吾　著

方東野　校訂

【策　劃】林郁
【制　作】天蠍座文創
【出　版】新潮社文化事業有限公司
電話：(02) 8666-5711
傳真：(02) 8666-5833
E-mail：service@xcsbook.com.tw

【總經銷】創智文化有限公司
新北市土城區忠承路 89 號 6F（永寧科技園區）
電話：(02) 2268-3489
傳真：(02) 2269-6560

印前作業　菩薩蠻電腦科技有限公司

初　版　2023 年 02 月